秦皇岛长城地域明清方志丛书

燕山大学中国长城文化研究与传播中心◎主编

嘉靖山海关志

康熙山海关志

卢龙塞略

燕山大学出版社
·秦皇岛·

图书在版编目（CIP）数据

嘉靖山海关志 ；康熙山海关志 ；卢龙塞略 / 燕山大学中国长城文化研究与传播中心主编 . -- 秦皇岛 ：燕山大学出版社，2025. 1. --（秦皇岛长城地域明清方志丛书）. -- ISBN 978-7-5761-0756-2

Ⅰ. K928.77；K281.2

中国国家版本馆 CIP 数据核字第 2024DP0871 号

嘉靖山海关志　　康熙山海关志　　卢龙塞略

燕山大学中国长城文化研究与传播中心　主编

出 版 人：陈　玉		责任编辑：张岳洪	
封面设计：方志强		责任印制：吴　波	
出版发行：燕山大学出版社 YANSHAN UNIVERSITY PRESS		地　　址：河北省秦皇岛市河北大街西段 438 号	
邮政编码：066004		电　　话：0335-8387555	
印　　刷：涿州市般润文化传播有限公司		经　　销：全国新华书店	

开　本：710mm×1000mm　1/16	印　张：31.25	字　数：440 千字
版　次：2025 年 1 月第 1 版	印　次：2025 年 1 月第 1 次印刷	
书　号：ISBN 978-7-5761-0756-2	定　价：159.00 元	

出版说明

　　长城是中华民族的代表性符号和中华文明的重要象征。秦皇岛域内的长城最早可以追溯至北齐时期，如今保存最为完好的是明长城，东起山海关老龙头，西到青龙满族自治县城子岭口，秦皇岛域内汇集了明长城精华的地段。典籍文献中保存了很多有关长城的记述，其中的重要文献就是明清地方志。秦皇岛地区的明清方志中，记载了长城地区的攻防战略、驻守长城将士的丰功伟绩、长城居民的生活状态、长城主题的文学作品等内容，有些内容与正史的记载不尽相同，这为我们了解、研究长城史和中华民族共同体形成史提供了不一样的视野和角度。

　　本丛书名为"秦皇岛长城地域明清方志丛书"，收录整理明清时期永平府、山海关、卢龙县、抚宁县和临榆县等今秦皇岛长城地域的地方志共 13 种。本丛书为燕山大学中国长城文化研究与传播中心主编，在征得整理者同意的前提下，采用了已有的点校本。分别是：2001 年中国审计出版社出版的董耀会主编、康占忠和阎醒之副主编的《秦皇岛历代志书校注》，1999 年天津人民出版社出版的山海关旧志校注委员会编的《山海关历代旧志校注》，2007 年中国文史出版社出版的李利峰编注的《抚宁县志校注》。以上校注本都由秦皇岛本地作者点校，且都成于 20 世纪末 21 世纪初，在当时资源不丰富，经费紧张，技术不发达的情况下，古籍的搜求、整理和出版极为不易，因此甫一出版便成为格外珍贵的研究资料。相比之下，在今天的信息化时代，古籍资源大量数字化，为古籍的获取和整理出版提供了很大的便捷性，但考虑到一般读者的阅读需求和推动古籍普及的需要，我们认为仍有必要修订这些旧志。

为尊重整理者的成果，现将本丛书原点校者姓名列之如下：

弘治十四年《永平府志》，原点校者：齐家璐、李岚；

万历二十七年《永平府志》，原点校者：李岚；

嘉靖十四年《山海关志》、康熙九年《山海关志》，原点校者：张椿林、司凤岐、刘金玉、何福成、高颖；

万历三十八年《卢龙塞略》，原点校者：齐庆昌；

康熙十八年《永平府志》（附康熙十二年《续补永平志》），原点校者：王继汾；

康熙五十年《永平府志》，原点校者：王凤华；

乾隆三十九年《永平府志》，原点校者：齐庆昌；

光绪五年《永平府志》，原点校者：康群、谢煜；

康熙二十一年《抚宁县志》、光绪三年《抚宁县志》，原点校者：李利峰；

乾隆二十一年《临榆县志》、光绪四年《临榆县志》，原点校者：张椿林、司凤岐、刘金玉、何福成、高颖。

本次修订，改正了原点校本的若干错误，统一删除了注释，并将旧志的插图影印后放在正文相应位置。限于编者水平，书中难免仍有舛讹之处，欢迎读者批评指正。

燕山大学出版社
2024 年 12 月

总目录

嘉靖山海关志

明·嘉靖十四年

‖ 目 录 ‖

　　叙曰：地有崇山广川，爰定疆分治，丽物奠民，版籍由登也，首志地理；依高阻深，设险利，守国之防也，次志关隘；关有戍役卒伍联焉，统率之规斯立矣，志建置次三；约民纠德，定志知方，政教攸赖矣，志官师次四；辨野则壤，赋税因之，军国有需矣，志田赋次五；表乡劝后，往君子之行不可泯也，志人物次六；酬功象贤，宜食报厥土也，志祠祀次七；选举登我誉髦，阐地灵，昭王化也，于是志选举终之。山海之物，庶几乎登列矣。诸鸿篇雅什，各附见所指不别卷者，惧嬻文也。

序

　　尝试观诸土志，于古豪杰之加意世故也，每三致钦服。云天指山，聚米借箸谈兵，坐帷幄而达于远略，若指诸掌，其习见之，故言之详邪，抑或得于考索而然也！嘉靖甲午岁，予奉命按畿辅边，历厥山川，阅乃戎伍，降观登览，稽往考今，边防武备自惟稍得其概，窃幸兹游也为壮。夫以予之至，而幸其诸未至与至而未遍者，亮厥心不啻同也。予尝以豪杰厚望于人人，矧今拊髀求才，豪杰向用，将籍手为谍机务者之资，志其几哉，志其几哉！抵山海会与川葛子守关，因与商之，葛子懥然曰："予怀之久矣。兹谋允协，事其有济，第吾按者守者之无暇于此也。庸聘角山詹子纂次论列之。"越五月而书成。明年春，予再至，将图刊布以传。二子谓予宜有言引诸首。予惟志也者，古郡国史也。凡以昭世考物，劝诸方来，厥要归诸重与备与法焉尔。是故世弗重弗昭，物弗备弗考，法弗贞弗劝，枝辞无当，奚志哉。载观斯志，言其地，则内屏京师，外控夷虏，固中外之防而战守之经也，不谓之重乎？言其物，则城郭墩煌、刍粮器械棼乎灿然，巨细毕举，斯中国之长而兵府之纪也，不谓之备乎？言其法，则表贤祠功准之典，美善刺恶裁诸义，兴革补救酌乎时，如轨如画，弗诡弗整，诚治理之的而时务之要也，不谓之贞乎？夫世重之谓鉴，罔有弗昭；备物之谓林，罔有弗考；贞法之谓度，罔有弗劝，苟三者无征焉，其谁与我？夫职方氏掌邦国之舆图，司徒者，职备物以供也，二子取诸身矣。肃僚贞度，以风天下，为今御史之责，予何敢辞？是三者咸有足征，征斯信，信斯传，传斯永矣。豪杰之士至焉与未至焉者，将借此以为坐筹出略之地，斯志不为无当焉。若夫昭世示壮，备物示实，贞法示密，以威外夷，以折奸宄者，固志外之意也。

　　嘉靖乙未春三月乙酉，赐进士第、奉敕巡按直隶监察御史　古完张敕汝钦甫书。

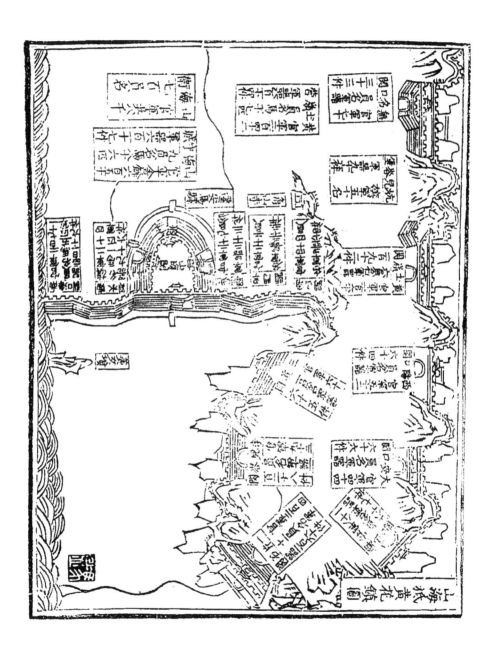

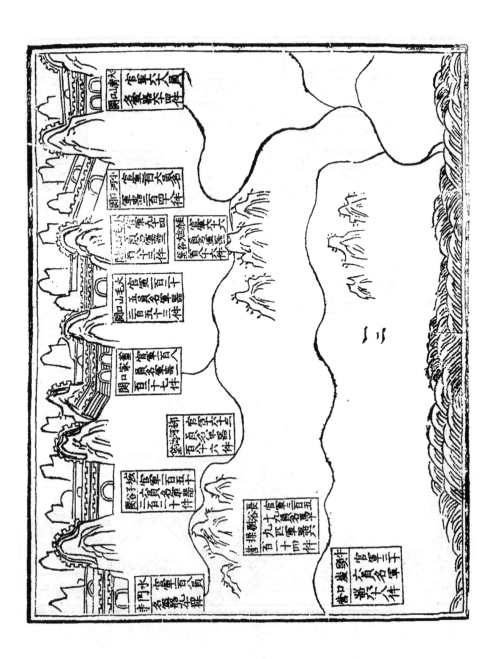

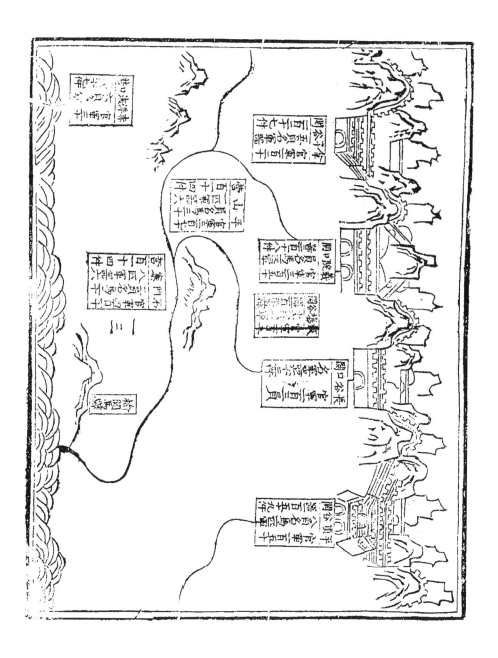

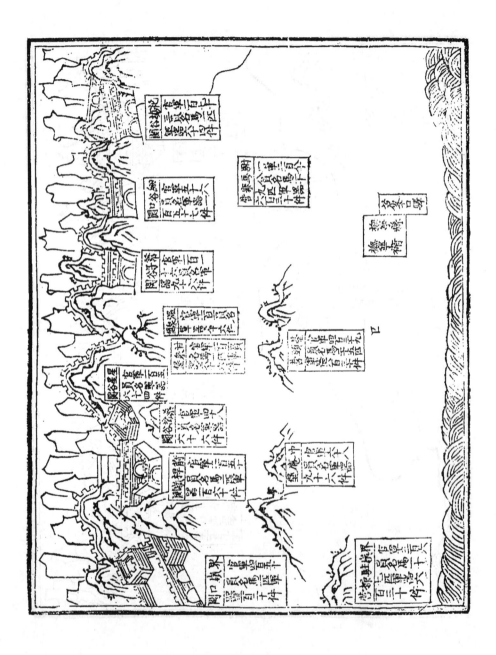

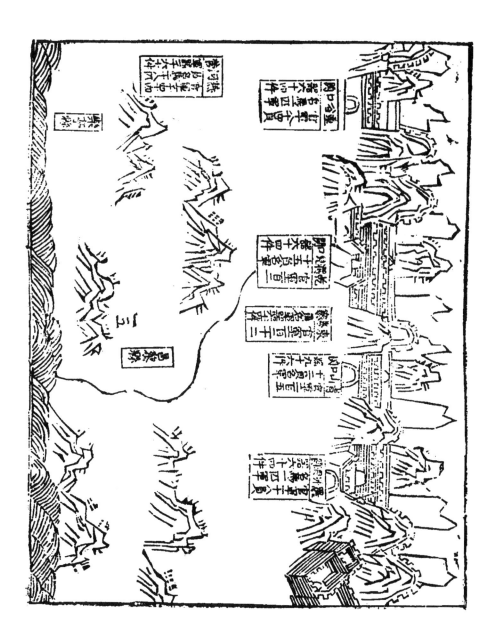

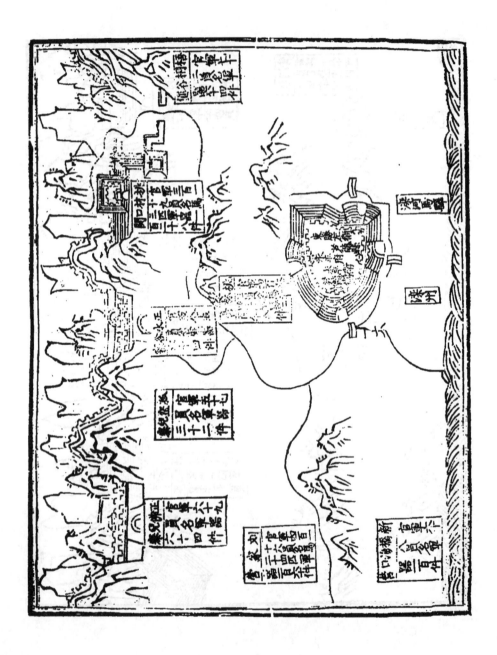

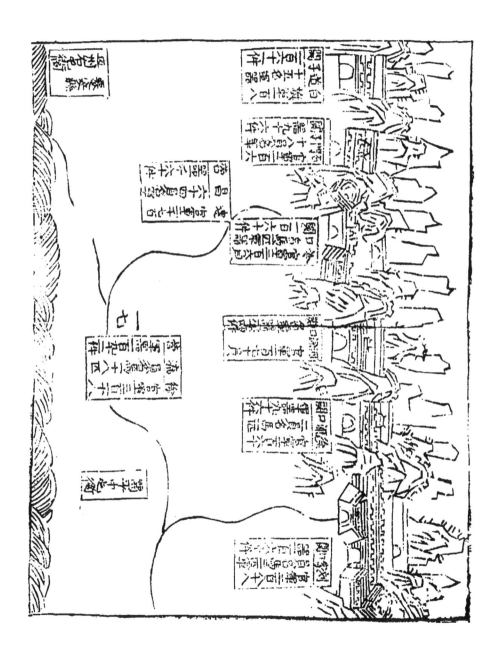

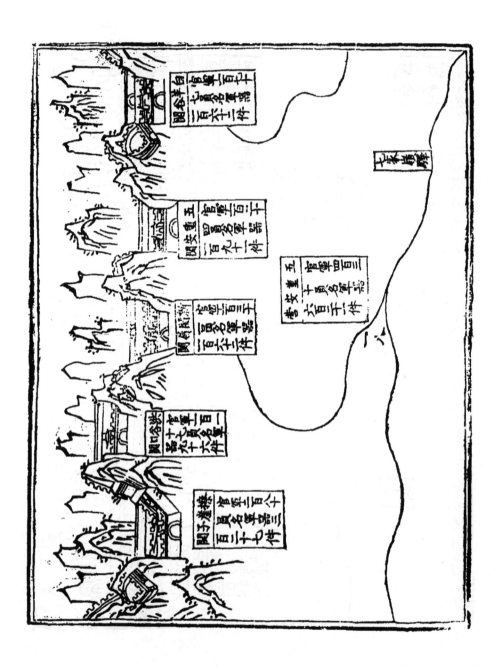

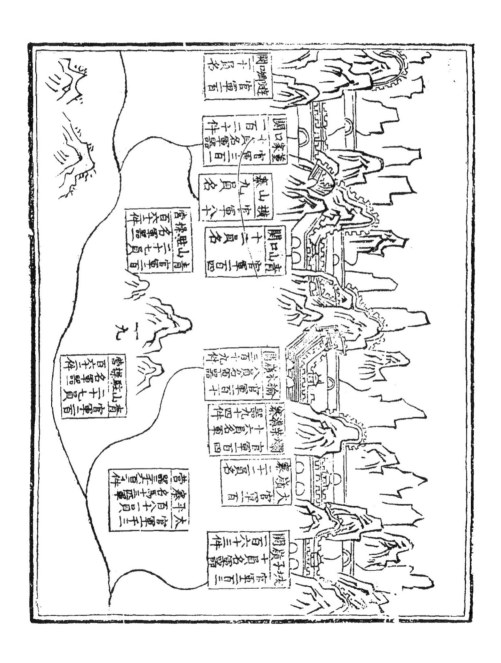

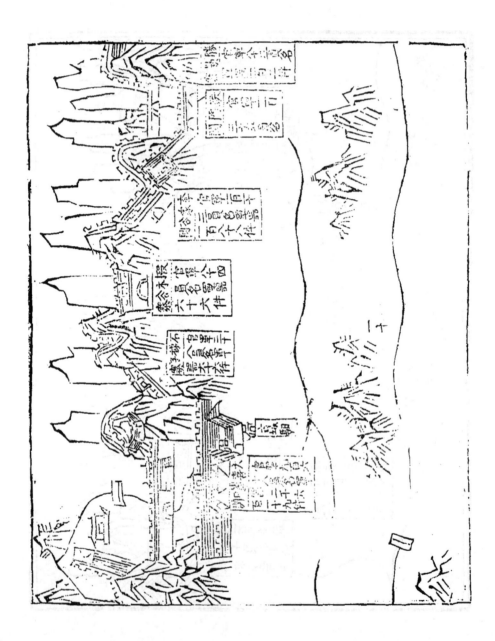

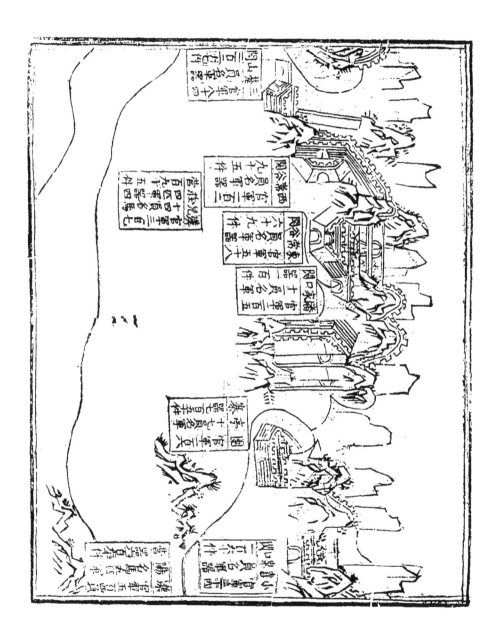

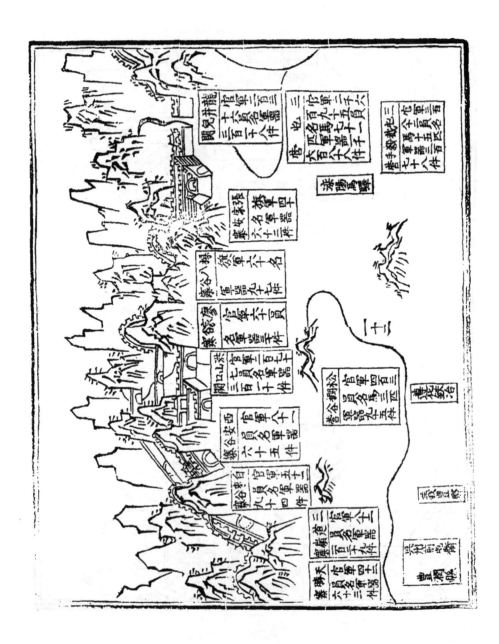

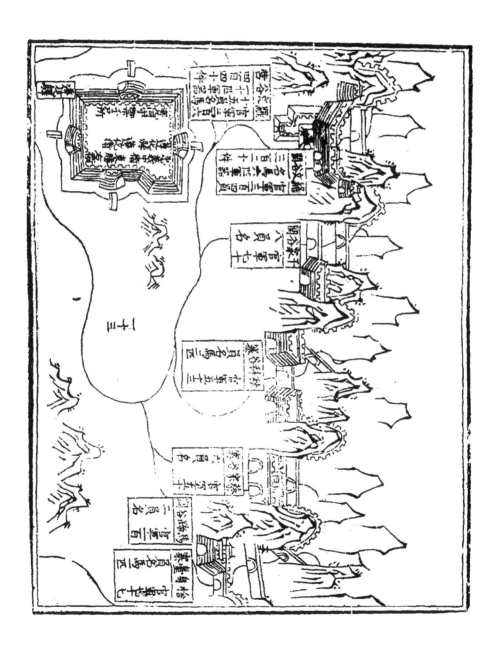

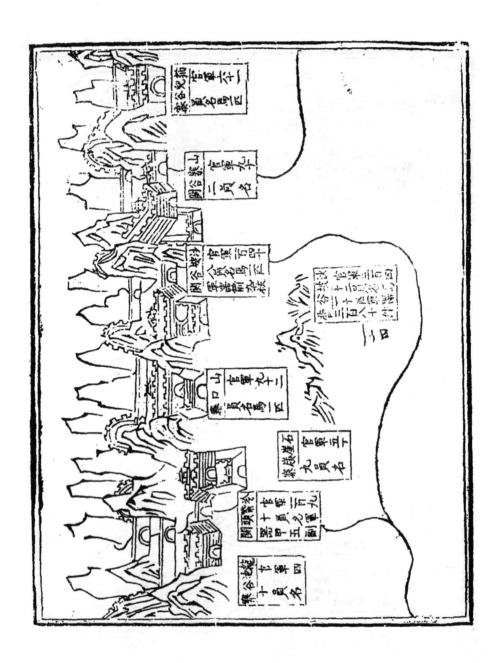

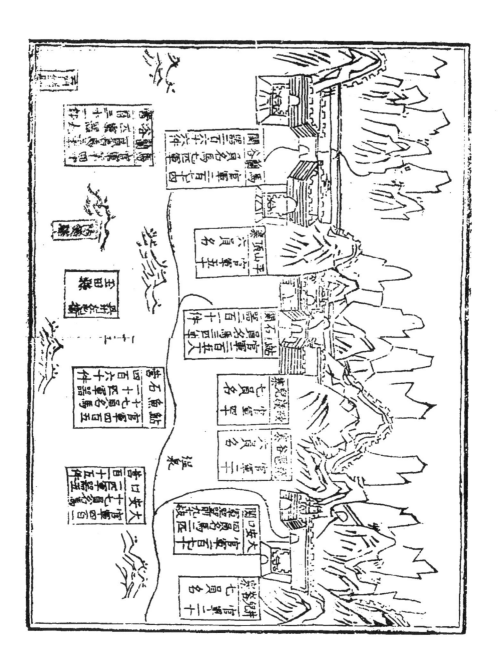

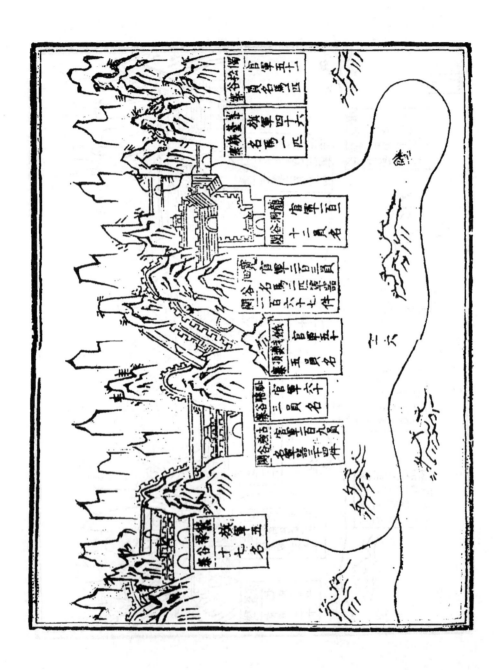

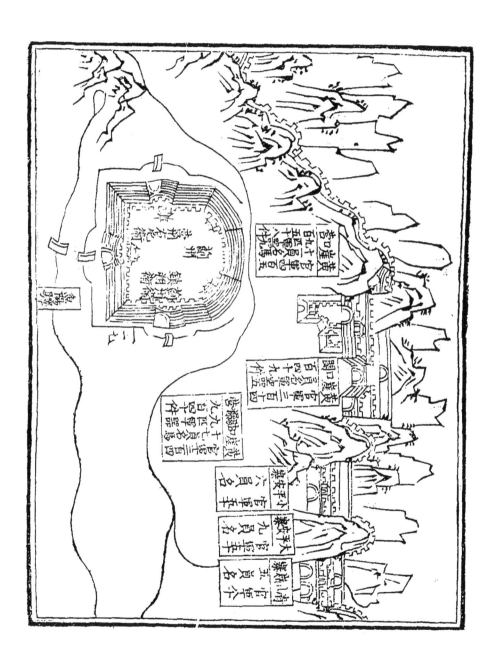

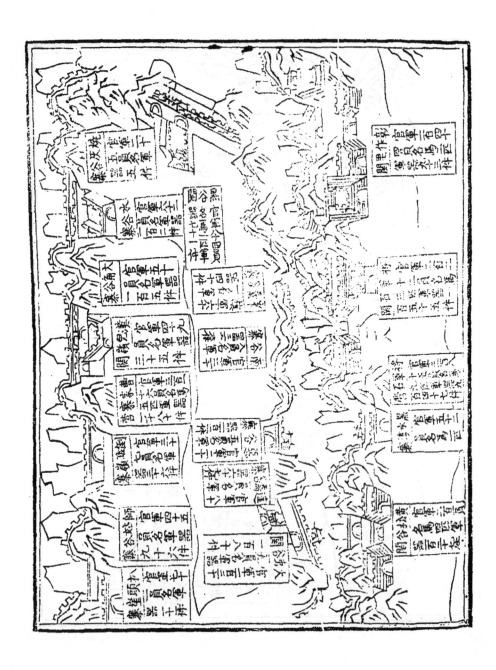

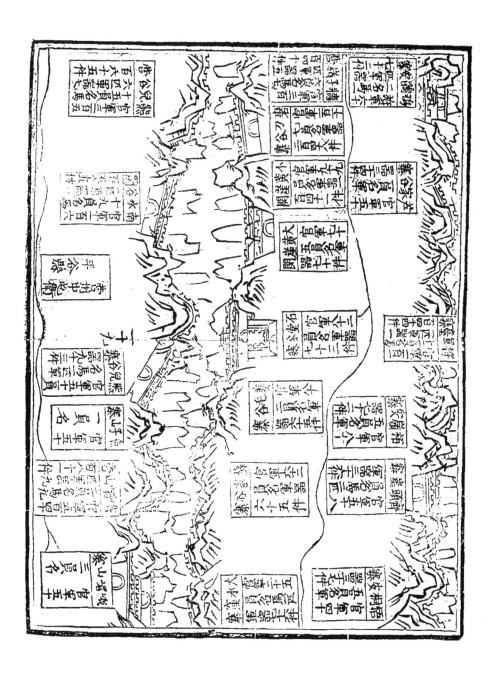

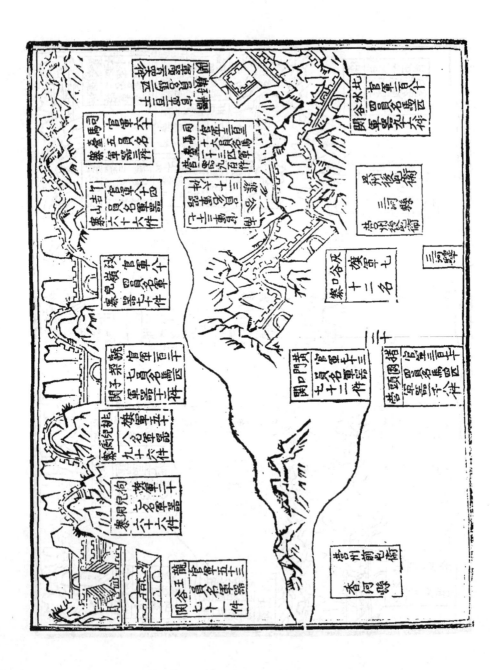

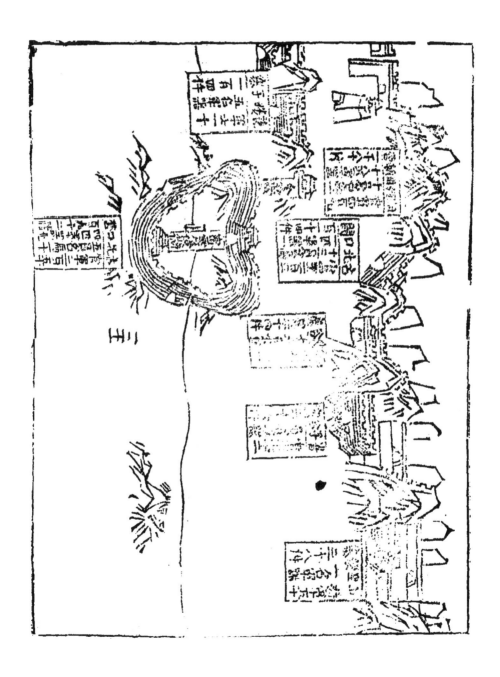

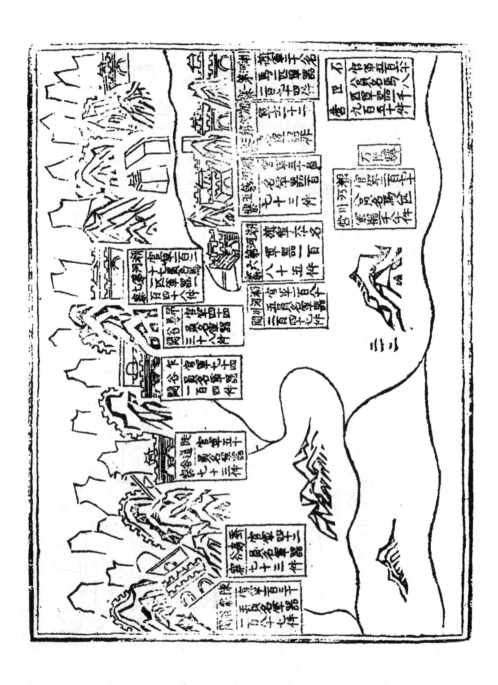

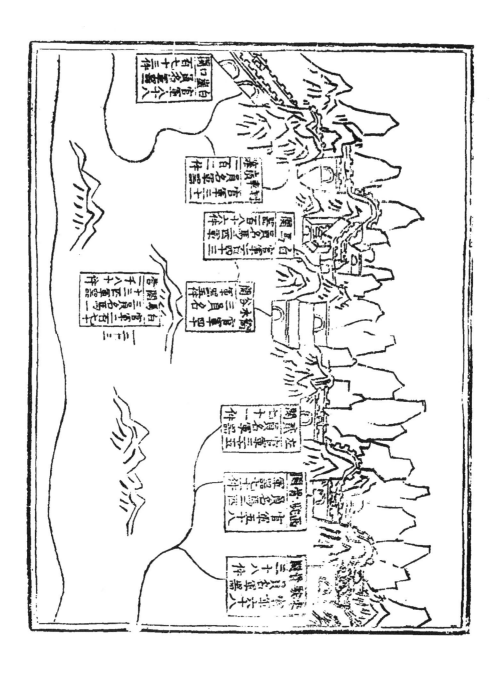

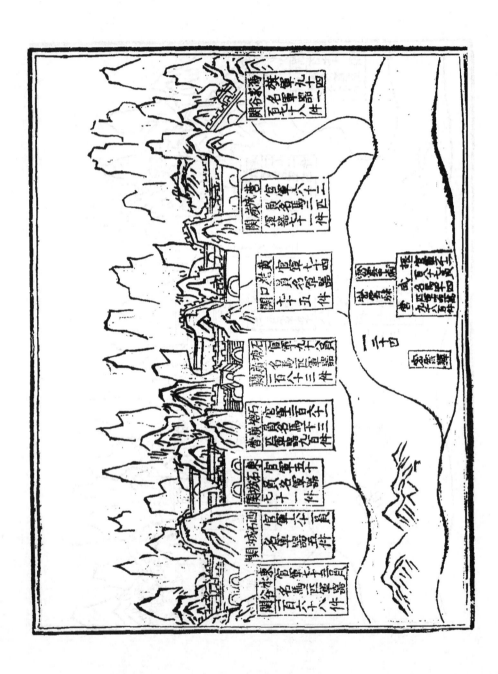

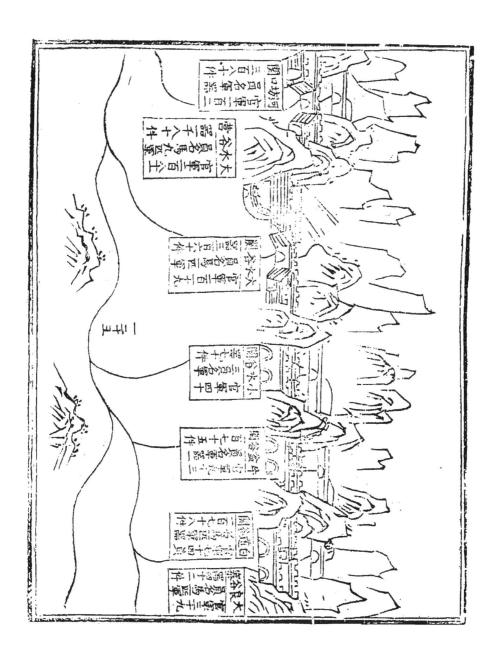

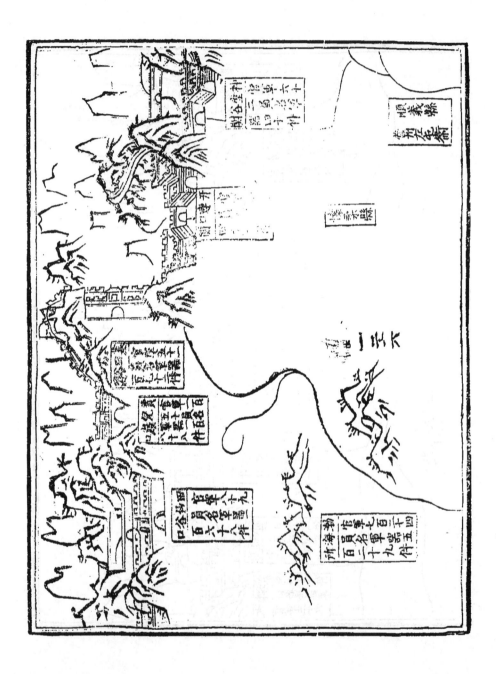

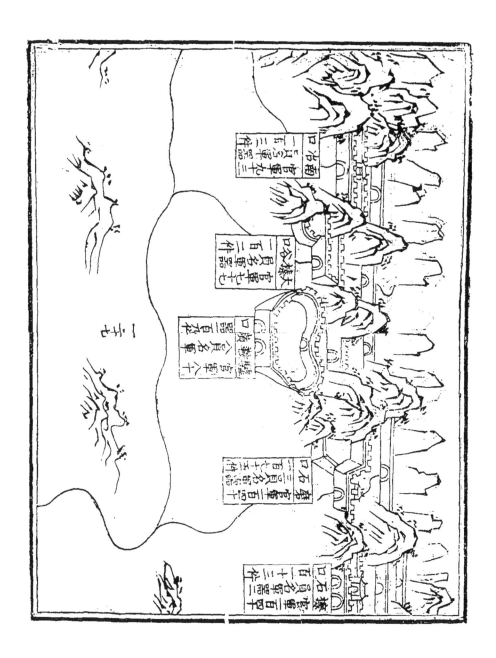

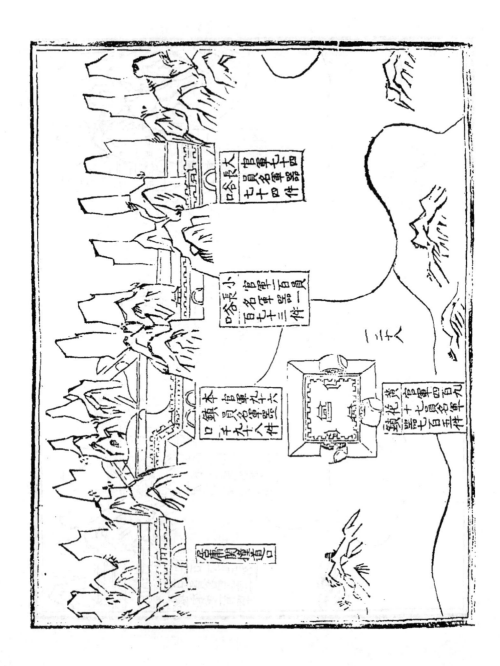

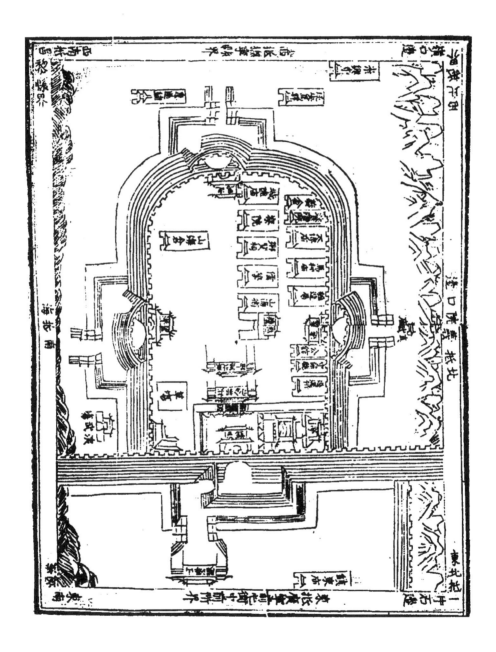

　　前二十八页为山海抵黄花镇总图，后一页为山海关特图。夫志山海也胡总之？盖畿辅边隘，东括于山海，要之重且大者，亦莫先焉，故称东关者，恒概而归之。

　　朝遣六察亦曰：按山海关，其诸关塞营堡之属，固可系而载之矣，矧山城形胜，纡连蔓引，隐然全镇有弗容间者乎？至若士马器械，又六察所阅实，而本兵所计略者，法得附录以告后来。斯二公命志之雅也。既总矣，复特之者何？盖总者，形胜也；特者，规制也。志曰山海，而规制之载，法宜独详，他者非惟可略，而亦不胜为也。矧边防武备大抵略同，举一以例其余，观者从可识矣。

　　　　　　　　　　　　　　　　　　　　　　角山　　詹荣识。

‖ 卷之一 ‖

角山　詹荣修辑

地　理　一

沿革一之一

山海，《禹贡》冀州之域，厥地偏东北，天文应尾之次。《书》曰：夹右碣石，此其方也。虞分为营州地，商属孤竹国，周属幽州，春秋属山戎。战国为燕分，秦罢侯置守，以其地属辽西郡。汉为阳乐地，介临渝、海阳之东，郡仍辽西，以幽州刺史领之。汉末分裂，为公孙度所据，乌桓、鲜卑续相侵夺。三国属魏。魏亡归晋。晋永嘉以后，慕容氏据之，后入于拓跋魏氏。隋为临渝关，属平州。唐天宝乾元仍隋旧。唐末暨五代沦于契丹，为𨺚州海平军，治海滨县，隶中京大定府。辽亡，金为千州。元入瑞州，隶辽阳大宁路，距旧渝关迤东、瑞州迤西，世传为迁安镇。国朝洪武十四年，创建城池、关隘，命名"山海关"。内设山海卫，领十千户所，属北平都指挥使司。永乐中建都燕京，列为畿辅，革北平都司，直隶后军都督府，宣德初调左中二所于辽东，今领八所云。

疆域一之二

东三十里至辽广宁前屯卫中前所，南十里至海，北八十里至义院口关，西九十里至抚宁县，此延袤之大端也。析而算之，东逾关七里为关瞭望地，余悉属辽。西南北三方虽山蹊沙濑及一市一廛，多为抚宁民赋地，卫屯、牧所散落，计仅十之一耳。厥土亦惟艰哉，于是乎鲜恒产之家矣。

山川一之三

角　山　脉自居庸、古北、喜峰诸山，东迤迤延亘千余里。国朝俱鳞次设关隘，障朵颜诸夷部，至是耸峙面海，而长城枕之。控畿甸，界辽藩，郡之镇山也。去城北六里，双峰峥向，宛如角立，因名。兹山之北直抵沙漠，层峦弥望，邈不可穷矣。

主事尚絅诗：

双峰叠翠倚云端，天限华夷是此山。蟠结已知根底固，登临便觉眼中宽。关城远近荒烟里，草树参差落照间。更欲攀缘到绝顶，手摩霄汉望长安。

主事陈钦诗：

云中一脉来昆仑，逶迤东指扶桑根。蜿蜒盘礴几万里，天马钳勒持其奔。渝关隐起势犹伏，累累聚米何足论。勾龙饮海叱精卫，壁立千仞如缭垣。丹梯白石湛溟渤，俯视六合低欲蹲。西望神京奠鳌极，环拱俨若朝至尊。金汤设险自今昔，海为池水山为门。眇予东南一腐儒，承乏偶此司天阍。鲸波不扬羽书息，闭关之暇思穷源。朝来出游冲小雨，四月三日天微暄。入山已觉芳意足，薰风初湿春衫痕。野云杳渺送双睫，颢气下上相吐吞。翻然下马坐方石，长松落落吟髭掀。顷焉羲和速神辔，白日忽破千崖昏。山中风景朝暮变，不变者与天地存。山灵爱客啸还应，百鸟戢羽不敢喧。归来小憩北窗下，此意可使终无言。

主事汪瑛诗：

太行之西倚昆仑，一支散出东盘根。逾恒带燕跨无终，滦河萦足挟以奔。应有巨灵运鬼斧，六丁开蜀安足论。层峦叠嶂限异域，参错联亘如树垣。龙行万里得水止，忽见大海势欲蹲。起为两角特对峙，崛强未肯相谁尊。因天城池据其半，山南海北严重门。畴其始之此设险，中山异人来命阃。承平百祀伊谁力，饮河克腹当知源。塞予弭节日多暇，烦嚣逼人思避暄。笋舆客与一登眺，蜡屐踏遍苍苔痕。蓬莱蜃市隐约见，冉冉堕日山为吞。千岩万壑忽振响，飕飕风阵戈矛掀。仰天搔首一长叹，沧桑变态如朝昏。归路烟霞却回首，翠微深处招提存。尘鞅羁人吟未足，西风莫教催市喧。会须振衣历万仞，傲睨八极方归言。

主事张恺诗：

一溪流水万里山，飞鸟归云去复还。卜筑固应如傅野，养高实不异商颜。幕床蕙帐心何静，秋桂春萝手自攀。欲向深湫起幽滞，老龙无奈厌人寰。

主事黄景夔诗：

冈势西来万马屯，两峰角立此中存。试跻高处疑天上，复有同云山石根。山色最灌浑着树，林风欲散半横村。翠微落窗无人到，时听钟声落寺门。

又诗：古寺乱峰里，苍翠映绀踵。出城指郊路，游赏恣所适。吏书苦拘束，久抱山水癖。跻高力未倦，惬愿如有获。远蹈想幽人，安得卜一宅。径微曲通樵，蕨长栗可摘。白昼鸣林禽，寒瓷汲泉脉。藤萝萦崖树，矗矗挂石壁。极步陟地巘，去天不盈尺。滇洞视海气，光景相薄射。旷哉此时怀，迥与尘世隔。长风吹襟袖，清啸万里客。

又诗：爱尔栖霞名，佳日来寺中。天高山气肃，白露湿草丛。寒叶惊脱木，萧萧多凄风。感此四时序，秋节遂匆匆。君看盈处理，退者在成功。智哉张留侯，千载名无穷。栖霞复栖霞，无以官为家。

主事刘序诗：

石墩环橄塞，野寺对关城。九日黄花败，三山白浪平。天隔非避地，海甸愧提兵。多病登台客，殊方此日情。

又诗：官怀游宝地，僧饭荐香粳。山绕碧岩寺，天开黄土营。五关严戍鼓，万井俯边城。塞国逢重九，那堪羁客情。

主事马扬诗：

旌旆停春昼，登山笑口开。云浮低绕树，石古乱封苔。径转高僧拥，天昏侯吏催。感时思公子，懒下望京台。

又诗：徙倚珠林迥，山光此共君。云烟天外湿，春雁坐中闻。芳草低依石，清歌响遏云。兴浓耽野趣，莫报日将曛。

又诗：青山暇日一登临，物候偏惊远客心。杳杳钟声玄雾湿，萧萧禅室白云深。东风满地自春色，幽鸟隔林空好音。西望燕城怀胜友，何时尊酒共开襟。

又诗：扰扰晨昏为启关，乘春骋望独登山。空阶雨霁莓苔绿，幽寺风微鸟雀闲。对酒遥瞻烟冉冉，裁诗俯听水潺潺。五云飘渺燕台迥，投笔班生何日还。

又诗：夙抱烟霞癖，无缘脱靮掌。百虑荡内机，庶事劳外像。忽忽青阳暮，遥忆山林赏。薄言寻蹊蹊，所希绝尘网。佳气纷郁葱，宝地开虚敞。泉声清且幽，物色何骀荡。莓苔封阶绿，松露滴石响。举觞临东风，悠然任来往。长歌故徘徊，古洞恣偃仰。归来憩空堂，芳树日初上。

又诗：人生常怀忧，流光只虚过。逍遥对珠林，忘形依石坐。鸟驮烟霞还，猿穿藤萝破。雨霁觉风幽，衣冷耽云卧。不求东海仙，愿访西山饿。

又诗：玄云邈且复，飘渺绀园飏。登临一以眺，上有白玉堂。堂中何所有，一人披霓裳。借问何所为，诵经餐霞浆。夙怀慕真隐，悠悠逾十霜。相逢兴不浅，谈空殊未央。山烟横野碧，洞林带晨光。泉水照禅心，松日窥石床。幸兹寡尘虑，讵复论圭璋。

又诗：攀藤披青磴，徙倚陟在嵊。生风纷斯下，去天元非貌。极目望溟海，溟海波淼淼。回首俯群峰，群峰一向小。丹霞栖杏阁，朝晖带飞鸟。地幽花气馥，烟开山月晓。前闻猿猴啼，后有麋鹿绕。而我兴方阑，烦襟涤未了。忽见莺与隼，邈依霄汉表。又见鸿与鹄，高飞避缯缴。嗟嗟名利流，空向樊笼绕。

少卿汪玄锡诗：

一片石，何巍峨，大海南来，阴山北下，山海之交，尔生其中补其缺。圆如玉镜台，色似并州铁。山深无六月，夜夜洒寒雪。树里长开兰若堂，峰头直望黄金阙。夏官司马氏，为人太孤洁，坐镇山海，森森烈烈。随行只带两三人，石磴不愁千万折。昨日我在平山营，日暮遥看叹奇绝。天门地户要开闭，乃知信有堪舆说。司马肩与约共登，天公晓雨相拦截。相辞独自渡渝河，回首偏愁听鹧鸪。丈夫意气重交游，贱子平生慕豪杰。历九疑，吊三湘，访严滩，探禹穴，他年南国定逢君，与君共鼓中流枻。

进士谷继宗诗：

镇寺艰危里，跻攀半且城。中崖亦堪马，广壑自须莺。径石晚云乱，溪花秋水横。山僧恋归客，林隙候吹笙。

又诗：阻雨翻登寺，披云直究扉。行人与地主，高致共忘机。度树蝉惊盖，凭栏蝶喜衣。晴风晚双腋，临眺力慵归。

御史闻人诠诗：

寒山风叶静，晚眺海云同。好客联秦晋，高僧悟色空。虎头南北峙，鸟道往来通。落日栖贤寺，谈玄忆孔丛。

又诗：好险真成癖，登危兴不禁。禅房高士枕，鸡黍故人心。去国应千里，行囊只一琴。杖藜僧舍近，钟磬有余音。

御史刘隅诗：

紫塞双峰接，丹梯万仞缘。身危山入海，目断水涵天。锦石题仙篆，青松覆绮筵。不辞今日醉，潦倒愧高贤。

主事吕高诗：

山海神都会，烟霞福地偏。倚空凌石栈，揭锡步金田。蛇径千盘入，龙宫万壑连。虹标披曲磴，树杪落飞泉。豁达超三象，虚无到九天。崇堂丹巘合，飞窦紫云悬。碧海摇珠木，晴峰照玉莲。法花岩外雨，梵乐雾中传。远岫瞻齐鲁，荒村俯蓟燕。探奇多历险，乘兴若浮烟。尘迹悲中界，幽心入上玄。山僧休避马，解绶欲逃禅。

主事葛守礼诗：

先春亦地角，载酒上层峦。境绝僧初定，眸空海愈宽。松岩澄宿雾，旸谷发幽兰。恍惚见三岛，飘飘欲羽翰。

陈钦、萧显联句:

（陈）山头春色拥春云,（萧）约伴看山我与君。胜事肯教忙里过,（陈）尘埃只在此中分。载将柏酒酬佳节,（萧）剩取松花醒宿醺。陶鼎漫和羹味美,（陈）直拼清赏到斜曛。

又诗:（陈）侵晨仆仆办山装,（萧）北去丛林十里长。拄杖芒鞋陪旧约,（陈）洞泉野蕨荐春芳。履端怡值三阳泰,（萧）休沐谁为半日妨。纵赏不须愁暮钥,（陈）尽多高兴入诗囊。

又诗:（陈）坐爱诸山玉垒深,（萧）地分幽胜绝氛祲。沧溟荡漾春醅泼,（陈）碧树参差昼景森。汉使欲归怀数会,（萧）燕台高筑待遥临。明年为约重逢处,（陈）回首兹亭记赏音。

又诗:（萧）山开霁景晓云收,（陈）亭砌平连天一陬。城郭分明雄巨镇,（萧）蛟龙咫尺起灵湫。隔林钟磬初鸣午,（陈）下界繁华不耐秋。输却老禅无外想,（萧）蒲团坐阅岁华流。

又诗:（萧）大地阳回气郁葱,望迷游目款行骢。（陈）登山欲把春衣换,到寺都将尘虑空。（萧）衲子归云还卓锡,兵曹驻节政观风。（陈）年来关塞无烽燧,消得偷闲向此中。

后角山　去角山北十九里,高耸等于角山,以前后相望,因名。

洞　山　去城北十里,孤峰峭拔,当两山之冲,崖悬空洞,倒蘸深潭,樵径纡引其下。

寺丞朱禋诗:

朝宴偏凉汀,夕渡洹河水。洞山更在横山东,垒嶂参差画屏里。一径入山腹,窈窕缘青萝。上临有顶拂苍翠,下极无地皆盘陀。横者若双峡,植者如兵戈。高者疑雉堞,低者同旋窝。崄岈亘古蟠地轴,万象迥隔迷森罗。大哉造化结灵异,排空宛转如青螺。神奇物怪互恍惚,珊瑚玉树交枝柯。中有忍辱仙,趺坐悬崖间,左为大迦叶,右者如阿难。拈花相顾一微笑,点头应悟无生关。棱棱铁色绣苍藓,绝顶斜露天光悭。我来游览当首夏,绿阴啼鸟声绵蛮。探幽历险昼秉烛,十步九折穷跻攀。同登二三子,府倅偕郡侯,相逢邂逅总乡曲,文采光映珊瑚钩。索我赋长句,拟刻西岩头。要令姓字与山谷,同传万岁而千秋。我诗不足珍，惟有德者名乃留。君不见先王礼乐不假石，天下至今称孔周。

主事马扬诗：

索居怀古迹，抱病起寻幽。诗酒今谁共，洞山惭独游。蝉鸣边日暮，木落海风秋。登眺思公子，京华相忆不？

围春山　自洞山入，东五里，山形四合若环堵。

都御史洪钟诗：

翠拥螺攒四面高，雨香云淡景偏饶。始怜径路稀车马，便觉林泉隔市朝。红白花开桃李树，笙簧声度燕莺娇。寻常诗酒皆堪乐，莫怪渊明懒折腰。

给事中萧显诗：

山色苍凉海色寒，朔风吹雪透柴关。围春堂邃琴书润，荫秀园幽鸟雀闲。牧笛悠扬红树底，僧居掩映白云间。赏心未罢头颇老，十里嬉游半日还。

进士谷继宗诗：

滚滚登丘壑，飘飘意不停。野堂花自色，关塞草连青。偶上望夫石，独来问客星。深林有书屋，遗勒北山铭。

主事马扬诗：

载酒西风暮，围春幸此游。堂虚明月在，松古淡烟浮。石径猿空啸，鱼梁水自流。寥寥思海钓，闻雁倍增愁。

又诗：峨峨栖霞西，迢迢洞山后。幽幽围春堂，萧萧落丹黝。结构一何密，盘基良可久。扬策调樵夫，筑居者谁手？隔溪笑且答，云是海钓叟。下马步徙倚，登临何所有。门外俯流水，活活春云臼。轩前仰疏松，亭亭当窗牖。石阶封莓苔，图书浮尘垢。行庭匪见人，伫立空搔首。我欲为洒扫，洒扫无箕帚。我欲相赓歌，赓歌无执友。逍遥夕阳下，只对一樽酒。萝径抚孤琴，坐听蝉鸣柳。耽兹林泉幽，矢言轻组绶。

陈钦、萧显联句：

（萧）万章古木绕禅庐，（陈）云叶重重雁塔孤。醉依三山招海若，（萧）浩歌一曲动天吴。野亭早构还来赏，（陈）滇翻秋拚各有图。何必燕然重勒石，（萧）岘山遗刻不曾芜。

又诗：（萧）胜概吾乡首角山，（陈）天遗画本落人间。晚来紫翠如添色，（萧）春去尊垒肯放闲。洞里野云时出没，（陈）海边沙鸟自迁还。凭高便有千霄志，（萧）鹤驾清风岂易攀。

又诗：（陈）亭子新成占海山，（萧）我来登眺一怡颜。轻雷送雨过林麓，（陈）爽气迎秋遍宇寰。使者有时临戍堞，（萧）野僧无事掩柴关。下看城市如棋局，（陈）车马纷纷未肯闲。

又诗：（陈）山中一日几晴阴，（萧）却称诗翁半醉吟。夜月老猿谙阒教，（陈）野云孤鹤伴幽寻。爱僧未拟捐尘鞅，（萧）为客偏惊急暮砧。鱼钥又催司马去，（陈）江湖廊庙百年心。

尖　山　城西八里。

五泉山　城西北十三里，山有五泉，因名。

孤　山　城南六里，屹然面海，下临潮河，若砥柱然。

平　山　城西北四十五里，在石门寨之右。

寺儿山　城西北二十里。

云蒙山　在寺儿山之右，特有云罩其上。

箭笴山　城西北七十里，一名茶盘山。

寺丞朱禋诗：

三边一色莹无瑕，箭笴头景最佳。玉璧千寻横鸟道，冰天万里接龙沙。白连辽海迷樵径，烽暗长城咽暮笳。应是玄冥怜寂寞，年年来作黑山花。

主事黄景夔诗：

深山雪后拥层层，谷转坡回路几登。日上林岩云已失，暖通水涧气余蒸。梦惊远霁含窗入，兴在高寒振屐能。天外群峰应未没，双尖奇句有人曾。

联峰山　城西南七十里。

欢喜岭　城东六里，又名悽惶岭，取或行或戍于辽者，去则悲，回则喜之意，名因有二。

姜女石　在城东南，入海一里，颖出水面，其形肖坟，相传孟姜女哭夫而死，葬于此。

编修李学诗诗：

姜女何英烈，真心化作山。海水有潮汐，此心无返还。非砥亦非屿，可仰不可攀。君看石苔藓，千秋泪尚斑。

望夫石　东门外八里，在海岸，近姜女石。

骆驼石　城西南六十里。

说话石　在联峰山东，双峰若人立相对语然。

双松岩　在角山关之西。

胜水岩　在茶盘山西南，水自悬崖石罅流出。

秦皇岛　城西南二十五里，又入海一里，或传秦始皇帝求仙驻跸于此。

主事杨琚诗：

岹峣神山峙海边，始皇曾此驻求仙。羽轮飙驾今何在，方丈瀛洲亦杳然。古殿远连云缥缈，荒台俯瞰水潺湲。红尘不动沧溟涧，芳草碧桃年复年。

主事黄景夔诗：

秦帝东巡事可嗟，恒山浮海自琅琊。沙丘遗恨仙人药，蓬岛回风弱水涯。天地沧桑凡几变，咸阳宫阙是谁家。坡翁曾道花应笑，安得广州含笑花。

员外苗汝霖诗：

登亭试问秦皇岛，海上神仙信有无。今古几人曾羽化，乾坤何处是蓬壶。伐湘不恤千年笑，驱石甘心万骨枯。丹药未成身已死，长城哪得久防胡。

主事葛守礼诗：

长城争奈禁宫胡，不死神仙亦有无。寂寞阿房深草木，空余绝岛伴烟孤。

金山嘴岛　城西南八十里，半入于海，可渔。

海　自直沽、新桥、赤洋东，厥势渐北，如身之支。东抵辽，通朝鲜等国，南岸即莱州府界，旧传国初海运输山东省钱布给辽。今运道废塞，其海滨店舍尚存。去城南十里，长城入焉。

主事杨琚诗：

百川归纳岂曾盈，无浪无波彻底清。漠漠远天连一色，沉沉皓月更同明。晴涵秋影雁初过，冷浸星光龙亦惊。几度临流蠡测处，云霞缭绕接蓬瀛。

员外张弼诗：

郁蓝波接郁蓝天，主圣臣贤攵晏然。欲问吾家在何许，鹊飞尽处白云边。

又诗：看海持觞酒入觞，诗怀酒兴共茫茫。翩然欲借仙人马，稳驾东风入帝乡。

员外邵敏诗：

夹道垂杨带海涯，高楼睥睨压烟霞。平铺镜影风初静，倒蘸山光日正斜。共传浩渺容三岛，谁信乾坤占一窝。醉后不知天近暮，马蹄撩乱起圆沙。

主事尚絅诗：

常年来向海边头，蓬岛仙山何处求。潮汐奔腾坤轴走，波涛汹涌雪花浮。凭栏对酒看无厌，倚马题诗咏未休。沉醉漫思张博望，乘槎共到月中游。

主事尚缙诗（絅之弟）：

浩浩沧溟阔，茫茫宇宙幽。顺流通百济，隔岸近莱州。玉穴鲸洄浪，沙湾钓舣舟。我来真壮观，长啸海门秋。

教谕陈巘诗（钦之父）：

海上初来惬素闻，摩挲老眼看氤氲。却疑天水浑无辨，翻道洪濛此未分。抵荡北山成巨险，纡连东服静边氛。鲸吞杯酒笑相对，取畅高怀倚暮云。

举人陶成诗：

眼见沧溟岂耳闻，就中劳我思氤氲。鱼龙托处春秋远，日月浮沉昼夜分。不责细流深亦大，尽容群蠢乱而纷。蓬莱方丈应成约，往御长风驾紫云。

主事陈钦诗：

渤澥茫茫瞰此亭，望中云水荡空溟。古今独有玄虚赋，天地仍留混沌形。鲸浪卷风朝北极，龙池将雨下东溟。解游我亦夸奇绝，吟倚蓬山万丈青。

又诗：天尽东南一水看，地连西北拥长安。龙宫贝阙苍波迥，震雨灵风白昼寒。万里金汤何处险，百年襟抱此中宽。鹏搏又逐秋风起，欲向青霄借羽翰。

给事中吴岩诗：

渤海汪洋气势雄，极眸无际接长空。风掀地窟蛟龙吼，派插天河牛女通。弱水鳞翻波见锦，扶桑日出浪流红。徘徊忽得源头趣，物我超然思欲翀。

主事汪瑛诗：

虚亭俯瞰百寻崖，万顷茫然望眼开。天下众流空说水，济川一苇敢论才。喧豗地底龙疑吼，变幻潮头蜃有台。为向麻姑仙子语，只今几变起黄埃。

御史施儒诗：

偶与仙郎约，相携出郭来。有亭临澥渤，无客跨蓬莱。水气薰残照，潮声殷怒雷。大观当作赋，愧乏子虚材。

又诗：万里长风吹几逆，金吾邀客上城颠。旋收海错充盘饤，坐爱潮声沸管弦。姜女高坟明积雪，秦皇孤岛起寒烟。壮游何用生凄恻，萍泛悠悠岁莫天。

主事黄景夔诗：

东溟之北北之南，不尽川流此注函。一碧直看天共远，空明如与镜相涵。力浮厚地形相附，光吐双丸手可探。道理若论观物外，南华秋水几人参。

又诗：海上亭连城上楼，羽书无警静边愁。使旌动日天光霁，水物呈灵蜃室浮。外国清波觇圣德，西山佳气辨神州。此游本为纾筹笔，不是人间汗漫游。

给事中萧显诗：

入夜潮声十里闻，气连霄汉自氤氲。舟航吴越长风便，襟带幽燕孔道分。蛟在室中吞怪物，蜃成楼处见妖氛。有时三岛开晴霁，仿佛群仙拥绛云。

又诗：险带重关控虏营，百年民物贺升平。蛟潜水国精灵异，鲲起云霄羽翼生。亲见舟航来日本，人传滇渤共占城。几回对咏沧浪句，毛发森森彻古清。

副使熊相诗：

尘缰暂脱傍鸥群，话久杯深觉渐醺。怕听涛声喧鼓吹，错将海市认浮云。鸟啼花落秦皇岛，月白风清姜女坟。往事仰天成一笑，呜呜流水不堪闻。

员外方豪诗：

青海茫茫望转明，阴风不动夕阳晴。一时平定皆天意，人力何能为重轻。

又诗：遥天接处元无岸，初日明时亦有涯。尘世终难安插我，乘风便欲访蓬莱。

主事刘序诗：

关门令尹关初局，晚秋直上望洋亭。长天一水登莱远，斜日万山岛屿青。云雾虚无胡鹘杳，鱼龙出没海风腥。孤槎奉使秦川客，独凭危栏叹泛萍。

主事马扬诗：

几年渴欲访蓬瀛，此日相逢共濯缨。云出海天连暝色，风来远近带潮声。传杯不尽衣冠兴，浴水遥看鸥鹭轻。寄语尘寰奔走客，早来此处学长生。

又诗：客子当春暮，相邀眺海亭。云连万顷碧，烟雾数峰青。对景成嘉会，临风欲倒瓶。旆旌归去晚，潮上不堪听。

又诗：海上饶风景，春风载酒过。云烟浮几席，水气湿笙歌。雁暖低关塞，花香袭绮罗。胜游觉兴逸，同醉去如何。

少卿汪玄锡诗：

海上高台得暂临，望洋初慰此生心。龙宫珠贝千寻暗，蓬岛云霞五色深。天地谁能窥辟合，阴阳聊此见升沉。炎天日脚长无底，拍手尊前更浩吟。

又诗：海阁平登思眇然，英雄遗事浩波前。长城筑罢空防虏，方士归来不见仙。万里眼中生日月，一樽忙里破风烟。与君须作如泥醉，载酒从游定几年。

进士谷继宗：

海亭中砥柱，词客胜登临。立马人依岸，开尊鸟散林。潮声吞鼓吹，波影下城阴。天地军麾里，孤臣仗秉心。

又诗：目碧天应水，身孤石亦云。乾坤奇胜览，诗赋重离群。潮拥秦皇岛，城连孟女坟。野风醒酒力，归路尚斜曛。

御史刘谦亨诗：

秋尽东来候，兹登亦壮游。日临银海动，风卷雪花浮。群鹭城边度，孤云天际流。茫茫多胜概，历览未能休。

又诗：司马邀骢马，登楼望海东。风吹沙草碧，日落晚云红。波浪鱼龙跃，关山虎豹雄。酣歌时击剑，直欲倚苍穹。

编修李学诗诗：

秉节来沧海，奇观足胜游。城连危欲动，天接势将浮。怒浪鱼龙吼，澄光日月流。三韩云外渺，逸兴未能休。

又诗：迢递关中道，留连海上亭。片云回岛屿，一鹗下山城。汗漫濠梁意，风流庾亮情。浩歌看落日，尘世一浮萍。

又诗：览胜随骢马，停杯看午潮。天空水色合，风定浪花消。日月双丸转，乾坤一叶摇。桑田今几变，感慨意萧萧。

御史闻人诠诗：

寒城控辽海，晴雪涌秋潮。客思天涯远，幽栖俗虑消。鸥波澄浩渺，鹏翮起扶摇。何日乘槎去，蓬莱学纬萧。

又诗：晴波灏灏远兼天，海鸟沙鸥去渺然。漫向城头看落日，晚来风月更无边。

都御史潘仿诗：

征车八月来东海，望入苍茫眼界空。潮水连天翻白云，蛟龙吹浪吼阴风。蜃楼仿佛云烟外，仙仗分明岛屿中。即欲乘槎访牛女，银河瞬息可能通。

佥事卢耿麒诗：

槛外碧波看不尽，城尖官阁散壶觞。九霄日月开寒燠，万里乾坤在渺茫。怅望蓬莱迷处所，萧条浦溆失舟航。凭阑欲拟玄虚赋，健笔今称楚职方。

又诗：秋尽同登百尺台，斜阳纵目海云开。无边波浪兼天涌，何处雷霆动地来。风定欲题矶上句，兴酣不记槛前杯。词赋况逢贤地主，诗成昏黑更徘徊。

副使裴骞诗：

十年苍海梦魂通，此日登临逸兴同。无限蛟龙喧静昼，即如风雨号长空。波心坐拥蜃楼结，山势遥连雉堞雄。安得仙槎从此泛，瀛洲为访蓬莱宫。

御史刘隅诗：

星域连东壁，瀛堧望十洲。蛟龙静不起，鸥鹭晚相求。倒景三光没，回涛万壑收。颙扬横海楫，飞渡日南头。

主事吕高诗：

学海元吾志，凭空此望洋。际天浮潋滟，匝地绕苍茫。砥柱三山壮，朝宗百水长。吐吞行日月，阖关变阴阳。万象涵虚动，群灵揭化扬。蛟宫敷贝彩，蜃阁丽珠光。雾鲤千群跃，风鹏九万翔。瑶台盘若木，丹灶爇扶桑。气涌云霞灿，涛惊岛屿扬。钓垂鳌极外，槎拂斗牛旁。帝子苍龙驾，仙人翠羽裳。紫鸾初献寿，白雉共来王。驱石荒秦帝，传车走汉皇。有思凌倏惚，无计跨怀襄。独抱乘桴叹，终寻炼药方。安期如可见，投迹共徜徉。

主事葛守礼诗：

寥落亲嘉客，凌虚兴复清。游鱼分小队，野鹤导先旌。云出山含雨，潮来水溉城。欲开沧海犀，天际邀长生。

又诗：

月华窟欲满，地息气凌空。浪涌一天雪，涛声万树风。沃焦烘正沸，海若嚱初雄。酾酒乘春望，浩然此处同。

漰儿海口 城西南十里，可渔。

寺丞朱裎诗：

数声款乃水云丛，两两三三别浦东。榔板夜敲青嶂月，钓丝晴裹白苹风。潮生潮落年华换，花谢花开物候同。莫遣孤蓬过秦岛，鲍鱼醒满故祠中。

主事黄景夔诗：

每怀渔父有玄真，烟水舟中着此身。意在得鱼兼避地，力能举网亦垂纶。岛门笛起游龙出，浦口灯回宿鹭亲。棹入苇间歌一曲，夤缘更有划船人。

七里海 城西南七十里，周匝仅七里，可渔。

石　河 城西三里，源出义院口关，南入于海。沙石丛积，褰裳可涉。灌以秋潦辄泛涨，急湍怒流，险不可渡。近颇陡，决坏居民田庐云。

主事尚絅诗：

奔流一派北山隈，乱石交冲怒若雷。只见波涛翻海去，不容舟楫渡人来。捕鱼夜向河边立，送客时于岸上回。最是秋来偏泛涨，仿佛弱水隔蓬莱。

主事黄景夔诗：

石河平浅涉无梁，秋水才添即混茫。不辨津涯夸瀚海，谁分清浊听沧浪。旁村无地堪移屋，隔岸行人欠渡航。天道晴阴元未定，岂容恒雨舞商羊。

张果老河 城西三十里，源出温泉，南入于海。

鸭子河 城西北二十五里，源出西北山，流入于石河。

潮　河 在孤山下，海潮止此。

南关河 源出关外东北诸山，由南水关穿长城入，纤流如线，经雨潦辄汹涌啮城决扉，岁恒为患，至今厪巨役云。

北关河 山原行潦，由北水关穿长城入，横西关厢，南下流入石河。

龙　潭　在尖山下，水清深不可测，相传有龙居之。遇早取水，祷雨或应。

双文井　在儒学射圃前，城中他井皆咸卤，惟此二井甘滑。

北圃新井　在兵部分司后圃。

主事黄景爂记：旧圃既堂地，析凌垣。垣北远民屋，莽野一视。乃出钱三千，市张氏地二亩，垣为外圃，夹垣周巷，以通宵巡。既成，召圃人议之曰："地不可虚，其为我艺蔬？"圃人曰："壤沙确枯，蔬则无功而徒劳人，盍井其几哉！"因令佣十夫，日直三百钱，合五十四日，穿四十尺而泉见。又十日而甃讫，辘泸修绠，飞沟达畦，直注旁灌，转折如意。漾漾溗溗，分青溚白，蔓实茎叶，累累延延，种种畅成。是夏，偶不雨，井乃有济，岂直盘餐案荐，饱潜郎之腹？每晨霁夕阴，此焉旷怀。视不越沟町，有演漾千里之势；步不出亩园，有原郊极览之兴。微此井莫益此境。呜呼！夫井也，方未井时，水行地中，泯泯潜潜，庸讵知其井邪？及既有之，亦不云无矣。惟川渎湖海视井为大，然形势限制，厥功靡周，奚若斯井，无地不有，非是也羲皇不以列易。吾尝评其德曰：不掘不出，掘之不拒，其类知时邪；其出也，因地变易，其类权邪；不为邑迁，其类介邪；汲之不虚，不汲不盈，其类中邪；沉匿内鉴，其类智邪；井井不穷，其类仁邪。夫井若斯功，又若斯德，井之义大矣哉！岂私吾一圃之资而已。宜书诸石，以告后贤俾知斯圃、斯井。自我作始，世世浚之其无斁。

满　井　城西七十里，居百余家共之，随汲随满，虽大旱亦然。

城东新泉　城东一里。

主事黄景爂记：城东新泉，故泉也。故泉曷曰新？曰：以其故之辱也，始浚之，若新焉。曷曰故之辱？曰：出东城百余步，大途之旁，维泉之源，脉长而甘。城中井卤，人莫汲，汲城之外。东门之人资斯泉，顾独出石间，仅勺挹，不受巨器。浸渍溪流，泛淖沮洳。牛马之过，饮之且溲焉。汲者守泉不得，则于溪匪注盈，汰澄不可汲，踵踵竞次。旱则复于泉洳。冬尤艰，剖冰取饔，人息爨俟水之至不及，则于北泉又远难致，论者咸病东泉云。子郊行过泉而喟曰：泉哉，泉哉，易居于此？尔资之深，而功不薄，质甚美而蒙不洁，斯非尔泉辱哉？乃心恻而新斯泉。曷曰新？曰：役灰云集，下其如雨，巉穿嵯矸，深入齿齿，泓然成池。汲者如携，不次不劳，不独利东门城中之人成汲焉。崇之方台，庇之峨亭，曲阑四周款，如闲如幽荫，寒冽炙燠之所不及，牛马之迹无缘而来。观者顾嗟，不识其故，故曰新。既成，饮亭下，顾泉而贺曰：嘻！泉哉！自有天地，即有尔泉，岂无主翁，咸莫尔顾，兹维新，在我庆尔泉之遭缪。予理守罔敢苟安，浚清濯污，托风在泉，窃志焉。抑谓我留情事外，不急簿领迹，亦似之知我乎将由尔泉乎，尔罪我乎将由尔泉乎。尔乃扁亭曰：城东新泉，而刻语于石树亭中。

温　泉　城西北四十里，其热如汤，浴之可以祛疾。

土产一之四

土石类　白盐、土粉、石炭、赭石、青灰、红土、石灰、皮硝。

谷　类　粳、黍、稷、粟、粱、豆、苏、稗、蜀秫、大麦、芝麻、薏苡、小麦、荞麦。

木　类　松、柏、桧、槐、椿、椴、桑、青杨、橡、柳、榆、樟、柘、黄柏。

果　类　梨、杏、桃、李、枣、榛、来禽、樱桃、葡萄、核桃、羊枣、栗、菱、花红、石榴、藤枣、郁李、银杏。

蔬　类　韭、苋、葱、芥、薤、赤根、芫荽、蒜、荠、茄、蕨、瓠、萝卜、莴苣、白菜、蒜蒿、花椒、胡萝卜、芹、胡芦、蒲翦、水萝卜。

瓜　类　冬瓜、王瓜、西瓜、丝瓜、菜瓜、甜瓜。

药　类　桔梗、黄芩、黄精、柴胡、荆芥、苍术、远志、防风、紫苏、知母、升麻、菊花、细辛、苦参、瓜娄、兔丝、麻黄、草乌、葛根、藁本、葶苈、瞿麦、前胡、朴硝、麝香、海蛤、南星、大黄、茯苓、山楂、牡蛎、蓖麻、黄柏、地黄、苍耳、五味子、桑白皮、马兜苓、茵陈蒿、百合、威灵仙、益母草、赤芍药、金银花、地骨皮、小茴香、薏苡仁、金精石、白蒺莉、郁李仁。

花 类 芍药、萱草、山丹、丁香、匾竹、蔷薇、石竹、月季、鸡冠、蜀葵、凤仙、茨梅、金盏、玉簪、珍珠、罂粟、葵、榴、满条红、落金钱、菊、莲、转枝莲。

羽 类 鸡、莺、鹅、鸭、燕、鹊、雀、凫、鹰、鸽、鹘、雕、画眉、雉、鸠、雁、鹤、鸹、鹳、鹃、鸢、鹚鸹、青鹠、鸳鸯、黄鹂、水鸦、乌鸦、鹭鸶、鹌鹑、布谷、天鹅、铜嘴。

毛 类 马、虎、牛、猪、羊、驴、骡、豹、狸、狍、野猪、鹿、獐、兔、麋、熊、狐、狼、猴、山羊。

鳞介类 鲤、鳝、鳗、青、鲛、鳢、白眼、鲫、鲎、鲴、鲁、石、鳜、白条、海胎、对虾、蛎房、蚌、鳖、海鹌鹑、石首、海蟹、蛤蜊、蛏、鼋、海馒头。

虫 类 蚕、蝉、蛇、蚁、蚯蚓、蜻蜓、螳螂、蝶、蜂、蝎、鼠、蟋蟀、蜘蛛、蝙蝠、蛲螂、鼠妇、尺蠖。

杂植类 木绵、苘麻、椴麻、蓝草、线麻。

按：山海土瘠狭，多寒，无嘉生丰产以厚我民。古称濒海擅鱼盐，据今渔乏舟网，商绝水运，故获寡而售艰矣。呜呼！此民之所自利者，岂待政教发征期会哉？顾利原何如也？太史公曰：原大则饶，原小则鲜，信矣乎？

形胜一之五

按：古称燕地为四塞险固之国。形胜伟哉！雄矣！夫形胜者，地也。作之者天，而成之者人也。今夫幽蓟之野，非燕之旧封乎？相厥山川，山自居庸而东，其势渐南；海自直沽而东，其势渐北；至我临渝山麓，海滨不盈一视。扼而塞之，其为力甚易，其为功甚巨也。顾汉唐诸代建都陕洛，摈为荒遐。有宋中叶，委诸胡部，凌夷之甚，无复界限。洪惟我太祖高皇帝，扫逐胡元，定鼎金陵，即设卫建关，以立中外之防。太宗文皇帝靖难还燕，列为畿辅，而增制所未备。迨今长城之塞，重键之封；绝壁洪涛，犬豕喙息，严城列戍，虎豹森然；屏翰京师，咽喉辽左，诚四夷之守，万世之业也。猗欤壮哉！《诗》云：天作高山，太王荒之，彼作矣，文王康之。圣祖神宗之谓也。又云：有夷之行，子孙保之。其在今日乎？其在今日乎？

风俗一之六

按：幽燕之俗，人性劲悍，习尚朴茂，厥来邈矣！逮辽、金、元相继整居，为胡俗所污。国初，征四方人守之，习尚错杂，靡所考一。然山川所限，风气乃钟，渐而渍之者，人多负气任侠，慷慨激壮，犹席易水之遗烈。士业诗书，谈气节，少所让可。农瘠土寡获，甘劳苦，分省约。工乏良材，售多苦窳。商昧远大，机利逐，逐转十一，为糊口计。闾阎，里闬鲜声乐，乐事亡何，终岁淡然，其大都也。余闻之乡耆老云：成化以前，率尚简实，中产之家犹躬薪水之役。积千金者，宫墙服饰窘窘若寒素。独婚丧赠遗从腆，达于实用。官无墨行，罔骏削于下。细民畏官府若神明，矧敢嚣讼？故间阎多厚藏而俗日敦。及余所睹记者，遑浮尚口，好訾人短长，且以势利相凌轧。家稍温裕，辄竞纨绮、润屋庐以自侈。一遭颠踬，遂廉其直市之，计初直仅得三之一，是用荡然无遗。婚罔亲迎，丧用浮屠，病延巫祝，灼化者之尸以骨葬，尤为丑薄。自丰都黄公、新昌邬公出令诱禁之，而士大夫复哀然首倡，秀民之家稍知有礼法矣。所最病者，官以剥刻为恒，虽至骨，弗少贷，民怼则公牒兴，是故官日罹于犯，民日滋于伪，官犯则亡耻，民伪则无赖，亡耻者纵恶，无赖者长奸。不有握机者挽而变之，吾不知其纪极矣。

‖ 卷之二 ‖

关　隘　二

关二之一

山海关　即城之东门。国朝魏国徐公达所建，为朝鲜、女直诸夷国入贡及通辽商贾，所由关法稽文，凭验年貌出入，禁辽卒逋逃并商货非法者。宣德九年，始设兵部郎中来守。历四人，易以主事。正统八年，添设守备武臣同事。正德三年，逆瑾怙权，矫上命，以中官赵纲守之，去主事。五年，瑾伏诛，纲坐瑾党罪废，设主事仍旧。十二年复用中官王秩来守，又革主事，然纲虽逆党，尤知礼重士大夫，绳家奴以法，不敢大肆。秩则纵暴，网利锱铢靡遗，困及遐迩，荼毒之遭在吾山海尤甚。今上改元，铲除弊政，复设主事而永革中官。适丰都黄公景夔来，乃呈部革守备同事。越二年，黄公代去。值主事王公冕为辽妖卒所害，镇守太监李能奏设抽分，而商贾之困犹夫中官时也。主事新昌邬公阅乃呈部题请永革之，则嘉靖八年秋也。

主事黄景夔《请革守备呈》：

呈为关弊事，照得景夔被命叨受边关一钥之寄，惟惧无以仰副任使。缘关法审验行旅文引，本为讥察军囚而设，然因而刁难，则易以得贿，此先年守备武臣所由生弊，而御史张璁所为论奏，改委京官守关，盖自是始也。惜当时议处未精，犹许令武臣同事，同事矣，则视部官僚采耳，并席视事，能禁其不受贿乎？故一时过关验放，若无所取，而其遣人下店，阴取者犹在也。若国是少非，权幸踵至，彼则豪夺公取而无所忌，愈弗能禁之矣。人视此关，遂若天阍鬼门，入者惕息，出者嗟怨，岂关法使然哉？彼自得贿犹可说也，至有假名共贿以借口分谤者，使部官受污辱之名于暧昧之地，其亦难矣。此景夔所窃闻之人而愤心切齿者也。今守备指挥韩聪弊事，都宪李公已论奏于前，近店家程玺所犯打点事情又发露于后，此非得之流闻，其实可按而知也。有以为宜因其坏事而易其人者，要之易其人无益也，抑其病在于许之同事耳。大抵武臣嗜利鲜耻固其常态，未有可责，以名检者，既许之同事矣，又因其坏事而易之，又易其人，而又坏事，而又易之，虽使百易其人，犹若人也。聪以前守备武臣，闻有凶悍如王喜者，奸婪如叶凤仪者，狡狯如季英者，贪黩如田琮者，聪以前诸人无一人可委而称者，岂聪以后之人独为不然乎？前之部官不得而禁之，后之部官势亦不得而禁之，何者？以其同事之柄犹在也，故欲去关弊，莫若不许其同事。彼不得同事，则虽不彼禁，其势自无所得贿，绝之之本，无要于此也。且当时以关寄改委部官，必以部官为可委矣，又何至令武官同事，况一钥之寄，非有士马刍粮统驭调发之权，必假武臣以共济也。今御史则有巡按之任，有茶马之任，有清戎之任，有盐法之任；部官则有督粮之任，有抽分之任，有抽钞之任，有造船之任，此其寄尤有重于守关者，不闻又令何人与之同事也，而独守关则令武臣同事，此景夔窃疑法之不善也。不革武臣同事之权，而欲革武臣得贿之弊，此则枚乘所谓"不绝于彼而救之于此，固未见其有得也"。今景夔才识暗劣不如前人，而所处之时则似易之，上恃朝政之清明，仰赖明公之威重，韩聪已安旁坐之礼，又复惩其前失，敛手寒心，不敢复与关事。景夔窃自计可以舒志，毕力加惠行旅，三年塞责而归矣。然犹喋喋为此论者，特为异时过计，万一时非其时，有如前之时，人非其人，有如前之人，则其弊不能保其不如前也。因欲其常如今日，为无穷之虑耳。伏惟明公英谟伟度，超越古今，必能远览独虑，为边关万世之规，使异时部官得专志行事，孤商穷旅一夫一妇亦永永得所。深谅明公之心所存如此，而又适今可为之时，此时不言为失其几。是以有恃而言，亦冀察其愚悃而俯赐施行焉。

主事邬阅《请革抽分呈》：

呈为罢关税以重国体，以通货财，以安灾伤地方事。嘉靖七年正月内，卑职领到内府推字六号勘合及本部札，付委守是关。自到任以来，窃见本关先该太监李能，奏准抽取本关一应往来客商货物，以备修理等项，深为未便，即欲具呈本部议奏裁革，又思兹税已经数年，卑职方才履任，况谋虑浅薄，岂敢妄议？坐是因循，将阅二载，事虽循袭行之，中实有未安者。兹者窃见山海东西一带地方，灾伤重大，揆之事体商税一事，尤为未便，触目激中，盖有不容默者。夫山海一关，内捍都邑，外控诸夷，实为临边要害重地，故祖宗朝特兹设立，盖以讥察非常，盘诘奸细。初无抽分之设，岂其智不及此哉？盖诸夷出入，实窃观瞻，传笑远人，良非细事，故重为国体计耳，况细民兴贩获息几何？堂堂天朝，夫岂少此而忍夺之？帝王宽大之政似不如此。且边徼跋涉，艰苦备尝，比之腹里行商，其劳尤当数倍。顾兹商客乃若甘心焉者，岂得已哉？凡以为父母妻子饱暖之计耳。乃又重其税以困之，彼将顾望逡巡转而他图矣。故尝问之山海之人，咸曰："商贾之行大减于往日。"询之辽人则曰："物货之价大踊于前时。"盖自关税一兴，则商贾渐减，商贾减则物货少，而价踊贵，亦其势也。然则兹税之设，不独商贾重困，而边人且受害矣。又况今岁灾伤，抚宁、山海、前屯、宁远为甚，正商贾经行之路，乃时有剽掠之虞，正当务宽大之时，乃因循琐屑之政。且山海关抽分固也，关之外不七八里又有广宁太监之抽分焉，此不知何所始，至今相袭以为当然矣。八里铺抽分固也，近日辽东巡抚因地方灾伤，又差官于前屯卫地方抽分焉。此虽权宜之计，然委官恣意苛刻，为地方之害又甚矣。夫自山海至前屯，不过六七十里之远，而商税凡三抽焉，节节而刈之，寸寸而取之，人情其何以堪此？盖作俑匪人，故其末流之弊至于如此，将来商贾断绝，关市萧条，非独辽人日用之资无所仰赖，而沿途沽酒卖浆、车头驴脚、平日资客商以给衣食者，皆将至于失业而坐以待毙矣。夫然则盗贼之兴，固其所也，可不为之寒心哉？此皆自卑职今日所见，其弊如此。若夫关讥不征，王政具存，仁义为利，轲书所先，又夫人所知无待言者，况夫兴利之初，本部及科道各有论奏，力陈不可，岂其忠爱之心，深长之见，顾反出李能下哉！盖其事体不便有如此者，窃计庙堂之上亦尝念及此矣。再照山海地方，阻山滨海，中通一线之路，斥卤居多，可耕之地无几，往年丰成，其仰给于辽东者犹十户而九也。今则两地灾伤，复何仰赖？故近日米价腾踊，民心惊惶，富者或可自给，而贫者借贷无门。今冬且难支持，则来春流亡不免。查得本年秋季抽分共银九百八十两四钱五分九厘六毫，尚未起解。冬季抽分数虽未可逆料，然要之两季大约不过千有余两而已。如蒙准呈，伏乞题请将前项抽分速赐停止，其冬季抽分银两即便截日住抽，并秋季银两共查明白给发该卫掌印官，逐一查审该卫贫难军余分别等第，计口给散。聊以苏小民待尽之命，抑以销地方意外之虞。其墩台关堡如有坍塌，抚按官照旧设法修理。则国体自尊，关隘自重，商贾悦而货财通，而灾伤地方可保于无虞矣。缘系罢关税，以重国体，以通货财，以安灾伤。地方事理未敢擅便，为此理合具呈，伏乞题请施行。兵部题奉圣旨，是山海关并广宁等处抽分，原非旧例，委的商人重困，边民受害都革了，敢有仍前巧为添设侵夺民利者，各该抚按官指名来说。

载二呈者何？纪王政也。易传诘暴客，《周礼·司关氏》通货贿掌玺节，出入未闻征税与幸干也。先朝宿弊自我皇上始厘，王之可以昭世垂永矣，故详志。

布政秦鐢诗：高城设险壮金汤，作镇真临大海旁。筐筐每来重译贡，关门常峻外夷防。草肥深谷熊生白，波暖春洲蛎吐黄。天遣仙郎此持节，三年文化及殊方。

又诗：书生习气喜全除，万里边城入壮图。到海有山皆设险，入关无吏不持符。诗书已足怀殊俗，策略还看翼庙谟。闻说秋高戎马健，也须辛苦事防胡。

主事张恺诗：群山列剑水流汤，城郭连云锁路旁。何处险如兹处险，一夫防似万夫防。沧溟主圣波涛息，朔漠秋深草木黄。惭愧无才报明主，誓将恩信达遐方。

又诗：风云月露自乘除，收拾乾坤入画图。才气似公真绝代，草茅惭我亦分符。三边已喜来方贡，九伐还思赞帝谟。记取吟坛诗韵在，莫辞犯险颂平胡。

员外吴绍生诗：曙色催残漏，寒威入绨袍。驱车登峻坂，拥节出平皋。地接南溟近，天连北斗高。陇云迷古塞，关月照空壕。语话乡音异，奔驰仆从劳。所希微补报，不是效游遨。

佥事刘时教诗：东望营州眼界赊，蘼芜渺渺遍天涯。古今人度关门险，南北山分海路斜。鳌背晴看翻雪浪，马头日逐逼风沙。驱驰王事谁非客，总是安边为国家。

副使董廷圭诗：太行尽处高摩空，蜿蜒起伏如飞龙。振衣千仞览八极，禹州九点罗心胸。秦人筑城跨崖起，竟海为关万余里。黄昏虎豹卫重门，白日蛟龙见尘市。桑田几变城依然，尚与汉塞通人烟。巉岩巨石剑戟列，槎牙老树藤萝悬。险如云栈穿剑阁，一夫当关万夫却。浩如天堑阻建康，谁能飞犯钟山阳。黄埃散漫迷征道，对景令人面如槁。戈旌影里鬼神愁，刁斗声中天地老。古来雄杰几经游，势奔雷电气横秋。万骑无功李唐悔，只轮不返辽金羞。我皇抚运真尧舜，不重边功重边镇。内修外攘两无虞，白首无人识行阵。关门锁钥长不扃，坐膺方国来王庭。禁中颇牧此高枕，吟对蓬莱数点青。

尚书马文升诗：曾闻山海古渝关，今日经行眼界宽。万顷洪涛看不尽，千寻绝壁画应难。东封辽地三韩险，西固燕京百世安。来岁新正还飏日，拟图形胜献金銮。

都御史洪钟诗：晓日江城景霁和，抚巡时复一经过。五云西去恩光重，重译东来职贡多。固国有关严虎豹，绥夷无事用干戈。太平功业超千古，六合同欢海不波。

都御史闵圭诗：幽冀东来第一关，襟澄沧海枕青山。长城远岫分高下，明月寒潮共往还。贡入梯航通异域，天开图画落尘寰。老臣巡历瞻形胜，追想高皇创业艰。

又诗：我从广海来辽海，看遍千山复万山。路入迁安偏近塞，马经渝水恰临关。姜坟有迹空遗恨，秦岛无丹可驻颜。欲吊唐文写新句，萧萧故垒五花环。

御史方荣诗：回首神京迥隔关，漫停骢马费跻攀。楼台蜃结天连海，翡翠屏开地耸山。百雉起城低日月，《六韬》讲武慑夷蛮。江湖廊庙心无二，鬓发于今陡觉斑。

又诗：渝关形胜压潼关，霄汉危楼此日攀。日月沉浮邻碧海，虎龙蟠踞枕青山。九重遣使言如綍，百济来王语带蛮。助我锦囊诗累百，逶迤野色望中斑。

主事黄景夔诗：曾闻征戍忆辽阳，今日当关意更长。文德远人应自格，承平边备未须忘。咽吭势重三城险，咫尺门扃万里防。王气百年销虏运，犬羊能肆故时猖？

副使熊相诗：夏官邀我看渝关，十日刚偷半日闲。楼阁东南横渤海，墩台西北接岷山。车书一统逢尧舜，贡献殊方任往还。千古边氓怀魏国，高风应许使君攀。

主事刘序诗：青沂隔水萦东渤，关塞极天抱北平。万里波涛腾海怪，三屯草木壮边兵。山连花峪秦皇岛，地入龙沙孟女城。三十壮怀空激烈，不妨锁钥是书生。

主事葛守礼诗：矻矻雄关控朔方，万年王气倚封疆。含天巨浸连蛮服，积雪阴峰压大荒。嬴氏虚传百二得，莱公真谓一夫当。圣明覃化应无外，三译来朝见越裳。

南海口关 城南十里，海近岸，浅处多巨石磈垒，因筑城入之。每潮汐至，水浸女埤城尽处，深不可犯。

南水关 城南二里，关设二门，因地势引南关河自辽入。

北水关 城北二里，关设一门，因地势引北关河自辽入。

旱门关 城北六里。

角山关 城北十二里，角山之巅，长城补山截谷，纡回其上，联设墩台三座，以便了望。

以上设守关官一员，以指挥或千户充之，事总领于守备。

三道关 城东北二十里。

寺儿谷关 城东北二十三里。

一片石关　城东北三十里。

庙山口关　城东北三十里。

大安口关　城东北三十里。

西阳口关　城东北三十三里。

黄土岭关　城东北三十八里。

炕儿峪堡　城东北四十五里。

无名口关　城东北四十八里。

大青山口关　城东北五十里。

以上于一片石设指挥一员总之。

小河口关　城北七十五里。

娃娃谷堡　城北七十五里。

小毛山口关　城北七十五里。

大毛山口关　城北七十五里。

董家口关　城北七十五里。

柳河冲堡　城北七十五里。

城子谷关　城北八十五里。

水门寺关　城北七十五里。

平顶谷关　城北七十五里。

长谷口关　城北七十五里。

义院口关　城北七十里。

拿子谷关　城西北七十五里。

花场谷关　城西北七十五里。

苇子谷关　城西北七十里。

以上于义院口设指挥一员总之。

营二之二

黄土岭营　去黄土岭关西三十里。

长谷口驻操营　去长谷口关南八里。

石门寨营　去义院口关南二十里。

平山营　去苇子谷关南二十里。

以上营设指挥或千户一员管操，另设提调指挥一员总之，于石门寨营驻扎。遇各关警报，则督率所部兵马分照地方策应。设关者何？据险扼之也。设营者何？伺其入逐之也。别之者何？战守异宜也。古称国之大事在戎，又曰春秋守在四夷重哉！要乎图尽之矣。兹所载关仅三十营仅四者何？在山海疆域之内者也。而守之者又山海之军也，为山海志于法得详书之，余可略也。

议曰：朵颜聂尔，丑也，散处旧大宁地，即山海诸边之北，乏美产自赡，亦鲜殷族，大聚无逾十伯，小才数辈耳。国朝以为近藩，锡之玺书，立酋长相统摄。岁许，由喜峰入贡京师，赍以缯币。又自居庸抵山海，依山阻险，设关寨墩煌营垒数十伯，所遏厥出没，可谓尽羁縻之术，极备御之策矣。近者鸟举豕奔，边氓日遭荼棘。石塘之役，至勤王师者何哉，法弊之颣也。今观沿边险隘，可以列骑联伍而下者无几，余皆扪藤穿窦潜形诡迹焉耳。司关寄者苟严翼共服饰，厥烽燧入必知，知则并力据险遏之，营遇警必报，报至即率所部为声援踦角之势，虏虽黠何能为？乃今不然，官惟黩货是务，军士买闲落乡，供役使者过半，墩煌旷了卒，行伍乏壮健，虏侦而乘之，无所谁何。及被掠，官惧加罪遣，辄赎之牛酒盐布贿失者家，以钳其口。故虏缚所掠男妇勒诸城下以为恒，或度不可秘，遂诱而掩捕之，以捷闻，冀获免也。间所掠非所捕，所捕非所掠，而边郤日结矣。夫啖之利者以启其无厌之心，挑之怨者以速其必逞之势，是何异自决其堤，又从抟激之水，不溢且洪乎！为今日计在于惩诛求放免之弊，实行伍以自固，禁私交掩捕以塞末流，则庶乎其可已。

‖ 卷之三 ‖

建　置　三

城池三之一

卫　城　周八里一百三十七步四尺，高四丈一尺，土筑砖包其外。自京师东，城号高坚者此为最大。门四，在东西南北方，门各设重键，上竖楼橹，环构铺舍以便夜巡。水门三，居东西南三隅，因地势之下泄城中积水而引以灌池。八所画有分地，其界碑设之女埤云。

池　周一千六百二十丈，阔十丈，深二丈五尺，外有夹池，其广深半之，潴水四时不竭，四门各设吊桥，横于池上，以通出入。

长　城　南入海十余丈，北抵角山绝壁，共计长二十一里一百八十四步，高三丈二尺。

寺丞朱裡诗：

一带蜿蜒绕北平，堑山堙谷类天成。城边尚有秦人骨，涧下犹闻汉水声。西尽云中横大漠，东连辽海卫神京。而今塞上无烽火，饮马胡儿不敢行。

主事黄景夔诗：

城横西塞起东隅，二世犹为万世图。恬罪劳人称绝地，秦亡信谶却防胡。悲风暮送清笳起，磷火寒烧白草枯。自古安边谁上策，舞阶干羽莫言迁。

池　南接海口，北止角山麓，共计长二千九百四十丈四尺，阔六丈，深二丈。

以上城池俱国初魏国公徐公达创建。

公廨三之二

兵部分司 城东门内，南向，即正厅，正厅之后为穿堂，接中堂，中堂之后为后堂，堂右为寝室，左为书房，后为吾与亭。厅前为前廊，左、右为椽房，厅下即阶，阶西为大门，与关门相对，即出入孔道。大门外为兵部分司，东北第一关坊牌各一座，惟正厅、寝室、廊房仍旧，余则丰都黄公所增修者，吾与亭为今德平葛公所建云。俱有记。

主事黄景夔修造记：

正德季载，皇上御极，一涤群弊。先山海关中官守关，非章皇置郎吏初典，至是焉复。景夔既承命至关，及堂，址庳如衢，不设阶等，越而不登，平潦可入，堂陋下如邮传。及室，室如堂。堂分座，守备武臣旧同莅，敌礼如僚，乃叹曰："嘻！甚矣！吾天子郎吏位不卑，是不称郎吏之居。"又叹曰："武臣隶兵，守备职方，典焉，故尝庭参于曹，趋拜下吏，郎吏出使于外，礼如曹，胡是关独亢若是？矧武臣不检，匪可同事，将挠吾政。吾使者，郎吏弗克专，一钥大事安属？"乃上状兵部，无令武臣同事。大司马彭公议可，职方正郎孙君世其赞成焉。请于上著为令，乃召将吏父老谕之曰："礼以正物，物以辨威，威有等，等有卑尊，尊不欲替。物不备则陋，陋则替，替则不称其所尊。吾天子郎吏而居制库，鄙在礼为替，况今奉命革武臣不同事，统体既正，而武臣庭参拜趋如曹，伸其所尊，匪昔之替。乃居制亦宜改易，峻大以表隆重，而称郎吏之居，不如是，于典为缺。吾人因而端居视事，标峻风迹，政齐惠流，武臣慑服，四方之人易观新听，不辱其尊，而称厥居。则是役也，乃政之准其可不为？"皆应曰："循敝袭久，旷莫之举，前公有意焉，然非其时，今其宜为。"于是稽日鸠工，校功兴役，费出关罚，不侵官民。遂撤故材，崇址四尺，前堂一，堂之北为堂者三，东为室者一，合楹十五，仪门之西为坊者一，揭曰"兵部分司"。始元年四月，越十七日迄功，卫镇抚张凤司出入，董役者，守关百户潘信云，将吏父老又咸造庭下言曰："制弊之久，一朝易新，维公之功不可无纪。"乃又叹曰："吾视吾贤不及前人远矣。今幸襄斯，乃惟其时，喜事市名，伤财近谤，其谁恕我？吾过矣！吾过矣！"乃谓将吏父老曰："为我伐石致之庭，刻日月以志吾过，敢云吾功？"

主事葛守礼《吾与亭记》：

葛子抱关之五月，为明年甲午季春，罕与人事，自晨昏启闭，海山之间，防通客泅窜，余皆其暇。不能兀兀居内读书，用鲜超得，乃屡至后圃，佣橐驼善树者，使植花木各数十本，至于种蔬，随其地之宜，橐驼之欲不为限。其地旧有井，收近之为小池，注水生亭亭之莲，舍圉圉之鱼。乃时决渠，乃时操锄，乃时抱膝闲止，寻见百植交翠，各呈天巧，忺忺有色。若将告语而命意者，且佳木多致和禽，而池之鱼稍稍出游，客乃旷然忘其形，悠然游其天，盖对之而若有情，再至而更觉有余益者矣。爰构小亭，俟游息也，命之名曰"吾与"。夫自天子而至士庶，未有不须与者，且将谓莫逃于天地之间，而独投之此方者，邈哉！寡矣。固将遂废乎，其孰与须？夫舜，古之圣人也，方其独时，则与木石居，与鹿豕游，非以与之不可废耶。而谓玄德升闻，盖得之忘言者为多也。吾亭既成，将收天下春归之，而吾俯仰于中，非与也耶？且况亭当负山面海，远而可挹，登而可眺。时一为之，而其儇然佻褊焉急之意，夫亦可默解也。已然，则重有与也，故与不厌多。虽然，轮囷离奇者，吾将斧之，恶其不才而据之地也。浓艳牵比者，列于外圃，丑其妖媚之态，依附之状也。然后为君子、大夫、鼎臣、隐士，羞王公而荐鬼神者，能就招延，相示以道，相将以义，而乃有以与我也。故时而游，漫而息，充然若有得于亭中者，客之意深矣。盖橐驼者，所不能与也。时向收敛，所与有欲别者，橐驼亦遽思识去。夫显诸仁也，藏诸用也，德业也。终始者识也，出入者随也，不变者恒也，易也，莫非教也，而客之意愈深矣。亭仅数椽，夏之孟三日而成，追而记之，盖七月望又四日也。

又诗：闲居寡尘纷，方园近佳胜。未拟栽五柳，尝试开三径。尚友倦心游，缓步起幽兴。扬遂性情真，亭空风月剩。望海倚城限，见山于槛凭。触目发天□，巨响还长应。静观觉有得，两忘深入定。是以闻道者，草窗更驴听。上下察鸢鱼，怀哉非我佞。乃知甘菜根，不复忧尘甑。艮背有辉光，大块烟景赠。樊董未暇评，悠然揖陶令。

守备衙 卫治之东北，中为正寝厅，左为客堂，右为书房，前为大门、中门。中门之内东西为两廊，最后为寝室。

察 院 学之右，中为正厅，厅前为中门，为大门，厅后为后堂，堂前为东西序。

公 馆 守备衙之右，中为正厅，厅前为中门，为大门，厅后为后堂，堂前为东西序。

卫学三之三 学田附

卫 治 鼓楼之右，中为正厅，厅左为经历司，厅右为镇抚司，厅俱南向。厅前东西为六房，承发科、架阁、廉稍部，为仪门、中门。中门之外，东为右所、前所、后所、卫狱，西为中左所、中右所、山海所、中前所、中后所，又前为大门，最后为后堂。厅西廊后为经历知事廨。

儒 学 在卫治之右，中为明伦堂，堂之东西为文成斋、武备斋暨旧号舍各三间，又前为先师殿。殿前东西为两庑，庑前为戟门，戟门前为泮池，池上横石桥，右为神厨，前为棂星门，棂星门左为学门，门内道左为号舍六区，区三间，中一区为学仓。明伦堂后为敬一亭，又后为启圣祠，教官解二，解西为射圃，临眦儒学坊牌一座。以上创建重修详见各记文。

太学士李东阳重修记：

国朝建学之始，惟府州县有之。越自正统改元之诏，诸戎卫始得置学，而山海卫学实与建焉。然庙地湫溢，且规制弗称。十有四年，都指挥王侯整镇山海，始与卫学教授张恭建庙宇，为象设，构明伦堂五间，东西斋各三间，余尚未备也。天顺六年，指挥刘侯刚复构东西庑十间，学舍六间。成化七年，兵部主事睢阳尚君絅来守山海，建棂星门及制祭器若干。厥后余姚胡君赞别筑殿址，遂昌吴君志、余干苏君章继作栋宇，为戟门于棂星之内。进贤熊君禄重修学堂，外为周垣，为泮池，池上为桥。今尚君弟缙复以主事来守，乃修斋舍，筑官廨，辟射圃，规制悉备，与所谓府州县学者相埒。盖始于甲午之夏，告成于丙午之春，历十有二年而后备，可谓难矣！教授周达、训导曹选谓岁月不可无纪，尝属兵科给事中萧君显、前监察御史郑君己请予记，比训导君率诸生李琛及给事君子鸣凤复具书以请于予。予惟唐虞以降治天下者，大抵以武功戡祸乱，以文治致太平，故草昧之世，不遑他务，及其久也化甲胄为干羽，变韬略为经籍，故汉之学校至武帝始为之。宋初虽有国学，而仁宗之世州县学始遍天下，其功效次第有不得不然者也。先皇帝缵祖宗成业，偃武事，敷文德，休养生息，置天下于衣冠礼乐之域，故虽戎官武士亦为之置官建学，使出科贡与文士为伍。当是时，小大臣庶奔走祗奉之不暇。暨乎复辟之岁，乃复有继而兴者。今圣天子在上，绍志述功，日弘月著，出使者宣德意之休，居守者协寅恭之效，故虽关微远地，拥衿佩而横诗书者与辇毂之下、畿辅之内殆无以异也。孔子谓："善人为邦百年，可以胜残去杀。"鲁两生亦云："礼乐百年而后兴。"况圣人过化有神之妙，宜有朝令而夕布者，而又积之以百有余年之久哉。故观学校者，当以时论，不当以人地论也。且古之胄子，固未尝分文武为二途。今文士习科举，而仕者亦与兵事，武胄虽专荫袭，然亦有由科目以起者，名虽判而实亦相通也。况彝伦风俗，天下所同，无彼此之间，则所以学为忠与孝者，其容以二乎哉！山海旧学固有取科目著名节者，不止乎甲胄弓矢之雄，后之学于斯者，其亦知所勉矣。国家之文教于是乎成，而有司之政于是乎始，故特为书之，俾观者有感焉。

修撰唐皋重修记：

山海隶京师，为濒海际边之地，连引长城，控制夷虏，盖东北重镇也。故设重关以限内外，列戎卫以严捍御，其所任者将领，所临者卒伍，所闲习者戎武之备，黉序初未有设也。正统间奉目诏始建庙学于城之东北隅，聚武胄之子弟游肄其中，不数年间蜚英扬辉，掇科目，宾贡途，代相望也。顾营建之始，规制未备，久而圮，圮而葺者屡矣。皇土起自潜藩，入缵鸿绪。是岁冬，予同年黄君德和以夏官主事来董关守，躬谒庙学，谛瞻庭宇，制之自昔颓者弗振，缺者弗完也。慨然曰："是乌足以振士风，弘化理乎？"乃谋经费量工，锐意修葺，殿庑、堂斋、棂星、戟门，以次具举。复移泮池于棂星门之内，而甃石桥其上，别创神库以庋祭器，神厨以洁庖宰。习肄有室，都养有饩，昔所无者咸加备焉。其材用则撤淫祠之在境内者而充之，规费则皆行旅之冒禁而薄其罪者所乐输以佐巨役者也。已讫工，学之诸生张伯镇、詹荣等偕万进士义谒予请记。始，予奉使朝鲜，竣事还，弭节山海，尝偕君诣学，目睹敝陋，为之兴叹。乃今获闻增新其旧，岂无怿然于心乎！顾谓劣无能为役。窃惟祖宗以武功定天下，而兴道致治必先文教，士之养于学宫而取诸科目者，类以明体适用为学，通经博古为贤，经非孔孟程朱之说，例摈弗用，盖以孔孟推明帝王之道，历万世而无弊。程朱折衷儒先之论，俟百圣而不惑。故学者能究程朱之旨，可以探孔孟之心，能探孔孟之心，可以语帝王之治。我朝百五六十余年，治平之效卓然，与唐虞三代比隆，用是故也。程朱之教人内外本末之论，知行先后轻重之训，盖深有益于学者，故不求诸内而以文为主，不求诸本而徒以考详略、采异同为务者，是诚无益于德，而君子弗之学也。且入德有序，以知为先；成德有等，以行为重。故足必资目以有见，而足之不履，虽见无所用之，二者不可偏废，乃可以入德而造成功之地矣。故学者笃信程朱之说，而加之沉潜玩索之功，允蹈实践之力，内外交修，知行并进，则固不惑于异说之入，流于曲学之归。以之治心，以之修身，以之事主，以之泽民，无所施而不得矣，非益之大者乎？然近时学士大夫或小程朱之说，离而去之，至欲夺其壁而树之帜。徐而考之，高论有余而直内之功不足，富贵为累而道德之念何存？其于学者非徒无益而又害之，则固不若主敬以固聚德之基，定志以端趋途之始，可以要成功而资实用矣！黄君务宣德意而新是学，所以期望诸生之意将不在是乎！新学未几，万君以颖脱举进士，诸生其有继踵而奋起者矣，于是乎书。

主事黄景夔祭器志：

元年七月某日，山海卫学文庙祭器成，簠簋二百，筐三，笾豆三百六十七，烛台四十四，木也；爵一百五十七，盥盆一，锡也。藏于学，下其目于卫。始，山海无祭器，弘治中置焉，典卫者私，迄兹废，假代盘盂卤略具事。景夔既至之三月，春二月某日将祭，阅祭品乃叹曰：於戏慢哉！慢则不敬，不敬神弗享。吾夫子徒也，使兹土不可以例戎卫，亦不可曰非我之责。既为器，乃志之曰：器不备不敢以祭。作，斯备；不作，斯缺。始之不作，始者之罪也；作矣，继者废焉，则可尤夫始者乎？曰：则非始者之罪也，继之者之罪也。继之道何？曰：视则谨，钥则固，坏则治，缺则补，其道可使久不失。不然，予不知其后不有如予者，其为也劳矣，惮而不为，以遗其后，后又遗之后人，其礼将卒废，礼废可无祭也。

又泮池铭：学泮，古也居方之中，盈东南西三方而缺其北，丰天子之雍焉。山海有泮，迁陬之东，圜若璧，乃戾于制，陋略芜狭不成仪观。职方主事黄景夔将议改作，诸生亦白三试不荐，士讹言兹妨，妨则不然，惟戾与陋也不宜不图。

铭曰：湫作陬居，潜雍之如。谁乖厥初，艺风塞荒。士讹皇皇，言此否臧。其乖斯何，易以其差。匪以其讹，制良治坚。弓盈月弦，首事时迁。驾虹飞危，石槛云垂。贯虚跨奇，春水沄沄。风行涣文，翠委牵芹。山英海棜，秀脉潜生。肆发光晶，士士豪豪。气长朋曹，德言功高。青衿忭欢，我铭绪完，列永永观。

主事邬阅《增建学舍记》：

嘉靖戊子春，予奉命守山海关。既视事，循故事，谒先圣庙。因周视其殿堂、门庑，规制虽未甚称，而修葺未久，有足以瞻依者。既而视学舍，曾不数椽，且颓陋甚，不可居，因思是学隶武卫，无良有司维持之至于是，吾辈莅事兹土复可漠然视之乎？顾以初履任，遽未知所处也。既数月乃稍设法葺治之，然因陋就简，亦非诸生所乐居，况所不能容者众也。阅岁己丑，往还顾视，则见前舍日圮，益不能为情。然相故基狭隘不足改，为择地于学舍之东，谋重建焉。地广袤可二亩，平衍方正，周遭墙垣故在。予曰：此非有待于今日乎？遂划为六区，区面南可构学舍三间，中一区故学仓，然终岁无颗粒之入，盖虚器也。高广如制，遂仍其旧而葺之。经划既定，于是卫知事李时畅董其役，构材募工，卜吉庀事，昼夜效劳，众役并作，数阅月而告成。但见规制宏敞，轮奂鲜明，士气益振，行道改观，学校气象自是又一新矣。于是诸生合辞请曰：学舍鼎建，惟公之伏愿，识岁月以示来者。予曰：姑以尽吾心焉耳，苟书焉，不几于张之乎？继而诸生请益力，乃曰：是无足书，假是以进诸生可也。夫古今之道一，而古今之学不能一。古之人读书穷理，必期实体诸身有余于己，而后推以及人。今则词章綦组于以掠声华媒利禄而已矣。此人已轻重之分，义利邪正之辨，而世道污隆，生民休戚实系之诸生，其尚致审于此而加抉择焉，于以痛祛世俗利欲之故，习而刻意古人为己之学，知焉而必见于行，口焉而必得于心。近之事亲敬长，修身齐家，处事接物，动求合乎道当乎理而后已，则吾之所学要未能脱然于举业之外，而其立志，其用功，断非专事举业者比矣。由是而进于场屋，据理为文，居易俟命而不诡于圣以希世；由是而仕，必能悉心力于国事民隐，以无负于任使之者，而不徒官资崇卑、廪禄厚薄之是计也。夫然后可以不悼乎古圣垂教之意，不负乎朝廷育才之心。况素观此地，风气独为近古，诸生多淳厚笃实之资，磨砻淬砺以底于成，当无难者，故不以予之未能是，而遂不以属望于诸生也。诸生能不迂阔之而相与勉焉，岂惟浅薄之光，抑国家将有赖焉。若夫学舍之创，特不能不属望于后人之继葺耳，诚无用缕缕为也，是为记。

主事杨琚题名记：

天启皇朝大兴文治，建学育才，三年一乡试，举其贤能而升用之，即成周大司徒以乡二物教万民。三年则大比，考其德行道艺，而兴贤者以礼宾之，献贤能之书于王之意。今皇上嗣登大宝，尤惓惓焉于育才取士，是以海隅边徼，莫不有学而得人致治倍逾于昔，於乎盛哉！山海称畿内郡，僻在东北，自洪武开设以来，有卫无学，人惟事武而不知文。正统初，皇上始诏卫立学，选武职子弟与军余之俊秀者教育之。年近二旬，岁阅六科，未闻有一贤能举于乡者，岂司教之人怠其事欤？抑无老成文学之士以倡导而作兴之欤？天顺改元之明年戊寅，兵部职方主事章君用辉来镇是邦。下车之初，进诸生于堂下，知科贡乏绝，大惧教化不明，学校废弛，无以称德，意既以教法授学官，俾诸生循其条约，守而行之，于以日稽其勤惰，而启发其愤悱者。复朔望诣学，谒孔圣人，以尊其立教之始。礼毕，坐明伦堂，鸣鼓撤签，令诸生讲书，发明圣经贤传之旨，考其得失而赏罚之；又择其颖出于同辈者，得萧显亲课之，以为贡举之需。明年己卯，萧生果以易经衰然中顺天府乡试第二名，盖山海之发举自萧生始，诚破天荒也。间一年辛巳，予以谫材叨持使节代用辉，用辉于予为同年，而长予十有七岁，实老成文学之士。予承其乏，任其事，多循其旧，于学校所以鼓舞作兴之者，又无所不用其极，政暇相与课诸生为乐。如郑己等六七人皆能作为，文章连篇累牍，日正就于予，予从而开导之，由是诸生益淬砺问学，以远大自期。而郑己则在衿佩中为优，壬午秋群试于京闱，独以文字中选，列名第八，联科高捷，前此所未有也，人皆欣忭称叹，以为盛事。斯文之光重，岂无自而然耶？然予之在山海亦何补于学校？今喜二生俱以盛年掇科第，将骎骎乎效用有日矣。非勒其名氏于学宫，曷以作兴士气？予故积廪之余，命工砻石而刻所以于其端，其下则界为方，首题二生之名者，纪其始也，余则空之以有待也。然则予之树此碑也，岂私二生乎哉？殆使游于斯观于斯者，皆感发兴起，欣欣然而相语曰：彼之题名于斯者，何人也？有为者亦若是，予岂不若彼哉？于是更相劝勉，力求圣贤之为学，以及夫科举之业必深造而自得。属时兴贤，庶几彬彬辈出者皆德行道艺之士，吾知此碑将来不胜其纪矣。尚勉之哉，虽然科第之末不足为儒者道，天下事固有大于此者，然致君泽民，尽忠报国皆由此进，惟在人之务实，胜尔苟不务实，胜而徒以科第媒利禄，微声闻北，乃儒者之耻，而亦非予之所望也。

学　田　旧为关东了望地，居民私垦为业。及百稔后，中官守关，括租入私藏，敛且盈厚，民至弗堪。丰都黄公至，谂卫学乏廪饩，乃稽地归之官，为赡学田事，详见记文。上蔡马公察入增垦者，今得地共六千二百八十九亩二分，得米共一百五石三斗四升二合，人月增至八斗云。

主事黄景夔记：

治世养士，衰世使士自养。士自养，其弊三焉：上焉者，自食其志无所事养，守其道甘死不悔，然其不遇也，其困也极矣；下焉者，自食其力，徙其业从而之他；其次焉者，诎于志而惰于力，不能自食，资于人以食。若战国四公子之养士，美恶淆而廉耻丧。冯驩之歌曰："长铗归来乎食无鱼。"可哀也，已非国之耻欤！二代盛时，其养士尚矣，然其详不可知已。后世乃有学田，然不能皆有。我朝无学田而有学粮，府州县有差，无地无之者，唯卫学则无焉。窃意当是时，介胄子弟罕学者，卫虽有学，仅存空名，故不为置粮，非法不备也。山海关东地民久私，景夔稽而归之公，仍令业焉，而出其租，地四千九百五亩，米七十三石五斗七升五合，得诸生经试优等者十二人，人月食五斗，载于籍以为恒。呜呼！尔士一夫一妇之养，此差足矣。此地今以前之士无养，然不闻弛业，奋而出者有人焉。今以后之士有养矣，奋而出如前焉，恒也。吾不尔异，其奋也倍焉，斯异矣。然吾愿尔士不惟是。《易》曰：颐贞吉。又曰：圣人养贤，以及万民，尔养尔贞。吾兹观尔、处尔、推尔及将俟尔仕哉！

乡饮田 主事葛公以山海旧不举乡饮，乃创举之。规用无所于处，乃察关内近城隙地，得一千二百二十四亩七分三厘，岁取佃租一十八石三斗六升九合六勺，乡饮两举之费取给于此云。

荣记：

与川葛子以天子职方氏出镇山海关，逾年为嘉靖甲午，法准弊裁，无扰无戾，因次及便宜，爰图修复，乃询诸士民曰：乡饮为我明盛典，著在令甲，有司奉行罔怠以替，凡以兴行崇化焉尔。矧山海畿辅重镇，当首被声教，胡于是独缺？岂国典故靳于卫，抑所司者遗之也？或对曰：乡饮举于学，我高皇帝建学定制即有之。时山海未学也，自正统改元之诏始兴建学第，初事草卤，他制未遑。今人文彬彬然日渐以著，独兹缺典，举之是待我公。或对曰：用本于财，礼备诸物，无能越者。有司乡饮之供，取诸岁额，斯可常继。吾卫无乡饮额，胡取之？即取足目前，胡继之？处画是在我公。葛子曰：嗟哉，嗟哉！维兹山海虽称边隘，犹夫人也，乃摈诸恒典之外，若无与于化理焉者，殊非圣朝同仁之制。夫法无靳于卫，徒执往迹，无改于循习之弊。人自靳之，间有识者顾诿诸区区之费而止，是爱物而贱礼。呜呼！可吾天子使臣职得议法责与处分，是诚在我。乃查近郭闲田，籍之官，得若干亩，岁取佃租若干，委官敛贮，乡饮之需取给焉。又下令于卫，若学俾慎选诸乡仕而休者，必格乃官箴，完名高节，无以墨败者滥；其诸乡民必耆年宿德六行允修，无以弗检者滥，主之者则卫视篆指挥也。乃正月既望，实为创举。肆筵黉序，宾僎毕来。始而迎，翼如也；扬觯有词，凛如也；读法有条，肃如也；酒食旅献，乐章间作，将将如也，雍雍如也。既醉而出，充然若有所得，环桥门以观听者，惕然深有所感矣。翌日，诸士民造詹子所，请曰：非创弗开，非承弗永。兹举也，葛公开惠吾人至矣，犹惧弗永也。子其记之以告承者。詹子曰：卫以即戎知方是急；学业俎豆养老所先，故卫弗学，厥方斯昧，学非乡饮，厥业斯荒，施之政教皆苟焉耳。山海自国初有卫，历数十年始学，又历数十年始乡饮。国朝作人覃化之制，至是大备。吾人果能务忠孝之实，兴仁让之风，以资亲上死长之效。遹观治隆俗美之成，庶几无负长人者之意。若曰：惟永是图则法罔或限，而用复弗窭。葛子亦既有言，承之者将无所诿也，奚惧其不永？

仓库驿递三之四

山海仓 在卫治西南隅，属永平府。初规制甚宏敞坚致，乃建城时所立者。正德间因仓乏储峙，守吏弗加之意，稍稍倾漏。今虽重加修葺，然毁巨为细，而坚致百不如初，论者深惜之。

山海关义仓 创始于丰都黄公，出关罚籴谷贮之关廨南房。散敛一准朱子义仓之法。继之者，上蔡马公、新昌邬公、宁夏楚公、德平葛公，多所增人。近荐遭凶岁，居民不甚莩亡，整仓实有赖葛公。以卫治西北隅旧有山海库，贮山东省运布给辽者，今征价径解至辽，而库无所于用，因改义仓驿，此云。

主事黄景夔记：

吾职方郎吏，职门关法，关法于民事不当问，饱而嬉，不善与知，有知者；馁而嗜，不吾与理，有理者。嘉靖二年夏，馁声形塞途，吁声彻天。景夔曰：嗟乎！死之人何归，孰知者？孰理者？假持知者与理者且死矣，吾弗问孰问？即问，孰吾禁？吾聚吾不敢私，乃捣□而益劝民之资，以赈馁者，既幸不死。既又思曰：是非可继之致。吾聚吾捐吾易而代，孰捐？不捐，孰赈民？劝不可，复劝，吁其孰继，乃发帑金籴谷二千斛，储之南房，日义仓。岁出贷民，丰则征官，荒则已；候丰乃征，不能征者蠲之，盐法如是。乃作斯记，告我同志此区区者不足治，无穷之命月益年增，庐盈万亿庶其济哉！我倡其始，孰与成其终？呜呼！

山海卫预备仓　亦析旧库房贮之，与义仓同所。

学　仓　学大门内偏东，即号舍中一区。

神枪库　在山海关稍南。

军器库　在卫治后堂西北隅。

军器局　在卫治后正北。

东门递运所　在卫治东北隅。供役者或军夫，军无月粮而有赡田，以武职百户领之。旧治门室倾圮，掌所百户倪纲重修。

迁安马驿　城西门外，属永平府。

草　场　城东南隅，迁安马驿后背。

杂建三之五

钟鼓楼　城中央，成化七年重修。

镇东楼　在东门城上，天顺三年重修。

主事杨琚诗：

高楼百尺枕城头，午夜裁诗月满楼。四座彩辉明似昼，一帘香雾冷于秋。解围艳说刘琨啸，谈咏应追庾亮游。徙倚栏杆正怀古，金波穆穆海东流。

又诗：雄关高耸镇东楼，百尺巍然城上头。独喜登楼扳北极，何须骑鹤上扬州。风光满眼供诗兴，鞠酒盈觥散客愁。作镇一秋无补报，角山相对漫言羞。

郎中祁顺诗：

醉上层楼不觉劳，满怀诗兴望中豪。路通荒服东藩近，人恋京华北极高。万顷波涛天浩渺，四闱城郭玉周遭。关门旧主今重到，莫讶兵曹转户曹。

主事尚絅诗：

十二栏干百尺长，倚天杰构镇边疆。海山南北环千里，城郭高低绕四旁。极目云横村树渺，隔帘风细野花香。太平时节登临好，暴客重门不用防。

员外张弼诗：

行上高城更上楼，凭栏一望思悠悠。山开图画催吟兴，海作杯圈荡醉眸。箕子故封今异域，管宁旧隐是何州。遥闻胡马时南牧，未请长缨愧白头。

主事尚缙诗：

试倚危楼趁午凉，清风贞可傲羲皇。百川流水归沧海，万里闲云阁太行。座上笑谈禅麈尾，望中歧路绕羊肠。吟余欲奏南薰调，鼓角催封暮钥忙。

给事中萧显诗：

戍楼空阔八窗凉，千载长城忆始皇。南北海山称重镇，古今人物重班行。休谈旧雨兼新雨，且畅诗肠与酒肠。回首贵阳应自笑，八千里路为谁忙。

又诗：天下名楼观欲尽，都来不似此高崇。栏干十二盘旋上，兵甲三千拥戴中。西北屏藩京国固，东南襟带海山雄。居人莫枕无遗事，创始难忘太傅功。

又诗：城上危楼控朔庭，百蛮朝贡往来经。八窗虚敞堪延月，重槛高寒可摘星。风鼓怒涛惊海怪，雷轰幽谷泣山灵。几回浩啸掀髯坐，羌笛一声天外听。

御史郑己诗：

关横山海东藩壮，楼镇乾坤北极高。帘雨栋云朝暮变，越吟楚奏古今豪。荒遐俯控来重译，刁斗宵悬谙六韬。何处筹边夸第一，清朝锁钥属兵曹。

教谕陈璇诗：

楼高据险名天下，雄镇东藩百代谋。俯瞰沧溟昭两曜，北连山岳抱中州。檐牙时送三韩雨，画角声传万壑秋。入贡远人惊望眼，天威遥在五云头。

主事陈钦诗：

乾坤东北有高楼，楼在关城最上头。麟阁九重依日月，龙沙万里控襟喉。秦人谩作防胡计，漆室常怀报国忧。边围近来无一事，凭栏西望思悠悠。

御史施儒诗：

昔年有梦到姜坟，此日登楼阅塞垣。天远不逢辽海鹤，城尖正对角山门。扶桑枝近光先照，太乙星高手可扪。谁向荒陬标突兀，武宁勋业在乾坤。

主事汪瑛诗：

空传海上有三山，变幻烟云缥缈间。那似楼头抬素眼，即从天际见青鬟。时看紫雾开仍合，不碍高鸿去又还。绝顶定知堪勒石，降胡塞下敢称顽。

主事黄景夔诗：

城角声催独倚栏，海门斜月转云端。清辉近水应先得，永夜中天正好看。风露欲流平野阔，星河不动夕烽寒。早朝记踏长安路，清影疏槐带马鞍。

主事刘序诗：

绝域登楼对落晖，长秋高思振尘衣。风翻海日蛟龙斗，天尽山村雁鹜飞。王粲襟思汉切，管宁心事度辽非。蓟门西望燕台杳，轻霭浮云锁禁闱。

主事马扬诗：

君不见，镇东楼，左枕雄山右襟海。壮丽依然迥如故，丹青炫耀常不改。东控辽左西幽燕，登临徙倚思悠然。回首仰拂星与斗，临风俯弄云和烟。楼高返照留清影，天涯此日悲飘梗。海气萧萧琴书润，山岚冉冉衣裳冷。樽酒凭高满座春，四时但愿楼常新。雄关一面无烽火，天险千年护紫宸。

主事陈钦、郡人萧显联句：

（萧）凭栏东望见三山，（陈）壁立亭亭宇宙间。风送岚光来碧嶂，（萧）云开晓色拥青鬟。人从按马营前过，（陈）鸟到和龙岭外还。玉垒高深天设险，（萧）丑夷空自负冥顽。

又诗：（萧）雨过凭君一倚栏，（陈）远从天外见峰峦。苏公木假犹堪记，（萧）管子风清正足叹。险据西南波浪汹，（陈）根盘东北地形宽。楼头日日看图画，（萧）俯仰乾坤不尽欢。

又诗：（萧）笔架天城景最优，（陈）海山襟带古营州。势凌燕塞千寻碧，（萧）影入龙沙万里秋。逐北虏应惊草木，（陈）向南人自乐歌讴。不须更问西川使，（萧）此是筹边第一楼。

主事陈钦、少卿曹岐、国子生萧鸣凤联句：

（萧）百尺楼凭眼界赊，（陈）蓟门烟树接京华。乾坤颢气此磅礴，（萧）秦汉遗踪成土直。（曹）万里梯航云外路，（陈）满城桃李雨中花。（曹）浩歌不尽登临兴，（萧）何处悠扬起莫笳。

主事葛守礼诗：

城上高楼跨海山，营州舆地举睟间。晴空会挽孤云宿，中夜独摩北斗间。平引医无齐萃崒，恍疑方丈漾潺湲。神京天作东封仕，永永飞甍浒玉关。

迎恩楼 在西门城上，天顺七年重修。

望洋楼 在南门城上，嘉靖八年建。

威远楼 在北门城上，天顺七年建。

靖边楼　在城上东南角，成化十五年重修。

山海亭　在角山巅。

主事陈钦记：

亭在角山关西百步许，其下为栖霞寺。岁乙卯春，予以使命来镇山海，间出按行诸险隘戍守，山行磴道而上五里许，始至其地。顾视其岩石耸起，林木丛茂，曰："是可亭也。"召寺僧悟彻语之。于是因木为材，垒石为台，覆苑饰墁，不数日而亭成。秋七月三日，及海钓萧公、侍御郑公始克游。榛翳既芟而胜益奇，南望沧海，一碧万里，渺焉不知其所极；东望长城亘带，关镇辽左，诸夷肃肃，职贡毂击鏕联者相望于道；北枕角山太行之尾，高插云汉，白昼风雨；西瞻帝畿，岚霭霏霏，双松鹄立，万岭崒嵂，如拱如揖。俯瞰城郭，井络萦纠，历历如指掌间，山海之奇俪尽于此矣。乡之耆俊相继登览，谓兹盛举宜有纪述，以示后来。予僭名其亭曰：山海。而告之曰：诸君知吾所以名亭矣乎？维兹山海与天地始，停峙高深几千万年，沦为鲜卑胡羯之区，又不知其几何年。于时未有关也。我圣祖龙飞淮甸，混一区宇，乃命太傅徐公经营朔方，爰创是关，筑城设卫而守之。于时未有人物之盛、亭台之观也。惟萧、郑二公以进士起家，为司谏，为御史，先后以直言获谴谪，乃今俱归老於家，而亭也适成，而吾人者，又得以优游畅咏于省成之暇。盖斯亭，则山海之亭也，斯人则山海之人也，而某也，则山海之客也，昔曾南丰记醒心亭曰："今同游之人尚未知公之难遇也；后百千年有慕公之为人，而览公之迹，思欲见之，有不少及之叹，然后知公之难遇也。"然则后之登斯亭者，亦有思欲见之不可及者哉！遂书为记。

观海亭　在南海口关城上。

主事杨琚记：

愚尝读《孟子》："观于海者难为水"，知观海则天下之水皆不足为水矣。然未免涉于思想，孰若亲见之哉？天顺辛巳，愚以夏官奉命来镇山海，巡关至南海口，见海边城上有台峨然，台之上有亭翼然，意其必为观海而设，乃登城上亭。愚于是始得观海，而信孟子之而不我欺。诚以天下之水未有过于海者，百川归之而不见其盈；众流纳焉莫能测其深；包乾括坤，宽而有容；浩浩荡荡，渺无际涯，使人于此不能不兴望洋之叹。且知天地四方皆海水相通，地在其中，盖无几也。《博物志》所载为益信。既而谋诸当关者，因亭之旧稍葺而新之。且窃仿先正欧阳公笔法，书"观海"二字，揭之亭内，庶几时相与宦游君子登览而适情焉。自是而后，或月一至焉，或累月一至，而至则不能去。当夫晴霁之朝，居高望远，则日上扶桑，烟开蜃市；清风徐来，波粼不兴；上下天光，一碧万顷，浴日浸霞，锦绮浮荡，气象不可名言。至若潮汐往来，水落石出，鸟喜飞跃，鱼乐游泳，凡其物类无不逞奇现美于亭台之外。及夫天将降雨，而山川之气腾，八方之风动。于斯时也，则其水黑而晦，远混天色，涛翻雪阵，汹涌澎湃，声闻十余里，如鼓雷霆震天地，至昼夜不辍，谓之海吼。观其水势，无有不下，往过来续，无一息之停。非从可以见人性之善，亦可见道体无穷之妙，有如此夫！是以君子贵乎时加省察，自强而不息也。昔孔子观东流之水，子贡问曰："君子见大水必观，何也？"孔子曰："夫水者，君子比德焉：遍予而无私，似德；所及者生，似仁；其流卑下句倨皆循其理，似义；浅者流行，深者不测，似智；其赴百仞之谷不疑，似勇；绵弱而微达，似察；受恶不让，似包；蒙不清以入，鲜洁以出，似善；化至量必平，似正；盈不求概，似度；其万折必东，似意。"是以君子见大水必观焉尔也，噫！君子之取于水如此，况于海乎？然则后之君子可舍此而不观欤？既观于此，然后知是亭之设，岂独鲲溟鲸渤，蜃楼鲛室之眺欤？鳌山、鼍浪、鳟潮、龙沙之顾欤？所以游日骋怀，又将有所得也。

演武亭 城南门外教军场内。

望京亭 在角山绝顶，嘉靖十四年建。

主事葛守礼记：

角山关，亘山为关，列戍守于上，临关者稽之。嘉靖乙未春，余同张汝钦侍御以阅视至，时乡大夫詹子仁甫因旧读书作角山主人，为一饭以相候。遂与登山之巅，凭高而西望，城邑尽下，游目于空。乡大夫喟然曰："大哉！观乎五云深处，神京者在焉，亦职迩哉！"余为肃然而震，惕然而省，有益恪乃执事之心。复曰："辇毂诸臣固以夙夜匪懈，逖土之人将惟是望之系乎？夫君子足以步目，目以观心。诗人之孝，子所以歌陟岵也。昔齐桓公逞志于诸侯，其于王赐，则以天威不违颜，咫尺下拜而不失礼，而子思之论寡过，亦曰：远之则有望，非是之谓与？"侍御曰是。詹子敛衽兴言之意，得子论我心更切。然思者存乎感者也，遗者存乎迹者也，即吾三人者。此去越数月而继登，亦信能有今日之意，而诸人之与登者非矣，能知其有感而思乎？盖无迹之遗也，而可以为远人规，揭而指之其庶哉！余曰俞。遂命工取材于山，而问瓦甓得山寺之旧积，因付寺僧领其事，俾为望京亭，物鸠工约，不数日报成。盖翼然两句侍御于时历诸别微既扁，余特速乡大夫偕往落之，至则意兴宛然如昔日，余作而言曰："亭斯成登斯旅矣，迹斯遗感斯思矣。其为君子望之，将曰：是出休命，亦惟临之，敢不戒于有位。小人望之，将曰：是深吾恩，亦孔为吾之威不戬，乌容其均以寡过矣乎？吾知是亭不徒矣，是以征侍御之见。"乡大夫曰："若是则盍有言与亭始终，且永以吉边圉。"余曰："唯唯。"遂次序其说为记。

社 学 在城东南隅，弘治间上虞徐公毁淫祠为之，今舍宇坊牌俱废，而地仅存。

养济院 在城西北隅，嘉靖十四年，德平葛公建并记：

维天生人，厥福其恒，运化相错，则不能无奇值而罹其极者，惸独是也。然非天之意欲其如此也，有能哀而恤之，俾犹夫彼人者，将非天之意乎？先王之惠鲜此类，盖敛若乎天也。我皇明兴，亦既克绍先王，设养济院遍天下矣。天下之生死于仁政中者，殆无遗憾。呜呼，休哉！惟若山海，亦我明之臣，天之生也，而独不举此典、不沾此惠。吁嗟乎！肺石无达天，何言哉仁政，于是乎有不咸者矣。嘉靖癸巳冬，予来抱关，时蝗旱连年，有居者，有告者暨能散者，或苟全性命，而不然者多转沟壑，枵腹见肘，露宿而蒙寒，胡能自存？故老孤者为尤惨，其既春，则饿殍加甚。予既两发义仓粟赈之，乃见童头伛偻者，龙钟羸瘠者，聩而耄者，残疾而匍匐者，臃肿菜色、骈肩扶曳而颠惫者，至不可状。叹曰：若此者岂惟凶年饥，抑亦丰年不免也。其孰与赖而存之。既思之，曰：《周礼》遗人掌门关之委积，以待老孤，则斯土斯人将属之关乎。义仓有粟，省而给之可赡，惟厥攸居，兹用惟艰，胡待？而吾守之下，民克义有能相我所，其人羽翮飞肉或可矣，聊试谕之。乃义人骈出，举若干架，各许以力。卜何日始，皆集其功，弗戒弗亟，自荒自度，越数月成四十楹。乃籍该卫穷无告者得若干，鳏寡别院，原夫妇则令同室；义仓粟月一周给，三斗为准，布絮不为例。呜呼！无告者官为之养矣，有告者将导之也，而可使一方无失养者，将非天之意乎？我皇上之仁政咸矣，不识其始，其孰与继而永之？于是乎记。

漏泽园　城西北，嘉靖二年，丰都黄公立。

古迹三之六

旧长城　在城东北，延袤西北去，相传为秦将蒙恬所筑。

旧渝关　《括地志》云："幽州东北七百里有渝关，在平州石城县。关下有渝水通海，自关东北循海有道，道狭处才数尺，旁皆乱石，高峻不可越，今莫详其所在。"《汉书》云："渝水首受白狼，东入塞外。"又云："侯水北入渝。"隋开皇间，汉王谅将兵伐高丽，出临渝关，即此。今废置驿于故址，东二十里，作"榆"。

海滨废县　在山海关东一百二十步，本汉阳乐县地。慕容燕为集宁县地，辽为海滨县，金属瑞州，元末废，并入州。本朝设关后，其地置东门递运所，今移所于关内。

海阳城　在城西三十五里，本汉故县，金改为海山县，元省。据《汉书》："龙鲜水东入封大水，封大水、绥虚水皆南入海。"今废为社，属抚宁县，遗址犹存。

五花古城　在城西南八里，其城连环五座，故名，莫详所创始，相传为唐太宗征辽时所筑。

‖ 卷之四 ‖

官 师 四

部使四之一

罗 恪　郎中，由进士，江西宜春人，宣德九年在任。

刘 钟　郎中，由举人，湖广江夏人，正统二年在任。

刘 华　主事，由贡士，湖广随州人，正统四年在任。

张 琨　主事，由贡士，山西崞县人，正统七年在任。

萧余庆　主事，由进士，直隶华亭人，正统十年在任。

刘 玑　主事，由进士，河南郾城人，正统十一年在任。

王 俊　郎中，由贡士，直隶清苑人，景泰元年在任。

郭 瑾　郎中，由贡士，山西高平人，景泰二年在任。

裴 翔　主事，由监生，河南洛阳人，景泰五年在任。

章 瑄　主事，由进士，浙江会稽人，天顺二年在任，仕至苑马少卿。

杨 琚　主事，由进士，江西泰和人，天顺五年在任，事见名宦。

祁 顺　主事，由进士，广东东莞人，天顺八年在任，仕至右副都御史。

冯 续　主事，由进士，山东昌邑人，成化三年在任，仕至右副都御史。

梅 愈　主事，由进士，江西湖口人，成化六年在任，仕至知府。

尚 绸　主事，由进士，河南睢州人，成化六年在任，仕至布政司参议。

　　胡　赞　主事，由进士，浙江余姚人，成化九年在任，仕至运同。

　　吴　志　主事，由进士，浙江遂昌人，成化十一年在任，仕至知府。

　　苏　章　主事，由进士，江西余干人，成化十三年在任，仕至知府。

　　熊　禄　主事，由进士，江西进贤人，成化十六年在任，仕至右布政使。

　　尚　缙　主事，由进士，綱弟，成化十九年在任，仕至知府。

　　朱继祖　主事，由进士，江西高安人，成化二十二年在任，仕至知府。

　　张　恺　主事，由进士，直隶无锡人，弘治二年在任，仕至盐运使，事见名宦。

　　黄　绣　主事，由进士，江西清江人，弘治五年在任，仕至布政司参政，事见名宦。

　　陈　钦　主事，由进士，浙江会稽人，弘治八年在任，仕至按察司副使，事见名宦。

　　张　玠　主事，由进士，顺天府宛平人，弘治十年在任，仕至右副都御史。

　　徐　朴　主事，由进士，浙江上虞人，弘治十三年在任，性刚严，莫可犯。时与武臣同事，少有纵慢辄廷叱之，武臣弗堪，怒执梃向公，公色不少变，竟指摘武臣事，败其官。诸公私巨猾咸敛迹避，终代去无敢肆。暇则进诸生讲课，祁寒暑弗倦，今犹籍经传云。仕至知府。

　　张时叙　主事，由进士，直隶沧州人，弘治十六年在任，卒于官。

　　曾得禄　主事，由进士，湖广郧阳人，弘治十七年在任，卒于官。

　　顾　正　主事，由进士，浙江海盐人，正德元年在任，仕至布政司参议。

　　汪　瑛　主事，由进士，浙江处州卫人，正德六年在任，仕至按察司副使。

丁　贵　主事，由进士，山东滨州人，正德九年在任。时武臣怙权，多所依纵，贿声颇著，部体至不振云。仕至知府。

李际元　主事，由进士，山东阳谷人，正德十一年在任，升按察佥事。

黄　绶　主事，由进士，浙江鄞县人，正德十二年在任。

黄景夔　主事，由进士，四川丰都人，正德十六年在任。关法旧部使与守臣共事敌礼，公至即呈部革之，仍庭参如下僚，统体乃正。时继中官后，地方荐饥且为权豪所残，遂举赈贷，兴义仓。居民多所存活，禁浮屠巫祝淫祀及燔尸诸丑，俗民应若桴鼓，无敢挠者。卫学旧无廪饩，公稽官田括租赡之，亲课诸生有兴起者，凡所措置，士民至今赖之。但敛怨喜功，偏任群小，迹涉嫌疑，亦罔知避，竟以此败官，人多惜之。

刘　序　主事，由进士，陕西长安人，嘉靖三年在任，仕至太仆司少卿。

王　冕　主事，由进士，河南洛阳人，嘉靖三年在任，值辽妖卒之变，死之，事见名宦。

徐子贞　主事，由进士，浙江余姚人，嘉靖四年在任。

马　扬　主事，由进士，河南上蔡人，嘉靖四年在任，改南京监察御史。

邬　阅　主事，由举人，江西新昌人，嘉靖七年在任，升佥事。

楚　书　主事，由进士，宁夏左屯卫人，嘉靖十年在任，升尚宝司少卿。

葛守礼　主事，由进士，山东德平人，嘉靖十二年见任。

吕调夔　主事，由进士，山东濮州籍嘉鱼人，嘉靖十五年在任。

主事祁顺题名记：

自昔官府有题名，唐以来或记厅壁，或刻著于石，皆非徒作也。即岁月而稽迁代，因姓名以知贤否，劝惩之义于斯在焉。山海关密迩京师，为东北重镇，所以限华夷，察往来，防奸暴，而固疆域也。关设于洪武十有四年，厥初择武臣子弟同山海卫官军守之。宣德甲寅，有上言是关要冲，宜选文职之老成廉干者守镇，以杜边弊。上可其奏，乃命兵部官来莅使事，每三岁一代焉。夫承天子命以镇是关，非廉且勤，曷称任使？廉则公，公则生明；勤则敏，敏则有功。政令之孚，惠泽之流胥此焉。出彼昏墨蠹政者，乃吾儒之罪人，而窃禄苟全莫之建明者，亦非所取也。自宣德迄今，更代凡十余人，而题名之举未立。予恐其久将湮晦，遂命工砻石，取前任人名氏岁月历书之，且虚其左以俟来者。於戏！昔司马公记谏院题名，谓凡曲直忠诈，后人将历指而议之，为可惧也。然则后人观吾是记者，得无亦指其廉污勤惰，而议其贤否欤！

主事黄景夔题名记：

今天下择形胜便利地设关，不在穷边绝徼，而在域中孔道者有三：曰潼关、居庸关、山海关，而得置职方主事守者，惟山海关为然。关东为辽，地旷人稀，实以戍兵。戍兵皆跂足怀归之士，法禁阔放，潜逋即虚，无以用闲山旃旗岛卉之夷，为东顾忧。乃关法，东西人出入，则关士布列，即一士率行人至庭下，视貌稽年，问地所来，语琐琐不休，审无诈，令去。视已，复一人。日率晨暮一启阖，既报，阖扉，收钥入，则退。寂无一事，其事至鄙易，即一俗吏可办，特假重省郎治之耳。士之欲以才气自见者，其势无所渐发，或不乐居此。予既至，视关法，外则问民所患苦与兴利，或持讼牒，至亦为论曲直，俾当所欲而去。盖日才二三事，既无事，乃读书学文，恒又苦多病，不能弹力，既倦即休，颇幸偷安焉。关旧有题名，记名姓，毁剥，记仅存，因并考前后人复载石为记，曰：予访贤老，求前人名迹，已少有知者，既远当遂沉泯。诚是关无可发名耶？盖史记孔子曰：弗乎，弗乎！吾何以自见于后世哉？圣人之重夫名如此，吾曹皆自省中出满三载，代入崇要可序进，言行功业可随地致，曷忍名就沉泯？倘不自隳弃，岂患无所称乎？名有二，其最贤者必传，最不肖者亦传，其不传者，贤不肖之间碌碌者也。三者安所归耶？其亦无所抉择哉？予不敢以云前后之人，而独窃有惧焉。

守臣四之二

王　整　都指挥佥事，羽林前卫人，正统八年在任，升参将，事见名宦。

谷　登　都指挥佥事，永平卫人，天顺三年在任。

陈　善　署都指挥使，龙骧卫人，成化三年在任。

陈　宣　指挥同知，永平卫人，成化九年在任。

李　铨　都指挥佥事，锦衣卫人，成化十七年在任。

李　增　指挥佥事，永清卫人，弘治元年在任。

申　宁　署都指挥佥事，沂州卫人，弘治元年在任。安静不苛，居十余年，军士无甚怨者，转山东都司。

王　喜　指挥佥事，济州卫人，弘治十四年在任，见黄公呈。

赵承文　指挥佥事，锦衣卫人，弘治十五年在任，修容仪，尚几诈，每祜势凌人，坐勘事不明系去。

杨　恭　署都指挥佥事，府军前卫人，弘治十六年在任，升参将。

王　福　署都指挥佥事，旗手卫人，正德三年在任。

叶凤仪　署都指挥佥事，锦衣卫人，正德七年在任，升参将，见黄公呈。

季　英　指挥使，由武举，锦衣卫人，正德十年在任，升参将，见黄公呈。

田　琮　都指挥佥事，大宁都司人，正德十四年在任，卒于官，见黄公呈。

韩　聪　署都指挥佥事，由武举，金吾右卫人，正德十六年在任。

钟　杰　指挥佥事，抚宁卫人，嘉靖元年在任。

宋　琦　署都指挥佥事，景陵卫人，嘉靖二年在任。

田　登　都指挥佥事，平谷人，嘉靖三年在任。

九　聚　指挥佥事，金吾右卫人，嘉靖五年在任，升游击。

宋　经　都指挥同知，由武举，金吾右卫人，嘉靖六年在任。

张世武　署都指挥同知，由武举，兴州右卫人，嘉靖九年在任。

栾　锐　指挥佥事，营州右卫人，嘉靖十三年在任，今升通州分守。

萧　宝　指挥使，永清右卫人，嘉靖十六年见任。

卫官四之三

指挥使一十二员：吕升、李绹、魏臣、张介、孙镗、符英、於讯、刘宗显、赵进、徐瓒、王禄、杜銮。

指挥同知一十一员：施泽、石美中、唐大节、王勋、冻世勋、郭世官、戴臣、徐凤仪、王锐、李缙、冯时泰。

指挥佥事二十员：林洪、徐元、苏经、高梧、张经、胡汉、吕钦、刘缙、李廷栋、陈镃、李茂、程伦、张荣、何隆、李玺、周宝、吕绅、傅政、徐锦、任鹤年。

卫镇抚二员：张凤、余洪。

正千户二十员：右所，冯琦、马握；前所，赵恩、韩钦、孙良、解璋；后所，萧隆、徐镗；中左所，刘济、王恭佐、徐汉、杜雄、阎升；中右所，薛武、孟宗舜、陈勋、徐锦；山海所，任臣；中前所，周世明；中后所，范纲。

副千户二十八员：右所，邢杰、郑煜、黄臣、张禄、李英；前所，周道隆、刘相、李用臣、蔡仁、李经；后所，张辅、杨林、李智、赵俊；中左所，孙锦、钟凤、宗舜臣、米凤、许堂；中右所，高相、张宣；山海所，解承恩、杜秀、孙钦、李乾；中前所，王卿、刘世址；中后所，徐昆、孙贵、张鉴、杨得清、蔡震。

百户七十三员：右所，刘钦、王龙、姚銮、张宣、刘云、徐相、侯安、向志用、李玺、赵延龄；前所，王臣、郭伦、曹仲利、鲍恩、李勋、贾琦、白玺、陈镇、徐洪、周奉；后所，付杲、高堂、朱臣、周臣、吴锦、潘恩、蒋镇、仇恭、刘镇、李钦、刘富、徐韶、马鉴；中左所，潘洪、潘富、汪节、李世忠、程锐、孙镇、周铭、张斌、宫玉、刘洞、刘镇、彭福、林昂；中右所，孙辅、张隆、吴聪、王荩、郑钦、周仲利、张鏊、许英；山海所，**高资、计聪、杨璁、贺镇**；中前所，**常宣、张勋、王宣、熊锦、王銮、吴杰、魏祥、温勇**；中后所，**许清、张廷彝、段镪、任秀、张銮**；递运所，**倪纲、朱继宗**。

所镇抚二员：前所，**陈利**；中左所，**汪锦**。

以上俱世官或袭调者，俱莫详其所由始，特即见任者书之，亦继往召来之意也。

经　　历

徐　鼎　徐州人，由监生。

许　焕　山东人，由吏员。

吴　佩　浙江人，由吏员。

张　文　山西人，由监生。

车　桓　陕西人，由吏员。

梁　昆　陕西人，由监生。

金　玉　河州人，由吏员。

杨尚信　山东人，由吏员。

徐　敞　山东人，由监生。

知　　事

杨　恺　山东人，由吏员。

王　臣　山西人，由吏员。

郑　禄　山东人，由吏员。

李　宪　江西人，由吏员。

常　福　山西人，由吏员。

袁　景　山东人，由吏员。

于　濂　山西人，由吏员。

陈　智　山东人，由监生。

李时畅　陕西人，由吏员。

张　凤　山东人，由吏员。

学官四之四

教　授

张　恭　直隶丹徒人，由监生。

王　浚　山东莱州人，由监生。

周　达　直隶淮安人，由监生。

李　英　江西饶州人，由监生，事见名宦。

钱　晋　山东登州人，由监生。

何　琛　广东惠州人，由监生。

高　升　河南临颍人，由监生。

张良金　陕西镇原人，由监生，见任。

训　导

曹　选　直隶邳州人，由监生。

田　登　山西人，由监生。

王　安　山东登州人，由监生。

吕廷辉　福建建阳人，由监生。

房　巍　山东长清人，由监生。

贾宗鲁　山东峄县人，由监生。

牛仲和　山东宁阳人，由监生。

张　伦　山西沁水人，由监生，见任。

略曰：部使贵镇静便民，守臣贵威廉抚士。卫先奉法学，务勤教，靖恭厥职，罔侵与旷其至矣。夫数事则扰，敛下则怨，蔑法者纵，弛教者偷，殃民怠事其何能官，二者出入之间，芳臭异遗，德怨殊报，呜呼！严矣。短斯志以口舌代衮斧，将为万人指乎？世远者事状无所于考，最近者且有论定之待，胡敢妄议其习闻，父老并获于真见者，因事系言，风诸将来，庶观者或有兴也，罪我者其在是乎，其在是乎！

‖ 卷之五 ‖

田 赋 五

户口五之一

前代无考。

国朝洪武十四年设卫，领十所，原额官军一万户，共男妇三万二百五十二名口。宣德五年，调拨左中二千户所于辽东，见在八千户所，并递运所官军八千五百二十五户，男妇一万八百三十二名口。嘉靖年审编户仍旧，共男妇二万三百七名口。户无减者何？志军户也，军有定籍，于法得勾补。今令以宪臣理之，亡者或暂虚，清者亦时至，要在不失额数也，故户无减云。

屯田五之二

合卫地五百八十八顷八亩六分，共该征米豆七千四十七石四升。右所地一百四顷五十亩，该征米豆一千二百五十四石。前所地一百二顷，该征米豆一千二百二十四石。后所地七十二顷，该征米豆八百六十四石。中左所地五十六顷，该征米豆六百七十二石。中右所地五十六顷，该征米豆六百七十二石。山海所地三十六顷，该征米豆四百三十二石。中前所地三十六顷，该征米豆四百三十二石。中后所地八十六顷，该征米豆一千三十二石。镇抚司地三十二顷四十亩，该征米豆三百七十九石五斗六升。递运所地六顷六十八亩六分，该征米豆七十九石四斗八升。

　　议曰：屯田，美政也，今弊矣。今弊矣胡美之？夫国朝赋民以养边健远者，恒自数千里外，征解输挽之费，侵渔商纳之弊纷乎百出。入军者才一，出民者已三矣。屯法括军余丁壮耕近塞田，实边岭隙则讲武，视民饷省费，不啻倍蓰，此特计利言耳。古传曰：民农非徒为地利也，贵其志也。民农则朴，朴则易用，易则边境安，主位尊；民农则其产复，其产复则重徙，重徙则死其处而无二。民舍本而事末，则不令，不令则不可以守，不可以战；民舍本而事末，则其产约，其产约则轻迁徙，轻迁徙则国家有患皆有远志，无有居心。执古之言以征，夫今之屯者且当兹地也，不谓之美乎？胡弊之？夫屯在地与人，二者并存则稽而征之，何有苟！地非其人，人非其地，犹可租庸交致也。地，昔治者，今称芜；丁，昔存者，今称亡。然芜者，未必官田，而真丁或未亡也。矧岁派总甲，殷富者贿免，狡黠者实借此媒利，而固坐之。彼将履亩而征，较丁而索，无敢欺者，乃贻其上曰：田且芜，丁且逃矣。上者制于贿，弗之敢问，且以灾伤分数媚其下，取常例焉。夤缘辗转，而其法益坏，虽至于无屯亦可也，不谓之弊乎？呜呼！政美宜复，法弊宜救也。今令畿内屯，以御史理之，有不汲汲于此者乎？夫土官知而弗欲也，监察欲而弗亲也，是何异急于起病者，弗知脉理之所在，诊病源者顾投反剂以重之，欲伐沉痼而复元气，能得邪？予谓不核其地，不清其丁，不公总甲之派，不禁常例之索，而曰：我善救是，我善复是，断断乎无是理也。

杂役五之三

　　岁办，内府柴四万八百八十八斤八两，折征银一百四十二两八钱五分五厘二毫，炭四万二千四百五十七斤四两，折征银三百三十九两九钱一分二厘，黄穰苗四百二十斤，折征银二十一两。以上岁委指挥一员征收，起解后府交纳。

岁用均徭银一千七百六十一两七钱八分九厘七毫。此即一岁者言，虽历岁少有增减，大约相去亦不甚远也。

牧马草场地租银七十一两三钱一分。每岁征完，转解永平府贮库。

岁买大马一匹，折价银二十两。赴太仆寺交纳。

原额养挚牝马二十五匹。分五群，每群儿马一匹，骒马四匹。

东关巡逻余丁三十六名。

贴守舍余二百六十七名。

屯操舍余六百八十八名。

斋夫四十八名。

膳夫一十二名。每名岁办银一两，供生员优等者。

军牢三十二名，门子八名。

巡捕军兵三十名。

木铎老人八名。嘉靖十四年主事葛公立。

仓库斗级八名。

看监禁子四名。

略曰：柴炭，内府供也。国制：畿卫有之，在边卫则无。不曰畿卫近京，特易于采办耶？又不曰边卫不附有司，百尔供需，咸取给焉，兹故缓之耶？我山海虽列诸畿卫，不与他畿卫同，即非边卫也，而重困过之，何者？他畿卫皆附有司，山海独不附，且去之远。边卫多偏，山海当诸孔道，且为夷贡所经。不附有司与边卫同，孔道往来之费，边卫所无也。何柴炭之免独殊于边卫？矧地狭土瘠，人靡自赡，征役丛委已弗之堪矣。而复更困以此可乎？加之司敛纳者多玩且怠，恒失程期。府委下卫催督如星火，辄重贿求免目前。贿固盈数所出也，愈出愈歉，或竟至逋负，要其所费尝倍于额，而公私俱病矣。为今之所当停免此征，比诸边卫斯政之准。即不然，或举先年抚臣奏例，革府委之催而类催责之，抚臣边氓亦蒙一分之赐也，有地方之责者，盍思有以处之。

‖ 卷之六 ‖

人 物 六

名宦六之一

[元]

怀间公 皇庆初为瑞州答鲁花赤，时海滨县宣圣庙兵燹，后鞠为茂草，代官数十辈，咸置弗理。公至，邑人请之，遂慨然兴复，不十旬而庙告成，其崇儒慕义类若此。

[国朝]

徐 达 凤阳人，年二十二值元季兵起，慨然有济世之志。岁癸巳，杖策诣太祖高皇帝于军门，与语，奇之，留置麾下，察其志虑，材略过人，命帅师征讨，所至辄款服，罔事屠戮。洪武十四年，上以燕民新附，且地邻北虏，命公镇之。公乃度地依险创山海关，修筑城垣，阻塞隘口，经制有方，规度宏远矣。迨今障我边氓，固我疆圉者，咸公力也。累官太傅中书右丞相，进爵魏国公，追赠中山王，谥武宁。他奇勋伟绩载在国史，兹不赘，特表其功德在吾人者云。

杨 琚 仕籍见部使志。公明练达。凡举措一中典刑关法，自讥察外，无少留滞，人咸称便。时卫学始建，拘行伍子弟充，诸生皆以为厉已弗乐，至有冒矜佩而不识一丁者。公雅意作学，士习用变，如郑侍御已亲蒙讲授，士民至今颂其德不衰云。

张　恺　字元之，仕籍见部使志。操持甚严，有冰蘗声。然不为矫行，士夫有求作诗文者，赠以厚币，辄受之曰：此交际恒礼也，奚拒为？关旧法，止验籍与年，公始稽貌，以杜诈冒之弊，至今因之。其待士惠民，外内一致，虽黠诈者亦不忍欺云。

黄　绣　字文卿，仕籍见部使志。宅心平恕，政尚宜民。时关内薪水颇远，居者咸仰给关外，公给木牌令悬之，出人樵汲者甚便。公绝有目力，一经睹记，终莫能眩。遇面生顶冒者辄指摘之，卒无敢欺者。启闭有常期，虽祁寒暑及他务丛集亦弗爽。代去之日，男女夹道遮留者万计，车马至不得行。后转山东按察佥事，分巡辽东，再经其地，而居民依依犹不舍云。

陈　钦　字亮之，仕籍见部使志。清简平易，卓有高致，终任无苛扰之令，民甚宜之。且邃于诗学，雅好吟咏。厥父教谕君远从禄养，尝侍游佳山水以娱其意，天伦至乐，虽途人咸知歆慕云。

王　冕　字服周，仕籍见部使志。筮仕令万安，己卯逆藩之变，公召募勇敢继抚帅追进，及逆兵衄安庆，濠趋还南昌，为釜鱼计，公率所部遇而擒之。迁兵部主事来守山海关。甫五旬，值辽妖卒变作，群丑啸呼，露刃阶下，侍吏拽公越民舍为潜避计，公正色拒之，直趋毋所执兵以卫。及被获，贼以刃胁公使从，不屈，死之。抚臣上其事，赠光禄寺少卿。

王　整　仕籍见守臣志。沉毅有谋，长于干济。时山海设守臣，实自公始。前此治尚草创，诸规制犹未备。公至，次第兴举，凡庙学、楼橹及廨舍之属多所增建，迄今赖之。且抚士驭下，宽而有体。任十五年，居民畏而爱之者如一日。遗德为父老所传颂，久而弗替。肆论守臣者，每籍籍称王大人云。

刘　刚　本卫指挥佥事，今总兵渊之祖。天顺间视卫篆，以贤能称。统体甚严，每侵晨诣卫公座，千户以下咸肃肃雁序，执属礼罔敢哗者。虽器用食物之细，咸宿构卫中。遇上官至，辄出以应之。不敛诸下，而下亦不知扰。于学校以提调任，创建东西庑及学舍，诸生违教者，辄廷责之，罔有不服，其公严综密类若此。至今乡人为之语曰：指挥刘刚，盖伤后来者之莫与肩云。

狄　珍　字国宝，中右所千户。少时与海钓萧先生同肄举子业，志趋甚端，长承荫视所篆。文雅忠厚，岿然为流辈所推重。比致仕，守关诸巨公慕公高致，咸以宾礼遇之，则其人可知已。且事无过举，身无苟行，初终罔或渝，时称为狄御史云。

李　英　仕籍见学官志，清简严重，以师道自任，教人不专事举子业，每对诸生燕坐，辄谈理道，辩义利，谆谆弗倦。徒辈有能厚人伦、兴义举者，奖进不容口。后闻兄讣，哀毁逾礼，见者感泣，以此竟弃官归。初至答拜诸生家诗：昨谒诸生数十家，醉驼羸马日西斜。邻妪唤侣分灯火，霜叶惊风落帽纱。耆老欢迎南学士，儿童争看李师爷。谁云山海文风薄，恩义今朝百倍加。《去山海诗》：来时行李书一束，去时行李一束书。俯仰天地无愧作，清风千载竟何如？

乡贤六之二

[北魏]

窦　瑗　辽西阳乐人，仕魏，为太常博士。从尔朱荣东平葛荣，封容城伯，瑗乞以封让兄叔珍，得从其请。叔珍由是积官至廷尉卿。孝武时，释奠开讲，瑗为摘句，累迁至大宗正卿。官虽要显，窘素如布衣，清操为时所重云。

[国朝]

刘　江　本卫总旗，骁勇有谋略。洪武末年，从文庙靖内难，累建殊勋，升中军都督府左都督。永乐中镇守辽东，剿杀倭寇有功，进爵广宁伯，卒追赠广宁侯，其子孙以世嗣。

萧　显　字文明，别号海钓，本卫山海所籍，举进士，第兵科给事。有武臣连中贵张大边功希重赏者，公批奏尾驳之。时中贵势焰赫暴，无敢忤者。用是直声振一时，虽贾怨弗恤。涿州有巫，矫邪神自东方来，京城男女争负土为筑祠宇，公抗章劾之，并禁私创庵观等数事，言极剀切。疏留中不报，外间传言祸且叵测。一日，忽召至左顺门，命中官面诘之，公气定语明，应对了了，乃谕遣之。又数日，则巫已逐矣。权幸人愈嫉之。居科八年，有中旨迁外，所司拟陇州同知，诏与远地，乃改镇宁。方对客作草书，手阅朝报付其子，趣治装，仍终数纸乃罢。镇宁夷俗，每献馈流官，纳则喜，拒则疑，且恚至相戕。公尝孙谢理谕，皆敬服，无敢怨者。越八年，为弘治戊申，稍廷同知衢州府，勾稽戎籍，取非法刑具悉焚之，而所得隐丁甚众；抚婷嫠，修学舍，士民赖之。越三年，擢福建按察司佥事，奉敕领屯田事，劝督交至，民相率输纳，岁无留通。又一年，以万寿圣节入贺，刑部尚书白公昂欲有所荐拟，亲戚有力者亦乐为之援，公不复顾恋，上疏径归，归数日而命始下。乙丑武皇帝即祚，诏进阶朝列大夫。公德性醇笃，不妄言笑。早失怙恃，终身孝慕，事伯兄甚谨，交友尚义气，久而弗渝。每闻海内交游仆音，即为位而哭，蔬食者数日。一时名儒硕辅如陈白沙、李西涯辈咸雅重公，虽谢事家居，而书札问慰弗缺。山海本用武地，举科第、工词翰，皆自公始。公诗清简有思致，所著有《海钓集》、《镇宁行稿》、《归田稿》。其书法尤沉著顿挫，擅名当代。致仕后，居乡二十年，疏戚罔有间言，忠厚之传迨今不衰云。

郑 己 字克修，本卫递运所籍。天性颖敏，成童时充邑库弟子员，属俪句辄惊人。家甚窘索，公克意向学。隆冬夜燃柴诵书达旦，用是博极群书，尤精于举子业。举进士，选翰林院庶吉士。时刘文安公典教，每阅公文辄叹曰：山海乃有此子！改监察御史。会廷推抚臣有弗当，公出即抗章论之，语侵当道。又累疏指摘辅臣及中贵，由是权要人多忌公者。巡按陕西，值甘凉诸路灾疹连岁，边境绎骚。公上《匡时图治》等疏，略曰："臣质既戆愚，学复寡昧，是以有所论列，不罹狂妄，则类矫激，自分万死犹不足赎。累蒙陛下量洪天地，明昭日月，非惟贷臣之生，抑且仍臣之官，今日之有官，固陛下之所官，而今日之有生，亦陛下之所生也。陛下既贷臣以生，臣敢不报陛下以死哉？大要以安民练兵，责在守令将帅，而守令将帅之选，责在吏兵二部，探其本则归重于人君之一身。欲人君亲儒臣以讲学，延大臣以勤政，奖直臣以来谏。"亹亹数千言，极剀切，咸斫斫可行。得上谕旨，遂讲赈济，饬边备，陕以西赖之。时勋贵出镇陕西，纨袴子弟估势凌下，监司莫敢问，公捕而杖之滨死，实勋贵人亲弟也。乃谋中伤公，摘戍宣府。宣府总兵慕公望，雅敬礼之，馆诸佛宫，士人从之受学者日益众。有黠卒怨总兵者，奏总兵不道，事累及公，系之阙下，上白其诬，放归田里。孝皇帝即祚，诏复其官。知公者欲荐公向用，公坚谢不起。公亮节有气，嫉恶如仇，仇家居时谈世事弗平者，辄攘臂愤惋。至面诘人罔避，公之弗亨于官有以云。

孝节六之三

[国朝]

萧韶凤 十九岁时，父病蛊，迎医视之曰："得樟柳木根则愈。"城中求之不获，或告以产于海阳城。时石河泛涨不可渡，韶凤毅然往求焉。家人止之，韶凤泣曰："父病笃，吾畏水而止，于心忍乎？"竟涉河，至中流溺死，三日浮尸于海上，人皆哀之。

黄氏女妙宣 十七许嫁于里人龙升，十九未婚而升物故。女闻讣哀惋不食。有求婚者，女坚不许，父母强之，以死誓。父母度不可夺，乃止。侍亲左右，极为尽礼，饮食衣浣皆出其手，族叔婶继亡，遗弟在孩抱中，亲为抚养，教其成立，年逾七旬颜犹童，如乡人咸敬重之。

李妇者 千户张氏女，为李百户长男升之妇。升病死，尚未抱子，妇哀毁备极，闻者感动。度舅姑必将强之嫁，七日乃自缢死，人皆怜之。千户范盛哀诗：世间何事最分明，镜正新时水正清。物在显明皆可照，人当微隐独难评。沉身海上还遗迹，化石山中尚有名。方寸了然惟有此，肯留生等世尘轻。

‖ 卷之七 ‖

祠 祀 七

神祠七之一

城隍庙 在城西北隅，洪武十六年建。

旗纛庙 在卫治东，经历司厅左。

火神庙 在兵器局内。

马神庙 在卫治后。

北镇庙 在城北一里。

镇东庙 在城东二里，嘉靖五年建。

主事马扬记：嘉靖甲申冬，妖贼李珍辈起辽，率群丑如云，建旗鼓谋为不轨，辄乘虚入山海关，纵火，白昼戮人，守臣王冕死之。后虽削平僭叛，焦头烂额者居多。乙酉冬，予奉命来守是关，视事暇，诘利病，问民疾苦，咨访风俗好尚，左右皆曰："昔徐太傅开创兹关，关之外立镇东庙，祀汉寿亭侯，民安物阜者盖百有余载，久圮且倾。议者以前贻患，无鬼神呵护之耳，盍兴诸？"予曰："哃！厥俗尚诬，非风之敦。"既而居人纷纷奔告如初，予曰："吁！上下雷同，非予攸闻。"已而缙绅先生金进而言曰："礼谓能御大灾则祀之，能捍大患则祀之，公念哉！"予曰："都上下一理，神不可诬哉！"乃鸠工聚材，命镇抚余洪、千户李经以董厥役。所费凡若干，咸取给于官，民不知扰。越七月，壬午朔，庙成。三日，乙酉，大合乐，设宴以落之。有觞予者曰："若稽古建庙，时和年丰，风霜摧剥，瓦落高翕，重建者谁？我公之功。"次觞曰："新庙既作，于穆幽深，维山之阳，维海之阴，说以先民，实慰我心。"三觞曰："结构枚枚，金碧愧愧，永镇豺狼，长驱鬼厉，愿言记之，垂于百世。"予曰："俞哉，作事谋始，在图厥终，乃识其事。"因作歌俾民侑以祀焉，其辞曰：殽核旅兮醴芳，肃衣冠兮登侯堂，入不言兮出不辞，乘回风兮载云旗，左拥赤豹兮右从文狸，倏而来兮忽逝，带女萝兮被夫薜荔。北有山兮南有海，新庙奕奕兮金碧绚彩，吹我笙兮鼓我簧，对越骏奔兮不敢怠遑，侯之不来兮我心皇皇，监兹明信兮顾我烝尝，默相兮阴佑，俾我福兮俾我寿，阐神功兮时若雨旸，仓庾充兮有稻有粱，侯之乃文兮乃武，庇覆我民兮与此终古。

天妃庙 在南海口关西，国初通海运时所建。

主事祁顺记：天地间海为最巨，海之神天妃为最灵。凡薄海之邦，无不祠天妃者，由其能驱变怪、息风涛，有大功于人也。直隶山海卫去城南十里许为渤海，汪洋万顷，不见涯涘。海旁旧有天妃祠，相传谓国初时，海运之人有遭急变而赖神以济者，因建祠以答神贶。历岁滋久，故址为浪冲击，几不可支，而堂宇隘陋，亦渐颓毁。天顺癸未，太监裴公珰以王事驻节山海，谂神之灵，就谒祠下，顾瞻咨嗟，语守臣及其属曰："天妃显应，功利闻天下，而庙貌若兹，非所以崇明祀也。盍撤其旧而新是图。"遂施白金三十两以倡于众。时镇关兵部主事杨君琚及参将吴侯得各捐资为助，而凡好义者亦皆致财效力，以后为愧。于是市材傭工，择时兴役，崇旧基而加广焉。为祠前后各二间，坚致华敞，足历永久。其像惟天妃因旧以加整饰，余则皆新塑者，复绘众神于壁间，威仪跄跄，森列左右，远近来观，莫不肃然起敬，以为前所未有也。肇工于甲申年秋七月，落成于是年冬十月，众以丽牲之石未有刻辞，征予纪其始末，用传诸后。夫能御大灾，能捍大患，以安生人者，征诸祭法于祠，为称我国家明制度，尊祠祀，岂无意哉！亦为生民计耳。尝闻东南人航海中者咸寄命于天妃，或遇风涛险恶变怪将覆舟，即疾呼求救，见桅樯上火光烨然，舟立定。是其捍患御灾，功罕与比，故在人尤加敬事，而天妃名号居百神之上，亦莫与京焉。渤海之广，无远不通；神之流行，无往不在。人赖神以安，神依人而立。然则斯祠之建庸可后乎？当祠成之岁，居其旁者厄于回禄，势焰赫然及祠上，人远望之，见烟光中人影上下，意其为护祠者。既而旁居荡为灰烬，而祠一无所损。向所望烟中人影皆无之，乃知其神也。噫！神之显赫不可掩如此，所以惠福予是邦，岂浅鲜乎哉？顺既为叙其事，复作迎享送神之词，俾邦人歌以祀云。其词曰：荪壁兮药房，辛夷楣兮兰橑桂梁，杂芬菲兮成堂，神之奠兮海旁。吉日兮将事女，巫纷兮至止，蕙肴蒸兮荐芳醴。衣采兮传葩，吹参差兮舞婆娑，神不来兮奈何，轻风飗飗兮水扬波。神之来兮容与，载云旗兮驾风驭月，成再拜兮传神语，旋焱不留兮使我心苦。神庙食兮无穷，神降福兮曷其有终，海波恬兮偃蛟龙，弭怪雨兮驱暴风，灾沴弗作兮时和岁丰，人有寿考兮无怀痌，求世不磨兮神之功。

贤祠七之二

显功庙 在卫西北隅，景泰甲戌年建。

钦降祝词：惟王开国辅运，为时元勋，缵治边疆，万世允赖，军民怀仰，祠祀以陈，神其鉴兹，荫佑无斁。

大学士商辂记：中山武宁王，早以雄才大略首从太祖高皇帝举义，平定天下，混一海宇。已而率师漠北，收其余民。比还，留镇于燕，慎固封守，为长治久安计，以平滦渝关土地旷衍，无险可据，去东八十里得古迁安（民）镇，其地大山北峙，巨海南浸，高岭东环，石河西绕，形势险要，诚天造地设，遂筑城移关，置卫守之，更名曰山海关。内夏外夷，截然有限，隐然一重镇也。自山海以西，若喜峰，若古北，大关小隘无虑数百，茸垒筑塞，既壮且固，所以屏蔽东北，卫安军民，厥功甚伟。景泰甲戌，今左都御史李宾奉命巡抚，卫人萧汝得等合词告言：昔中山武宁王镇此，城池关隘皆其创建，边陲宁谧，殆将百余年矣，愿立庙祀以报王功。为请诸朝，许之。属岁屡歉，事未克就。成化辛卯，李进握院章追惟前诏，因谋诸总戎募义敛材，卜日藏事，乃即山海卫治之西建王正殿三间，翼以两庑，树以重门，缭以周垣。兴造聿始，适巡抚左佥都御史张纲下车，锐意倡率。时镇守太监龚荣、总兵右都督冯宗及参将刘辅、李铭悉以俸来助，用底完美，实癸巳春三月也。纲告成于上，赐额："显功"，仍降祝词，命有司春秋致祭，岁以为常。山海军民闻命欢呼踊跃称快。有以见王之功德及于人者深且远矣。李以事之始末属守关兵部主事尚絅述状，征予以记。谨按祭法有云：能捍大患则祀之。若王之设险守国，使百年之间夷虏莫能窥其隙，室家得以奠其居，其功不亦大乎？祠而祀之，岂不宜哉！虽然王为开国元勋，当时南取吴越，北定中原，东平齐鲁，西入关陕，王之功居多，独山海之人思慕之深者，盖王镇抚燕蓟十有余年，丰功盛烈宜非他处比，庙祀聿严有以也。夫王姓徐氏，讳达，凤阳人，累官太傅中书右丞相，进爵魏国公，追封中山王，谥武宁。其履历备载国史，兹不重述。立庙之意，俾刻之坚珉，庶来者有考焉，谨记。

名宦祠 在儒学右，祀守关主事杨公琚、张公恺、陈公钦、王公冕，嘉靖十一年建。

乡贤祠 在儒学右，祀乡先生萧金宪显、郑侍御己，嘉靖十一年建。

郎中　詹荣记。

‖ 卷之八 ‖

选 举 八

进士八之一

郑　己　成化丙戌科会试第十一名，登罗伦榜，二甲进士，选翰林院庶吉士，改监察御史。

萧　显　成化壬辰科会试第一百九十三名，登吴宽榜，二甲进士，仕至福建按察司佥事。

崔　锦　成化甲辰科会试第一百四十五名，登李旻榜，三甲进士。

万　义　嘉靖癸未科会试第三百二十八名，登姚涞榜，三甲进士，未授职卒。

詹　荣　嘉靖丙戌科会试第一百九十三名，登龚用卿榜，二甲进士，见任户部郎中。

乡举八之二

萧　显　天顺三年乡试第二名。

郑　己　天顺六年乡试第八名。

曾　韬　成化十年乡试第九名。

崔　锦　成化十九年乡试第九名。

田　跃　弘治十四年乡试第四十五名，任金乡县知县。

李伯润　正德八年乡试第一百一十七名，任永康县知县，改怀庆府学教授。

万　义　嘉靖元年乡试第四十五名。

詹　荣　嘉靖四年乡试第三十四名。

岁贡八之三

曹　广　应成化三年贡。

王　铎　应成化五年贡，任庐州府检校。

刘　铭　应成化七年贡。

苏　豫　应成化九年贡。任陕西同州判官。

赵　仁　应成化十一年贡，任山东博平县主簿。

李　春　应成化十三年贡，任山东邹平县主簿。

张　宁　应成化十五年贡，任河南磁州学训导。

刘　鉴　应成化十七年贡，任鸿胪寺序班。

戴　刚　应成化十九年贡，任山东黄县主簿。

蒋　英　应成化二十一年贡。

张　铉　应成化二十三年贡，任陕西朝邑县县丞。

李　琛　应弘治二年贡，任山东沂州卫经历。

房　绾　应弘治四年贡，任江西分宜县主簿。

李　敬　应弘治六年贡，任云南贵州卫知事。

陈　策　应弘治八年贡，任山东莒州学训导。

赵　纬　应弘治九年贡。

侯　荣　应弘治十年贡，任陕西行太仆寺主簿。

杨　聪　应弘治十一年贡，任德府典宝副。

萧鸣凤　应弘治十二年贡。

王道亨　应弘治十四年贡，任山东登州府学训导。

张　礼　应弘治十六年贡，任直隶靖江县主簿。

张　谦　应弘治十八年贡，任山东新城县县丞。

何　清　应正德二年贡。

萧大临　正德三年援例，任云南顺州吏目。

张文选　正德三年援例，任山东峄县县丞。

张德禄　正德三年援例，任山东益都县县丞。

王　鹤　正德三年援例。

王　鹭　正德三年援例。

栾　表　正德三年援例。

陶　恕　应正德四年贡，任直隶砀山县县丞。

王　相　应正德六年贡，任旗手卫经历。

赵　聪　应正德八年贡，任山东临清州学训导。

王　伟　应正德九年贡。

李　锦　应正德十一年贡，任陕西庄浪县知县。

马应奎　应正德十二年贡。

李秉玉　应正德十三年贡，任山东沂州同知。

路　通　应正德十四年贡，任辽东三万卫学教授。

萧大观　应正德十六年贡，任山东商河县县丞。

白九经　应嘉靖元年贡。

毛　傅　应嘉靖三年贡，任辽东沈阳学训导。

刘　俊　应嘉靖四年贡，任河南安阳县训导。

沈　渊　应嘉靖六年贡。

田　鹰　应嘉靖八年贡。

高　宁　应嘉靖十年贡。

萧瑞凤　应嘉靖十一年贡。

将选八之四

李　洪　指挥廷栋之父，举将材，升分守燕河营参将。

刘　渊　本卫指挥佥事，举将材，擢三河黄花镇守备，入坐显武营，历迁延绥游击将军、宣府葛峪堡参将、协守副总兵，今升后军都督府都督佥事，挂镇虏将军印，充总兵官，镇守宣府地方。

赵　卿　山东济宁卫指挥佥事，调山海卫，举将材，擢真定守备，升京营听征参将，今改分守燕河参将。

祝　雄　辽东广宁前屯卫指挥佥事，调山海卫，举将材，今擢偏头关等处游击将军。

武举八之五

张世忠　本卫镇抚凤之子，中嘉靖五年武举，升本卫指挥佥事，今任黄花镇守备。

常　润　本卫中前所百户宣之子，中嘉靖五年武举，升本所正千户。

封赠八之六

萧福海　显之父，赠征仕郎，兵科给事中。

詹　通　荣之父，封承德郎，户部广东清吏司主事。

王　荣　相之父，赠征仕郎，旗手卫经历。

‖ 题山海志后 ‖

　　夫孔子述而人文备，枝辞兴而大道芜，天下不容言也。而法制之不以相沿，轨物或错出也，则有可以稽法明制章物废轨者，君子亦将举之，故孔子有取于春秋也。《春秋》者，鲁国之志也，其诸列国暨四方无不然也。《周礼》：小史掌邦国之志，外史掌四方之志，盖在古以然，其在后世可识矣。我皇明兴，一统有志。其规制之凡也，其土俗人情之一始也，而纂实录，采民风，未尝不下檄郡道，是故郡道浸浸乎有志，其析也，其成也。至于山海为国东北藩辅，咽吭全辽，限隔朵颜，而遥通朝鲜、女直诸夷之道，创建雄关，犟括诸镇，天然形胜与夫经纬乎其中者，盖所系至要也，而无志可哉？余抱关来即是询之，盖深慨其缺典。欲矢谋庀事，乃张侍御巡关适至，与议允协，遂共请乡大夫詹子任之，以闻见真是非当也。既辑成，余肆披之曰：绵亘盘纡戎马附列图说悉矣！其知所以据要召应矣乎？襟海带山，坐制东服，设险者之欲昭焉，百二安足云也！又官师之训，人情物理之该，转移迁化之征机，则寓可以张地维垂永考矣！彬彬乎，一方之典也。有志于用世者，固可以据案识形势而制机宜，是其可以无作乎？矧古职方氏掌天下之图，而侍御者、省方观民者之代实为信史，则此志未为过举也。

　　嘉靖十四年仲夏之吉，赐进士、兵部职方司主事　德平葛守礼题

康熙山海关志

清·康熙九年

‖ 目　录 ‖

序

　　自西汉书有《地理志》，后世递祖述之，于是郡各有纪，邑各有乘，方舆各有考，彬彬乎称盛已。予自簪笔直庐，从象胥氏所掌，略知环瀛大势。及驱车四方，齐、鲁、荆、扬、淮、徐、闽、粤之郊，踪迹殆遍，而久驻者莫如北平。北平，古幽州，辽右地也。自畿以东延袤七百里，群峰万壑争赴一门，山海关厥维旧哉！予既膺命观察是邦，凡会勘公事，例得戾止其地。戊申之役，董筑边墙千有余丈，信宿关上者再，角山耸翠，渝水流渐，四顾苍茫，忾怀今古。管关陈君因进佘仪部所辑志请序，上自象纬、日星、岁时、节候；下极山泽、户口、风俗、土田；中备人伦、庶类、兴废、沿革、奢俭、强弱之数，弘裁琐缀，罔不灿列。予因考其山川，按其图纪，升高以望形胜之区，仰见我圣朝绥靖以来，万邦咸宁，所在为乐土。关介两都之间，尤升平无事，民生不见兵革，靡有烽烟之警、战斗之虞。奋神武于当年，流湛恩于亿世。昔之风悲日曛者，今转而为岳峙波恬矣。猗欤休哉！予忝大夫之后，俯仰江山，歌功颂德，振雪后之轻裘，舒清啸于天末，亦何幸而际斯久安长治之时乎！爰阅全编，而为之序。

　　康熙八年仲秋之吉，北平观察使者　武林钱世清撰。

序

考《周礼》，太史掌建邦之六典，又有外史掌四方之志、三皇五帝之书。夫所谓四方之志者，何也？即古诗十五国之风，今之郡邑志是也。然则方俗之有志由来尚矣。山海关城创自故明，因设卫治，分隶永平。中州范公编有成书，多载胜国旧事。至我世祖章皇帝龙飞辽左，定鼎燕都，一统之基，实始于石河一战。逆闯既歼，大业遂定，薄海内外，车书礼乐，制度典章，莫不焕然维新。矧兹关门又为圣化所首被乎其间，为创为因，为沿为革，不知凡几，若不亟起而辑修之，久之文献湮而见闻泯，将欲表彰休明，昭示来兹，其道无由。今年春，太史蒋公奉天子玺书督学畿辅，行部永平，考课之暇，搜讨故实，访求遗闻。会观察钱公重修郡志，相与扬扢风雅，凭吊古今，因索山海旧志，披览之余，悯其残缺，雅意更订，以宾兴旁午，较士他郡。观察公寻亦移驻潞河，两公皆由王事靡盬，不遑他及，以天植谬叨关篆，命寓书仪部佘公为董厥事。公与太史为同谱，友谊最笃，家食数年，效安石之高卧，仿虞卿之著书，阐性命宗旨，抉理道微言，上接千圣薪传，下开百世学统，洵乎盛朝之硕辅，当代之儒宗也。植于是与路、卫两君敦请公，公亦慨然以是任，阅三月而其志成，凡若干卷。综其大略，既纲举而目张；又每卷之中标其节数，更条分而缕悉。凡天道之变易，人事之隆替；山川之彝险，风俗之醇浇；与夫文德之显晦，武功之赫濯，宦迹之升沉，官守之清浊；以孝行著者几何人，以忠节显者几何族，以贞烈传者几何事；户口之增耗者何家，赋役之更定者何制，土田之孳生者何物；利之当兴何事，弊之当革何从；前之何以举，后之何以弛，莫不犁然毕具，开卷了如，令览者有观止之叹。猗欤盛哉！可不谓备美矣乎？昔司马迁作《史记》，年月有表，帝王有纪，律历、刑政有书，食货、品物有志，名臣、外戚有世家，儒林、游侠、佞幸有列传。及后班固、范晔、陈寿、沈约辈亦各成一家之言，以备一代之典册。今公所志山海，虽仅一隅之书乎要，未尝不可作全史观也。自非其才之敏，学之博，识之精，如刘知几所言三长兼擅，曷克质文相剂，本末兼该，若此之详且赡哉？方今太史公督学事竣，正欲举八郡之吏治民，依文章风俗汇成一书以上报天子。则是志也，或亦可备陈诗纳价之一助云，是为序。

时康熙己酉冬月之吉，直隶永平府山海管关通判　陈天植顿首拜撰。

序

　　山海固用武之区也。我大清定鼎以来，易戎马为承平，此地实为乐土矣。然抚今日之雍熙，昔年之抢攘可念也。享一朝之安阜，一方之利弊宜悉也。考兴废，鉴古今，辨人物，明制度，莫善乎志。志者，邦域之史也。吾宗培生公为关别驾，奉督学蒋公、观察钱公之命重修关志，就谋于余，爰偕卫司篆君请仪部余公主笔焉。其纂修颠末，别驾公业详哉言之矣。余治军者也，请言军旅。粤稽明初建关，设一卫、十千户所，领军万人，以侯伯统之，兵制非不善也。厥后无事，兵渐分，守渐单，以部使管关，以守臣司兵，以本卫挥爵视篆，晏如也。迨中叶，朵颜三卫时有举发，则易守臣为参戎矣。旧额军士外，增游兵，募新兵矣。守臣原隶石门路，至是则割一片石为界，畀山海，屹然自为一路矣，兵制为之一变也。至末季有事于辽，则设经理，与南北二部为三镇，增兵十余万人，从此忽分忽合，互更互调，营制不一，最后则特为一镇，马步兵丁二万五千人，定为经制，与辽镇等，兵制又为之一变也。天祚有德，归于国朝。二十六年以来，典章文物灿然明备。先是撤镇，以副帅统其众，未几又撤副帅，以一游击领城守营。彼时兵犹存数千人，山海路参将改设都司矣。此后海防为重，乃设沿海三营，裁游击，以城守事务归并山海路，只存兵马步三百人。其撤部使以路将管关司篆钥，自国初已然也。夫兵不限多寡，用惟其人。昔韩淮阴善用众，岳武穆善用寡，班仲升以三十六人平定西域，兵岂在多乎？况迤北则接石门路，同城有南海营，且协同满洲城守诸公共理关门，则甲士尤当今精锐也。忆明正德末，值妖卒之变，部使下设兵百名，彼时之制云：山海关守把官军一百一员名。今日之兵以之守边似不足，以之守关则已有余矣。此时边止须巡缉，可不守，即守则合满汉营路之兵，犹患不足哉！按志所载，为形势，为关隘，为边防，为军实，溯古及今，展卷了然。若夫钱谷礼乐，则有专司，余又何能越俎也。说者曰：前此修志皆关部任之，今公之所司，即昔年关部所司也。别驾公修志，所以必谋于公，公安诿乎？工既竣，不可无一言以弁简端，于是乎书。

　　时康熙己酉黄钟月之长至日，游击将军管山海路事　陈名远谨序。

叙

尝读《禹贡》：五百里绥服，三百里揆文教，二百里奋武卫。夫揆文、奋武，疑若不同于以奠定邦家，乂安百姓，其义一也。山海籍属卫，当年划土分疆与州县同，驭军兴屯与州县异。至于今，宜若无异焉。虽然，不可以无志。关之有志，自明嘉靖始，迨其季，则有《山石志》。改革以来，山陵川泽犹故也，至于人民之增耗，景物之更移，以及制度之变易，风俗之流转，则有迥不相侔者矣。

太史蒋公督学北平，披览旧志，慨其缺略，爰同观察钱公嘱关别驾公任其事，而兼及于廷谟，以谟忝司民社，与州县埒耳。盖卫为军籍，向隶路，今军民虽分，犹均有守土之责，于是厅路二公与谟共任之，并造仪部佘公之门，求其主笔，以成是书。书成十卷，上而象纬，下而川原，中而人事、物理，靡不纤委曲尽，可谓一方之信史矣。窃尝因是而有感焉。夫今日之山海，较昔日之山海尚可一视之耶？昔设一卫十千户所，卫以户侯司之，所以千兵主之，掌篆一人，而屯而捕各一人，如郡之有丞、有别驾，州县之有佐二也。后调中所、左所二所于辽，合之镇抚司，犹九所也。今卫吏守戎之外，仅一千总耳，屯捕卫所之务兼而任之，复以抚宁并入山海，官省而事何能概省也？且以卫地拨补滦州，合两卫之地不及昔年一卫，地减而民岂必尽减也？且路当两京之冲，差贡员役往来如织，繁且疲矣。职类有司，官属武秩，大计军政咸取办于斯，宁有息肩之隙乎？且全辽二十五卫皆更州县矣，山海独仍旧也。况官非世爵，军非祖役，地多拨补，以此名卫，又安所取义乎？惟是在官一日，尽一日之职掌耳。夫有满洲之官，即有满洲之民；有冀州之官，即有冀州之民。四方客商，州县流寓居此土者，卫皆得而治之，卫果得而治之哉！故从来修志，在府言府，在州言州，在县言县。今志不系卫而系以关，卫不足以尽志也，即路亦不足以尽志也；系以关而路与卫统是矣。此山海关志不可以不修，而不可以不共修之也欤！

　　时康熙八年岁次己酉腊月上浣谷旦，山海关掌印兼理屯务守备　陈廷谟拜手谨书。

小　序

　　山海旧无志，有之自德平葛公始，盖明嘉靖乙未岁也。葛公属笔于乡先达詹角山先生，公雅重先生，不复更订，随付剞劂。越六十三年，万历丁酉，南城张公述旧编而增定之，一一出自手裁，视昔加详矣。又历十三年，商州邵公从而续之，不过补其所未及，匪云修也。至崇祯辛巳，虞城范公任关道，合所属而重加纂辑，命曰《山石志》，其距邵公志又三十年矣。逾三载，天命改革，大清继统，从前规制为之一变焉。二十七年以来，声名文物奕然改观，若不早为纪注，后此几不可问矣。督学蒋公托金宪钱公以转属于关别驾陈公，陈公又偕路帅、卫司篆二陈公同造余庐而就谘焉，以余与修《山石志》，略习凤典也。盖《山石志》成于抢攘中，多舛错，未经考订，至今切切于怀。兹奉诸公之命，夫曷敢以固陋辞！爰是合四志之所载，参以郡乘，采诸群书，访于众见，凡三阅月而书成。先缮写二册，请正于蒋、钱二公，然后发梓，匪敢谬附前贤著作之末，聊以备后人之搜择耳。窃追忆此志，自角山先生始主笔，迄今百三十六稔矣。昔人皆沦没已久，其间与修邵公志者，仅存吾乡吕夔翁一人，年已八旬有五，与修范公志者惟余不肖而已。文献不足，古今同慨。语云：贤者识大，不贤识小。余亦仅识其小者，以听大方取裁，又曷敢避固陋之诮，以负诸公惓惓之意乎？余为是书，不敢泯前人之功，为叙其原委如此。是役也，海营马公与有力焉，聊附及之。

　　康熙庚戌仲春中浣之吉，郡人佘一元书于读古斋中。

凡　例

一、纂修俱照《山石志》式，其间微有异同，如灾祥旧载备述后，今移在天文志中，从其类也。

一、沿革旧只载永属大概，尚未切指关门，今通考历代原委，令人确识其所自，视昔加详矣。

一、建置向有学校，今入于秩祀志，附文庙末，其在政事志后，以见有养而后有教，且与忠节并列，一则推重其事以昭风化所关云。

一、官职向无世勋，卫官俱在武阶中。今考得明初镇守大臣数人，列于卷首，并附世袭于内，续载本朝满洲诸公，增世勋一目。

一、政事增积储、兵警二目，见兵食为政事之大端也。

一、选举增人材一目，乃前此所未有，因其时耳。

一、人物旧志有贤淑、隐德，恐涉私徇，类家乘，僭删之。

一、艺文但载近代宗匠及本地名贤之作，无取远古旧迹，以示博核。

一、各志间附管见数行，仿角山詹先生及南城张公旧例，以备后人采择，匪敢创起臆说也。

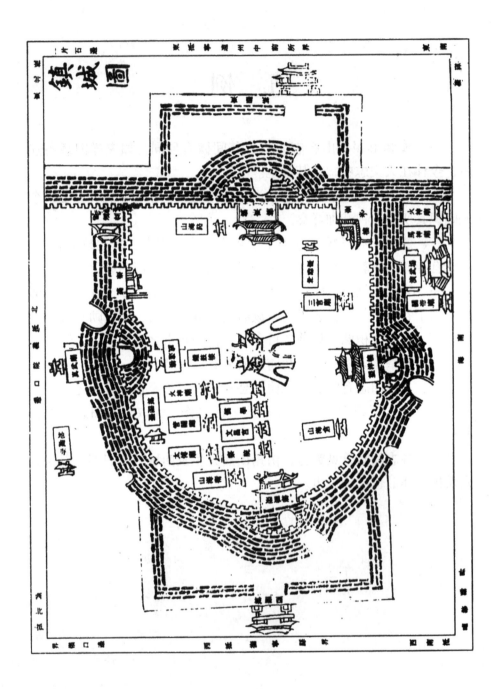

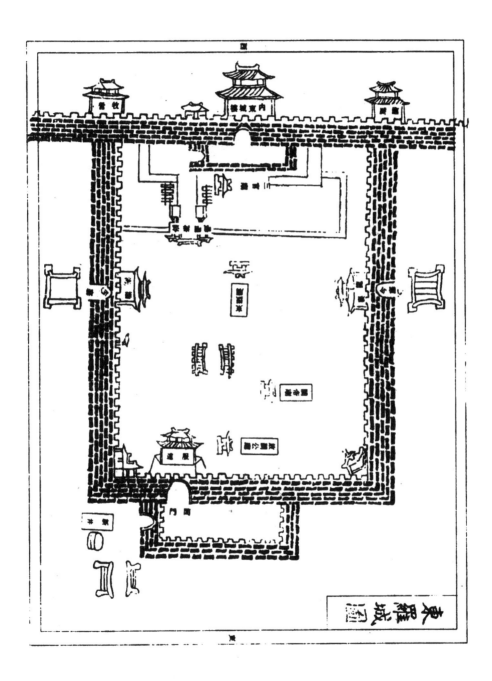

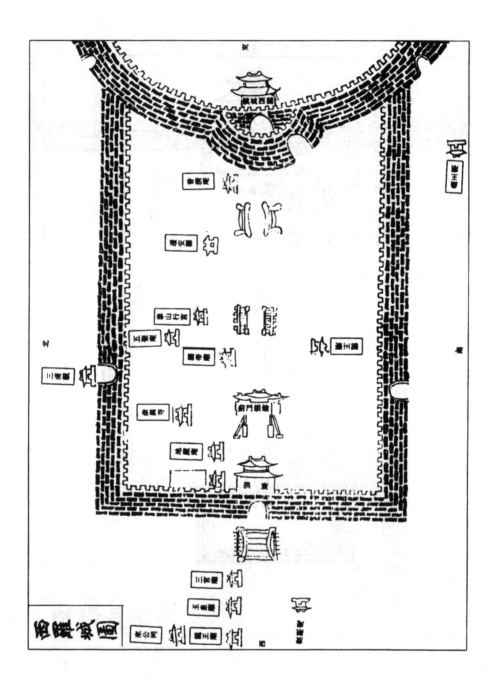

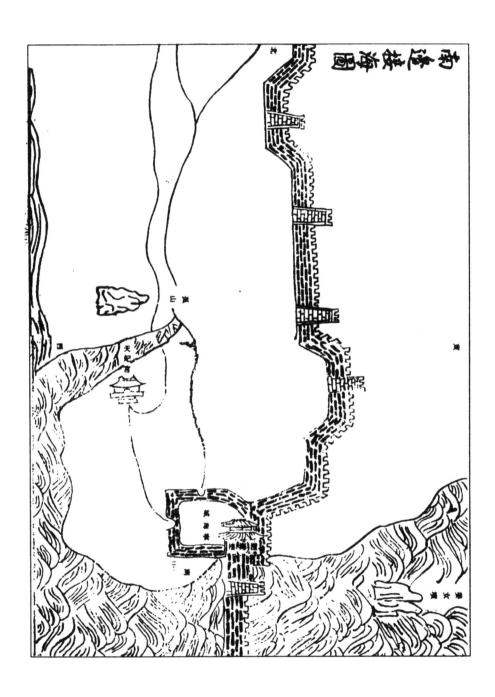

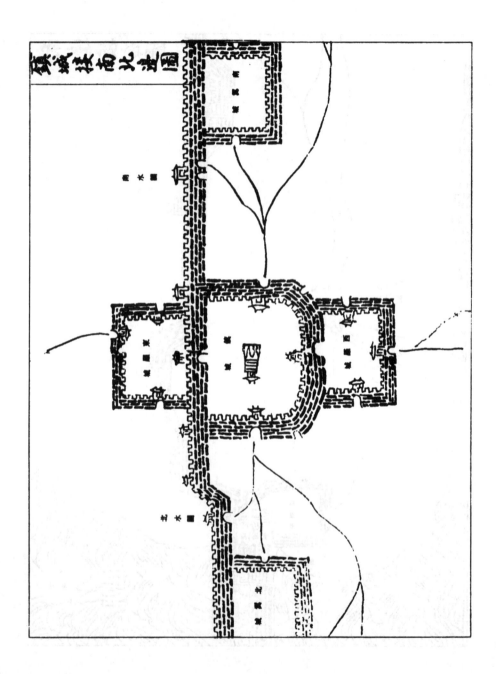

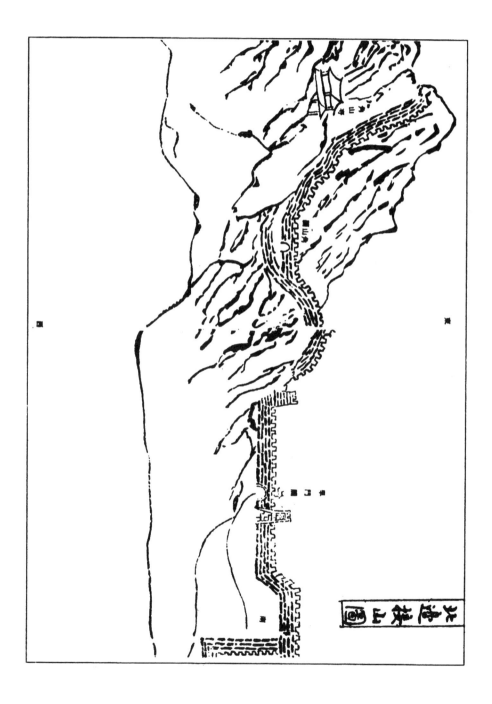

修志姓氏

整饰直隶通永道山东按察使司佥事		钱世清	鉴定	
永平府山海管关通判		陈天植		
山海路城守署游击管都司佥书事		陈名远		
山海卫掌印兼理屯务守备		陈廷谟	纂辑	
原任礼部仪制清吏司郎中加从四品		佘一元	编次	
原任陕西布政使司分守关西道右参议		吕鸣章	参订	
山海卫儒学教授		钱裕国	校阅	
生员	王胤祚	王养凤	沈所慈	
	谭从易	宋应奎	谭可兴	同校
	穆熏	冯九皋	冯应蛟	
	刘泽澍	吕世疆	杨开生	

卷之一

天文志

《易》曰："观乎天文，以察时变。"羲和之命，灵台之经，于以授时体物，其有裨于民事甚巨。关门虽僻处畿东，岂以一隅之偏，而废观察之典哉！昭警戒动修省于是焉在。志天文。

星　野

山海古幽燕地，星分尾、箕，在析木之次。尾九星去极一百二十七度半，箕四星去极一百二十一度半（《文献通考》），箕尾燕分（郑注），箕星散为幽州，分为燕国（《春秋·元命苞》），燕地尾箕分野（汉《地理志》），尾箕幽州（汉《天文志》）。

自尾十度至斗七度曰析木之次，今燕分野（《帝王世纪》）。尾箕，燕幽州，西河、上郡、北地、辽西东入尾十度（陈卓）。尾箕，星曰析木，宫曰人马，时曰寅，州曰幽（《山堂考索》）。永平府，《禹贡》冀州之域，尾分野（《一统志》今关去府治一百七十里）。按：箕尾为幽冀分野，诸家言如一，第禹别九州以来，旋分为十二州，历代分合互异，幽燕至止尚无确据，复以仰合星度愈渺矣。惟《一统志》专以永平属尾，山海西逼平滦，其属尾之次当无疑（旧志张公时显）。

灾　　祥

明天顺元年冬，妖星在天风。

弘治四年夏四月辛酉，月食尾。

正德十六年春二月，辰星留守尾。

嘉靖二年夏，饥。

七年，大水入西关店民舍，有漂没家产者。

二十三年，天方雨，忽雷火飞入镇东楼，摄梁间一斗拱出，坠于田间。

二十五年夏，霪雨四十余日。

三十六年，岁大祲，疫疠盛行。

三十七年秋七月，蝗。

隆庆元年，大水，石河流涨，涌入西关厢，卧牛桥坏。

三年四月朔，地震，声如轻雷。

万历元年六月望，甘露降于学宫。

二十三年五月二十五日，地震有声。八月二十七日夜半，雷震异常，诘旦，镇东楼向北一柱烟袅，掘之其下，得火大如球。

二十五年正月至五月，不雨，无麦。五月中至七月，连雨，饥。

二十六年，大饥。

二十七年四月，地震有声。

三十二年，大水。

三十四年三月，西南现海市。九月，蝗。

四十六年九月，蚩尤旗现东方。

四十七年二月十八日，火星逆行。二十日风霾昼晦，黄尘四塞。

七月，火神庙灾。

十一月二十一日巳初，日生晕两耳及黑气二道。

四十八年五月，安炉打造卜基圣殿，忽殿前大松树仆。

天启元年二月初三日，日晕有耳如月状。初八日大风霾。

二年，霪雨，坏边墙无算。七月，地震有声。九月二十五日，火药崩西关厢崇兴寺。

三年三月朔，地震。

六年，霪雨为灾。

崇祯七年，旱。

八年，大疫。

十一年，大水。

十三年，旱，蝗。

大清顺治十年，大水。

十一年，大水，饥。

十三年，蝗。

康熙元年三月初八日，霾。

二年，夏，大水。十月十二日，雷。

四年五月初三日，火药局失火。

六年，有年。

七年六月念八日，大水冲入西罗城北门，卧牛桥坏。

‖ 卷之二 ‖

地 理 志

设险守国，王公所有事。而山河百二，天下之险莫逾焉。若此依山阻海为两京关键，岂非当今之要地欤？取其原委一胪列之，而川原分界，今古推迁，了然若指掌矣。志地理。

沿 革

唐属幽都。

虞属营州。

夏省营州入冀。

商属孤竹国。

周属燕。

秦并燕以其地属辽西郡。

汉高帝五年，属卢绾，十三年复灭绾，定燕，置四县：肥如、令支、骊城、海阳。

武帝元封三年，徙乌桓于辽西。

献帝初平四年，属公孙瓒。建安四年没于袁绍。十年没于曹操，置卢龙郡。

晋武帝中，乌桓校尉唐彬开复旧境，筑秦故塞自温城至碣石。

元帝太兴四年，没于石勒。

成帝咸康三年，没于慕容皝。

帝奕太和五年，没于符坚。

孝武帝太元九年，复没于慕容垂，置平州乐浪郡。

安帝隆安三年，没于拓跋魏。

魏太延二年，拔龙城改属辽西郡，改乐浪为北平郡。

东魏武定八年，没于高齐。

齐承光元年，没于宇文周。

周大定元年，没于隋。（以上系旧志）

元按：此乃永平之沿革，非专山海之沿革也。

隋文帝开皇三年春三月癸亥，城渝关（关名始见于此）。十八年夏六月，汉王谅军出临渝关（或云临闾）。

炀帝大业十年春三月，帝征高丽，癸亥次临渝宫。

唐太宗贞观十九年春二月，上亲征高丽，秋九月班师，冬十月丙辰，皇太子迎谒于临渝关。

明皇开元八年，营州都督许钦澹移军入榆关（《唐史》作渝）。

昭宗乾宁二年，契丹王阿保机遣兵寇榆关。（以上系府志·世纪）

今按：榆关在抚宁县东，山海关西，距关八十里。

《辽史》：迁州兴善军下刺史，本汉阳乐县地。圣宗平大延琳迁归州民置，属有箭笴山，县一，迁民。润州海阳军下刺史，圣宗平大延琳迁宁州民置，县一，海滨。（以上系府志沿革）

金世宗大定元年，冬十月丙午即位于辽阳，十二月甲辰次海滨县。

元泰定帝致和元年八月丁酉，发兵守迁民镇，庚戌发平滦民堑迁民镇，以御辽东军。九月甲子，上都诸王也先帖木儿、平章秃满迭儿以辽东兵入迁民镇（或云迁安）。

顺帝至正十三年春正月辛未，命西至西山，南至保定、河间，北至檀、顺州，东至迁民镇，凡系官地及元管各处屯田，悉从分司农司立法佃种。

明洪武十三年冬十一月，元平章完者不花入桃林口寇永平，千户王辂追击至迁民镇，败之。

十四年春正月，大将军徐达发燕山等卫屯兵万五千一百人修永

平、界岭等三十二关。（以上系府志世纪）

洪武十四年，创建山海关，内设山海卫，领十千户所，属北平都指挥使司。

永乐元年，革北平都司，设留守行都督府，以山海卫直隶后军都督府。

宣德五年，调左中二千户所于辽东，只领千户所八。（以上系旧志沿革）

此后遂以卫属永平府，遇大事犹具文后府。

元按：自辽至明合府志及山海旧志观之，则山海关确属元迁民镇故址无疑也。但辽之迁民与元之迁民，辽之海滨与金之海滨，是一是二，或近或远，今皆不可详考矣。

大清顺治元年，设卫仍旧，撤关。

二年，复设关。

七年，以卫地多拨补滦州，将抚宁卫并归山海卫。

康熙四年十月，移镇城东门关于东罗城东门。

疆　　域

东三十里至辽前屯卫中前所，西一百里至抚宁县，北八十里至义院口关，南十里至海，正西一百七十里至永平府。

山海西至顺天府七百里，东至奉天府一千里。

按：此延袤之大端也，析而算之，东逾关七里为关了望地，余悉属辽。西、南、北三方虽山蹊沙濑及一市一廛，多为抚宁民赋地，卫屯、牧所散落，计十之一耳，厥土亦维艰哉，于是乎鲜素封之家矣。（旧志）

山　　川

角　山 脉自居庸、古北、喜峰诸山，东逶迤延亘千余里，至是耸峙面海，而长城枕之。控畿甸，界辽藩，郡之镇山也。去城北六里，双峰峥向，宛如角立，因名。兹山之北直抵沙漠，层峦弥望，邈乎不可穷矣。

后角山 去角山北十九里，高耸等于角山，以前后相望，因名。

首 山 自北而南，此为山之首故名。上有二郎庙，东建一亭，北揽群山，南瞻大海，为一隅之胜。

洞 山 去城北十里，当两山之冲，崖悬空洞，径纤引其下。

狼窝山 上有朝阳洞，洞中有水，可供一人一日之用。前建大士殿，西有三教堂。

围春山 自洞山入，东五里，山形四合若环堵然，昔为先达萧公别墅。

鹰窝山 在后角山西北，自洞山入二十余里。

蟠桃峪 在鹰窝山西北，去城三十五里，有寺，昔先达多读书其中。

悬阳洞 在角山东五里，山海胜景之一。

尖 山 在城西八里许。

五泉山 城西北十三里，山有五泉，因名。

孤 山 城南六里，屹然面海。下临潮河，若砥柱然。

平 山 城西北四十五里，在石门寨之右。

寺儿山 城西北二十里，有寺，因名。

云蒙山 在寺儿山之右，时有云罩其上。

箭笴山 城西北七十里，一名茶盘山。

联峰山 城西南七十里，有东西二联峰，相去三里许。

欢喜岭 城东二里许，向东迤逦五里余，上有文殊庵，在道旁。

骆驼石 城西南六十里。

说话石 在联峰山东，双峰若人立，相对语然。

双松岩 在角山关之西。

胜水岩 在茶盘山西南，水自悬崖罅流出。

金山嘴岛 城西南六十里，半入于海。

海　自直沽、新桥、赤洋东，厥势渐北，如身之支，转折抵辽境金、复州，南岸即登、莱二府界。明初海运尚通，山东一省钱钞花布由海道给辽，后废。明末复开，今禁海。城南十里海滨店舍及泊舟遗址尚存。

澥儿海口　城西南十里，可渔。

七里海　城西南七十里，周匝仅七里，可渔。

石　河　在城西，源出义院口关，南入于海，沙石丛积，褰裳可涉，灌以秋潦辄泛涨，急湍怒流，险不可渡。

张果老河　城西三十里，源出温泉，南入于海。

鸭子河　城西北三十五里，源出西北山，流入于石河。

潮　河　在孤山下，海潮止此。

南水关河　源出关外东北诸山，由南水关穿长城入，纤流如线，经雨潦辄汹涌，啮城决扉为患。

北水关河　山原行潦，由北水关穿长城入，横西关厢，南下流入石河。

龙　潭　在尖山下，水清，深不可测。相传有龙居之，遇旱取水祷雨。今砂石湮塞。

形　胜

按：古称燕地为四塞险固之国，形胜伟矣。夫形胜者地也。作之者天，而成之者人也。今夫幽蓟之野，非燕之旧封乎！相厥山川，山自居庸而东，其势渐南；海自直沽而东，其势渐北，至我关门，山麓、海滨不盈一视。扼而塞之，其为力甚易，其为功甚巨也。顾秦汉以前建都陕洛，摈为荒遐。隋唐以后所谓榆关，犹非今日之关门也。逮明因元迁民镇而建关设卫，屹然重镇矣。今国朝定鼎燕都，以奉天为龙兴之地。两京相望，中通一线，斯诚要区哉！伏念改革之初，纠众举义据此，待我大清兵至，并力殄寇，以为开创之基，守兹土者当思缔造之艰，以慎封疆之寄矣。〔改（考）旧志角山詹公荣〕。

风　俗

　　按：幽燕之俗，人性劲悍，习尚朴茂，厥来逖矣。迨国初，征四方人守之，习尚错杂。然山川所限，风气乃钟，渐而渍之者，人多负气任侠，慷慨激壮，犹席易水之遗烈。士习诗书，谈气节，少所让可。农瘠土寡获，甘劳苦，分省约。工乏良材，售多苦窳。商昧远大，机利逐，逐转十一，为糊口计。闺阃绝织作，里闬鲜声乐，乐事亡何，终岁澹然，其大都也。闻之乡耆老云：成化以前，率尚简实，中产之家，犹躬薪水之役。积千金者，垣墉服饰若寒素。独昏丧赠遗从腴，达于实用。官无墨行，罔胲削于下，细民畏官府若神明，矧敢嚣讼？故闾阎多厚藏而俗日敦。及今所睹记者，逞浮尚，口好訾人短长，且以势利相凌轧。家稍饶，辄竞纨绮，润屋庐以自侈。一遭颠踬，遂廉其直市之，计初置仅得三之一，是用荡然无遗。婚罔亲迎，丧用浮屠，病延巫祝，灼化者之尸以骨葬，尤为丑薄。自丰都黄公、新昌邹公出令诱禁之，而士大夫复衷然首倡，秀民之家稍知有礼法矣。惟视篆者终属介胄多以剥削为恒，军民怼则讼牒兴，是故官日罹于犯，民日滋于伪，官犯则亡耻，民伪则长奸，不有握机者挽而变之，吾惧江河之趋日下矣。出旧志詹公荣。待我元按：关门风俗，明嘉隆以前，先达詹公之论业已得其大凡矣。万历以后，习染益靡，古道寖衰浸淫。至于末季，兵役繁兴，商贾辐凑，五方杂处若都会然。赖有大吏大帅弹压于斯，而地方无势绅豪富大侠之流足以作恶酿孽，所以经乱离而幸免屠戮，或以是欤！革命之初，兵撤旅散，闾井萧条，民无素蓄，一旦食贫困惫，几不支矣。三十年来兹培生聚，较前渐有起色。但满汉杂处，农少商多，士不安恬退而尚嚣凌民，不务颛蒙而习诅诈，藐官凌长，间或有之。为妇者不娴闺训，徒抗夫家，一遇疾伤，众谋图赖。守业者不思固产，争欺鬻主，既得售价，复告增添。弦诵风微，技击习炽，且矜尚骄奢，罔思节俭，名分不立，人心日偷。风化之司，四民之首，若不亟思变计，共挽颓波，将来更不知所底止矣，尚其慎诸。

古　迹

旧长城　在城东北，延袤西北去。相传为秦将蒙恬所筑。

渝　关　《括地志》云：幽州东北七百里有渝关，在平州石城县。关下有渝水通海，今废。置驿于故址东二十里作榆。

海洋城　在城西四十里，本汉故县。据《汉书》龙鲜水东入封大水，封大水、绥虚水皆南入海，今废为社，属抚宁县。其遗址至今犹存。

海滨废县　《辽史·地理志》：润州海阳军统县一，曰海滨，本汉阳乐县地。金人封天祚为海滨侯。《北番地理书》：润州在卢龙塞东北，西至渝关四十里，南至海三十里，据此似即今海洋城。旧志：在山海关东一百二十步，洪武中于其地置东门递运所，今移所于关内，其说似误。

五花古城　在城西南八里，其城连环五座，故名。莫详所创始，相传为唐太宗征辽时所筑者。

姜女坟　在城东南，入海一里，颖出水面，其形肖坟，相传孟姜女哭夫而死葬于此。

望夫石　东门外八里，在海岸，近姜女石。

秦皇岛　城西南二十五里，又入海一里，或传秦始皇帝求仙驻跸于此。

‖ 卷之三 ‖

建 置 志

　　春秋有役必书，重民力也，然教养之资，守御之具有不容已于力役者焉，所谓以佚道使民虽劳不怨耳。但前人作之，犹赖后人成之，斯能经久而勿弊。凡此营缮所已成，不能不借将来者之补葺矣。志建置。

城 池

　　镇 城　周八里一百三十七步四尺，高四丈一尺，土筑砖包其外。自京师以东，最号高坚。大门四，在东西南北方。门各设重键，上竖楼橹，环构铺舍以便夜巡。水门三，居东西南三隅，因地势之下泄城中积水，引以灌池。

　　镇东楼　在东门城上，明天顺三年重修，嘉靖三十五年管关兵部主事吕荫小葺，万历十三年主事王邦俊重修，三十八年员外郎邵可立议修，艰费，忽海涌大木数十本，因得告成。详见名宦。

　　迎恩楼　在西门城上，明嘉靖三十七年兵部主事陈绾重修，万历三十九年员外郎邵可立会议行副将刘孔胤重修。

　　威远楼　在北门城上，明天顺七年建，今仅存房五间，其匾曰"威远楼"。万历三十九年兵部员外郎邵可立会议行副将刘孔胤重修。

　　望洋楼　在南门城上，明嘉靖八年建，万历三十九年兵部员外郎邵可立会议行副将刘孔胤重修。

奎光楼 在东南城角上，明成化十五年重修，万历十五年兵部主事杨植重修，三十九年员外郎邵可立会议行副将刘孔胤重修。

威远堂 在东北城角上，明初徐武宁建关城时欲于此建楼，与南角楼并峙。后因归京师中止，其柱础遗址尚存。嘉靖四十四年兵部主事孙应元即故址建堂三楹，匾曰"威远"，今废。

临闾楼 在东城上，接东罗城北角处，明万历十二年建。

牧营楼 在东城上，接东罗城南角处，明万历十二年建。以上二楼，因建东罗城接连关城，虑有不测，特置楼设军云。

新 楼 在东城上牧营楼南，明天启六年建。

钟鼓楼 明徐武宁创立城池时建。在中央之北。成化七年修，万历十四年参将谷成功移于城中央，穿心四孔。建后二十余年，科第寥落，武弁亦厄，财匮民穷。据堪舆家云：水星高大，压倒中气，主小人得位。三十九年，员外郎邵可立去楼上层，以杀其势。国朝康熙五年，管关通判陈天植率士民重修。

澄海楼 在南海上，明兵部主事王致中建，日久渐颓。国朝康熙九年，通判陈天植、游击陈名远、守备陈廷谟见在募修。

池 周一千六百二十丈，阔十丈，深二丈五尺。外有夹池，其广深半之。潴水四时不竭，旧四门各设吊桥横于池上，以通往来。

北翼城 在北水关边城上，明抚院杨嗣昌建。周围三百七十七丈四尺七寸。

南翼城 在南水关边城上，明抚院杨嗣昌建。周围三百七十七丈四尺七寸。

宁海城 在南海上，明抚院杨嗣昌建。以上三城久不修理，渐就颓废。

东罗城 在东关外，接连大城。周围五百四十七丈四尺，高二丈三尺，阔一丈四寸。门三，水门二，角楼二，附敌楼七，惟东门通辽道，势阔大。有瓮城。明万历十二年管关兵部主事王邦俊、永平兵备副使成逊请建。国朝康熙四年移关时通判陈天植、都司孙枝茂、守备王御春同修完固，塞南北二门，即以东门作关门。

服远楼 在城东门上。

池 周四百二丈九尺。

西罗城 明崇祯十六年，巡抚朱国栋请建。工未毕遇改革中止。旧东西两罗城各设坐营官一员，今裁。

拱辰楼 在西关外，始建不知何年，因土筑易圮，明万历二十四年春，久雨遂倾，副将杨元重建，石址砖包，坚厚异前。副将蔺登瀛代任，增置楼下傍屋一区，今作西罗城西门。

关　堡

山海关 旧系镇城东门，今移在东罗城东门，为奉天孔道，朝鲜入贡及通辽商贾所由云。

南海口关 去城十里。

南水关 去城二里，关设二门，河自东入。先年，春夏则启之，以通水道；冬则闭之，以防外患。内只列木为栅，明嘉靖甲子岁，兵部主事孙应元添设铁叶闸板二扇，每扇阔一丈二尺，高一丈四尺，旁用大木作柱，亦以铁叶包裹。柱上各有护杤石，柱下各有出水石。城上设悬楼以蔽风雨，设滚木辘轳以便启闭。无事则高悬城半，有事则闸至水底。

北水关 城北二里，关设一门，河自东入。明嘉靖甲子岁，添设闸板一扇，制度与南水关同。

旱门关 城北六里，今久砌塞。

角山关 城北十二里，角山之颠，长城补山截谷纡迴其上。昔年守备所属，以此为界。

三道关 城东北三十里。

寺儿峪关 城东北三十二里。以上二关旧属石门寨。明隆庆三年裁革守备，改设参将，拨付山海路管理。

南水关敌楼 在本关城上。

北水关敌楼 在本关城上。俱明万历元年总督军门刘应节建。

边　墙

南入海，北抵角山绝壁，墙外仍浚有池，俱明初徐武宁建。后沿墙增设敌台防守。

明嘉隆以前原额边墙八千五百七十六丈六尺。万历七年增筑南海口入海石城七丈。都督戚继光、行参将吴惟忠修。

国朝康熙七年重修。永平道金事钱世清督工，管关通判陈天植、山海路都司孙枝茂、游击陈名远、山海卫守备陈廷谟分修。计工一千八百二十六庹。

敌　台

靖卤一号台，在南海口关尽头，屹立海水中，实为敌台之始。王受二号台、白铺三号台、北小铺四号台、大湾五号台、界牌六号台、南水七号台、北水八号台、腰铺九号台、旱门十号台、角山东十一号台、三道小口十二号台、桃园东十三号台、三道正关十四号台、烂石十五号台、唐帽十六号台、唐帽西十七号台、尖山东十八号台、尖山十九号台、松山东二十号台、松山二十一号台、松西二十二号台、横岭二十三号台。

以上敌台共二十三座，每座设防守百总一名，南兵五名，北兵二名，统以千总一员、把总二员，随火器什物俱全。以上系旧志，近多废。

见在敌台十一座，台兵三十三名。

官　军

明嘉靖十三年，守备所辖原额官军四百八十七员名。四十年，奉例于山海卫招垛军士一千名。

隆庆三年裁革守备，改设参将，拨过石门路所属寺儿峪、三道关二堡官军一百六十三员名，又召募军士一百名，家丁五十名。

万历十五年，奉例召募新兵七百名。十八年，增募南海口千总下家丁二十名，又节年收过各省清配军一百六十余名。

以上官军共计二千六百六十五员名有奇，此其大略也。每年逃故丁绝不等，实在之数常不足。以上系旧志

国朝经制见在兵丁三百名。

马　骡

明嘉靖十三年以后，马骡共增至一千三十六匹头。系旧志。

国朝经制操备马六十二匹。

器　械

明嘉靖十三年以后，器械共增至八十万四千九百一十件。铜铁大将军共计三十六位，又罗城铁大将军三位、炮四位、佛郎机八架，大小火器俱全。系旧志。

国朝见在器械三万零。每年按季开销。火炮一百四十位。

演武场，在南门外，有将台，旧制卑隘。明万历八年总兵戚继光重修，今渐废。

明季增兵设镇，营制更定不一，兹不具载。

附：石门路兵丁二百五十名。其黄土岭、大毛山、义院口俱属统辖。去一片石三十五里。

南海口营兵丁二百名、操备马四十六匹、器械二万一千二百七十四等件。本口分防汛守四处：老龙头、南海口、秦皇岛、白塔岭。迤西系蒲河营分防汛守。

按：明嘉靖以前，山海、石门共为一路，以监枪内臣守之。而山海仅设守备一员，至嘉靖二十八年山海召募游兵三千，统以游击，时犹非额设也。暨三十六年，石门改设参将，而山海守备实属之，俱燕

河副总兵所辖。后嘉靖末隆庆初，始题准山海仍设参将，割一片石以东三道关、寺儿峪改隶山海，而屹然列为二路矣。然要害相连、声势相应，二而一者也。出旧志张公时显

元按：关门距南海虽十里，实系同城，合石门一路之兵将近千人，益以满洲甲士，军声未为不壮也。况北有燕河、建昌、南有蒲河、刘家墩，而永平协守居中四应，东路藩维屹然称固。是在当事者绸缪阴雨先事而预防之耳。

公　署

明末衙门多设，今废不载。

管关厅　在镇城西北。

山海路　系旧兵部分司，在镇城东门内。

山海卫　在镇城西门内北胡同察院旁。

察　院　系旧关内道衙，在文昌祠右。

库　狱

神枪库　在东门瓮城中，今废。

神器库　在东南隅，明阁部孙承宗建。

火药局　在西北隅，傍义仓，乃旧养济院，明抚院杨嗣昌建，后失火废。

狱　在城西北太傅庙西，明抚院杨嗣昌建。

羁候所　在西北隅狱后，明关内道王应豸建，以拘罪轻者，今废。

铺　舍

镇　城　乾健、坤顺、巽武、艮辅四坊。内泰字、化字、明字、美字、德字、保字、淳字、宪字八铺，地方四名。

西罗城　升、宁、晏、谧四铺，地方二名。

东罗城　地方一名。

南北关厢、南北翼城　共二铺，地方二名。

伏路窝铺　四处，设兵十六名。

驿　　递

迁安马驿　在镇城西门外，役在昌黎，后为棍蠹包揽，贻害关民，明末仍归昌黎应役，有碑记。

递运所　在东北隅，今废。

海　　防

赤洋海口营。　　　　　**牛头崖海口营。**

新桥海口营　以上俱海滨，明永乐七年因倭寇乐亭设，今废

南海口龙武营　明天启二年，阁部孙承宗设，船兵以防海沙虎辽，船五十只，今废。

蒲河营。　　　　　　　**南海口营。**

刘家墩营　以上国朝顺治十三年设。

附海运　明初徐武宁开运马头庄，有下船遗址，后闭塞不行。

万历四十八年，总制文球令关道陶埏开运，自天津至南海口暨宁远，并通商货，军民称便。至国朝顺治十六年禁海，今暂停。

坊　　表

维藩首善坊　在东门，山海路治右。

大成坊　在儒学棂星门前。

屏翰三辅坊　在西街。

节制四镇坊　在西街。

安壤坊　在北街路东。

布德宣威坊　在南街向西二条胡同内。

关门大计坊　在南街路西。

威扬瀚海坊　在南街向西二条胡同内，今废。

节镇榆关坊　在威扬瀚海坊右，今废。

迎恩坊　在西门吊桥西。

蓟门锁钥坊　在西罗城拱辰楼内。

辽海咽喉坊　在东罗城内。

亚元坊　在东街，为萧显中明天顺三年乡试第二名建，今废。

进士坊　在城中央之东，为萧显中明成化壬辰科会试建，今废。

独乘骢马坊　在城中央之西，为明御史郑己建，今废。

豸府重光坊　在城中央之北，为田跃中明弘治十四年乡试建，今废。

麟经独步坊　在城中央之南，为李伯润中明正德八年乡试建，今废。

进士坊　在南街，为崔锦中明成化甲辰科会试建，今废。

尚书坊　在钟鼓楼西，为明兵部左侍郎赠工部尚书詹荣建。

冬官聘封坊　在西街，为明赠工部郎中刘汝祯建，今废。

中山武宁王坊　在太傅庙前。

忠愍坊　在西关外张忠愍祠前，今废。

百岁荣封坊　在西街，为明赠大理寺左寺副程炬建。

乡试题名坊　在东街。

会试题名坊　在西街。

孝义坊　在南街路东，为生员穆思文建。

黄氏贞节坊　在递运所南，为龙升妻黄氏建，今废。

郭氏贞节坊　在西街，为张忠愍妻郭氏建，今废。

天日丹心坊　在西罗城关帝庙前。

至道开天坊　在西罗城北门外三清观前。

瀛海仙宫坊　在天妃庙前，明兵部主事王邦俊建。

东岳庙坊　在东罗城东岳庙前。

桥　梁

大成桥　在儒学前。

大明桥　在钟鼓楼之北，明初时建。

引龙桥　在南门里，旧雨水壅积，直浸南门城脚。明兵部主事陈果建石桥于此导水，逶迤而东顺水门去，今淤。

卧牛桥　在西罗城。三孔两栏，俱石筑，旁卧石牛因名，年久倾颓。明万历二十四年兵部主事张时显重修。国朝康熙七年大水冲坏，八年管关通判陈天植、山海路游击陈名远、山海卫守备陈廷谟率士民重修。

太平桥　在西罗城西门外。

石河桥　在西门外二里，用木土浮架，遇秋夏水涨撤去，冬涸复搭，以利涉。

探海桥　在南门外，城河水涨入海，行者不便，明参将张守职因创桥于此。国朝重修，筑以石。

北镇桥　在北门外真武庙之左，架木为之，后筑以石。雨潦直灌其下，涸可立待。

咽喉桥　在东罗城咽喉坊之前，通西南水门，筑石为之，以便往来。

登仙桥　在东罗城东门外。

井

双文井　在儒学明伦堂，前后二井。城中他水皆咸卤，惟二井甘滑。

北浦新井　在山海路衙后圃。

冯家井　在西罗城街南。西罗城诸井皆甘，惟此更为清冽。

满　井　在城西七十里，百家环共汲之随满，大旱亦然。

城东新井　在城东一里。

‖ 卷之四 ‖

官 职 志

上古龙鸟肇纪，唐虞三代以后渐增其制。山海自明初设关创立为一方重镇，乃官因时建，文武并列，迄今前后增减不一，其间有声绩卓茂者特表之，以为将来者劝。志官职。

世 勋

镇守大臣

[明]

徐　达　大将军、魏国公，洪武十四年建关设卫。

耿　瓛　都督，建文元年奉敕将兵屯山海关。

费　瓛　都指挥同知，永乐二年奉命镇山海。

李　隆　襄城伯，洪熙元年奉命镇山海。

朱　冕　武进伯，宣德三年奉命镇山海。以上系府志

山海卫都指挥佥事

李鸣岗

指 挥 使

王服远、吕增业、李长春、张科、魏时行、符之麒、曹汝科、赵梦轼、於来龙。

指挥同知

傅应奎、郭东光、王应龙、刘三杰、王应元、徐景泰、李承明、石维城、施怀长、戴承勋。

指挥佥事

李泰、徐可用、徐时用、陈守节、刘大斌、张弘先、苏应诏、吕世疆、曹世爵、何万邦、任嘉胤、李卫国、赵世新、林应坤、周复初。

正 千 户

任汤聘、李维业、孙绳祖、洪进孝、孙纪、王得用、徐尚德、孟锡麟、高凤鸣、杨储栋。

副 千 户

邢政、李学颜、蔡天玺、赵应元、徐世功、李延芳、杜绳武、潘高魁、刘起凤、刘显、高荐、钟弘功、李朝栋。

百 户

曹鼎臣、李阳春、陈中道、刘联芳、张成功、张鹏、蒋维藩、徐霓、徐光先、张艮、张崇启、向朝明、李登先、张朝梁、傅国珍、潘应龙、谭应龙、周凤翔、赵继勋、陈献策、仇天爵、张一元、鲍朝明。以上系《山石志》，就中不无遗漏，于今无从考补。

元按：明初设卫指挥、镇抚、千、百户，官百有五六十员，而总旗、小旗不与焉。至于末季，卫官所存仅及其半，其间或以缘事削爵，或以继嗣乏人，或以承袭无力，固迥非其初年之盛矣。迄今官非世职，军非祖役，地多拨补，而犹以卫名，顾亦安所取义乎！且地每为强邻所蚕食，丁间为豪右所占没则民困，附州县之末而无其赋，兼文武之事而无其权则官困，官民俱惫，久则难支，是当有以变通之，庶几为长便之道焉耳！

城守章京

[国朝]

李悉怛 满洲人，顺治元年任参领。

塔不害 满州人，顺治元年任参领。

朱登科 辽东人，满洲籍，顺治元年任参领。

吕逢春 辽东人，满洲籍，顺治元年任参领。

王镇伦 辽东人，满洲籍，顺治二年任参领。

李国柄 辽东人，满洲籍，顺治三年任参领。

石　汉 满洲人，顺治五年任参领。

祁富哈 满洲人，顺治九年任参领。事见名宦。

李兰芳 国柄子，顺治十五年任参领。

朱廷缙 登科子，顺治十七年任参领，加一级。

马归山 满洲人，顺治十七年任参领，加一级。

李奇芳 国柄侄，顺治十八年任参领，加一级。

李官舒 悉怛孙，康熙五年任参领，加一级。

马呈祥 归山子，康熙九年任参领。

监管高丽章京

富昂腊 满洲人，拖沙喇哈番，加一级。

果　礼 满洲人，拖沙喇哈番，加一级。

双　哥 满洲人，拖沙喇哈番。

文　阶

督师经略

万历四十六年始设，后裁。

[明]

汪可受 湖广人，进士。万历戊午由密云驻扎山海，任总督。

杨　镐 河南人，进士。万历戊午任经略。

熊廷弼　湖广江夏人，进士。万历己未任经略。

袁应泰　陕西人，进士。泰昌庚申任经略，守辽阳，城破死之。

文　球　河南人，进士。泰昌庚申驻扎山海总督。

熊廷弼　天启辛酉再任。

王象乾　山东新城人，进士。天启壬戌行边督师。

王在晋　苏州太仓人，进士。天启壬戌任经略。

孙承宗　直隶高阳人，进士。天启壬戌以内阁督师。事见名宦

高　第　永平滦州人，进士。天启乙丑任经略。

王之臣　陕西人，进士。天启丁卯任经略。

袁崇焕　广西人，进士。崇祯戊辰任经略。

孙承宗　崇祯己巳再任。

洪承畴　福建南安人，进士。崇祯辛巳任督师。

范志完　河南虞城人，进士。崇祯壬午任总督。

巡抚　天启二年始设，后裁。

[明]

阎鸣泰　直隶保定人，进士。天启壬戌任。

喻安性　浙江人，进士。天启乙丑任。

刘宇烈　四川人，进士。崇祯戊辰任。

丘禾嘉　贵州人，举人。崇祯辛未任。

杨嗣昌　湖广人，进士。崇祯癸酉任。事见名宦。

冯　任　浙江人，进士。崇祯乙亥任。

朱国栋　陕西人，进士。崇祯戊寅任。事见名宦。

马成名　南直人，进士。崇祯壬午任。

李希沆　陕西人，进士。崇祯癸未任。

户部　天启元年始设，后裁。

[明]

白贻清　南直武进人，进士。天启辛酉任郎中。

郭竹征　山东胶州人，进士。天启壬戌任主事。

唐登俊　四川富顺人，进士。天启癸亥任员外郎。

杨呈修　陕西华阴人，进士。天启甲子任主事。

王嘉言　山西寿阳人，进士。天启乙丑任主事。

孙如兰　河南陈留人，进士。天启丙寅任主事。

王　玑　开州人，进士。天启丁卯任主事。

王建侯　陕西山丹卫人，进士。天启丁卯任郎中。

阎顾行　陕西蒲州人，进士。崇祯戊辰任郎中。

刁化神　四川江津人，进士。崇祯己巳任主事。

林　弦　福建莆田人，进士。崇祯庚午任郎中。

刘孔敬　福建建阳人，进士。崇祯壬申任主事。

王鳌永　山东淄川人，进士。崇祯癸酉任。

刘在朝　湖广监利人，进士。崇祯癸酉任郎中。公余之暇，劝士课文于榆庠，有造就之功。

严　鉴　广东顺德人，进士。崇祯乙亥任主事。

郑仪凤　湖广襄阳人，官生，崇祯戊寅任。

蒋三捷　辽东广宁人，贡生。崇祯癸未任。

兵部　宣德九年设，后裁。

[明]

罗　恪　江西宜春人，进士。宣德九年任郎中。

刘　钟　湖广江夏人，举人。正统二年任郎中。

刘　华　湖广随州人，贡生。正统四年任主事。

张　琨　山西崞县人，贡生。正统七年任主事。

萧余庆　江南华亭人，进士。正统十年任主事。

刘　玑　河南郾城人，进士。正统十一年任主事。

王　俊　直隶清苑人，贡生。景泰元年任郎中。

郭　瑾　山西高平人，贡生。景泰二年任郎中。

裴　翙　河南洛阳人，监生。景泰五年任主事。

章　瑄　浙江会稽人，进士。天顺二年任主事。

杨　琚　江西泰和人，进士。天顺五年任主事。事见名宦。

祁　顺　广东东莞人，进士。天顺八年任主事。

冯　续　山东昌邑人，进士。成化三年任主事。

梅　愈　江西湖口人，进士。成化六年任主事。

尚　絅　河南睢州人，进士。成化六年任主事。

胡　赞　浙江余姚人，进士。成化九年任主事。

吴　志　浙江遂昌人，进士。成化十一年任主事。

苏　章　江西余干人，进士。成化十二年任主事。

熊　禄　江西进贤人，进士。成化十六年任主事。

尚　缙　絅弟，进士。成化十九年任主事。

朱继祖　江西高安人，进士。成化二十二年任主事。

张　恺　江南无锡人，进士。弘治二年任主事。事见名宦。

黄　绣　江西清江人，进士。弘治五年任主事。事见名宦。

陈　钦　浙江会稽人，进士。弘治八年任主事。事见名宦。

张　玠　顺天宛平人，进士。弘治十年任主事。

徐　朴　浙江上虞人，进士。弘治十三年任主事。性刚严，莫可犯。诸公私巨猾咸敛迹避，终代去无敢肆。暇则进诸生讲课，寒暑弗倦。

张时叙　直隶沧州人，进士。弘治十六年任主事。

曾得禄　湖广郧阳人，进士。弘治十七年任主事。

顾　正　浙江海盐人，进士。正德元年任主事。

汪　瑛　浙江处州卫人，进士。正德六年任主事。

丁　贵　山东滨州人，进士。正德九年任主事。

李际元　山东阳谷人，进士。正德十一年任主事。

黄　绶　浙江鄞县人，进士。正德十二年任主事。

黄景夔　四川酆都人，进士。正德十六年任主事。事见名宦。

刘　序　陕西长安人，进士。嘉靖三年任主事。

王　冕　河南洛阳人，进士。嘉靖三年任主事。事见名宦。

徐子贞　浙江余姚人，进士。嘉靖四年任主事。

马　扬　河南上蔡人，进士。嘉靖四年任主事。

邬　阅　江西新昌人，举人。嘉靖七年任主事。

楚　书　陕西宁夏左屯卫人，进士。嘉靖十年任主事。

葛守礼　山东德平人，进士。嘉靖十二年任主事。事见名宦。

吕调夔　山东濮州籍嘉鱼人，进士。嘉靖十五年任主事。

诸　燮　浙江余姚人，进士。嘉靖十七年任主事。

徐　纬　浙江山阴人，进士。嘉靖十八年任主事。

张敦仁　浙江丽水人，进士。嘉靖十九年任主事。

王应期　山西蒲州人，进士。嘉靖十九年任主事。

张鹗翼　江南上海人，进士。嘉靖二十二年任主事。

方九叙　浙江钱塘人，进士。嘉靖二十五年任主事。

谷中虚　山东海丰人，进士。嘉靖二十七年任主事。事见名宦。

吴仲礼　江南贵池人，进士。嘉靖三十年任主事。

王献图　河南宁陵人，进士。嘉靖王十年任主事。

吕　荫　山东阳信人，进士。嘉靖三十三年任主事。

陈　绾　浙江上虞人，进士。嘉靖三十五年任主事。事见名宦。

孟　重　陕西渭南人，进士。嘉靖三十八年任主事。

商　诰　山东平原人，进士。嘉靖四十一年任主事。事见名宦。

孙应元　湖广承天卫籍钟祥人，进士。嘉靖四十三年任主事。事见名宦。

熊秉元　江西丰城人，进士。隆庆元年任主事。

王继祖　陕西咸宁人，进士。隆庆二年任主事。事见名宦。

任天祚　直隶天津卫人，进士。隆庆五年任主事。

裴　赐　山西稷山人，进士。万历二年任主事。

王家栋　浙江嘉兴人，进士。万历五年任主事。

孟　秋　山东茌平人，进士。万历七年任主事。事见名宦。

王邦俊　陕西鄜州人，进士。万历十年任主事。事见名宦。

杨　植　山西阳城人，进士。万历十二年任主事。事见名宦。

马维铭　浙江平湖人，进士。万历十五年任主事。

陈　果　广东新安人，进士。万历十八年任主事。

张　栋　直隶安肃人，进士。万历二十年任主事。

张时显　江西南城人，进士。万历二十三年任主事。事见名宦。

吴钟英　陕西高陵人，进士。万历二十六年任主事。时岁歉，值东饷十万集关下，飞挽甚艰。公移书当道，以折色往，民不病饥。

来俨然　陕西三原人，进士。万历二十九年任主事。事见名宦。

李本纬　锦衣卫籍，山西曲沃人，进士。万历三十年任主事。公葺庙学，建魁楼，修文昌祠并运甓厅，被淮珰巫奏，几中毒手。

李如桧　山东阳信人，进士。万历三十三年任主事。事见名宦。

邵可立　陕西商州人，进士。万历三十六年任主事，任内加升员外。事见名宦。

王致中　云南太和籍凤翔人，进士。万历三十九年任主事。课士文有知鉴，科第多出其门。

吴光义　江南无为籍泾县人，进士。万历四十三年任主事。

邹之易　湖广黄冈人，进士。万历四十六年任主事。

莫在声　广西灵川人，进士。万历四十七年任主事。廉谦逊敏，实心课士，力折叛兵。

林翔凤　广西崇善籍广东东莞人，举人。天启二年任主事。

陈祖苞　浙江海盐人，进士。天启五年任主事。事见名宦。

陈民情　辽阳籍江西临川人，进士，天启六年任主事。

张元芳　顺天蓟州人，进士。天启六年任主事。

赵广胤　陕西肤施人，岁贡。天启七年任员外郎。

郭捍城　直隶平乡人，进士。崇祯元年任郎中。

陈　瑾　广西宣化人，举人。崇祯二年任郎中。清介谦恭，临事有守。

李国俊　山西芮城人，进士。崇祯五年任郎中。

黄廷师　福建晋江人，进士。崇祯六年任主事。

魏肯构　山东曲阜人，进士。崇祯九年任主事。廉明不苟，气象恂恂。

刘士名 江南颍州人，进士。崇祯十一年任主事。待士有礼，驭下执法。

朱国梓 辽东前屯卫人，贡生。崇祯十三年任主事。事见名宦。

张　延 陕西渭南人，崇祯十七年任主事。

山石关内道天 启元年设，今裁。

[明]

陶　珽 云南人，进士。天启辛酉任。

阎鸣泰 保定人，进士。天启壬戌任。

邢慎言 山东人，进士。天启壬戌任。

袁崇焕 广西人，进士。天启癸亥任。

刘　诏 河南人，进士。天启甲子任。

刘永基 浙江山阴人，进士。天启乙丑任。

石维屏 山东人，进士。天启乙丑任。

王应豸 山东掖县人，进士。天启丙寅任。

张　春 陕西同州人，举人。天启丁卯任。事见名宦

孙　毅 湖广巴陵人，进士。天启丁卯任。

梁廷栋 湖广鄢陵人，进士。崇祯戊辰任。

王　楫 山东泰安人，进士。崇祯己巳任。

杨嗣昌 湖广武陵人，进士。崇祯庚午任。

陈　瑾 广西人，举人，崇祯癸酉任。

杨于国 山西人，举人。崇祯乙亥任。

李　时 山西人，举人。崇祯丁丑任。

王继谟 陕西府谷人，进士。崇祯戊寅任。

原毓宗 陕西蒲城人，进士。崇祯己卯任。

范志完 河南虞城人，进士。崇祯己卯任。事见名宦。

冯　珍 陕西同官人，贡生。崇祯壬午任。

[国朝]

杨云鹤　四川彭县人，进士。顺治元年任。
吕逢春　辽东人，满洲籍，顺治二年任。
杨茂魁　辽东人，满洲籍，顺治五年任，十年裁。

管关厅　万历十七年始设。

[明]

吴天胤　江西金溪人，选贡。万历十七年任。
李　岱　四川丰都人，选贡。万历二十一年任。
罗大器　云南安宁人，举人。万历二十五年任。以被诬劾去，泣送者数百人。
江一蔚　江西婺源人，举人。万历二十八年任。
周三聘　陕西三原人，举人。万历三十一年任。
马河图　河南嵩县人，举人。万历三十二年任。
常自修　江南来安人，选贡。万历三十三年任。
王修行　河南陈州人，进士。原户部郎中，万历三十五年任。
焦思忠　河南延津人，举人。原大理评士，万历三十八年任。
牛象坤　陕西人，举人。万历四十一年任。
邓武沆　江南人，选贡。万历四十四年任。
张文达　陕西人，选贡。万历四十六年任。
万有孚　偏头关人，选贡。万历四十七年任。
邵宗周　陕西人，选贡。天启二年任。
宋廷诏　山东人，选贡。天启三年任。
唐如渊　江南人，选贡。天启五年任。
孙正气　浙江人，例贡。天启六年任。
赵广胤　陕西人，贡生。天启七年任。
杨葆和　云南人，举人。崇祯元年任。事见名宦。
沈澄源　浙江人，例贡。崇祯二年任。
于　锈　山西人，选贡。崇祯四年任。

阎盛德　山西人，选贡。崇祯五年任。

郑　材　山西太原人，选贡。崇祯六年任。

李梦祯　河南延津人，选贡。崇祯九年任。

葛　惺　山西平定人，选贡。崇祯十年任。

桂继攀　河南人，举人。崇祯十三年任。

林维藩　福建人，贡生。崇祯十六年任。

[国朝]

朱伸铧　山西人，贡生。顺治元年任。

王廷勷　山东人，举人。顺治三年任。

白　辉　山西平定州人，拔贡。顺治八年任。

杨生辉　河南辉县人，拔贡。顺治十二年任。

刘观澜　河南洛阳人，拔贡。顺治十五年任。事见名宦。

赵振麟　陕西商南人，贡监。顺治十八年任。

陈天植　浙江永嘉人，贡生。康熙三年任。宽和恬静，事治民
安，至修边垣、修澄海楼、修关志，厥功尤伟。

安达里　满洲籍，奉天广宁人，监生。康熙十年任。

海运厅　天启元年始设，崇祯十四年题改屯盐厅，后裁。

[明]

李　曾　天启元年任同知。

徐廷松　山东掖县人，举人。天启元年任同知。

万起鹏　天启三年任同知。

王应豫　山西人，举人。天启五年任同知。

张　珍　山东人，选贡。天启七年任通判。

赵宋儒　浙江人，举人。崇祯元年任通判。

黄登云　崇祯二年任通判。

施王政　崇祯三年任通判。

臧嗣光　山东人，举人。崇祯四年任通判。

霍萃芳　山西人，选贡。崇祯五年任通判。

罗九有　云南人，崇祯八年任通判。

刘德溥　崇祯十年任通判。

郭　敦　陕人，选贡。崇祯十一年任通判。

李梦祯　河南人，选贡。崇祯十二年任通判。

王国臣　陕西人，拔贡。崇祯十三年任通判。

理刑厅　天启二年始设，后裁。

[明]

李　增　陕西人，举人。天启二年任。

陈祖苞　浙江海盐人，进士。天启四年任。

黄师夔　福建人，进士。崇祯五年任。

严　鉴　广东人，进士。崇祯七年任。

刘祖生　河南通许人，举人，崇祯八年任。

许启敏　江南歙县人，举人，崇祯十二年任。

邹胤启　云南临安人，举人。崇祯十四年任。

[国朝]

卢传有　直隶晋州人，举人。顺治元年任。二年裁。

学官教授　正统元年设。

[明]

张　恭　江南丹徒人，监生。

王　浚　山东莱州府人，监生。

周　逵　江南淮安府人，监生。

李　英　江西饶州人，岁贡。事见名宦。

钱　晋　山东登州人，监生。

何　珍　广东惠州人，监生。

高　升　河南临颍人，监生。

张良金　陕西镇原人，岁贡。嘉靖十五年任。

宫　善　河南洧川人，岁贡。嘉靖二十年任。

王　儒　辽东宁远卫人，岁贡。嘉靖二十五年任。

刘　礼　山新城人，岁贡。嘉靖二十八年任。

徐　溥　浙江归安人，选贡。嘉靖三十年任。

张怀远　陕西富平人，岁贡。嘉靖三十二年任。

陈　绶　河南卫辉人，岁贡。嘉靖三十四年任。

邵　玶　陕西凤翔人，岁贡。嘉靖四十年任。

王　琨　河南开封人，岁贡。嘉靖四十二年任。

刘九成　湖广钟祥人，岁贡。嘉靖四十五年任。和厚介严，随解绶去，部使苦留之不得。

陈　铸　陕西榆林人，岁贡。隆庆元年任。守正不苟合，待诸生贫富如一，后人思之。

陈　言　山东历城人，岁贡。隆庆五年任。

许光祐　河南洛阳人，岁贡。万历二年任。

栗　儒　直隶保安州人，岁贡。万历四年任。

张大化　山东历城人，岁贡。万历七年任。

李永康　山东历城人，岁贡。万历九年任。

徐公敏　直隶河间卫人，岁贡。万历十一年任。

周一夔　山东济宁州人，岁贡。万历十四年任。

徐崇仕　河南洛阳人，岁贡。万历十六年任。时值儒生新进报升王官，即束装归，赆仪不为意，高洁足尚。

张　典　河南南阳人，岁贡。万历十八年任。

陈时雨　直隶任县人，选贡。万历十九年任。

王世宷　湖广县人，岁贡。万历二十三年任。

王邦畿　直隶故城人，岁贡。万历二十五年任。

党　鲁　陕西宝鸡人，岁贡。万历二十八年任。

王士林　山西太原人，岁贡。万历三十二年任。

侯国安　顺天蓟州人，岁贡。万历三十四年任。正大宽厚，待诸生有礼仪，告致仕归。

陈尧春　福建福宁州人，岁贡。万历三十五任。

严师曾　江南江都人，岁贡。万历三十八年任。

徐　湖　山东蓬莱人，岁贡。万历四十三年任。

李克敬　直隶长垣人，岁贡。万历四十八年任。

安国栋　辽东广宁人，岁贡。天启五年任。赞画军务。

蔡宜升　直隶霸州人，岁贡。崇祯三年任。

王卫民　直隶隆平人，岁贡。崇祯七年任。

翟　谦　直隶定州人，岁贡。崇祯九年任。

单三极　辽东复州人，岁贡。崇祯十年任。

李敏芳　直隶安州人，岁贡。崇祯十一年任。

傅佳胤　直隶抚宁人，岁贡。崇祯十二年任。

[国朝]

王养正　永平滦州人，岁贡。顺治元年任。

徐乃恒　直隶广宗人，岁贡。顺治五年任。

姚舜臣　顺天固安人，岁贡。顺治十年任。

梁国衡　直隶饶阳人，岁贡。顺治十一年任。

徐乃恒　顺治十四年再任。

韩雄胤　直隶高阳人，进士。原弘文院庶吉士，顺治十五年任。

韩国龙　顺天密云人，岁贡。康熙元年任。修理学宫，殚竭心力。

韩雄胤　康熙四年再任。

钱裕国　顺天人，举人。康熙七年任。

训导　正统元年设，后裁。

[明]

曹　选　江南邳州人，监生。

田　登　山西人，监生。

王　安　山东登州人，监生。

吕廷辉　福建建阳人，监生。

房　巍　山东长清人，监生。

贾宗鲁　山东峄县人，监生。

牛仲和　山东宁阳人，监生。

张　伦　山西沁水人，岁贡。嘉靖十五年任。事见名宦。

谢　祯　山东人，监生。嘉靖二十年任。

赵　钺　山西平遥人，岁贡。嘉靖二十七年任。

张　廉　辽东广宁卫人，岁贡。嘉靖三十二年任。

马　镗　山西平顺人，岁贡。嘉靖四十年任。

梁　楠　陕西华州人，岁贡。嘉靖四十年任。

李　璜　山东利津人，岁贡。嘉靖四十五年任。

何文绮　辽东东宁卫人，岁贡。隆庆三年任。

王　璧　直隶宝坻人，岁贡。万历二年任。为新进生讲经义，不较束脩。

田　均　山西清源人，岁贡。万历九年任。

范　梧　辽东沈阳卫人，岁贡。万历十五年任。

朱良相　辽东锦州卫人，岁贡。万历十八年任。

高彦良　辽东东宁卫人，岁贡。万历二十五年任。

李守志　直隶安平人，岁贡。万历二十七年任。

陈一本　山西文水人，岁贡。万历三十二年任。

齐　登　辽东广宁卫人，岁贡。万历三十七年任。

潘日益　辽东锦州卫人，岁贡。万历四十二年任。

仇文斗　直隶浚县人，岁贡。天启元年任。

单三极　辽东复州卫人，岁贡。天启七年任。

傅延柞　辽东锦州卫人，岁贡。崇祯三年任。

鲍登科　辽东锦州卫人，岁贡。崇祯六年任。

张弘猷　辽东锦州卫人，岁贡。崇祯十二年任。

[国朝]

苗有稤　顺天府人，岁贡。顺治五年任。

刘　龙　直隶曲阳人，岁贡。顺治九年任。

王　晔　顺天府人，教习。顺治十六年任，裁。

山海卫经历司

[明]

徐　鼎　徐州人，监生。

许　焕　山东人，吏员。

吴　佩　浙江人，吏员。

张　文　山西人，监生。

车　桓　陕西人，吏员。

梁　琨　陕西人，监生。

金　玉　河州人，吏员。

杨尚信　山东人，吏员。

徐　敞　山东人，监生。

郭　寅　浙江人，吏员。

吴世赞　山东人，监生。

刘国学　江西人，吏员。

康思道　山东人，吏员。

傅　奎　进贤人，吏员。

魏公道　山东人，吏员。

高宗恩　洛阳人，吏员。

韩宗学　陕西泾阳人，吏员。

王景熙　江南泾县人，吏员。

周懋良　浙江永康人，吏员。

沈澄源　浙江人，监生。

施　溥　江南人，选贡。

[国朝]

武永成　山西太谷人，拔贡。通判改授，顺治八年任。

闵应奎　湖广人，吏员。顺治十三年任，裁。

武 阶

山海镇总兵

万历四十六年设。各营副参、游都更定不一，不能尽载。

[明]

杜 松 陕西榆林卫人，万历四十六年任。率兵援辽，浑河大战死于阵。

柴国柱 万历四十六年任。

刘 渠 顺天府人，万历四十七年任。事见名宦。

孙显祖 万历四十八年任。

江应诏 天启元年任。

马世龙 天启二年任经理镇。

王世钦 天启二年任南部。

尤世禄 天启二年任北部。

杨 麒 天启五年任。

赵率教 天启六年任。

满 桂 天启六年任。

杜文焕 天启七年任。

赵率教 崇祯二年再任。领兵援遵化阵亡。

朱 梅 前屯卫人，崇祯二年任。事见名宦。

宋 伟 崇祯三年任。

刘源清 崇祯四年任。

尤世威 榆林人，崇祯五年任。

张时杰 宣镇人，崇祯八年任。

侯拱极 崇祯九年任。

马 科 崇祯十二年任。

于永绶 崇祯十四年任。

卢天福 永平府人，崇祯十五年任。

高　第　榆林人，崇祯十六年任。

[国朝]

高　第　榆林卫人，顺治元年任。

朱万寿　绍兴府人，顺治二年任，六年裁。

副总兵

[国朝]

夏登仕　榆林人，顺治六年任，九年裁。

城守游击

[国朝]

孙承业　顺天人，顺治九年任，十三年裁。

山海原设守备　正统八年设，后改参将。

[明]

王　整　羽林前卫人，正统八年任。事见名宦。

谷　登　永平卫人，天顺三年任。

陈　善　龙骧卫人，成化三年任。

陈　宣　永平卫人，成化九年任。

李　铨　锦衣卫人，成化十七年任。

李　增　永清卫人，弘治元年任。

申　宁　沂州卫人，弘治元年任。

王　喜　济州卫人，弘治十四年任。

赵承文　锦衣卫人，弘治十五年任。

杨　恭　府军前卫人，弘治十八年任。

王　福　旗手卫人，正德三年任。

叶凤仪　锦衣卫人，正德七年任。

季　英　锦衣卫人，武举。正德十年任。

田　琮　大宁都司人，正德十四年任。

韩 聪　金吾右卫人，武举。正德十六年任。

钟 杰　抚宁卫人，嘉靖元年任。

宋 琦　景陵卫人，嘉靖二年任。

田 登　平谷人，嘉靖三年任。

九 聚　金吾右卫人，嘉靖五年任。

宋 经　金吾右卫人，武举。嘉靖六年任。

张世武　兴州右卫人，武举。嘉靖九年任。

栾 锐　营州右卫人，嘉靖十三年任。

萧 宝　永清右卫人，嘉靖十六年任。

赵 仁　兴州后屯卫人，嘉靖十八年任。

龚 廉　茂山卫人，嘉靖二十一年任。

胡 潭　定州卫人，嘉靖二十三年任。

涂永贵　山海卫人，嘉靖二十四年任。

杨 舟　镇朔卫人，嘉靖二十五年任。

李康民　永平卫人，嘉靖二十六年任。

胡宗舜　神武右卫人，嘉靖二十六年任。

唐承绪　东胜左卫人，嘉靖二十八年任。

戴 卿　保定前卫人，嘉靖二十九年任。

何 凤　忠义后卫人，武举。嘉靖三十一年任。

朱孔阳　保定中卫人，嘉靖三十三年任。

申维岳　遵化卫人，嘉靖三十四年任。

倪云鹏　天津卫人，嘉靖三十五年任。

谢 隆　忠义后卫人，会举。嘉靖三十六年任。

周 冕　神武左卫人，会举。嘉靖三十八年任。

杨四畏　定辽左卫人，武举。嘉靖三十九年任。

赵云龙　义州卫人，武举。嘉靖四十一年任。

王廷栋　东胜左卫人，嘉靖四十三年任。

周承远　太仓卫人，隆庆元年任。

张良臣　宁远卫人，隆庆三年任。

山海路改设参将　隆庆三年。

[明]

莫如德　龙门所人，武进士。隆庆三年任。

管　英　金吾右卫人，隆庆四年任。

孙朝梁　榆林卫人，隆庆六年任。

聂大经　大宁前卫人，隆庆六年任。

林　岐　彭城卫人，万历元年任。

陶世臣　永平卫人，万历二年任。

沈思学　宿州卫人，万历二年任。

王　通　榆林卫人，万历三年任。

王有臣　东宁卫人，武举。万历四年任。

吴惟忠　义乌人，万历五年任。

杨　栗　延安卫人，万历七年任。

谷承功　永平卫人，万历九年任。

王守道　广宁左屯卫人，万历十一年任。事见名宦。

王有翼　铁岭卫人，万历十三年任。

谷承功　万历十四年再任。

张应种　广宁卫人，万历十五年任。

姜显宗　榆林卫人，万历十六年任。

张守职　彰德卫人，万历十八年任。

孙一元　宣府前卫人，武举。万历十九年任。

郭梦征　广宁中卫人，万历二十一年任。

李承祖　绥德卫人，万历二十二年任。

杨　元　定辽左卫人，武举。万历二十四年任。

蔺登瀛　龙骧卫人，万历二十四年任。

聂　钰　燕山右卫人，万历二十六年任。

李自芳　金山卫人，武进士。万历二十七年任。

朱洪范　武骧左卫人，会举。万历二十九年任。事见名宦。

姚　洪　金吾右卫人，武举。万历三十一年任。

李获阳　保定中卫人，武进士。万历三十三年任。

李茂春　永宁卫人，万历三十六年任。

白慎修　榆林卫人，万历三十七年任副将，管参将事。

刘孔胤　怀来卫人，万历三十七年任副将，管参将事。

蔺登瀛　万历四十一年再任。

吴自勉　陕西人，万历四十五年任。

施洪谟　真定人，天启元年任。

高国桢　山西人，天启二年任。

宁　宠　陕西人，天启六年任。

叶时新　江南人，天启七年任。

申其祐　遵化人，崇祯三年任。

张继线　辽东人，崇祯五年任。

崔秉德　辽东人，崇祯六年任。

赵应元　山海人，崇祯九年任。

王永福　顺天人，崇祯十年任。

慕继勋　定州人，崇祯十一年任。

[国朝]

朱运亨　辽东中前所人，武举。顺治元年任副将，管参将事。值开国初，供应军需，镇抚百姓，追剿流寇，捐俸给引，军民赖之。

刘朝辅　辽东人，满洲籍。顺治五年任参将。

山海路改设都司　顺治六年。

秦国荣　山海卫人，顺治六年任都司。

张开仕　江南淮安人，顺治十一年任都司。

陈　锜　江南高邮人，武进士。顺治十六年任都司。

孙枝茂　宣府万全左卫人，武进士。康熙元年任都司。

陈名远　顺天人，武进士。康熙七年任游击，管都司事。

山海卫守备 以前系本卫指挥署篆。

焦毓秀 顺天人，武进士。顺治四年任。

郭之俊 宣镇人，武进士。顺治六年任。事见名宦。

董 戴 直隶威县人，武进士。顺治十三年任。

王御春 永年籍陕西人，武进士。顺治十七年任，诚悫，有实政，征缉不苛。

陈廷谟 顺天人，武进士。康熙六年任。

山海卫千总 以前系本卫千户委署。

马献祥 京卫人，武举。顺治八年任。

沈登瀛 顺天人，武举。顺治十二年任。

丁 奇 京卫人，武举。顺治十七年任。

附石门路都司 原设游击，顺治六年改都司。

吴汝凤 兖州人，顺天籍，武进士。顺治元年任游击。

王 雍 直隶清苑人，顺治六年任都司。

李三阳 顺天人，顺治十年任都司。

段九功 直隶人，顺治十三年任都司。

文兴明 河南人，康熙二年任游击，管都司事。

南海口营守备 顺治十三年设。

崔 吉 辽东人，满洲籍，顺治十三年任。

俞宗舜 浙江人，顺治十六年任。

高世俊 直隶河间人，顺治十七年任。

马子云 陕西人，康熙七年任都司金书，管守备事。

山海路千总

张 海 榆林人，顺治二年任。

周永祚 山海人，顺治五年任。

李明道 抚宁人，顺治十三年任。

萧九韶 抚宁人，顺治十八年任。

唐克鼎　宣镇人，康熙四年任。

王曰钦　直隶人，康熙六年任。

左国忠　遵化人，康熙八年任。

王曰钦　康熙九年再任。

山海路把总

苗有年　山海卫人，顺治六年任。

张成名　直隶人，顺治十四年任。

孙定国　抚宁卫人，顺治十六年任。

赵天爵　榆林人，康熙元年任。

刘　彪　保定左卫人，康熙四年任。

徐臻睿　直隶人，康熙九年任。

南海口营把总

刘天福、吕守忠、萧九韶、赵汝贵、王成功、许豹。

名　宦

[元]

怀闻公　皇庆初为瑞州答鲁花赤。时海滨县宣圣庙兵燹，后鞠为茂草，代官数十辈，咸置弗理。公至，邑人请之，遂慨然兴复，不十旬而庙告成。其崇儒慕义类如此。

[明]

徐　达　凤阳人，洪武十四年，上以燕民新附，又地邻北边，命公镇之。乃依山阻海，创立关城，复修筑墙垣，阻塞隘口，联络周密，规度弘远。累官太傅中书右丞相，晋爵魏国公，追赠中山王，谥武宁。景泰间士民感念功德不忘，请于朝，得建专祠致享。

王　整　羽林前卫人，正统八年任。沉毅有谋，长于干济。时山海设守臣自公始。前此治尚草创，规制未备。公至，次第兴举，庙学、楼橹及廨舍之属多所增建。抚士驭下，宽而有体。仕十五年，军民畏而爱之。

杨琚 江西泰和人，由进士，天顺五年以兵部主事任。公明练达，举措一中典型关法，自讥察外，无少留滞，人咸称便。时卫学始建，拘行伍子弟充，诸生弗乐，公雅意作人，士习用变，如郑侍御亲蒙讲授，士民称颂不置。

刘刚 山海卫指挥佥事，天顺间视卫篆，以贤称。体统甚严，每侵晨诣卫公座，千户以下肃肃雁序，咸执属礼，罔敢哗者。虽器物食用之细，宿购卫中，遇上官至，辄出以应，不敛诸下。于学校以提调自任，创建东西房暨学舍。诸生违教者，辄廷责之，罔敢不服，其公严综密类此。

狄珍 字国宾，本卫中右所千户。少时与海钓萧公同肄举子业，志趋甚端，长承荫署所篆。文雅忠厚，岿然为流辈所推。比致仕，守关诸公慕其高致，咸以宾礼相遇。且事鲜过举，身无苟行，初终一节，时人称之。

张恺 字元之，江南无锡人，由进士，弘治二年以兵部主事任。操持甚严，有冰蘖声。关旧法止验籍与年，公始稽貌，以杜诈冒之弊，至今因之。其待士惠民，外内一致，虽黠诈者亦不忍欺云。

黄绣 字文卿，江南靖江人，由进士，弘治五年以兵部主事任。宅心平恕，政尚宜民。时关内薪水颇远，居者咸仰给关外，公给木牌悬之，出入樵汲甚便。公绝有目力，一经睹记，终莫能眩，遇面生冒顶者辄指摘之，卒无敢欺。启闭有常期，虽祁寒暑雨及他务丛集亦弗爽。代去之日，男女夹道遮留，车马至不得行。后转巡辽东，再经其地，居民犹依依不忍舍去。

陈钦 字亮之，浙江会稽人，由进士，弘治八年以兵部主事任。清简平易，卓有高致，终仕无苛扰之令，民甚德之。且邃于诗学，雅好吟咏。厥父教谕君远从禄养，尝侍游佳山水以娱其志，天伦至乐，虽途人咸知歆慕云。

黄景夔 四川丰都人，由进士，正德十六年以兵部主事任。旧部使与守臣敌体，公至，呈部革之，始廷参如下僚仪。地方荐饥，举赈贷、兴义仓，居民赖以存活者众。禁浮屠、巫祝、淫祀及燔尸诸恶俗，民应如桴鼓，无敢挠者。卫学旧无廪饩，公垦田租给之。暇则亲为校艺课业，士风彬彬兴起焉。

王　冕　字服周，河南洛阳人，由进士，嘉靖三年以兵部主事任。筮仕万安，值逆濠之变，公召募勇敢继抚帅进，及逆兵衄安庆，趋还南昌。为釜鱼计，公率所部遏而擒之。迁兵部主事来守关，甫五旬，值辽妖卒变作，群丑啸呼，露刃阶下，侍吏拽公越民舍为潜避计，公正色拒，及贼以刃胁公使从，不屈，死之。抚臣上其事，赠光禄寺少卿。

李　英　江西饶州人，由岁贡，嘉靖间以儒学教授任。潜心圣贤之学，每事务躬行实践，期可盟以幽独，尤以师道自任，教人不专事举子业，对诸生谈理道，辨义利，谆谆不倦，徒辈有能厚人伦、尚义举者，奖进不容口。闻兄讣，哀毁逾礼，见者感泣。因触时政，弃官归江右。素重清议，慎许可。理学中如胡敬斋与先生始终无间，一时并称胡李二先生云。

葛守礼　山东德平人，由进士，嘉靖十年以兵部主事任。公平生敦礼法，谨言笑，褆躬范物一准古道，至取予尤严，一介不苟，关法肃然。时典章草昧，自公始行乡饮，风厉耆德，创养济院，著为令茕独赖之。

张　伦　山西沁水人，由岁贡，嘉靖十五年以儒学训导任。提躬严整，多学善询。训语以圣贤心身正大为词，不琐章句。博士俸及祭肉悉捐赈贫生。朔望振铎，诸生森森竞业，毋敢惰者。以故桃李成蹊，显者刘行太仆卿，而府县正佐出仕者不下十余辈，皆其衣钵焉。

谷中虚　山东海丰人，由进士，嘉靖二十七年以兵部主事任。公英年登第，政事练达，可方老吏。视关政三年，澹泊俭素，一尘不淄。时辽左承平，比屋殷富，马匹贱售而西者首尾相望。榷关者利其税，悉纵之人。公独加厉禁。诸贩者皆领中官费，久饕倍利，一旦失望，遂挟巨珰书并祈本兵言，竞执如初，公之耿介可概觇矣。

陈　绾　浙江上虞人，由进士，嘉靖三十五年以兵部主事任。

公才气倜傥，熟谙边务，下笔数千言立就，按之皆中利害，切时艰，如《守边赈荒诸论》，蓟辽大吏俱屈服。时关东西大饥，公疏通关政，煮粥哺之，民赖以全活者甚众。

商　诰　山东平原人，由进士，嘉靖间以兵部主事任。壬戌岁蒙古数千薄关东，乡民奔避如蚁。议者请亟闭关。公曰：是弃万人命矣。大开门纳之。少顷，敌攻旱门关甚急，公神气整暇，躬巡垛，指挥方略，励将士拒堵，敌竟夺气遁去。议者谓：当时无公，阖城流血矣。事闻，被赍加秩，寻迁蓟州兵备。

孙应元　湖广承天卫人，由进士，嘉靖四十三年以兵部主事任。公长髯方面，望之有威，器识弘远，当机立断，素以才名推。由地曹调任，及抵关，精明练达，事治民安，至南北敌台之建，尤称石画。

王继祖　陕西咸宁人，由进士，隆庆二年以兵部主事任。公坦平简静，居官随处有冰蘗声。时新添参将某有颉颃意，公严体统，不少借，一切馈贶却之。后陟守河间郡，以忤抚臣，去。随起守南阳，升四川宪副。乞归，再起，仍不赴。名挂仕籍三十年，历俸仅半之，盖古道自处，澹然利名者。

孟　秋　山东茌平人，由进士，万历七年以兵部主事任。公研精理学，特立独行，蔬布自甘，不殊寒士，平生义利之辨尤严。青衿中有志请益者，乐于启发，竟日不倦。每念边方日弛，少有罚锾，尽捐以置神枪火器为战守具。或迁之，答曰："此夏官职也。"时江陵擅政，边帅竞以贿进，辽左尤狼藉，公当关，严检阅，不便载重，借京察谪之。后起，累官尚宝司少卿。

王邦俊　陕西鄜州人，由进士，万历十年以兵部主事任。公沉重端严，寡言笑，惟课训则谈吐不厌。时江陵当事，遣一所憎者于辽，前部使恐其外遗，严禁关法，十余日始一放，出入不便，公尽复如故，关内外欢若更生。宽厚廉静，念切边疆，请建东罗城，修理楼堞，至今攸赖。

王守道　辽东左屯卫都指挥使，万历十一年任山海路参将。十二年九月蒙古兵侵宁前，公率本路并延绥兵东援，遇敌却之。十月敌复合兵，夜半直驱关门，公同延绥将杭大才、中军盛庄列营城东，血战竟日，敌失利退去，公于是有全城之功。

杨 植 山西阳城人，由进士，万历十二年以兵部主事任。公清介方正，居官三载，一切馈遗无受，各行俱用时估。执法严而不苛，留心惠养，免挂号一呈，军民衔感。训晦诸生谆谆不倦。操持冰霜，后人罕及。

张时显 江西南城人，由进士，万历二十三年以兵部主事任。公长于治材，精核整肃，重修关志，俱出亲笔主裁，学识赡雅。时征倭总兵陈璘幕下鼓噪，赖公抚定，一宇获宁。

来俨然 陕西三原人，由进士，万历二十九年以兵部主事任。公居官端重严整。时税珰高淮煽虐，厚币馈遗公，尽却之。迎送过客不与同，事至有害于民，力为解释，淮亦畏其清鲠，不敢纵恶。任未久，卒于官，士民痛之。西罗城外龙王庙后建有专祠。

朱洪范 京卫指挥，武进士，万历三十年任山海路参将。才品兼长，仪表出众。整饰营伍，任用贤才。时值税监擅权，曲护地方，免害者众。且长于吟咏，有樽俎折冲之概，当年推为儒将。

李如桧 别号太岩，山东阳信人，由进士，万历三十三年以兵部主事任。至性孝友，廉平莅官，坦和待物，课士评文如家人父子。准旧引填名，轸念民瘝。时税珰高淮虿尾鬼厉，公不吐不茹，绰然挽掖。及淮稔恶贯盈，军民激变，公调停息乱，拊淮出境，一时获免骚害。

邵可立 陕西商州人，由进士，万历三十六年以兵部主事任，加升员外。公廉直刚断，道学入阃奥，加意人文，创文昌书院，购古今遗书充之，俊彦鼓箧其中，面授指南，乡会两榜发者彬彬。值岁饥，公令屯官清绝产，置牛具分给。婚不举者，卫有布花之施；贫不葬者，普济会有棺木之给。尝三劾貂珰，四减关税。修镇东楼，工师苦无大木，忽海上浮若干至，及落成无赢余者。亢阳不雨，公三祷三应。忠清正直，格于神祇，士民咸叹异之。

刘 渠 别号双泉，顺天人，万历四十七年总镇山海。体貌魁岸，武艺优长，而性情恂恂，有类文儒。投醪恤士，悬榻礼贤，严禁官价，不致扰民，有古良将风。迁镇广宁，临阵竟以身殉，壮哉。

孙承宗 别号凯阳，直隶高阳人，万历甲辰廷试第二。为人沉毅豁达。天启壬戌，公以内阁督师关门，设三镇，置营房于城内外，军民异处，各安其所。蠲俸修学，广科举额，以兴人文。施谷济贫，惠及百姓。三载劳瘁，病告回籍。崇祯己巳特旨起，公匹马就关，躬督士民，多方守御，以底成功，关城赖以保全，大约公以文人掌军务，安详镇定，不动声色，有轻裘缓带之风。

陈祖苞 浙江海盐人，由进士，天启五年以兵部主事任。公一日坐堂上，忽有骡从关门外闯入，向堂上长鸣，公使人尾之，至一家直入，刨地得尸，廉其图财致命状抵罪。又有四人失路，引回关，中官欲以奸细论，公持不可，竟得放归，以此致忤，后复起。关东门瓮城关帝庙侧有专祠，公遗像在焉。

张 春 陕西同州人，由举人，天启丁卯任山石道，清正廉介。前为永平道，多惠政。及迁山海，任未久，以抗直忤当事，罢去。未几，复起永平道监军，援大凌河，兵败，被执不屈。我太宗怜其忠，不忍杀，居辽十余年，卒。其子请觅骸骨归葬，今上许之。永平建有专祠。

杨葆和 云南大理府人，由举人，崇祯二年任管关厅通判。为人端毅正大，不甘趋奉，勤政惠民，知人爱士。时余仪部初为童子试，公即以大受相期，勉望谆至。未几，以不得于上官，谢病致政归。士民咸敬慕之。

朱 梅 别号海峰，辽东前屯卫人，崇祯三年总镇山海。厚重浑朴，御事精确。先是，值广宁失守，属国要赏，士民震骇，当俏八心事难之。时公为裨将，慨然自任，出抚于关东八里铺，慑以威灵，绥以恩信，群众帖服，罗拜而去，关门安堵。至招降丁、活难民、垦地筑垣，种种著绩。适辽兵溃还至关，公匹马独前，为宜恩威，相对抚膺流涕，无不感动。起补山海镇，不浃旬获奏成功，加秩世袭，及卒，晋阶谕祭以酬其勋。

杨嗣昌 别号文弱，湖广武陵人，由进士，秉宪山石。将佐凛如神君。寻晋抚院，筑南北两翼城以固疆域。刊乡约，化民书，令有司师生朔望讲读，以正风俗。因魁路逼狭，卜学宫乾地，捐俸建明伦堂三楹，二门，大门，廓然大观。经始甫竣，迁秩去。自是以后，关门科第较前颇盛，人皆归功于公云。

朱国栋 陕西富平人，由进士，崇祯十一年任巡抚。公沉毅，持大体。更定营制，军政肃然。上疏修西罗城，以资捍卫。寻迁秩去，关人欲为建专祠，时值改革，未果。

范志完 河南虞城人，由进士，崇祯十二年任山石道。公多材艺，优干办。任事三年，百废俱举，峻城浚池，宽徭赦驿，鼓励行伍，作兴学校，崇秩祀，奖节孝，救荒恤困，一时政治为之改观。后迁山西巡抚，升总督，时不可为，未得以功名终，士论惜之。

朱国梓 辽东前屯卫人，总镇朱梅子。崇祯十三年以兵部主事任。清介周慎，关政修举。升永平道，值寇变，削发披缁居海上。未几，同吴平西举义拒寇，功成不居。奉母隐居石门寨山中，母没，哀毁，葬祭皆如礼，可谓敦忠孝之大节者矣。

[国朝]

郭之俊 宣镇人，由武进士，顺治七年任卫守备。慷慨有为，清正不苟，爱民如子，理政事如治家务。时抚宁卫归并山海，公视之如一，下民戴之。升任去，民遮送不忍舍。数年后解任，偶至关门，绅衿馈候，民商趋谒，犹依依如初至云。

祁富哈 满洲人，顺治九年为城守章京。为人清慎有守，常俸外绝无侵染，且能约束士卒，不许生事扰民，关门赖以享无事之福。居数载，卒于官。关民至今称颂不衰。

刘观澜 河南洛阳人，拔贡，顺治十五年任管关厅通判。清惠敦谨，恤民爱士。适值时艰，悍卒抗衡，顽民狂逞，公劳心抚御，忧愤成疾，卒于官。贫不能归，关人为敛赀付其婿张生扶榇还里，士民哀之。

‖ 卷之五 ‖

政 事 志

昔子舆氏以财用系政事，是政事修举，则民庶繁阜实因之。关门原非沃土，改革□□较昔尤凋弊矣。生聚教训存乎其人，而兵食□□无事为有事之防者也。志政事。

户 口

前代无考。

[明]

洪武十四年设卫，领十所，每所统十百户。原额官军一万户，共男妇三万二百五十二名口。

宣德五年，调拨中左二所于辽东，现在八千户所，并递运所官军八千五百二十五户，男妇一万八百三十二名口。

嘉靖编户如旧，共男妇二万三百七名口。

隆庆

元年至万历二十二年，历年审编，男妇丁口各增减不等。万历二十三年，审编男子一万三千六百一十四丁，妇女一万三千七百二十六口，共二万七千三百四十名口。万历三十九年，审编除逃亡外，现在军丁一万三千七百八十五名，役九千九百八十三名，实出差三千八百二名，当铺流寓协差三十一名。明末出差户口人丁四千二百三十一名。以上系旧志。

国朝顺治年间，原额人丁三千一百三十六名。

康熙五年，审编出差人丁四千一百四十二名。

附：抚宁卫出差人丁二千三百六十二名。

两卫供丁共三百零二名。以上人丁共六千八百零六名。旧例审编系管关厅，后同。本卫至康熙元年通判赵振麟因觐入都，未经同审，后遂专归卫。

元按：明初，户盈万，丁三万余，后虽拨二所，军犹八千余，丁男犹五千有余也。至万历末，现在军丁一万三千七百余名。内占役几至万人。所谓占役，岂非合当军贴军供丁之属而言之耶，彼时出差人丁仅三四千人耳。

国朝撤军，而人丁之数歹减，可知逃亡者众，游惰者多，就中不无遗漏也。近虽较前稍增，然合两卫尚未及当年一卫之数。人见城市之中，熙熙攘攘，大抵非商旅即兵役，而土著出差之人实无几。何况迩来防山禁海，生计日蹙，赋课无出，为民上者可不为长便之策乎！

屯　田

[明]

本卫原额屯地五百八十八顷八亩六分，征米豆七千四十七石四升。历年增垦计上中下地共一千七百三十八顷五十三亩五分三厘，岁纳米豆七千四十七石四斗八升，草三万五千九十二束。至万历十年，户部为恪遵恩诏，改正虚粮等事，减去虚粮九百三十石二斗四升零。每年止实征米豆六千一百一十七石二斗三升零。增银草三万四千二百四十九束零。秋青草八百四十三束零。又新垦地六十六亩，带旧地共一千七百三十九顷一十九亩零。新地该征米豆三石一斗八升，带旧征共六千一百二十一石四斗二升零。该增银草八束，带旧增共三万四千二百五十七束。又增秋青草三束，带旧增共八百四十七束。此今日米豆银草之大较也。以上俱山海仓上纳。

计开：

右所地二百六十七顷八亩八分八厘，征米豆九百二十一石八斗三升三合三勺，增银草五千一百六十一束，秋青草一百二十七束。内有递运所屯地六顷余，先年该所自征。万历六年改拨丈右所代征，计米豆八十六石一斗九升二合五勺，草四百九十四束，其地仍属递运所人承种。

前所地二百二十四顷六十五亩四分九厘，征米豆七百六十八石三斗七升六合七勺，增银草四千三百一束，秋青草一百五束。

后所地二百一十一顷七十八亩七厘，征米豆六百五十石七斗四升七合六勺，增银草三千六百四十三束，秋青草八十九束。

中左所地二百三十二顷六十五亩三分一厘，征米豆八百一十二石三斗九升四合五勺，增银草四千五百四十八束，秋青草一百一十二束。

中右所地一百二十二顷六十三亩三分二厘，征米豆四百九十四石四斗五升五合八勺，增银草二千七百六十八束，秋青草六十八束。

山海所地一百九十五顷八十三亩三分四厘。征米豆八百石二斗一升三合六勺，增银草四千四百八十束，秋青草一百一十束。

中前所地二百三十四顷七亩九分六厘，征米豆八百三十四石四斗二升三合七勺，增银草四千六百七十一束，秋青草一百一十五束。

中后所地二百一十二顷八十八亩八分一厘，征米豆七百一石八斗九升六合四勺，增银草三千九百二十九束，秋青草九十六束。

镇抚司地三十七顷五十八亩三分二厘，征米豆一百三十六石八升七勺，增银草七百五十二束，秋青草二十二束。

牧马草场地四十四顷五十亩四分六厘，实征租银一百三十三两五钱一分四厘，内八十七两七钱二分七厘，解兵部转发太仆寺交纳，又五十一两七钱八分七厘解永平府库。

开垦荒田地八十五顷三十三亩四分六厘，实征谷二百五十六石三合八勺，年例于本卫预备仓上纳。

南海口边储地二十五顷四十三亩五分三厘，征米豆二百八十二石，山海仓上纳。新增地一顷九十三亩五分三厘，征银一两九钱三分五厘三毫，解永平户部衙门，转发卢龙县贮库。以上系旧志。

[国朝]

原旧额屯地上、中、下共一千六百七十顷六十九亩，于顺治四年尽数拨补滦州。续有投充退出地亩，现在照例征粮，上地一百四十顷一十五亩六分四厘八丝，中地三百八十九顷七十六亩九分四厘七毫四丝，下地一千一百四十顷七十六亩四分一厘一毫八丝。实在退出并清查荒地起科屯地上、中、下不等，共折下地二百五十顷零七十七亩二分六厘五毫，每亩征米一升二合，豆一升二合，草一分三厘九毫，征银一厘九毫七丝二忽九微二纤，共征银四十九两四钱七分六厘六毫八丝七忽五微八纤九沙八尘，内奉文拨补丰润县民张尔猷中下地一顷二十亩，应除米一石九斗八升，豆一石九斗八升，草二十二束九分六厘八毫，银三钱二分五厘五毫三丝一忽八微，未拨之先俱解府库，应于本年余剩银两抵兑。粟米二百九十八石九斗四升七合一勺三抄，黑豆二百九十八石九斗四升七合一勺三抄，马草三千四百六十七束八分五厘二毫二丝八忽八微。

附：抚宁卫实在退出并荒地起科屯地上、中、下不等，共折下地一百六十二顷二十亩四分，每亩征米一升，豆一升，草一分一厘六毫，征银一厘一毫五丝，共征银一十八两六钱五分三厘四毫六丝。粟米一百六十二石二斗零四合，黑豆一百六十二石二斗零四合，马草一千八百八十一束五分六厘六毫四丝，俱解永平府库。

牧马草场地六十八顷七十九亩三分三厘三毫四丝三忽，每亩征银一分六厘七毫五纤八沙七尘八埃五渺，共征银一百一十四两八钱八分四厘七毫七丝一忽六微八纤。

附：抚宁备荒地一十五顷二十四亩一分五厘一毫，每亩征银二分四厘，共征银三十六两五钱七分九厘八毫四丝。

太仓荒田地三十一顷三十四亩六分五厘七毫，每亩征银一分，共征银三十一两三钱四分六厘五毫零七忽。

附：抚宁太仓荒田地六十二顷一十五亩七分七厘五毫一丝二忽，

每亩征银一分，共征银六十二两一钱五分七厘七毫五系一忽二微。

永镇荒田地四十顷六十一亩二分，每亩征银一分，共征银四十两零六钱一分二厘。

附：抚宁永镇荒田地三十三顷二十五亩六分三厘二毫，每亩征银一分，共征银三十三两二钱五分六厘三毫二丝。

新垦荒田地八顷六十六亩九分，每亩征银一分，共征银八两六钱六分九厘。

附：抚宁新垦并八年起科荒田地五十四顷三十七亩六分，每亩征银一分，共征银五十四两三钱七分六厘。

山抚二卫共实征粟米四百六十一石一斗五升一合一勺三抄，黑豆四百六十一石一斗五升一合一勺三抄，马草共五千三百四十九束四分一厘八毫六丝八忽八微，俱坐派山海仓上纳。实征额外牧马草场籽粒并荒田等银三百八十一两八钱八分二厘一毫八丝九忽八微八纤，解永平府库。

南海口边储地四顷九十四亩五分六厘，额征正项增荒银一十两五钱二分三厘四毫，解永平府库。粟米三石二斗八升五合，黑豆三石二斗八升五合，俱山海仓交纳。新垦荒地五十亩，每亩征银二分，共征银一两，解永平府库。

牛头崖边储地一十一顷一十六亩六分五厘，额征正项增荒银一两三钱八分四厘三毫二丝五忽二微，解永平府库。粟米三十二石九斗五升八合七抄九撮六圭，黑豆三十二石九斗五升八合七抄九撮六圭，俱山海仓交纳。

赤洋海口边储地九顷八亩一分五厘，额征正项增荒银二两二钱二分二厘六毫五丝七微一纤，解永平府库。粟米二十七石一斗四升一合五勺一抄，黑豆二十七石一斗四升一合五勺一抄，俱山海仓交纳。

元按：屯田为古良法，明初借此养兵不费颗粒。后其法亦浸废弛矣。近将屯地拨补滦民而并两卫为一，所谓屯田亦徒存空名而漫无实效，何以兴复旧制再现古法也噫！

土　贡

[明]

内府柴四万八百八十八斤八两，折征银一百六十三两二钱九分七厘一毫四丝。

内府炭四万二千四百八十九斤二两，折征银三百三十九两九钱一分二厘。以上共银五百三两二钱九厘一毫四丝，解兵部发武库司贮库。

黄穰苗四百二十斤，折征银二十一两，解后军都督府发经历司贮库。考柴炭黄穰苗价银原在人丁内征解，后因各丁投军数多，征解不敷，改于地粮内，分别上中下地量征起解。以上系旧志。

[国朝]

实应征山海卫地亩柴炭银四十九两一钱五分一厘一毫五丝五忽七微八纤九沙八尘。

附：抚宁卫实征柴炭银一十八两六钱五分三厘四毫六丝。二卫共实征地亩柴炭银六十七两八钱零四厘六毫一丝五忽七微八纤九沙八尘。人丁内抽出柴炭银二百二两二钱三分六厘六毫四丝，俱解永平府库。

按：柴炭，内府供也，旧制畿卫有之，在边卫则无。不曰畿卫近京，特易于采办耶？又不曰边卫不属有司，百尔供需咸取给焉，兹故缓之耶？山海虽列诸畿卫，实与他畿卫不同，即非边卫也，而重困过之，何者？他畿卫皆附有司，山海不附，且去之远。

边卫多偏僻，山海当孔道，且为外贡所经，不附有司与边卫同，而孔道往来之费边卫所无也，何柴炭之免，独殊于边卫！矧地狭土瘠，征役丛委已弗之堪，而复困以此可乎？顷司敛纳者多失程期，府委下卫催督如星火，辄贿免目前，贿固盈数所出，愈出愈歉，或半至逋负，要其所费尝倍于额，而公私俱病矣。为今之计，当停免此征，比诸边卫，庶边氓亦蒙一分之赐乎！有封守之责者图之。（出旧志詹公荣）

徭　役

当税、流寓、差牛驴猪羊税课、朝鲜进贡筵宴四项，系管关厅管理，俱无定额。

[明]

年例征收经费银一千七百九十四两六钱五分，内丁徭银一千六百一十两二钱，事产门银六十九两一钱五分，当铺、流寓等银一百一十五两三钱。

计开：

一、银差岁额该用银一千五两七钱八分六毫（遇闰加银一十一两九钱二分二厘六毫）。庆贺表文盘缠银一十一两五钱。局料银一百六十八两。操赏银一百九十一两六钱。备用大马并委官盘费银三十两。解太仆寺马草料银二十五两。年终攒造后府屯田粮草官军等册纸工银六两。协济卢龙卫局料等银一十二两。守备衙门纸札银五两（遇闰加银四钱一分六厘）。本卫纸札银九两（遇闰加银七钱五分）。攒造查盘等册纸工银十两。经历柴马纸札银四十四两（遇闰加银三两六钱六分六厘）。本卫修理公署银三两三钱三分三厘。经历修衙银一两八钱三分三厘。二季丁祭银三十两。文昌祠祭银三两。文庙香烛纸银二两八钱八分（遇闰加银二钱四分）。教官二员马料银共十六两。教授纸札银一两八钱（遇闰加银一钱五分）。斋夫银共四十八两（遇闰加银四两）。太傅庙祭银四两。忠愍祠祭银二两。三坛祭银共七两。乡饮酒礼银四两。兵部分司二次置伞扇案衣坐褥银十五两。二次报盘获军囚本册差官路费银共三两五钱。四季报外贡出入路费银共四两。四季报部武职贤否文册纸工路费银共四两二钱。修理衙门置家活银十两。轿夫四名，每名银十两八钱，共四十三两二钱（遇闰加银三两六钱，衣帽在内）。水夫一名银七两二钱（遇闰加银六钱）。后府二次差官赍勘合及造册奏缴盘费等银八两。新年更换桃符门神等银二两。参将衙门置家活银二十两。案衣等银九两。总府盐米银三十一两九钱三分八厘。答应上司过客修整伞扇明轿银八两。公馆三处修整铺垫银十三两。学院岁考试卷花红银二十两（遇赏另行申请）。季考银十五两。考贡生员盘费银四两。正贡旗匾花红路费银二十两。刷卷纸工银一两六钱六分七厘。会试举人酒席路费银六两六钱六分七厘。科举生员酒席路费银八两。武举会试银一两三钱三分。审录造册银六两。处决解官路费并重囚衣粮银八两。峰山河船只料价银四两六分六厘。教官到任家活银六钱六分六厘六毫。大清勾军册纸工银一两。小清勾军册纸工盘费银三两。修理北察院糊饰铺垫银五两。裁革递运所打夫审编贮库银五十六两六钱。裁革迁安马驿帮车合余审编贮库银二十九两八钱。

一、力差岁额召募各役工食该用银四百二十四两八钱（遇闰加银三十五两四钱）。掌印指挥牢伴一十四名，每名银四两八钱，共银六十七两二钱（遇闰加银五两六钱）。管屯指挥牢伴六名，每名银四两八钱，共银二十八两八钱（遇闰加银二两四钱）。巡捕指挥牢伴八名，每名银四两八钱，共银三十八两四钱（遇闰加银三两二钱）。管局指挥牢伴四名，每名银四两八钱，共银一十九两二钱（遇闰加银一两六钱）。经历牢伴六名，每名银四两八钱，共银二十八两八钱（遇闰加银二两四钱）。九所牢伴九名，每名银四两八钱，共银四十三两二钱（遇闰加银三两六钱）。儒学门子六名，每名银七两二钱，共银四十三两二钱（遇闰加银三两六钱）。防夫四名、坟夫一名，每名银七两二钱，共银三十六两（遇闰加银三两）。狱卒五名，每名银七两二钱，共银三十六两（遇闰加银三两）。接递轿夫头二名，每名银七两二钱，共银一十四两四钱（遇闰加银一两二钱）。接递常候皂隶二名，每名银六两，共银一十二两（遇闰加银一两）。公馆门子六名，每名银三两六钱，共银二十一两六钱（遇闰加银一两八钱）。儒学库子一名，银七两二钱（遇闰加银六钱）。本卫护印看库夫二名，每名银七两二钱，共银一十四两四钱（遇闰加银一两二钱）。本卫门子六名，每名银二两四钱，共银一十四两四钱（遇闰加银一两二钱）。

一、备用银三百一十三两八钱七分六厘一毫（存贮听候公费公礼等项临时请动，登造循环）。

兵部分司新设跟用各役。皂隶十名，每名每月工食银七钱五分。派编滦州四名、昌黎县三名、乐亭县三名。门子二名，每名每月工食银七钱五分，派编迁安县一名、抚宁县一名。（以上各役遇闰月俱加编工食并按季解送山海卫贮库支领。系万历二十四年主事张时显呈部新设该卫无与。）（以上系旧志）

［国朝］

实在出差人丁上中下则不等，通折下下则六千六百二十二则，每则征银二钱，共征银一千三百二十四两四钱。抽出供丁，下下则一百四十三丁，每丁征银二钱，共征银二十八两六钱。

附：抚宁实在出差人丁中下则不等，通折下下则二千五百一十二则，每则征银二钱九分七厘三毫。又门银一丁，征银三钱，共征银七百四十七两一钱一分七厘六毫。抽出供丁下下则一百五十九丁，每丁征银二钱九分七厘三毫，共征银四十七两二钱七分零七毫。流寓人丁三十一丁，每丁征银二钱，共征银六两二钱。

山抚二卫丁银共二千零七十一两五钱一分七厘六毫，供丁银共七十五两八钱七分零七毫，流寓人丁银六两二钱。

计开：

一、起解。地亩柴炭银六十七两八钱零四厘六毫一丝五忽七微八纤九沙八尘。人丁柴炭银二百二两二钱三分六厘六毫四丝，以上俱解永平府库。挑河夫银四十两，解通惠河工部。大马价银三十两，种马草料银二十五两。

奉裁经历并书办门子、皂隶、马夫七名，俸食共银八十七两。奉裁训导并门子三名，俸斋马草工食共银九十七两五钱二分。奉裁本卫守备、千百总并卫学书办六名，工食银三十六两。奉裁廪生膳夫银二十六两六钱六分六厘七毫。奉裁百总一员、牢役马夫三名，廪给工食银五十四两。裁扣守备案衣银四两。新裁本卫伞夫一名，工食银六两。抽出供丁银七十五两八钱七分零七毫，流寓人丁银六两二钱。以上俱解永平府库（起解剩余丁银，除起运正项并存留外，余者多寡另文起解）。

一、支领项款。本卫进表银四十二两一钱六分三厘。乡饮银四两。立春芒种花杖银一两五钱。文庙春秋丁祭银三十三两。祭西南坛银七两。造赤历纸张银三两。糊饰察院银九两。关厅考试童生供给银五两。本府考试童生供给银六两。修理桌凳银八两。学书支造生员方册纸张银一两五钱。学院考试生员试卷银二十八两。供给酒席银一十八两。供给生童并协济府学果饼卷箱等银四十七两七钱。考试武童造册供给银二两五钱。赏格贡生生员花红银二十一两四钱。新进文生员花红盒酒银一十一两五钱。学书支造武生童方册试卷银三两五钱。武生员一二等花红银二两七钱。宾兴科举生员酒席银一十两。造科举生员方册纸张银二两五钱。伴送科举生员委官路费银三两。科举生员二十五名，每名盘费银四两七钱，共银一百一十七两五钱。朝审路费银八两。会试举人盘费银一十五两。酒席银四两。岁贡路费银八两。正贡坊银二十两。匾银二两。造会试举人册纸张银七钱七分七厘。答应往过夫皂银，百十两钱。本卫守备俸薪蔬菜烛炭心红纸张银一百一十五两三钱九分四厘。经制门子二名，每名每月工食五钱，共银十二两（遇闰加银一两）。快手二名，每名每月工食五钱，共银十二两（遇闰加银一两）。牢役六名，每名每月工食五钱，共银三十六两（遇闰加银三两）。伞夫二名，每名每月工食五钱，共银十二两（遇闰加银一两）。马夫一名，每月工食五钱，共银六两（遇闰加银五钱）。千总俸薪银六十六两七钱六厘。门子一名，每月工食五钱，共银六两（遇闰加银五钱）。牢役四名，每名每月工食五钱，共银二十四两（遇闰加银二两）。伞夫一名，每月工食五钱，共银六两（遇闰加银五钱）。马夫一名，每月工食五钱，共银六两（遇闰加银五钱）。儒学教授俸斋马草料银七十九两五钱二分。门斗三名，每名每月工食五钱，共银一十八两（遇闰加银一两五钱）。狱卒四名，每名每月工食五钱，共银二十四两（遇闰加银二两）。唐家川渡夫工食银二十四两。廪生膳夫银一十三两三钱三分三厘三毫。

管关厅跟用各役。吏书六名，工食无。门子二名，每名每月工食银五钱，昌黎县解。快手八名，每名每月工食银五钱，卢龙县解。皂隶十二名，每名每月工食银五钱，迁安县解。轿夫四名、伞夫二名、扇夫一名，每名每月工食银五钱，俱乐亭县解。灯夫二名，每名每月工食银五钱，昌黎县解。仓中斗级八名，每名每月工食银五钱，道发。

恤　　政

养济院　在城西北隅。旧无。明嘉靖十四年，德平葛守礼建。

月给义仓谷三斗，布絮不为例，详碑记。万历二十一年，安肃张栋因关设有通判，移牒令其提调，今又奉文在本卫额外钱粮内支领给散。

漏泽园　一在西水门外虫王庙后，一在北门外地藏寺前，一在石河西文殊庵右。

关　　法

山海关　明设兵部职方司管关，继与守臣同理。撤守臣，专任兵部，其法稽文凭验年貌出入。国朝撤兵部，以山海路管理。顺治十五年协同满洲城守章京管理。永属州县给发过关文引，俱赴管关厅挂号。康熙二年，通判赵振麟请详停免。

管关厅　设自前朝万历十七年，原为关税，移永平粮马通判，于山海管关后，增经抚衙门，军务旁午，民事繁剧，且学政提调诸务，本卫指挥不便弹压，俱归关厅略理。及国朝，仍存关内道，一应事务俱关厅首领，管辖抚、昌、乐三县。山海卫原属本厅，其上行文移本府，牒行本厅，本厅转行该卫，例用牌票。至顺治十八年，文武分途仪注内，守备与府厅平行，现今卫官仍属本府正堂所辖。康熙七年，浙督赵廷臣题准监放山海路、石门路、南海营、大毛山、义院口、黄土岭兵饷。

积　储

山海仓　旧制设有仓官，自顺治八年，户部白芬具题归并关厅，经收昌黎、乐亭、抚宁三县并山抚两卫、石门寨、大毛山、义院口、黄土岭各处米豆共七千三百石，草三万三千束，支放营兵月饷并往过满汉官员行粮。

山海关义仓　创始于兵部黄景夔，出关罚籴谷贮之官廨南庑散敛。一准朱子义仓之法，继之者马扬、邬阅、楚书、葛守礼多所增入。后荐遭凶岁，居民不甚殍亡者，仓实有赖葛公。以西北隅原有山海库，因改义仓于此，以贮学田米，今废。其米移贮他所。

山海卫预备仓　原与义仓同所，今废。

学　仓　在学门左，今废。

南海仓　巡抚杨嗣昌建，今废。

草　场　一在山海仓东，一在东北隅。

山海学田　米四百零四石四斗六升六合九勺零。始于明兵部黄景夔，将所征米给各生为廪饩。至国朝康熙元年，廪饩奉裁，报部变价，起解。

附　陈绾《荒政记》

嘉靖丙辰秋，岁大不登，辽民重困。初，关西人率仰给辽东，至是辽人悉出其银钱杂物以易粟关内，近关等处粟顿空。关西人乃浮山东之粟至丰台，辇运抵山海，展转接卖，比至其地，费已数倍，斗粟自三四钱至六七钱。富者犹倾囊自给，贫民遂无从得食，始剥木皮和糠秕食之，又刮苔泥作粉以啖，谓之土面，然多肿懑以死。乃相率脔死人肉食之，久则掠生人食之，妇女童稚独出走道上，辄为人掠去。有桀猾者纫皮为套，贯以索，三五为伙，见人行则掩其后，套其首而索扼其喉，喑不能出语，即挹，脔共食之。官司禁不能得，捕至即承曰：食人应死，不食亦死，与其馁死，孰与饱而死也？初就杖杀之，后捕多不能如法，益无所惮。甚或子死父食，妻死夫食，曰："不则为他人食。"军士宰官马食，往往脱巾呼号，出不逊语，广宁为甚。当事亟为请年例银，夙所通欠给发之，多不能厌其求。属国见辽境士民疲惫，常使人伏匿，脱间候粮米过辄邀遮，出塞道路阻塞，米益腾贵。春夏少雨，疫气盛行，民乏牛犋籽粒，无力以种，极目荒碛，说者以为秋成复无望云。

论曰：古称人将相食，未必真相食也。至易子析骸杀奴妾等事，皆在围城中，出万死不得已之计，未有饥馑若斯其极者也。盖辽境僻介绝域，其所容通往来者只山海关一路，非通邑大都舟车辐凑之所也。又其地邻不毛，无踆鸱橡栗之产，故一悫至此。夫全辽二十五卫，横亘二千余里，地大荒甚。即当事不能为之处，圣天子发粟赈贷，恩至渥矣。然转输难而博施未易，岂所谓尧舜犹病者与？议者欲请少宽海禁，使西引丰台之粟，东通登莱之贩，而尚未及行，然则救荒果无奇策矣哉！

附　陈绾《与辽东抚巡诸公书》

夫辽东之荒极矣，敝关切近，触目刿心，愧不能上郑侠之图，亦尝抱邻父之忧，窃为议之，今之所谓救荒者，非请发内帑乎，非悉发官廪乎，非劝借富民乎？夫请发内帑，大工鼎兴，司农告匮，年例外不能多发矣。悉发官廪，辽之廪庾所积几何？劝借富民，自霖雨坏盖藏，外国掠屯堡，富者转为贫矣。今之所恃，惟关西籴买一节耳。然蓟、永岁本不登，加以沿边籴买军饷，其资辽东者，所谓以升合之水救涸鱼也。

近以蓟、永米少，辽人籴买者多，则有商贩转市山东之粟，自天津等处下船，径抵丰台镇，辽人有力者从此转搬，无力者止赴山海，携数十百文觅升斗于商贩之手。夫米价已腾贵，加以辗转接买，大者驴驮车辇，小者背负手提，盘桓中途计车脚之费浮于米值，然亦只可达广宁以西耳。辽阳以东不惟隔三岔河，而平陆沟渠车牛莫达其所，仰给者惟金、复等处及黄山一带些须之产，而关西之米逾河而东者绝少。夫转输不通，籴买无从，则米价日增，虽月散数金无益也。说者以为海禁少宽，使天津、直沽之船不抵丰台镇，得抵三岔河，不惟广宁以西可济，而辽阳以东岂至路毙如今日哉！夫救荒如救焚溺，海禁固不可弛，然与活辽东千万人旦夕之命孰重？夫从权以济一时之急，而年丰禁复如故。是从权以活千万人之命，而禁复在也。夫辽镇之隶山东者，本以通海道也。成化以前禁例未行，文移往来、花布钞锭解送皆取海上捷径，故有无相通，缓急相济。自禁例一行，公私船只尽废。究其所以，不过杜绝逃军之路，又或以为泛海恐引外寇也。夫欲绝逃军，惟严盘禁，若倭寇自刘江望海埚之捷其不至辽东者且百余年。就虑其至，不过远哨望、谨烽火而已。即如江南时有倭寇，岂能使江海之间不行只艘乎？此所谓失火之家不火食之计也。呜呼！使辽境时和年丰，道路无梗则可，万一山海宁前咽喉一线之地少有隔阻，则辽境不孤悬绝域乎？即今盗窥衢路，转输万难，则咽喉之不塞者直一间耳，其可不为寒心哉！且登、莱二府去金、复等州不浃日，而近考之《会典》，正统年间登州卫犹存海船三十余只，海道既废，船亦无存。夫登、莱阻山依海，商贾不行，其地有羡粟而无厚售，设若少宽其禁，使金、复之人得以泛海贸易，则一苇航之，而辽阳以东皆可获济，其与广宁以西辇输关内之粟者，劳逸奚啻十倍也？诚欲设为防范，则嘉靖二十一年抚按尝奏添边备佥事驻金州矣。今建议复添亦无不可，不然则专责守备等官时为督察，亦不至于滋奸而长弊，就使有之，较今日脱巾枵腹，恐恐然虑萧墙之变，利害不有间乎！夫斗米六七钱，人相食不顾，而犹泄泄然守惩噎之过计，愚窃以为过矣。夫惟仁人君子切恫瘝之念，而不惑于拘挛之议，当必有以处此者，生曷容赘。

兵　警

元按：山海用武之区，不独明末集重兵于此，究为本朝开国之资，其在明初以及中叶，亦往往有战伐之举。但昔为边，今为腹，诚恐承平日久，人不知兵。所谓天下虽安，忘战必危者。桑土绸缪，正不可不时为早计也。

明建文元年九月，江阴侯吴高、都督耿瓛、杨文帅辽兵围永平，焚其西门。燕王自将救之，营于城东，追奔百余里，斩首千余级，高等退保山海关。

嘉靖三年冬，妖贼李珍等起辽，建旗鼓，谋不轨，乘虚人山海关，纵火，白昼杀人。守臣王冕死之。

二十五年秋，蒙古兵至东关，大掠人畜。四十三年正月，蒙古报警，关门戒严。时海冰坚且阔，主事商诰先期督凿，复冻如初。至是敌果趋海口潜渡，忽冰解，惊退。又攻旱门关甚急，诰躬督将士，指授方略，力却之。

万历十二年九月，蒙古侵宁前，参将王守道合延绥游击杭大才兵东援，行二十里，值敌以五千骑来袭关，两将为营，敌亦相对为营，率铁骑来攻，两将伏虎蹲炮，敌一攻以数百骑至，辄发炮数十，敌骑中伤多僵仆死者，辄曳去。敌矢来如雨，然相去百余步，扬弦而发，矢落军前，不能穿札，兵得不伤。日暮二卒从间道请援，夜半副总兵杨绍勋兵至，主事王邦俊即启关出，会兵完成逊至，督兵急援，敌且走且攻，绍勋率锐骑驰人，合营军声益振。大才杀敌一人斩其首。敌遂退，死者以百数。乘胜追至塞外，比还，多言敌不再来者，成逊语邦俊曰："敌失志去，终不归巢，必且乘我，不可忘备。"冬十月朔，敌果合兵以夜半入大古路口直奔关，诘且突至岭上，去关可二里许。关兵出拒，分伏南北两水关内，趣民家悉入瓮城。关门内已设炮延敌，终不令闭门。敌营既定，轻骑数十辈驰至两水关，窥视还营，又良久，始拥众来攻。时王守道兵拒墙东门，杭大才兵拒其南，中军盛庄兵拒其北，敌亦以三枝攻数十合，终不得人。敌骑奔突旱门关、两水关、南海口以数千，关兵城守者发炮，敌亦多被创。计势穷迳入大营。时日已昃，拔营悉遁去。先是东关外有延绥一卒人武安王庙，忽仆地言某日敌犯关宜收敛，届期果验。及又犯，亦如前报。兵宪成逊为致祭修祠，以答神贶云。

崇祯三年正月甲午，大清兵入永平，逾抚宁县，破深河堡，距关六十里，辽镇总兵祖大寿自关外至，严兵拒守。

九年秋九月，大清兵至关东欢喜岭而回。

十六年冬十月，大清兵攻破辽东前卫、中前、中后所三城，乘胜直至欢喜岭而回。

大清顺治元年春三月，流寇李自成犯京师，时人心汹汹，仓卒调天下勤王兵，议者将辽东合镇兵民移驻山海关，前往赴京勤王。行至玉田县，闻十九日京师已陷，遂还兵，仍驻山海关，遣人出关乞师复仇。四月李自成来攻山海，十九日传令聚演武堂，合关、辽两镇诸将并绅衿誓师拒寇。二十日祭旗斩细作一人，与诸将绅衿歃血同盟，戮力共事。二十一日李自成至关，两镇官兵布阵于石河西，大战自辰至午，忽西北角少却，寇兵数百飞奔透阵，直至西罗城北，方欲登城，镇城守兵用炮急击之，又遣偏将率兵还剿，尽歼之。寇营望见气夺，不复来战，相持竟日，遂各收兵。二十二日，大清兵至欢喜岭，主帅同关门绅衿吕鸣章等五人出见摄政王于威远台前，拜毕命坐，少顷唤至前谕云："汝等愿为故主复仇，大义可嘉，予领兵来成全其美，先帝时事在今日不必言，亦不忍言，但昔为敌国，今为一家，我兵进关，若动人一株草一颗粒，定以军法处死。汝等分谕大小居民，勿得惊慌。"话毕赐茶，免谢，各乘马先回。方见时，忽报北翼城一军叛降贼，王遂分兵三路进关。时值大风扬沙，满汉兵俱列石河西一带，寇军中有识旗帜者，知为大清兵至，李自成率骑兵先遁，各营数万余人一鼓俱溃，追杀二十余里，僵尸遍川谷。傍晚风定，细雨，炮车连夜俱进关，摄政王驻师郊外。三日遣人入城，登明伦堂安民讫，领兵而西，遂定燕京。

十二年，有寇拥众扮军官自西而东至戴家河，白昼劫李家，又至海洋劫高家。村落震动，人民多奔入城，当时有满洲城守章京同路营卫官率骑兵追寻西郊外数十里，寇闻风远遁，不见踪而还。

卷之六

秩 祀 志

祭义载诸《戴记》，圣人谨之。古诸侯祭封内山川，至于学宫，人材所自出此，尤祭之。大者坛墠祠庙并列常典，而忠节实关风化，非积诚敬，均不足以格幽冥而示激劝也。志秩祀。

山 海

角 山

海 以上二祀，明崇祯十三年，关道范志完详抚院朱国栋增祀，今废。

增祀呈略云：为恳崇山川之祀，以尽职守，以保人民，事切照。本城名为山海者，盖以其面海枕山而取义者也。且古来名山大泽，其神必灵，然而境内山川诸侯必祭，不惟职分宜尔，实为社稷封疆非谄媚也。本道细考志书，从无议及者，不几为缺典乎！今议将南海、角山岁定春秋两祀，每祀祭品定以二两五钱为率，至期皆本道亲往主祭，所以敬其事也。至于祭祀钱粮亦山海卫备用徭银内动支，分毫不派民间地亩。其神享胙余另载册中，如是，则山川奠位各效其灵，其于司地方者庶可少尽其职矣。

文 庙

至圣先师 明正统元年诏武卫建学，嘉靖十年诏去像只用木主。

崇祯十三年，关道范志完增俎豆簠簋，置乐器，设乐舞生八人。

四配　十哲　两庑　启圣祠　魁楼　文昌宫　名宦祠　乡贤祠。

附　学制

先师庙　明建学初，庙貌草创。至正统十四年，守备王整始饰材鼎建。成化九年，主事胡瓒增筑殿基，考前代名大成殿。嘉靖十年，始改今名。隆庆六年，主事任天祚重修，万历二十四年主事张时显重修，二十七年遵化巡抚李颐重修，三十九年员外邵可立重修，崇祯十三年山永巡抚朱国栋、关道范志完重修。国朝顺治八年关道杨茂魁重修，康熙三年教授韩国龙重修。

东西两庑　明天顺六年，指挥刘刚补构。国朝康熙五年，两庑坏，通判陈天植重修。

戟　门　在文庙前，明成化十一年，主事吴志补构，十三年，主事苏章继茸。

棂星门　在戟门前，明成化七年，主事尚絅补构，并置祭器若干。

泮　池　棂星门内，明成化十六年，主事熊禄浚上甃石桥一，隆庆六年主事任天祚改甃三桥，制益宏丽。

名宦祠　在戟门左。

乡贤祠　在戟门右。

启圣公祠　前代无，明嘉靖十年肇建，万历二十四年主事张时显重修。

神　厨　旧在戟门右旁

更衣亭　旧在戟门左旁，后俱废。

明伦堂　旧在圣殿后，都指挥王整肇建，主事熊禄重修，崇祯七年巡抚杨嗣昌改建庙西旧射圃废地，大门二门较昔规模更为宏敞。

东西两斋　旧号舍各三间，原名文成、武备，后改崇德、广业，亦王整建，主事尚缙重修，今废。

尊经阁 即旧明伦堂，明巡抚朱国栋、关道范志完改建。拔各学诸生之俊者，读书其中，今废。

敬一亭 旧在启圣祠前，巡抚朱国栋、关道范志完改修明伦堂后。

魁星楼 明万历三十二年，主事李本纬建。国朝顺治十三年，通判杨生辉重修。

文昌宫 明万历十二年，兵部主事王邦俊建，三十二年，主事李本纬重修。

学官廨 在本学大门左，魁星楼后，原为生儒号舍，俱明嘉靖七年主事邬阅所建。后教授、训导二署倾圮，遂改此为公解，而号舍迄今不复云。

射　圃 内有亭，在启圣祠右隙，明成化十九年主事尚缙始辟，后改作明伦堂。

学　田 明主事葛守礼、巡抚李颐、主事张时显、教授王世采、知府高邦佐、通判王修行各有所置。今奉裁。后俱各归县卫纳租讫。

廪　田 明初为关东了望地，居民私垦无赋，后中官守关括入私囊，主事黄景爰谂卫学乏廪，稽地归官为廪饩。时诸生优等十二人，月食五斗，后主事马扬续垦廪饩，增至八斗。嘉靖十三年，主事葛守礼复藉垦近郭闲田，廪生直增一石，万历三年主事裴赐悉加丈量，共征米二百一十一石九斗六升五合零。以后增减互异，至二十四年，主事张时显各将任内旧管新收开除，实在米数清算造册，以便稽查，此系关部支给廪生，学院按院不入察盘。至国朝裁关部，此田归关内道。及裁关内道，归永平道。至康熙元年廪粮奉裁，报部起解。

乡饮田 主事葛守礼置。

祀　田 主事王应期置。以上二田，后因廪生增至二十名，了望所入不给，并收二租，以充廪饩，通谓学粮。今俱在报部数内，而乡饮祀典之需，久归本卫，另动公费矣。

社　学 旧学基在城东南隅，明弘治间，主事徐朴毁淫祠为之。

后万历十五年，主事张栋一置城西门内廊房，一置东关门外待柝厅，令士之有行者施教，贫童每名月各给谷一石，俱在关部支领。二十二年，主事张时显定为岁额，并悬"社学"二匾，今俱废。

坛壝

社稷坛 在西罗城北门外，三清观东。

风云雷雨坛 在西罗城南门外。

八蜡坛 在社稷坛西。

厉　坛 在镇城北门外，地藏寺前。

以上丁祭，管关厅主之。戊祭，山海卫主之。霜降祭旗，则山海路主之。

庙　宇

城隍庙 在城西北隅，明洪武十六年建，万历十七年重修，崇祯九年巡抚杨嗣昌重修。国朝康熙元年守备王御春重修。

海神庙 在南海口西，明初通海运时所建。万历十二年主事王邦俊重修。前朝嘉靖四十三年甲子春，蒙古万骑屯关东海口，欲渡，俄然冰解，相顾失色遁去，事闻，天子嘉海神之功，特遣官报祀。御制祭文云：朕惟皇天保定家邦，必命百神受职，赫著灵奇，以昭示非常之征应。顷者，强敌匪茹窥伺边关，神祇奉帝敕之预戒，蚤候未临，坚冰忽泮，彼众失途而退遁，边围爰赖以载宁，是用遣官祭告，惟神歆答益浚，天险永翊，万载金汤于孔固，谨告。

龙王庙 一在西罗城桥南；一在西关厢；一在南海仓城。

旗纛庙 在旧卫治东，久废。

马神庙 一在演武场东，一在迁安驿门东。

火星庙 在管关厅东，国朝顺治二年，通判朱伸鐸重修，康熙七年通判陈天植重修，详见碑记。

关帝庙 一在东罗城，一在西罗城，一在东瓮城，一在西瓮城，一在演武场西，一在旧招练营。其余不可胜载，惟石门寨西北二十里许，有傍水崖，明隆庆元年，总兵张臣与蒙古战，获神默佑，立庙崇祀，制度宏敞，规模壮丽。为东藩胜地云。

按：神庙末俗多不经，兹所载，如城隍、火神，环宇通祀者也。旗纛、马神切于戎卫、海神、龙王，滨海地宜之，至汉壮缪侯之祀与太伯伍员何以异不经免矣。旧志。

附录诸庙

玉皇庙　在西关厢。

三官庙　一在城东南；一在西关；一在东罗城。

东岳庙　在东罗城。

泰山行祠　在西罗城。

北镇庙　北关外，祀真武。明初建，国朝康熙六年参领朱廷缙重修。

五圣祠　一在西罗城；一在东罗城外迤南二里许；一在西罗城外西北二里许。

增福庙　在南瓮城。

药王庙　在北瓮城。

虫王庙　在西南水门外。

小圣庙　在南海口。

以上祠庙，非土之所宜祀。涉于诐且僭，故附见于此。旧志。旧志附寺庵后，今移附此，以便类观。

元按：张公旧志之言，所以防人诐僭之心也。诗云：神之格思不可度思，矧可斁思。语云：敬鬼神而远之。凡人庙者，固不可萌诐僭之心，亦不可不加敬谨之意。

忠　节

显功庙　在儒学后，明景泰甲戌奉旨为徐中山武宁王建。详见碑记。国朝顺治十三年城守参领李国柄重修。

劝义祠　在西关外，为明参将张世忠建，今废。

忠爱流芳祠　在西瓮城内，系乡民立。尸祝历任关门之廉能著闻者，今废。

来公祠　在西关外，为明兵部主事来公俨然立。详见名宦。后废，仅存木像，今改建龙王庙后。

陈公祠　在东瓮城关帝庙东，为明兵部主事陈公祖苞建。详见名宦。

贞女祠　在东关外八里铺望夫石之颠，明万历二十二年主事安肃张栋建。二十四年南城张时显增建，崇祯十三年关道虞城范志完重修，置龛，以本乡之列女共十九人祔祭。

呈略云：为追扬忠节之祀，并享孝烈之魂，以励人心，以维世风，事切照。人心不古，世俗日偷，忠孝之士杳然，节烈之名绝响，实缘司地方者不能激劝以励人，表扬以风世，是以未之有闻也。今本道察得山海一镇有太傅庙，系我朝开国元勋武宁王之祀世庙。时有忠愍祠，乃本城忠臣张公之祀业，各有钦典。祠祭血食多年，然太傅庙春秋二祀，每季向定银二两，殊为不足。今议二季增银一两，共银五两；张公祠每季向定银一两，即折给其子孙亦非诚敬之意。今每季俱定二两五钱，岁共银五两，以上二祠并祭。角山、南海之胙肉内，除猪一口照旧例给张公子孙外，余胙悉分给山海镇下各协营等官，以为用命者劝。如以孝行著闻者，有张懋勋、萧韶凤、傅梦良三人，虽载志书未经题请，俟本道详明配入乡贤。又有已故孝行生员穆思文，已经题请造坊，先应入祀者也。至于东关外有贞女祠，传称秦时有姜女寻夫，哭死海滨，英魂化石。后世嘉其贞烈，是以立祠祭之。但今世代已久，祀典竟湮然，而胜迹犹存。凡妇女闻之，每多义起，亦宜追崇其祀。今本道已令修葺祠宇，复欲置龛两傍，察有本乡烈女黄烈女、赵烈女、张烈女，节妇郭氏、田氏、郭氏、萧氏、林氏、郭氏、倪氏、张氏、韩氏、王氏、刘氏、王氏、林氏、罗氏、郭氏、范氏共十九人，俱安设牌位，使与春秋二祭。其祭品诸费，每季亦以二两五钱为率，胙余即分给贞烈之后，并现在守节鲁氏、周氏等家。其各祠致祭钱粮，亦动支经历司备用、徭银二项，俱不科派民间。庶几此义一倡，人心知奋，而颓风靡俗立可挽回云云。

　　元按：忠孝节义，人世纲维彝伦，攸叙万古为昭知，不以隔代而有异也。昔人著之祀典，以示激劝后之司风化者。倘能做其意而行之，其于世道人心，裨益岂浅鲜哉！

卷之七

选 举 志

《周礼·大司徒》以乡三物教万民而宾兴之。故设为乡学、国学，自选士、造士以及进士，皆山川灵秀所钟，而一代治安所系，盖綦重哉！至于文武并进，如左右手，是尤未可偏废也。志选举。

进 士

[明]

郑 己　成化丙戌科会试第十一名，登罗伦榜二甲进士，选翰林院庶吉士，改贵州道监察御史。详见乡贤。

萧 显　成化壬辰科会试第一百九十三名，登吴宽榜二甲进士。授兵科给事中，历任福建按察司佥事进阶朝列大夫。详见乡贤。

崔 锦　成化甲辰科会试第一百四十五名，登李昊榜三甲进士。

万 义　嘉靖癸未科会试第二百二十八名，登姚涞榜三甲进士。

詹 荣　嘉靖丙戌科会试第一百九十三名，登龚用卿榜二甲进士。授户部主事，累官兵部左侍郎，进从一品俸。以孙廷奏请赠工部尚书，祭葬如例。详见乡贤。

穆宁中　嘉靖癸丑科会试第二百二十七名，登陈谨榜三甲进士。授陕西三原县知县，升户部主事。

冯时泰　万历庚辰科会试第二百二十九名，登张懋修榜二甲进士。授工部主事，升辽东广宁兵备参议。详见乡贤。

刘廷宣　万历癸丑科会试第二百十七名，登周延云榜三甲进士。授河南仪封县知县，行取浙江道监察御史，巡按陕西。历任大理寺左少卿。详见乡贤。

[国朝]

佘一元　顺治丁亥科会试第十四名，登吕宫榜二甲进士。授刑部江南司主事，调礼部主客司主事，升本部祠祭司员外郎，历任仪制司郎中，加从四品。

穆尔谟　顺治丁亥科会试第二百七十五名，登吕宫榜三甲进士。授江南赣榆县知县，升礼部仪制司员外郎，升精膳司郎中，历任山东莱州府知府。

程观颐　顺治戊戌科会试第三十七名，登孙冰恩榜三甲进士。授直隶天津卫儒学教授，升山东淄川县知县。

举　人

[明]

萧　显　天顺三年乡试第二名，见进士。

郑　己　天顺六年乡试第八名，见进士。

曾　韬　成化十年乡试第九名，任山西应州学正。

崔　锦　成化十九年乡试第九名，见进士。

田　跃　御史郑己之子，复姓田。弘治十四年乡试第四十五名，任山东金乡县知县。

李伯润　正德八年乡试第一百十七名，任浙江永康县知县，调本省太平县知县，改补河南怀庆府学教授。

万　义　嘉靖元年乡试第四十五名，见进士。

詹　荣　嘉靖四年乡试第三十四名，见进士。

谭　坊　嘉靖二十五年乡试第五十七名。

穆宁中　嘉靖二十八年乡试第八十四名。府军前卫人，山海卫籍，见进士。

刘复礼 赠奉政大夫照磨汝祯子，嘉靖三十一年乡试第五十一名，任山西长子县知县，升本省浑源州知州，转工部都水司员外郎，升虞卫司郎中，历任四川保宁府知府、陕西行太仆寺少卿，兼理宁夏河东兵备按察司佥事，详见乡贤。

萧大谦 佥宪显之孙，嘉靖三十一年乡试第一百十七名，任山西怀仁县知县，改陕西秦安县知县，详见乡贤。

谭　讷 坊之子，隆庆四年乡试第一百十三名，任陕西中部县知县。

张重立 县丞文选孙，万历元年乡试第十二名。

冯时泰 万历元年乡试第二十二名，见进士。

刘思诚 教谕俊之孙，万历元年乡试第一百十九名，署顺天府学训导，升山东平原县知县。历任济南府同知，赠大理寺左少卿详见乡贤。

刘廷宣 赠大理寺左少卿思诚子，万历三十四年乡试第六十九名，见进士。

吕鸣夏 训导大成子，万历四十三年乡试第四十三名，授直隶清丰县教谕，补束鹿县教谕，升真定府同知，驻扎宣府，功升河南卫辉府知府，历任陕西固原道兵备副使，赠光禄寺卿。详见乡贤。

刘廷征 赠大理寺左少卿思诚子，万历四十三年乡试第七十九名，任陕西洛南县知县。

穆尔鹏 训导齐正子，崇祯三年乡试第八十名。

佘一元 赠礼部郎中，崇贵子，崇祯十二年乡试第一百十八名，见进士。

[国朝]

穆维乾 无为州同知尔鹗子，顺治二年乡试第六十八名，授直隶滑县教谕，升大宁都司教授，改保定左卫教授。

沈所端 教授绣之孙，顺治二年乡试第一百五十五名。会试副榜。

穆尔谟　封礼部郎中齐英子，顺治三年乡试第一百二十三名，见进士。

崔联芳　顺治三年乡试第一百三十一名。

程观颐　尚宝司卿继贤子，顺治八年乡试第四十九名，见进士。

谭从简　坊之曾孙，讷之侄孙，顺治十一年乡试第二百四十五名。会试副榜。授直隶故城县教谕，升山西灵丘县知县，补河曲县知县。

恩选岁贡

[明]

曹　广　应成化三年贡。

王　铎　应成化五年贡，任南直庐州府检校。

刘　铭　应成化七年贡。

苏　豫　应成化九年贡，任陕西同州判官。

赵　仁　应成化十一年贡，任山东博平县主簿。

李　春　应成化十三年贡，任山东邹平县主簿。

张　宁　应成化十五年贡，任河南磁州学训导。

刘　鉴　应成化十七年贡，任鸿胪寺序班。

戴　刚　应成化十九年贡，任山东黄县主簿。

蒋　英　应成化二十一年贡。

张　铉　应化二十三年贡，任陕西朝邑县县丞。

李　琛　应弘治二年贡，任山东沂州卫经历。

房　绾　应弘治四年贡，任江西分宜县主簿。

李　敬　应弘治六年贡，任云南贵州卫知事。

陈　策　应弘治八年贡，任山东莒州学训导。

赵　纬　应弘治九年贡。

侯　荣　应弘治十年贡，任山西行太仆寺主簿。

杨　聪　应弘治十一年贡，任德府典宝副。

萧鸣凤　金宪显之子，应弘治十二年贡。

王道亨　应弘治十四年贡，任山东登州府学训导。

张　礼　应弘治十六年贡，任南直靖江县主簿。

张　谦　应弘治十八年贡，任山东新城县县丞。

何　清　应正德二年贡。

陶　恕　应正德四年贡，任南直砀山县县丞，改四川开县县丞。

王　相　应正德六年贡，任旗手卫经历。

赵　聪　应正德八年贡，任山东临清州学训导。

王　伟　应正德九年贡。

李　锦　应正德十一年贡，任陕西庄浪县知县。

马应奎　应正德十二年贡。

李秉玉　应正德十三年贡，任山东沂州同知。

路　通　应正德十四年贡，任三万卫教授。

萧大观　金宪显之孙，应正德十六年贡，任山东商河县县丞。

白九经　应嘉靖元年贡。

毛　傅　应嘉靖三年贡，任沈阳中卫训导，升山东潍县学教谕。

刘　俊　应嘉靖四年贡，任河南安阳县学训导，升直隶新乐县学教谕。

沈　渊　应嘉靖六年贡，任山东平度州同知。

田　鹰　知县跃之子，应嘉靖八年贡，任静宁州判官。

高　宁　应嘉靖十年贡，任浙江秀水县县丞。

萧瑞凤　金宪显之子，应嘉靖十二年贡，任湖广襄阳府推官，升山西大同府通判。

刘汝祯　序班鉴之子，应嘉靖十二年贡，任南直庐州府照磨，赠奉政大夫。

郭大伦　应嘉靖十三年贡，任辽东都司学训导，升山东博兴县学教谕。

曹　钺　广之孙，应嘉靖十五年贡，任东城兵马司副指挥。

林　锦　应嘉靖十七年贡，任南直长洲县县丞。

孙　鸾　应嘉靖十八年贡，任广宁卫训导，升四川褒城县学教谕。

辛三畏　应嘉靖十九年贡，任陕西西宁卫教授，升山东文登县知县。

高　肃　应嘉靖二十一年贡，任山东巨野县主簿，改河南临漳县主簿。

崔弘沛　进士锦之侄，应嘉靖二十二贡，任山东平度州判官，升山西石楼县知县。

刘　栋　知县李锦之子，改姓刘。应嘉靖二十三年贡，任海州卫学训导。

李承恩　应嘉靖二十四年贡，历任山西广昌县教谕。

鲁孟春　应嘉靖二十六年贡。

曹　蕙　钺之子，应嘉靖三十二年贡。

萧道远　佥宪显之侄孙，应嘉靖三十四年贡，任山西泽州学训导，升山东武城县学教谕。

张德立　应嘉靖三十六年贡，任山东乐陵县知县。

冯　瀛　应嘉靖三十八年贡，任山东平原县县丞。

张思聪　主簿礼之孙，应嘉靖四十年贡，任山东东阿县训导，升河南洧川县学教谕。

毛　恕　应嘉靖四十二年贡，任辽东金州卫学训导，升铁岭卫学教授。

何秉元　应嘉靖四十四年贡，任辽海卫学训导。

辛　涵　知县三畏子，应隆庆元年贡，任山东寿张县学训导，升山西山阴县知县。

谭　诗　应隆庆元年恩贡，任山西太原县知县，改山东高唐州学正，历三氏子孙学教授、开平卫教授，升晋府纪善。

曹　芹　兵马钺之子，应隆庆三年贡，任直隶永宁县学训导，升山东齐东县学教谕。

李东升　应隆庆五年贡，任直隶交河县学训导，升河间县学教谕。

赵　鹗　应万历元年恩贡，历任山东成山卫教授。

鲁应芳　应万历元年贡，历任南直定远县教谕。

郝宗元　应万历三年贡，历任辽东锦州卫经历。

于思敬　应万历五年贡。

王之藩　应万历七年贡，任山西兴县知县。

王从政　应万历九年贡，任山东莱阳县知县，多善政，被诬，莱民辩之，其子以死疏救，得白。居乡称孝与乡饮大宾。

萧大咸　通判瑞凤子，应万历十一年贡。

侯汝敬　主簿荣之孙，应万历十三年贡，任直隶怀来卫学训导。

张问明　应万历十五年贡，任直隶雄县学训导。

田汝籽　判官鹰之子，应万历十七年贡，任辽东前屯卫学训导。

何景奎　辽海卫籍山海人，应万历十八年贡，任辽东定辽右卫学训导。

于思明　应万历十九年贡，历任直隶永清县教谕。让兄产，见重乡评。

刘熙载　应万历二十一年选贡，任四川崇宁县知县。和易近人，尤精六壬，决事如指掌，上台隆礼之。

袁　钦　应万历二十三年贡，任顺天遵化县学教谕。

沈　琇　应万历二十五年贡，历任直隶广平府学教授，恬淡雅逸，与世无竞。

刘　悾　应万历二十七年贡，历任河南宜阳县学教谕，存心醇正，操行梗直。

王嘉宾　经历相之子，应万历二十九年贡，历任顺天房山县学教谕。

邹大珍　应万历二十九年恩贡，任直隶兴济县学教谕。

程　正　应万历三十一年贡，任南直合肥县学训导。

沈国兆　应万历三十四年贡，任山东堂邑县学训导。

刘思明　赠知县光大子，应万历三十六年贡。

辛　浚　知县三畏侄，应万历三十八年贡，任顺天香河县训导、山东潍县教谕、陕西宁夏卫教授。

何志重　应万历四十年贡，历任直隶曲周县学教谕。

房自新　应万历四十二年贡，任顺天府学训导。禀性冲和，精于行书，士多宝爱之。

吕大成　应万历四十四年贡，任直隶深州训导。天质端重，敦于孝友，积学善训，门墙多成材之士。

吕际可　应万历四十五年贡，历任陕西两当县知县，巡街鞠劳告终，抚台发银营葬。

蔡茂旸　应万历四十六年贡，任直隶吴桥县学教谕。

田大登　训导汝籽子，应万历四十七年贡。

郭廉远　应泰昌元年恩贡，任江西南昌府通判。

刘廷召　同知思诚子，应天启元年府学选贡。

吕鸣章　应天启元年恩选贡，初任河南许州判官，升京卫经历，未任丁忧。嗣随平西王起义剿贼，措饷录功，升户部山东司员外郎，转本部福建司郎中，历任陕西分守、关西道右参议。

刘克勤　应天启元年贡，任顺天丰润县学训导。

吕世臣　应天启四年贡，历任直隶天津卫学教授。

穆齐方　主簿思恭子，应天启六年贡，任直隶柏乡县学训导。行谊克端，操持不苟。

张　翘　应天启七年贡，任河南卫辉府学训导。

何天祚　应天启七年副榜贡。

刘廷讲　应崇祯元年府学选贡，任河南武安县主簿。

杨呈芳　应崇祯元年恩贡，任河南鲁山县知县，赠汝州知州，见忠臣。

穆齐正　主簿思恭子，应崇祯三年贡，任直隶献县学训导，为人伉傥，有气节。

刘克肃　教谕悺之子，应崇祯五年贡，任顺天涿州学训导，曾中己酉科副榜，纯功邃养，设教有年，榆关知名之士多出其门。

何天宠　应崇祯七年贡，历任河南获嘉县知县。

栾东龙　应崇祯九年贡，历任山西平阳府同知。

刘应祯　应崇祯十一年贡，任山东茌平县学训导。

刘延龄　赠奉政大夫汝祯孙，少卿复礼侄，应崇祯十三年贡，历任直隶顺德府学教授。

张朝栋　应崇祯十五年贡，历任山东濮州学正。

毛应坤　应崇祯十七年贡，任山东东昌府通判。

[国朝]

郑允升　应顺治二年恩贡，历任湖广善化县知县。

赵　铖　应顺治二年贡，历任陕西巩昌府通判。

潘凤翼　应顺治二年副榜贡，任陕西宁远县知县。

辛调羹　知县涵之孙，应顺治四年贡，历任潼关卫学教授。

栾正馥　同知东龙子，应顺治六年贡，现任直隶赵州学正。

穆尔鹗　训导齐正子，应顺治八年恩贡，任江南无为州同知。

冯九光　兵备时泰孙，应顺治八年贡，任直隶枣强县学训导。

吕爆如　参议鸣章子，应顺治十年贡，任湖广黄陂县知县。结纳友朋，课艺讲学，以斯文自任。

程体乾　应顺治十二年贡。

李集凤　应顺治十二年恩拔贡。

赵于陞　应顺治十四年贡。

辛桂芬　教谕浚之子，应顺治十六年贡。

郭重光　奉天籍山海人，应顺治十六年辽学贡。现任云南腾越州判官。

沈所元　教授绣之孙，应顺治十八年恩贡。

吕宪周　知县际可子，应顺治十八年贡。

穆尔洪　训导齐正子，应康熙二年贡。

穆尔琰　训导齐方子，应康熙八年贡。

庠生功例贡监

[明]

郑文楫　由廪生，嘉靖三十年例贡。

高　儒　由廪生，嘉靖三十年例贡。

穆思恭　由附生，嘉靖四十三年例贡。授山西河津县主簿，致仕回籍，耕读为业，敦请乡饮大宾。

马应瑞　由候廪生，天启七年准贡。任辽东前屯卫学训导。

詹世烈　工部尚书荣之曾孙，知府廷之子，由增生，崇祯元年例贡，任河南禹州判官。

郭仲金　由候廪生，崇祯八年准贡。历任湖广安陆府同知。

[国朝]

冯祥聘　兵备时泰侄，由廪生，顺治元年录功，授山东齐河县知县，升湖广长沙府同知。事孀母曲承养志，教门徒善诱成材，文事而兼武备，参赞宣劳，学优而登仕途，循良著绩。齐河县建有专祠。

刘克望　赠汾洲知府愭之子，由增生，顺治元年录功，授山西马邑县知县，改补江南东流县知县。居乡丕振家声，出仕抚安百姓。马邑县现入名宦。

高　选　由廪生，顺治元年录功，授山西交城县知县，升江西广信府同知。英敏有治材敷政，交邑民怀其惠。

曹时敏　由廪生，顺治元年录功，授山西乡宁县知县，改补江南灵璧县知县，长材卓识，知人取友，藻鉴超人。

穆齐英　由增生，恩例，吏部题授训导，顺治元年录功，授河南商城县县丞。见封赠。

马维熙　训导应瑞子，由廪生，拔贡，顺治三年录功，授山西忻州同知，赠本州知州。见忠臣。

刘克孔　赠汾州知府愭之子，由庠生，拔贡，顺治三年录功，授山东平度州同知、浙江温州府通判、江南六安州知州、山西潞安府同知，现任汾州府知府，加一级。

　　朱时显　由庠生入监，顺治三年录功，授直隶开州同知。

　　程启运　兵马信古之子，由庠生录功，授江南常州府推官。补山东平阴县知县，升河南磁州知州。

　　孟曰吉　由附生，顺治四年入监，授陕西兴安州判官。

　　杨可楹　由庠生入监，录功，授江西吉安府知府。

　　张瑞扬　由增生，录功，任云南宾川州知州，升山西太原府同知。

　　李栖凤　由增生，录功，任贵州思州府经历。

　　穆嘉祯　训导齐方侄，由庠生，录功，任江南凤阳县县丞，升四川建昌卫经历。

　　辛宗尧　由庠生，录功，历任江西长宁县知县。

　　穆维泽　由庠生，改吏，任江南宿州睢阳驿驿丞。

　　刘芳馥　知府克孔侄，由庠生，康熙六年以贡入监，候选州同知。

　　赵云翰　由庠生，康熙七年入监。

　　高齐恒　由庠生，康熙七年入监。

　　赵三元　由庠生，康熙七年入监。

　　穆维浚　举人廷选弟，由庠生，康熙七年入监。

　　傅纶忠　副总兵尚谦子，由庠生，康熙七年入监。

　　穆维度　知府尔谟子，由庠生，康熙七年入监。

例　贡　监

[明]

　　萧大临　正德三年例贡，任云南顺州吏目。

　　张文选　正德三年例贡，任山东峄县县丞。

　　张德禄　正德三年例贡，历任山西怀仁县知县。

　　栾　表　正德三年例贡。

王　鹤　正德三年例贡，任河南汝阳县主簿，改山东金乡县主簿。

王　鹭　正德三年例贡。

李　镕　嘉靖十五年例贡。

牛希哲　嘉靖十五年例贡，任山西寿阳县主簿。

栾大中　嘉靖十五年例贡，任南直无为州吏目。

倪　纶　嘉靖十五年例贡，任陕西宁州吏目。

王　缨　嘉靖十五年例贡，任南直邳州吏目。

王廷辅　嘉靖十五年例贡。

王廷佐　嘉靖十五年例贡。

李　铸　嘉靖十五年例贡，任山西太原县主簿。

王守正　嘉靖十五年例贡。

王表正　嘉靖十五年例贡，任南直庐州府知事。

刘　楹　嘉靖十五年例贡，奉例加纳署指挥佥事，任三屯营千总。

郭世称　嘉靖二十七年例贡，任南直邳州吏目。

郭东都　嘉靖三十年例贡，奉例加纳署指挥佥事，任界岭口提调。

穆　锐　嘉靖三十年例贡。

萧大恒　嘉靖三十年例贡，任湖广黄州府经历，改山东东昌府经历。

王大宾　嘉靖三十年例贡，任陕西岷州卫经历。

栾养义　嘉靖三十年例贡。

栾养礼　嘉靖三十年例贡，任山东益都县主簿。

张义资　嘉靖三十年例贡。

倪从政　嘉靖四十二年例贡，任陕西泾州吏目。

穆思敬　隆庆元年例贡，任南直临淮县县丞。诛草寇，灭土豪，子庶民，肃地方，上台屡有奖荐。

郭东沂　隆庆元年例贡。

郭东渊　万历十七年例贡，任山东济宁州吏目，升王府典簿。

萧被远　万历十八年例贡。

程继贤　万历二十一年例贡，由中书，历任工部都水司员外郎，加尚宝司卿。详见乡贤。

王　聘　万历二十一年例贡。

程继伊　万历二十四年例贡，授京卫经历。

程信古　万历二十五年例贡，任南京副兵马。

刘九仪　万历三十年例贡。

程法古　万历三十年例贡。

王文华　万历三十年例贡，授东平州吏目。

徐时中　崇祯四年例贡，授山东沂州吏目。

[国朝]

程印古　经历继伊子，例贡，加鸿胪寺序班，顺治元年录功，任宁海州同知，升山西布政司理问。

刘芳颐　知县克望子，康熙七年例贡。

刘芳颖　知县克望次子，康熙七年例贡。

刘天爵　知州芳显子，康熙七年例贡。

人　材

[国朝]

房星煌　山海人，满洲籍，任福建漳州府知府。

房星焕　山海人，满洲籍，任山东武德道。

董奎武　山海人，以功历任广西苍梧道右参政。

冯允升　兵备时泰孙，满洲籍，任江南安庆府通判。

柯永远　山海人，满洲籍，任山东益都县知县，升兵科给事中。

武　进　士

[明]

张世忠　本卫镇抚，中嘉靖丙戌科，历任偏头关参将。详见忠臣。

常　润　本卫中前所人，中嘉靖丙戌科，升本所正千户。

熊文济　本卫籍，江西人，中万历丙戌科，历官游击将军。

王养贤　本卫指挥应袭，中万历己丑科，任将军石提调，升镇守中军、建昌游击。

[国朝]

张武扬　宣镇籍，本卫人，中顺治己丑科，历任湖广荆州卫都司金书，管守备事。

穆廷梁　京卫籍，本卫人，中顺治辛丑科。

穆廷栻　举人廷选弟，中康熙丁未科。

武　　举

[明]

张世忠　见进士。

谭　璋　中嘉靖丙午科。

吕　铠　本卫指挥佥事，中嘉靖丙午科。

常　润　见进士。

熊文济　见进士。

王养贤　见进士。

任国琦　中天启丁卯科，历任副总兵，管督师军门中军事。善谋，屡居要职，多所建竖。

马中骥　中崇祯丙子、己卯两科，历任都司金书　管山西平阳道标中军事。

[国朝]

贲鹏程　中顺治戊子科，历任浙江都司金书。

张武扬　见进士。

王奋威　中顺治丁酉科。

穆廷梁　见进士。

穆廷栻 见进士。

张启元 中康熙丙午科。

穆尔训 封礼部郎中齐英子，京卫籍，中康熙己酉科。

张朝臣 都司武扬子，中康熙己酉科。

傅纬忠 副总兵尚谦子，中康熙己酉科。

郭廷弼 河间籍，本卫人，中康熙己酉科。

将 选

[明]

刘 江 总旗，历任中军都督府左都督，镇守辽东 封广宁伯。详见乡贤。

李 洪 指挥，举将材。历任燕河营参将。

刘 渊 刚之孙，指挥，举将材。历任后军都督府都督佥事，挂镇朔将军印。充总兵官，镇守宣府，改蓟州总兵。

赵 卿 山东济宁指挥，调山海卫，举将材。历任后军都督府都督佥事，挂镇朔将军印，镇守宣府。

祝 雄 辽东前屯卫指挥，调山海卫，举将材。历任后军都督府都督佥事，挂征西将军印，镇守大同，改蓟州总兵官，代刘渊。善养士，乐为用，蒙古入塞，率子男为士卒先，子少却，立斩以殉，彼兵望旗即遁，名闻书御屏。廉静自持，卒于官，私囊仅足以敛，蓟为立祠祀之。

唐大节 指挥同知，举将材。历任建昌营游击。

石美中 指挥同知，举将材。任天寿山守备。

徐 瓒 指挥使，举将材。任辽东义州卫备御。

涂永贵 指挥同知，举将材。历任山海卫守备，改蓟州卫守备。

祝 福 指挥佥事，总兵雄之子，举将材。历任前军都督府署都督佥事，镇守昌平，改保定总兵官。

张懋勋 参将世忠子，举将材。历任神枢营游击。

徐　枝　指挥佥事，举将材。历任右军都督府都督佥事，石塘岭副总兵官。

任鹤年　指挥佥事，举将材。任三河守备。

施国藩　指挥同知，功升指挥使，任青山口提调。

张四维　指挥使，举将材。任桃林口提调。

赵大纲　指挥佥事，举将材。任青山口提调。

吕　纳　指挥使，举将材。任洪山口提调。

王　杰　指挥同知，举将材。历任擦崖提调。

徐国桢　指挥使，举将材。任白马关守备。

赵文明　指挥使，掌卫印，历任宁山参将。

赵　勋　燕山卫武举、百户，调山海卫，历升五军营参将。

张效良　指挥使，举将材。任罗文峪提调，改将军石提调。

傅国忠　指挥佥事，举将材。历任一片石提调。

李逢阳　指挥同知，举将材，任桃林口守备。

张继祖　游击懋勋子，举将材。任义院口守备。

李天培　指挥使，举将材，任桃林口守备。

任　重　守备鹤年子，举将材。任墙子岭提调。

傅崇德　指挥佥事，举将材。任青山口守备。

於承芳　指挥使，举将材。任大安口提调。

邢万民　蓟州卫千户，调本卫任马兰峪副总兵。

吕鸣咸　本卫指挥，历任后军都督府都督佥事，南部副总兵官。恪遵父命，承兄让职。为将，肃卒伍，戒侵掠，援京战蓟，累建殊功。生平无二色，军中获难妇，务全其操，尤具伟丈夫之概。

孙思坚　本卫千户，历任大宁都司。

朱尚义　本卫人，历任阳和副总兵，升榆林总兵。

戴天宠　本卫指挥，任黄土岭守备。

郭东光　本卫指挥，历任开平打造局都司。

孟锡璘　本卫千户，任董家口提调，功升都司佥书。

施兆麟　本卫指挥，掌卫印，升任陆运营都司。

林应坤　本卫指挥，任铁厂堡守备。

赵应元　本卫千户，历任北部副总兵。

李鸣岗　本卫都指挥，任镇标右营都司。

傅国珍　本卫百户，任花桑峪都司。

孙承业　都司思坚子，历任建昌路参将。

穆朝臣　本卫人，历任经理镇标副总兵。

徐应第　本卫人，任军门标下署指挥同知，旗鼓守备。

徐可用　本卫指挥，掌卫印，任镇标副中军。

杜绳武　本卫副千户，历升遵化营副总兵。

张文善　本卫人，举将材。历任老营堡参将。

孙思吴　本卫千户，任中后所城守游击。

[国朝]

傅尚谦　本卫人，举将材。历任江南寿春营副总兵。

詹世勋　本卫籍，以功历任江南副总兵。

赵世新　本卫指挥，任陕西高沟堡守备。

赵世泰　副总兵应元子，历任河南镇标参将，率兵剿寇，战没于军。

秦国荣　本卫籍，历任山海路都司，升金华府右营游击。

苗有年　本卫籍，任山西保德营守备。

鲁士科　本卫籍，任福建建宁道中军守备。

周永祚　本卫籍，任浙江衢州营守备。

何万邦　本卫指挥，历任浙江水师营都司。

郭重显　本卫籍，现任开封府城守营中军守备。

孙遇吉　本卫籍，现任江南苏松镇标左营中军都司。

白尚信　本卫籍，任密云督标前营守备，管中军事，今总督直隶、山东、河南标下守备。

涂霭臣　本卫籍，现任浙江左营守备，管千总事。

陈应魁　本卫籍，现任直隶提督标下守备，管千总事。

任嘉勋 本卫籍，现任山西平阳府城守营守备，管千总事。

封　赠

[明]

萧福海 显之父，赠征仕郎，兵科给事中。

詹　玉 荣之祖，赠通议大夫，都察院右副都御史。

詹　通 荣之父，封承德郎，户部广东清吏司主事，赠通议大夫，都察院右副都御史。

刘　刚 渊之祖，赠骠骑将军，后军都督府都督佥事。详见名宦。

刘　镇 渊之父，赠骠骑将军，后军都督府都督佥事。

王　荣 相之父，赠征仕郎，旗手卫经历。

刘汝祯 复礼父，赠奉政大夫，工部虞衡清吏司郎中。

冯　琦 时泰父，赠承德郎，工部屯田清吏司主事。

刘光大 思诚父，赠文林郎，山东平原县知县。

刘思诚 廷宣父，赠大理寺左少卿。

程　炬 继贤父，赠奉直大夫，工部都水清吏司员外郎。

[国朝]

余崇贵 一元父，赠朝议大夫，礼部仪制清吏司郎中，加从四品。

穆齐英 尔谟父，封奉政大夫，礼部精膳清吏司郎中。

刘　愤 克孔父，赠中宪大夫，山西汾州府知府，加一级。

恩　荫

[明]

詹于远 侍郎荣之子，嘉靖二十八年，以三品俸考满。

詹　廷 于远子，万历三十一年，以父足疾移荫入监，历任云南广南府知府。详见乡贤。

[**国朝**]

吕焯如 卫辉府知府鸣夏子，顺治二年官监，任江南高邮州州判。

吕焕如 户部郎中鸣章侄，顺治二年官监。

毛凤仪 通判应坤子，顺治二年官监，任陕西阶州同知。

刘芳显 知县克望侄，顺治二年官监，历任河南郑州知州，补陕州知州。

高 进 知县选之弟，顺治二年官监。

吕炜如 赠光禄寺卿鸣夏子，顺治六年恩荫，历任江西广信府同知。

佘 瑜 礼部仪制司郎中，加从四品，一元子，顺治八年官监。

卷之八

人 物 志

千里一圣，百里一贤，才固若斯其难哉！然天生人材原不择地，自忠孝节义之大，以逮一才一技之微，要皆有不可没者焉，兼取而并收之，于以激励人心，纲维世道，且足备观风问俗者之所考据已。志人物。

按：人物一乘，自葛端肃公秉笔后，寥寥六十余祀矣。显生也晚，而此中故老传闻又无可藉乎者，顷搜摭数四，名宦续得七人，乡贤续得三人，洎忠孝节烈若干人，并僭为传略以补遗。敢谓尽是乎哉！宦游者非悬车不书，里居者非盖棺不录，以待论定故也，亦往例则然也。旧志张公时显。

元按：张公续旧志，以为宦游必待悬车，里居必须盖棺，此定例也。今照《山石志》式以名宦附官职志，除前代外，补入国朝四人，皆久经去任，舆论共推。其现在者，虽有微迹，未便登载。至本乡人物有善行未可泯没者，细书数语于选举志各人名下，俱系已故亦遵旧式，侯后论定酌入乡贤，惟乡贤俱遵旧志。国朝吕、程二公乃系达院批准入祠者，此外未增一人，恐冒徇滥之嫌，观者谅之。

乡 贤

[北魏]

窦瑗 辽西阳乐人，仕魏，为太常博士。从尔朱荣东平葛荣，封容城伯，乞以封让兄叔珍，得从其请。叔珍由是积官至廷尉卿。孝武时，释奠开讲，瑗为摘句，累迁至大宗正卿。官虽显要，窭素如布衣，清操为时所重云。

[明]

刘 江 本卫总旗，骁勇有谋略。洪武末，从文庙靖难，累建殊勋，升中军都督府左都督。永乐中镇守辽东，巡视诸岛，相地形势，请于金州卫之望海埚筑城堡，立烟墩了望。一日了者言寇将至，公亟率马步官军赴埚堡备之。翌日倭寇数千乘海艚直逼埚下，公令犒师秣马，略不为意，伏兵山下，遣壮士潜烧贼船，截其归路。乃与众约曰：旗举炮鸣，伏兵奋击，不用命者以军法从事。既而贼至，举旗鸣炮，伏兵尽起，继以两翼并进，贼兵大败，奔樱桃园空堡内，追而围之。将士请入堡剿杀，不许，特开西壁以纵之，仍分两翼夹攻，生擒数百，斩首千余，间有潜逃走艚者，又为壮士所缚，无一人得脱。事闻敕赐褒美，封广宁伯，卒赠广宁侯。是后倭寇再不犯辽。

萧 显 字文明，别号海钓，本卫籍，举进士，授兵科给事中。有武臣连中贵张大边功希重赏，公批奏尾驳之，直声振一时。有巫矫邪神来京，男女争负土筑祠，公抗章劾奏，并禁私创庵观数事，上召至左顺门，命中官面诘，公气定语畅，应对了了，乃谕遣之。又数日，巫已逐矣。权幸相嫉日甚，忽中旨左迁边远镇宁州同知，□力对客作草书，阅报付其子："趣治装"，仍终数纸乃罢。居镇宁，稍迁衢州府同知，又擢福建按察司佥事。所至尽心职业，无厌薄意。随以万寿节入贺，上疏竟乞归。公德性醇笃，不妄言笑。早失怙恃，终身孝慕，事伯兄甚谨，交友尚义气，久而弗渝。所著有《海钓集》、《镇宁行稿》、《归田稿》。其书法沉着顿挫，传播朝鲜，珍为至宝。致仕居乡二十年，疏戚罔有间言。至国朝康熙庚戌，督学蒋公超，遣本卫代祭其墓。

郑 己 字克修，本卫籍。天性颖敏，成童时充庠弟子员，属俪句辄惊人。家甚窭，刻意向学，寒夜燃薪诵书达旦，用是博极群书。举进士，选庶吉士。时刘文安公典教习，每阅公文辄叹服。改监察御史，会廷推抚臣弗当，抗章论之，又累疏指摘辅臣及中贵，由是人多忌公。巡按陕西，值甘凉诸路连岁灾，边境绎骚，乃上《匡时图治》等疏，备极剀切，得俞旨，遂举赈济，饬边备。时有勋贵人弟怙势凌下，公扑而杖之濒死。乃诉公，谪戍宣镇，其总兵雅敬公，馆诸佛宫，士人从之受学者日众。有黠卒怨总兵，诬以不道，事累公，系阙下，上白其诬，放归里。孝宗践祚，诏复其官。公亮节有气，嫉恶如仇。家居时，谈世事不平者，辄攘臂愤惋，至面诘人罔避，以是弗享于官。至国朝康熙庚戌，督学蒋公超遣本卫代祭其墓。

詹　荣　字仁甫，别号角山，本卫籍。性敏学赡，举进士，授地曹主事。奉差榷税，廉能有声，转郎中。督大同饷，边军叛，杀主帅，闭城抗王师，官军不能下。公与武臣数辈歃血，计诛元恶，不成，期以阖门报国。谋既定，遂穴地达军门，报可乃示顺逆，激劝贼党马升等擒首恶出献。事闻于朝，上褒嘉，擢光禄少卿，历转都御史，巡抚甘肃。时大同总兵周尚文与抚臣左，庙议惟公足以服之，乃调抚大同。公与尚文处，得其死力，屡以功进右副都御史。居二年，宗室充灼等通逆，公廉得其实，先机发之，械送京师，随迁兵部右侍郎。值云中有警，公率将士堵截退敌，召还本兵左侍郎，会尚书阙，拟升公，适中风舆疾归，未数月卒大都。公为人忠信不欺，沉毅有谋，信赏必罚，人争效用。其制伏豪右，再平叛逆，盖有所本也。万历己酉孙廷上疏请恤赐祭葬，加赠工部尚书。至国朝康熙庚戌督学蒋公超遣本卫代祭其墓。

刘复礼　字曰仁，别号仁斋，本卫举人。宅心坦易，提躬谨饬，宰长子有异政，民留去思，刺浑源州，以德化人，有苦井变甘之异，民为建祠立碑。迁冬官郎，革遵化铁场之累。守保宁郡，有回风返火之征。擢囧卿，驻宁夏。预知哱拜反，嘿为防闲。寻以丁艰遂致政。历官二十年，冰檗自守，依居旧庐，泊如也。幼以孝闻，暮年与季弟同爨，每举箸必呼弟，倘他往，必辍不食。季弟有子，口授而教之，亦登明经科。里人有修隙者，相与质成，公譬晓之，各愧服，其素所取信致然。平生清而俭，简而有礼，无愧古人。崇祯戊辰申入乡贤。

刘思诚 字性之，别号定宇，本卫举人。英姿卓识，廉直公平。领乡荐十余年，毫无请托，筮仕平原，谂编征赋，设法神速，邻邑咸效法之。遇荒多方拯救，理讼称平。儒学后有深壑，数科荒落，公为填起，建五桂祠，选有志青衿，课业给饎，伏腊不辍，由是科不乏人，且多世科。贫生有婚葬不举者，捐橐助之。招抚流民，盖官房百余间于郊外，创立集市，垦田十余顷，借以为生。方春躬行郊野，见有勤农赏之。有争家财者，劝以孝弟，化为和顺。迁同知守济上署篆年余，吏每请盘库，辄斥之，将官支俸粮者以原封照给，不除其耗。有盐商犯律，以罂贮库二千，称攀乡绅馈酒，公当堂碎之，解入府库，竟无赦。当道议派民徭，公勃然色变，遂寝。终以忤贵拂衣归。公事母孝，每饭侍侧。旧产尽让弟，复捐金二百给之，弟亦不受。雅有德星里风，平原有生祠。入名宦，崇祯戊辰申入乡贤。至国朝康熙庚戌督学蒋公超遣本卫代祭其墓。

萧大谦 字民服，别号益斋，金宪显之孙。天资浑朴，素履清贞，家计屡空，微不介意。游成均时，曾拾遗金，标帖示觅者还之。后领乡荐。就选先尹怀仁，再历秦安。耻结纳，专意实政。士民怀其拊字。当道恚无馈遗。竟取忤罢。返里日，行李萧然至不能充食指，公处之自如。暇辄濡墨攻书，或对客吟句。年八十有一卒。世谓厅事容旋马，薄田供饘粥，今昔侈为美谈。而公历宦三世，草舍仅可旋蜗，瘠田尤不充爨者，顾不愈称难耶！

冯时泰 号虞庭，山西汾州人，山海籍。自幼勤敏好学，读书寒暑不辍，刻厉精进，以此成进士，授冬官郎。管节慎库，明于算数，能核积久未清之弊。著声曹署，升辽东广宁道兵备参议。守正不阿，冰檗矢操。筑造台堡，大定老军凡数十处，无不竭尽心力。边方有警，主帅不用命以致失事，公奉旨察勘，略无纤隐，有忤当事，反坐谴条，或以苟且请。公徐应曰："吾莅官惟清慎二字，可揭天日，况君父之事，乌容规避，绝不为辞。"寻以被逮。辽民无不称冤，欲诣阙号鸣。总督顾养谦止之，极为公雪，有并褫臣职以辨其有功无罪等语，具载疏中。赵相志皋、张相位石、司马星交章激切力诤，竟不白。公尝自叹曰："由来直道忤当权，过贬潮阳路八千。一掬忠肝天所鉴，几回血泪洒蛮烟。"居无何，抱郁以终。至国朝康熙庚戌，督学蒋公超遣本卫代祭其墓。

刘廷宣 字化卿，号方壶，晚号本庵，赠卿思诚子。丰神清颖，廉直警识，由进士，筮仕仪封。励学宫，恤鳏寡，课农桑，劝孝弟。黄河汜滥，公瀹治之，获名田几万亩，民赖以苏。输税正供之外，毫无所增，讼者自拘，不判赎锾。设保甲法，萑苻渐，而荷杵一切无名科派，省民锱不下巨万。钦取浙江道御史，弹章不避中贵，奏魏忠贤蠹国十四款，章经通政司霍维华以年谊对使焚云：何为起此大衅？公不先杨、左而摧虎喙者几希耳！出巡陕西，复命转大理丞。寻因母老，请告终养，以本寺左少卿归。岁甲戌公病卒，卒之冬，推巡抚闻于上，遣永平府知府谕祭。

詹　廷 字忠卿，别号绍山，尚书荣之孙。由庠生，补恩荫。筮仕南通政幕，以吏才著，升顺天别驾，廉能有声。晋南比部主事，迁本部郎中，继领云南广南守。时奢酋叛，滇南一带摇动，公赴任被围，贼胁降至再，公誓以全家殉。贼揣公志不夺，少纵。阅月得乘间出遂达省，诣各上台，备陈贼形及守御之策，捐俸助军需。二载，多善政，除衙蠹，设木役，爱民育士，冰蘖自如，宽猛适济，奏最日公舆病归，广郡士民争负土祠公，未数月卒于荆州。公端正谨厚，忠孝持身，绘像滇南，推贤畿左，良不诬也。

[国朝]

吕鸣夏 字九三，本卫籍，天性孝友。有弟鸣云没于王事，遗藐孤幼呱抚训成立，婚娶，游庠，舆论凤重之，由乡荐筮仕清丰（教）谕，补束鹿。所在劝课有法，升真定二府，驻宣镇，以抗直取忤，挂冠归。明末寇逼关门，公时家居，从众迎摄政王，歼寇录功，起补卫辉府太守，维时天下初定，拊安百姓，有善政，绩最，迁陕西固原道兵备，甫下车，值叛将武大定等谋逆，变起仓卒，以兵胁公，不为屈，且历数其罪，骂不绝口，遂遇害。事闻，赠光禄寺卿，荫一子，造坟安葬，以酬其忠云。

程继贤 号敬庵，本卫籍，以太学生初授中书舍人，历任尚宝司卿，封朝议大夫，从四品服俸。公行四，奉事二亲不逾，诸兄父享寿百岁，具奏建坊，乡人称孝。完长兄之产，抚三兄之子，极尽弟道。有旧好户曹郎邓公承简，粤西人也，以事羁京师八年，公每济其乏，久而不厌，后病没，为具棺殓，觅人送归其乡。一友人曾为钱法督理者，以三千金密令人夜送至寓，公正色拒之，又曲为之地，复用善言相沮，面陈利害，未几事果败，众服其识明操洁而且不负所知也。本卫设有均徭银两，每岁金派催头，大为民扰，公为陈诸当事，力除其弊，乡人感悦。年逾七旬，见后生虽童稚辈，亦恂恂下济，绝无挟长态，以此乡人咸称为长者。岁甲申守官都门，不臣服于李逆，捶几至死。后侨寓天津，遇土寇忽起犯公，公不少屈，竟遇害。乡人痛惜之。顺治庚子阖学公呈转申入祠奉祀。

忠　臣

［明］

张世忠 字显甫，别号平山。公貌不逾中人，而神爽英发。总发时以世胄育胶庠，随袭副千户荫。会武试，登孙堪榜，加授署指挥佥事，寻掌卫篆，有清干声。迁秩守备天寿山，历升山西大同中路参将，严整步伍，矢立战功，会调应援有奇捷，闻上，得实授正千户。偶缘边事挂误，听勘回籍。未几，西陲告急，本兵疏名上请，特命移守偏头关。关兵频年失利，人为公危之，公跃然曰："此吾报国之秋也。"嘉靖二十一年，太原有警，公与同事者分五哨进，歃盟互援。适遇蒙古兵于六支村，公麾下健卒仅千人，挺身血战，自巳至酉，矢石俱尽，后援不至，敌且增轻骑合围，射公中额，寻殪其马，公犹跨墙对射，矢透公衣袖，死之。事闻上悯悼赐祭葬，赠右都督，谥忠愍。六支村、山海关俱准建祠享祀。

李国梁　本卫指挥，体貌丰伟，膂力绝伦。万历间从杜将军松出塞，与大清兵浑河大战，没于阵，以功加升都指挥佥事，子鸣岗袭荫。

边万里　本卫百户，以都司管中军事。崇祯己巳入卫京师，行至蓟州五里桥，适大清兵掩至，据桥大战，自未至酉，身被重围，力战死。

吕鸣云　本卫举人鸣夏弟，武健材勇，以守备为扬武营中军。崇祯庚午守永平，城破战死。追赠游击将军。

杨开泰　本卫百户。永平失守，泰以本路把总率兵侦探，至榆关西，遇大清兵至，对射良久，众寡不敌，死之。

杨廷栋　本卫百户。少以勇力称，为扬武营千总，共守永平，城破犹燃炮奋击，究不能支，死之。

蔡国勋　本卫千户。率兵复遵化，侦探遇大清兵至，奋勇直前，战没于阵。阁部孙公承宗题恤，赠指挥佥事。

严大宽　本卫千户。从总兵赵率教应援遵化，遇大清兵，与战时主帅亡，众溃。大宽犹力战不退，死之。

杨呈芳　字桂林，本卫籍，由恩拔授鲁山令。丰容伟干，居官平易。时土寇蜂起，与衙胥结通。公知事不克济，冠带坐堂上，贼环侍不忍加害，出入数四始戕之。为具棺敛停丧，后其弟往收其尸。经年启视，面貌如生。事闻追赠汝州知州。

[国朝]

马维熙　字天御，本卫籍，由拔贡，录功授忻州同知，署偏关西粮厅篆。值姜镶之变，山右一带摇动，偏关阖城从叛，围公一所遣人守伺。久之，知不可屈，遂加害。事平，具闻，赠秩忻州知州。

孝　子

[明]

张云鹏　本卫人。父病，夜不假寐，汤药亲尝。父没，丧敦古礼，庐墓三年。

赵文举　本卫人。幼极孝，母病疽，痛不可忍，医皆云不治。祝天愿代，日自所居三步一拜至神庙　焚香祈其母寿。家甚窘，供母具，即富者不过云。

萧韶凤　本卫人。十九岁父病蛊，迎医视之曰："得樟柳木根可愈。"城中求之不获，或告以产于海阳。时石河水瀑涨不可渡，韶直前往觅，家人止之，泣曰："父病笃，阻水而止，于心忍乎？"竟涉至中流溺死，三日尸浮海上。闻者无不酸鼻。

张懋勋　都督世忠子也。痛父没于王事，每语及辄流涕。事孀母三十余年，孝养备至。母卒，哀毁骨立，庐于墓侧，躬负土成冢，暑雨祈寒不辍。终制后乡人相率迎归，当道屡旌其门。

傅梦良　庠增生。性纯笃，与兄照事母孝，母殁，哀毁如柴，既葬，皆欲庐墓。良曰："兄弟共庐墓，则妻子安依？不如兄在家养眷属，弟代兄行。"照虽允之，犹哭奠于灵床前，日三次，终丧不懈。良庐墓侧穴居，负土筑坟，晨昏哭泣。秋夏霖雨累日，夜穴水盈尺，几无生。服阕还家，逆行五步一拜，哭尽哀，兄亦陪弟逆行拜哭，绅衿亲友郊迎，上官旌表其门。

穆思文　卫庠生。事继母孝，曲尽子骞之节。有二弟俱继母出，财产均分。后二弟家计寒窘，又为弟之子给产婚娶。提督学政汪公应元题请建坊曰"孝义"。

王士偶　卫庠生。敦朴周慎，天性孝友。父从政知山东莱阳县，以持正忤当事，被诬系狱，士偶偕弟士伟挝登闻鼓，刎颈力救，卒白父冤。乡人翕然称之，上台屡旌其门。

穆大任　卫庠生。至性纯笃。父早逝，事母以孝闻。母没，躬庐墓侧，负土成冢。值兵变，乡民居村落者皆入城走避，大任独守墓不忍去。后终三年之制，士庶相率迎归。

节　烈

[明]

黄氏女　讳妙宣，年十七许嫁里人龙升，届十九未婚而升物故。女闻讣哀恸不食。久之有求聘者，女不可，父母强之，则以死誓。后知其不可夺，乃止。侍亲左右，极孝敬，饮食衣浣皆出其手。族叔婶俱亡，遗三尺孤，时为抚养且教之成立。年逾七旬，颜发如童，天挺之节未易得也。

赵烈女　一片石军人赵来住之女，年十六未字。一日父母俱出，邻有恶少搂之，女且骂且殴。母归，哭诉求自尽，因防守不获。既三日，诒其母曰："若盍往理煤？"母出，遂阖门就缢。里人白于当道，为之立碑以旌，详见碑记。

张　氏　张千户女，为李百户长男升之妇。升之病死尚未抱子，晨夕哀恸，见者感动。舅姑必强之嫁，七日自缢死。远近闻之争堕泪。

郭　氏　生员何志道妻。夫卒，郭氏年二十有四，舅姑子女俱无。父母怜其孑处，取归养之，讽以别醮。誓不可，屡强之，祥许曰："即改嫁，须还何门。"及至门痛哭竟日，自缢死。部使商公诰特表其门。

田　氏　卫千户刘世龙妻，监生田路女也。世龙守界岭口遇敌阵亡，时田氏年二十九，兼无舅姑、子女，矢死靡他。至八十七而终，孀居五十八年，备尝艰苦。部使商公诰旌之。

萧　氏　生员张云鹗妻，父萧大壮亦游庠。鹗卒，萧氏年二十有六，遗子重立甫五岁，室如悬罄，苦心抚育，竟荐乡书。重立又卒，遗妻王氏及孤子三人。萧复艰苦共守，后诸孙长并攻儒业。年七十五而终。部使孟公秋有旌匾。

林　氏　卫卒罗荣妻，义官林聪女，年二十七值荣死，家贫子幼，苦志自守。卒时九十有六，孀居六十九年，世所罕有。

郭　氏　朱澄之妻，父郭洪系舍人。澄卒，郭年才二十二，且无子，甘守孤贫，享年八十卒。含荼近六十秋，其节尤苦。

倪　氏　监生栾养义妻，养义亡，倪年仅二十四，生二子，苦心训育，长武备，次文庠，俱成立，誓不二醮，享年八十卒。巡抚李公颐批准具题，道府、卫学俱有旌匾。

张　氏　刘复初妻，抚宁张畋女也。夫卒年二十七，仅一女。语及改适辄惭愤。孝养其姑无违礼，五十二岁而终。

王　氏　卫庠生施允宸之妻，年二十六，遭夫早逝，家贫。上无舅姑，下无子息，苦励三十余年，寿近六旬终。

韩　氏　千户高世勋妻，父韩希文亦千户。勋没，韩氏二十六，生子方怀抱，韩坚志抚之。当子尚忠世其职时，韩氏寿已七十岁。

刘　氏　千户洪大金妻，年二十夫故，家徒壁立，遗二周孤子，贞苦节以待未亡，抚孱弱以迄成立，六十余年冰操玉节，乡评钦重。

刘　氏　太学生萧被远妻，同卿复礼女，二十八被远故，子女俱无。孤守四十余年，闺门不出，笑言必谨。代巡吴公阿衡旌其门。

林　氏　庠生程继忠妻，年二十六夫没，引刀欲殉，毁容断发。吴代巡阿衡旌其门，后享寿七十二而终。

罗　氏　庠生郑廷献妻，二十有二而献死，遗一子，守节不渝，子允生游庠补廪，而罗已老。吴代巡旌之。

詹　氏　生员冯九鼎妻，年仅及十九岁，夫故，子方六月，艰苦自守，誓不他适。寿四十七而终，乡人哀之。

魏　氏　已故指挥李宗尧妻，年二十五夫故，无嗣，守节六十年，清节贞志，取重乡评，屡经院道旌表。

王　氏　庠生萧裕远妻，知县从政女也。三十而裕远没，遗一女，孤守无他志，动循家法，耄年而终，吴代巡旌其门。

鲁　氏　儒士穆齐仑妻，介性坚贞。十六岁仑没，仅遗一子，鲁当夫没，即欲就殉，为子而留，剪发营葬，孤苦四十余年，内外无间。

郭　氏　系庠生李养士妻，年二十六夫故，子方六岁。贫苦自守，以针工自给，六十九而卒。

周　氏　故民韩国祯妻，少嫠幼孤，断火绝粒，日攻针工，抚子有成，苦节之称最者。

郭　氏　卫民徐承恩妻，夫病没时年二十一岁，子方周。葬夫之日，临穴欲死，舅姑亲戚力止方已。苦守三十余年，寿五十二告终。

张　氏　儒士辛栋隆妻，夫故时，张方二十一，家甚贫，只遗一子尚弱。侍养姑舅，营女红以博升斗，课子游庠。吴按院旌其门。

杨　氏　已故生员张翱妻，翱故孝廉重立季子也。孝廉早逝，孀姑王氏在堂时，杨年二十岁，守孤子四岁，庭闱无依，室如悬罄，不辞贫窭，孝姑教子，矢志柏舟，祖姑孙妇三世俱以节闻。

孙　氏　已故廪生萧行远妻，年二十以室女继醮行远，克执妇道。虑夫无嗣，脱珥置媵未育。遭夫故，伶仃靡倚，孤守四十年，临终几无殓者。

郭　氏　已故儒生谭有临妻，年二十而夫故，誓死殉夫，幸慈姑多方抚慰，鞠养周岁孤儿，冰霜苦守四十余年，子成立始病故。

范　氏　千户张守诚妻，夫故几欲捐生，笃志孤守，赖针工以自给，允称苦节。

陈　氏　系镇标内丁马如麒之妻，麒从镇将追剿叛兵，卸甲中风死，陈闻变誓以身殉，时年二十五，有子方四岁，比麒枢到关停住北门外，陈即庐居枢旁，伏哭三昼夜，目不睫，食不进，孀姑劝以抚孤，乃谓姑曰："若非尔子耶，二十六岁尚不能事姑以终天年，此茕茕者又何恃焉？"遂弃决不复顾，乘间自缢死。

[国朝]

穆　氏　卫民李天祚妻，年方二十六，住居圣水庄，离城八里许。顺治元年，闯贼寇关，天祚送妹进城，贼兵忽至，欲见逼，穆怒骂不从，抱女投井而死。

王　氏　生员郭声远妻，娶三载夫故，甫十九岁，生子未过一周，矢志靡他，事舅姑以孝闻。寿六十终。儒学训导署教授王晔据阖学转文旌奖。

　　郭　氏　卫民萧之高妻，年二十九岁夫遽逝，有遗腹子，抚养成立入泮。冰节自矢，寿登七十二岁身故。

　　徐　氏　生员郭重发妻，夫没孀居，年方二十六岁，无子，只依一女，苦守几五十年，寿七十五告终。儒学训导署教授王晔据阖学转文旌奖。

　　李　氏　生员郭重美妻，美没之时，李方二十八岁，有子二人，长六岁，次四岁，长子游泮又故，次子幼。贫，只以针工度日，至七十一岁身殒。

　　潘　氏　卫民王尔勤妻，夫没时二十一岁，遗孤未周，抚育艰苦，立志不移。子长游榆庠食饩，现今年已七十六。

　　穆　氏　系廪生刘廷巩妻，年二十九岁夫故，无子，尽妇道以事孀姑，抚三女，以勤织纤，苦守几五十年，今年已七十四岁。

　　王　氏　卫民谭有章妻，二十三岁夫故，遗孤甫三岁，泣诉翁姑前，誓死殉夫，不幸数年间翁姑相继俱逝，家业中落，攻女红以课孤子弘道成诸生。艰苦自茹几五十年，今寿七十有三，发乌齿固，耳目聪明，手足强健，或亦苦节之报云。

　　曹　氏　卫民刘世民妻，夫亡曹二十七岁，遗孤方四岁，立志守节，终身不二。子长游榆庠。今七十三岁。

　　郭　氏　廪生刘秉乾妻，庠生郭强远之女也。适乾仅三载，夫故无子，郭年十九岁，二亲景暮，一女襁褓。家贫，织纤养亲抚女，曲尽慈孝。女甫及笄又卒。孤孀茹荼，迄今五十余年，初终无间，可谓节孝双全者。

　　穆　氏　卫人赵梦辐妻，年二十九夫故，家寒性俭，事孀姑，亲操井臼，周旋尽道。一子甫二岁，延师教之，早游泮，苦守三十余年，教子持家，堪为闺范。

　　林　氏　本卫人魏士翰妻，二十七岁夫故，家贫，只守一子，苦节自甘，今寿八十岁。

　　冯　氏　庠生任嘉彦妻，夫早逝，年二十九，二子俱幼，抚养维艰，矢志苦守，迄今五十七岁。

穆　氏　庠生王钦明之妻，年方二十七，良人捐馆，上无公姑，下无子息，茕茕孤嫠，柏舟是矢，又能礼妯娌之孀居者，不啻同胞姊妹，相与茹苦度日，现年五十有九。

董　氏　系生员程体观妻，年二十九岁夫故，只余一子尚幼，励志苦守，教子游庠，终身无二。现寿五十七岁。

何　氏　卫民萧升妻，夫没年二十七，子方七岁。敦节自守，誓无二志，与姑郭氏并慕柏舟之节，今寿五十有五岁。

蔡　氏　监生吕焕如妻，夫故，蔡年二十一岁，遗子甫周，矢志靡他。家徒四壁，艰苦备尝。教子业儒，训育成人。奉姑嫜以孝闻。本卫司篆王公御春有旌匾。

董　氏　监生郭进妻，进没，董方二十七岁，无嗣甘守，现今五十七岁。

朱　氏　系庠生冯腾蛟妻，二十七岁夫故，子幼，与姑詹氏同守孀节，贫苦自甘，迄今五十五岁。

流　寓

[明]

鲁绍芳　浙江余姚人。秉性清恬，积学有蕴藉。万历初年，因祖戍山海，就而赴试。时功令严禁冒籍，先生以义命自安，设教关门，以"戴礼"专业，榆庠之有礼经自此始。多士蔚起，群出其门。

方　技

刘　冠　原籍河南仪封人，祖浩从明太祖取张士诚有侦功，授都指挥，不受，愿就医籍，随武宁王调理军士，遂家山海。冠为医不轻试药饵，预知吉凶。时主政邬公阅艰嗣，宠姬多人，内有孕者，尝以疾求诊脉，冠曰："请以面盘印手。"印讫，冠曰："此非病，乃喜兆也，主生男。"后果验。詹大司马家居病痰，一医自京来，邀冠相陪，冠一见即告司马曰："亟送回此医，公疾无恙。"司马然而送之，至潞河驿，医为马轶躏死，所断不爽。诸如此类难以缕指，号为"神医"。

仙　释

马真一　自称河南人，年一百八十岁，昔在华山学道。明崇祯初年入广宁，居北镇庙，采蘑菇拾野果为食。时宁前大旱，经略袁公使人致，至祈雨，次日甘霖大降。因举止疏放，语言狂率，袁公疑为妖异。羁居山海，官师咸重之，关道梁公尤加亲治，与谈休咎，皆应。关门士子相与趋造，谈经论艺，剖抉如液。饮食不拘荤素多寡随便取足。诙谐之中，每成谶兆。然踪迹无常，人不能测，厥后不知所之。

‖ 卷之九 ‖

艺 文 志

　　夫文者，载道之器，六经而外代有作者。山海虽僻处一隅，而名公巨笔、先达鸿篇实不胜纪。文取其有关经济，诗取其切近景物者各登数十首，以觇全豹之一斑云。志艺文。

记

显公庙记

商辂

　　中山武宁王，早以雄材大略，首从太祖高皇帝举义，平定天下，混一海宇。已而率师漠北，收其余民。比还，留镇于燕，慎固封守，为长治久安计，以平滦渝关土地旷衍，无险可据，去东八十里得古迁安（民）镇，其地大山北峙，巨海南浸，高岭东环，石河西绕，形势险要，诚天造地设，遂筑城移关，置卫守之，更名曰山海关。内外截然，隐然一重镇也。自山海以西，若喜峰，若古北，大关小隘无虑数百，茸垒筑塞，既壮且固，所以屏蔽东北，卫安军民，厥功甚伟。景泰甲戌，今左都御史李宾奉命巡抚，卫人萧汝得等合词告言：昔中山武宁王镇此，城池关隘皆其创建，边陲宁谧，殆将百余年矣，愿立庙祀以报王功。为请诸朝，许之。属岁屡歉，事未克就。成化辛卯，李进握院章追惟前诏，因谋诸总戎募义敛财，卜日葳事，乃即山海卫治之西建王正殿三间，翼以两庑，树以重门，缭以周垣。兴造伊始，适巡抚左佥都御史张纲下车，锐意倡率。时镇守太监龚荣、总兵右都督冯宗及参将刘辅、李铭，悉以俸资来助，用底完美，实癸巳春三月也。纲告成于上，赐额"显功"，仍降祝词，命有司春秋致祭，岁以为常。山海军民闻命欢呼踊跃称快。有以见王之功德及于人者深且远矣。李以事之始末属守关兵部主事尚絅述状，征予以记，谨按祭法有云：能捍大患则祀之。若王之设险守国，使百年之间敌国莫能窥其隙，室家得以奠其居，其功不亦大乎？祠而祀之，岂不宜哉！虽然王为开国元勋，当时南取吴越，北定中原，东平齐鲁，西入关陕，王之功居多，独山海之人思慕之深者，盖王镇抚燕蓟十有余年，丰功盛烈宜非他处比，庙祀聿严有以也。夫王姓徐氏，讳达，凤阳人，累官太傅中书右丞相，进爵魏国公，追封中山王，谥武宁。其履历备载国史，兹不重著，惟述立庙之意，俾刻之坚珉庶来者有考焉，谨记。

山海卫儒学记

李东阳

国朝建学之始，惟府州县有之。越自正统改元之诏，诸戎卫始得置学，而山海卫学实为建焉。然庙地湫隘，且规制弗称。十有四年，都指挥王侯整镇山海，始与卫学教授张恭建庙宇，为象设，构明伦堂五间，东西斋各三间，余尚未备也。天顺六年，指挥刘侯刚复构东西庑十间，学舍六间。成化七年，兵部主事睢阳尚君絅来守山海，建棂星门及制祭器若干。厥后余姚胡君赞别筑殿址，遂昌吴君志、余干苏君章继作栋宇，为戟门于棂星门之内。进贤熊君禄重修学堂，外为周垣，为泮池，池上为桥。今尚君弟缙复以主事来守，乃修斋舍，筑官廨，辟射圃，规制悉备，与所谓府州县学者相埒。盖始于甲午之夏，告成于丙午之春，历十有二年而后备，可谓难矣！教授周达、训导曹选谓岁月不可无纪，尝属兵科给事中萧君显、前监察御史郑君已请予记，比训导君率诸生李琛及给事君子鸣凤复具书以请于予。予惟唐虞以降治天下者，大抵以武功戡祸乱，以文治致太平，故草昧之世，不遑他务，及其久也化甲胄为干羽，变韬略为经籍，故汉之学校至武帝始为之。宋初虽有国学，而仁宗之世州县学始遍天下，其功效次第有不得不然者也。先皇帝缵祖宗成业，偃武事，敷文德，休养生息，置天下于衣冠礼乐之域，故虽戎官武士亦为之置官建学，使出科贡与文士为伍。当是时，小大臣庶奔走祗奉之不暇。暨乎复辟之岁，乃复有继而兴者。今圣天子在上，绍志述功，日弘月著，出使者宣德意之休，居守者协寅恭之效。故虽关徼远地，拥衿佩而横诗书者与辇毂之下，畿辅之内殆无以异也。孔子谓："善人为邦百年，可以胜残去杀。"鲁两生亦云："礼乐百年而后兴。"况圣人过化存神之妙，宜有朝令而夕布者，而又积之以百有余年之久哉。故观学校者，当以时论，不当以人地论也。且古之胄子固未尝分文武为二途。今文士习科举，而仕者亦与兵事，武胄虽专荫袭，然亦有由科目以起者，名虽判而实亦相通也。况彝伦风俗天下所同，无彼此之间，则所以学为忠与孝者，其容以二乎哉？山海旧学固有取科目著名节者，不止乎甲胄弓矢之雄，后之学于斯者，其亦知所勉矣。盖国家之文教于是乎成，而有司之政于是乎始，故特为书之，俾观者有感焉。

重修儒学记

唐皋山

海隶京师，为濒海际边之地，连引长城，控制辽左，盖东北重镇也。故设重关以限内外，列戎卫以严捍御，其所任者将领，所临者卒伍，所闲习者戎武之备，黉序初未有设也。正统间奉明诏始建庙学于城之西北隅，聚武胄之子弟游肆其中，不数年间蜚英扬辉，掇科目，宾贡途，代相望也。顾营建之始，规制未备，久而圮，圮而葺者屡矣。皇上起自潜藩，入缵鸿绪。是岁冬，予同年黄君德和以夏官主事来董关守，躬谒庙学，谛瞻庭宇，制之自昔颓者弗振，缺者弗完也。慨然曰："是乌足以振士风，弘化理乎？"乃谋经费量工，锐意修葺，殿庑、堂斋、棂星、戟门，以次具举。

　　复移泮池于棂星门之内，而甃石桥其上，别创神库以庋祭器，神厨以洁庖宰。习肄有室，都养有饩，昔所无者咸加备焉。其材用则撤淫祠之在境内者而充之；规费则皆行旅之冒禁而薄其罪者所乐输以佐巨役者也。已讫工，学之诸生张伯镇、詹荣等偕万进士义谒予请记。始，予奉使朝鲜，竣事还，弭节山海，尝偕君诣学，目睹敝陋，为之兴叹。乃今获闻增新其旧，岂无恔然于心乎！顾谓劣无能为役，窃惟祖宗以武功定天下，而兴道敷治必先文教，士之养于学宫而取诸科目者，颛以明体适用为学，通经博古为贤，经非孔孟程朱之说，例摈弗用，盖以孔孟推明帝王之道，历万世而无弊。程朱折衷儒先之论，俟百圣而不惑。故学者能究程朱之旨，可以探孔孟之心，能探孔孟之心，可以语帝王之治。我朝百五六十余年，治平之效卓然，与唐虞三代比隆，用是故也，程朱之教人内外本末之论，知行先后轻重之训，盖深有意于学者，故不求诸内，而以文为主，不求诸本，而徒以考详略、采异同为务者，是诚无益于德，而君子弗之学也。且入德有序，以知为先；成德有等，以行为重。故足必资目以有见，而足之不履，虽见无所用之，二者不可偏废，乃可以入德而造成功之地矣。故学者笃信程朱之说，而加之沉潜玩索之功，允蹈实践之力，内外交修，知行并进，则固不惑于异说之入流于曲学之规。以之治心，以之修身，以之事主，以之泽民，无所施而不得矣，非益之大者乎？然近时学士大夫或小程朱之说离而去之，至欲夺其壁而树之帜。徐而考之，高论有余而直内之功不足，富贵为累而道德之念何存？其于学者非徒无益而又害之，则固不若主敬以固聚德之基，定志以端趋途之始，可以要成功而资实用矣！黄君务宣德意而新是学，所以期望诸生之意将不在是乎？新学未几，万君以颖脱举进士，诸生其有继踵而奋起者矣，于是乎书。

附：张公时显《修学记》一段

　　士君子诚于古所称三不朽者，毅然自期，伟然自竖，久之，充积盛而发用光，得时，德施斯普功业被于苍生；不得时，著书立言，足以信今而传后，是之谓先自建而以之建学；非靡文，是之谓先自修而以之修学，非饰具于宫墙俎豆，不庶有休耶！倘不然谭邹鲁而行则违，迹步趋而心则远，甚至托兴学美名以自掩覆，如是虽备极免，而伯夷之室必耻筑非其类，以尼父之庙貌乃乐藉手于若人乎！显用是滋惧矣。

乡贤祠记

陈　绾

山海旧无祠，立祠以祀贤，自海钧萧先生始，继此而祀者有克修郑先生、角山詹先生，祀只三先生，故曰"三先生祠"云。夫三先生名在海内，忠在朝廷，绩在治所，彰彰著矣。顾独于山海祀之何哉？盖山海三先生之梓里也。生斯长斯，没而魂魄游于斯，则固宜俎豆于斯，礼不忘其本。三先生之祀于斯也，重所本也，礼也。且夫贤才之生，岂偶然哉？彼太行之麓，蜿蜒东注，横亘塞垣，至山海则峭壁洪涛，耸汇南北，束若瓮牖，其秀爽灵淑之气无所输泄，宜必产而为瑰伟卓特之士。而三先生者，实出其间。故即山海以祀三先生，昭地产也，不然将不谓秦无人哉？关令陈绾曰："《诗》云：'高山仰止，景行行止。'余始至山海，询父老，访故实，即知有三先生。及考其行事与其言论风旨，未尝不为之降心焉。"三先生之言行已详于志乘，今姑举其大者。夫海钧公振绝学于边徼，一旦释屩而处谏垣，不可谓不遇矣。使能毁方以徇时俗，其崇要可立致，乃独弹驳无所避忌，卒至流落黔中者数年。稍迁至闽臬，即抗疏东归，虽戚畹有力者欲为之援，公亦不暇顾，独与海内诸名公交，往来篇什，以泄其豪宕不羁之气，故人称萧先生曰"贤"。

郑御史以鲠介之资疾恶如仇，甫人道，即指摘天官阙失。巡按陕中，复侃侃论当世事，卒罹谗构，谪戍独石，几于不免。语云：木直者伐，羽奇者铩。然不如是，不足以见克修公之贤矣！

昔大同军士之变，杀总兵官李瑾，外阻中江，计无所出。角山公以郎中督饷，独激于义，乃与游击戴廉等嚼血盟，因密通总制，阴令

· 241 ·

穴城斳为内应，以擒首恶，不成，则以阖门报。呜呼！斯志也，虽以质鬼神可也，此乡党自好者不为，而公为之，岂不伟然贤丈夫哉！

论者曰：海钓公勇退完名，瞯然不滓，有蘧伯玉之操；克修公抗言亮节，之死靡悔，有史鱼之直；角山公奋勇决谋，不避险难，有宁武子之愚。彼二先生者数奇，见绌遗供放弃已矣。角山公宣劳边镇，晋位卿贰，望重台揆，乃竟沮于寿。悲夫！使得究其施用，其树立岂如是已耶！然皆有高世之想，以名节勋庸自砥砺，视得丧、死生若鸿毛，非气雄万夫、志坚百折者不能。其超逸绝尘、慷慨激烈之风，犹能使顽懦之士兴起于后代，所谓乡先生没而可祭于社者，非若而人欤！

学 田 记

黄景夔

治世养士，衰士使士自养。士自养，其弊三焉：上焉者，自食其志，无所事养，守其道甘死不悔，然其不遇也，其困也极矣；下焉者，自食其力，徙其业从而之他；其次焉者，诎于志而惰于力，不能自食，资于人以食。若战国四公子之养士，美恶淆而廉耻丧。冯驩之歌曰："长铗归来乎食无鱼"。可哀也，已非国之耻欤！三代盛时，其养士尚矣，然其详不可知已。后世乃有学田，然不能皆有。我朝无学田而有学粮，府州县有差，无地无之者，唯卫学则无焉。窃意当是时，介胄子弟罕学者，卫虽有学，仅存空名，故不为置粮，非法不备也。山海关东地民久私，景夔稽而归之公，仍令业焉，而出其租，地四千九百五亩，米七十三石五斗七升五合，得诸生经试优等者十二人，人月食五斗，载于籍以为恒。呜呼！尔士一夫一妇之养，此差足矣。此地今以前之士无养，然不闻弛业，奋而出者有人焉。今以后之士有养矣，奋而出如前焉，恒也。吾不尔异，其奋也倍焉，斯异矣。然吾愿尔士不惟是。《易》曰：颐贞吉。又曰：圣人养贤，以及万民，尔养尔贞。吾兹观尔、处尔、推尔及吾将俟尔仕哉！

乡饮田记

詹荣

与川葛子以天子职方氏出镇山海关，逾年为嘉靖甲午，法准弊裁，无扰无蠹，因次及便宜，爰图修复，乃询诸士民曰：乡饮为我明盛典，著在令甲，有司奉行罔息以替，凡以兴行崇化焉尔。矧山海畿辅重镇，当首被声教，胡于是独缺？岂国典故靳于卫，抑所司者遗之也？或对曰：乡饮举于学，我高皇帝建学定制即有之。时山海未有学也，自正统改元之诏始与建学第，初事草卤，他制未遑。今人文彬彬然日渐以著，独兹缺典，举之是待我公。或对曰：用本于财，礼备诸物，无能越者，有司乡饮之供，取诸岁额，斯可常继。吾卫无乡饮额，胡取之？即取足目前，胡继之？处画是在我公。葛子曰：嗟哉，嗟哉！维兹山海虽称边隘，犹夫人也，乃摈诸恒典之外，若无与于化理焉者，殆非圣朝同仁之制。夫法无靳于卫，徒执往迹，无改于循习之弊。人自靳之，间有识者顾诿诸区区之费而止，是爱物而贱礼。呜呼！可吾天子使臣职得议法责与处分，是诚在我。乃查近郭闲田籍之官，得若干亩，岁取佃租若干，委官敛贮，乡饮之需取给焉。又下令于卫，若学俾慎选诸乡仕而休者，必恪乃官箴，完名高节，无以墨败者滥；其诸乡民必耆年宿德、六行允修，无以弗检者滥，主之者则卫视篆指挥也。乃正月既望，实为创举。肆筵簧序，宾撰毕来，始而迎翼如也，扬觯有词凛如也，读法有条肃如也，酒食旅献，乐章间作将将如也，雍雍如也。既醉而出，充然若有所得，环桥门以观听者，惕然深有所感矣。翌日，诸士民造詹子所请曰：匪创弗开，匪承弗永。兹举也，葛公开惠吾人至矣，犹惧弗永也。子其记之以告承者。詹子曰：卫以即戎知方是急，学业俎豆养老所先，故卫弗学，厥方斯昧，学非乡饮，厥业斯荒，施之政教皆苟焉耳。山海自国初有卫，历数十年始学，又历数十年始乡饮。国朝作人覃化之制，至是大备。吾人果能务忠孝之实，兴仁让之风，以资亲上死长之效。通观治隆俗美之成，庶几无负长人者之意。若曰：惟永是图则法罔或限，而用复弗窘。葛子亦既有言，承之者将无所诿也，奚惧其不永？

天妃庙记

祁顺

天地间海为最巨，海之神天妃为最灵。凡薄海之邦，无不祀天妃者，由能驱变怪、息风涛，有大功于人也。山海去城南十里许为薄海，汪洋万顷，不见涯涘。海旁旧有天妃祠，相传谓国初时，海运之人有遭急变而赖神以济者，因建祠以答神贶。历岁滋久，故址为浪冲击，几不可支，而堂宇隘陋亦渐颓毁。天顺癸未，太监裴公珰以王事驻节山海，谂神之灵，就谒祠下，顾瞻咨嗟，语守臣及其属曰："天妃显应，功利闻天下，而庙貌若兹，非所以崇明祀也，盍撤其旧而新是图。"遂施白金三十两以倡于众。时镇关兵部主事杨君琚暨参将吴侯得各捐资为助，而凡好义者亦皆致财效力，以后为愧。于是市材傭工，择时兴役，崇旧基而加广焉。为祠前后各三间，坚致华敞，足历永久。其像惟天妃因旧以加整饰，余则皆新塑者，复绘众神于壁间，威仪跄跄，森列左右，远近来观莫不肃然起敬，以为前所未有也。肇工于甲申年秋七月，落成于是年冬十月。众以丽牲之石未有刻辞，征予记其始末用传诸后。夫能御大灾，能捍大患，以安生人者，征诸祭法于祠，为称我国家明制度，尊祠祀，岂无意哉！亦为生民计耳。尝闻东南人航海中者，咸寄命于天妃，或遇风涛险恶变怪将覆舟，即疾呼求救，见桅墙上火光灿然，舟立定。是其捍患御灾，功罕与比，故在人尤加敬事，而天妃名号居百神之上，亦莫与京焉。渤海之广，无远不通；神之流行，无往不在。人赖神以安，神依人而立。然则斯祠之建庸可后乎！当祠成之岁，居其旁者厄于回禄，势焰赫然及祠上，人远望之，见烟火中人影上下，意其为护祠者，既而旁居荡为灰烬，而祠一无所损，向所望烟中人影皆无之，乃知其神也。噫！神之显赫不可掩如此，所以惠福予是邦，岂浅鲜乎哉！顺既为叙其事，复作迎享送神之词，俾邦人歌以祀云。其词曰：荪壁兮药房，辛夷楣兮兰桂梁，杂芬菲兮成堂，神之奠兮海旁。吉日兮将事女，巫纷兮至止，惠

淆蒸兮荐芳醴。衣采兮传葩，吹参差兮舞婆娑，神不来兮奈何，轻风
飕飕兮水扬波。神之来兮容与，载云旗兮驾风驭霆，成再拜兮传神
语，旋焱不留兮使我心苦。神庙食兮无穷，神降福兮曷其有终，海波
恬兮偃蛟龙，弭怪雨兮驱暴风，灾诊弗作兮时和岁丰，人有寿考兮无
怀恫，永世不磨兮神之功。

烈女碑记

傅光宅

自孔孟著成仁取义之说，学士雅言之。然至于所以成、所以取，
即世所称丈夫者，何寥寥也？安论妇人女子哉！大都生长于礼义之
区，耳目之所见闻，庭帏之所训诲，讲之明而守之定。彼其慷慨捐躯
从容就义者，世人尤以为两间正气所钟，称之不容口，岂非以仗节死
义求之妇人女子，难也，况求诸边隅之妇人女子，不尤难之难哉！以
今观于赵烈女当别论矣。

烈女者，一片石关成卒赵来住之女也。美姿容，性庄重，未尝轻
言笑，年甫十有六，而女红娴习过人，时有比邻恶少马铎，瞰其父母
他往，谬为借针而谩以淫词挑之，女即敛容骂曰："吾父母偶出，若
何为者，敢窥吾室？且若以我为何如人乎？"挥拳殴之。已而其邻
叔闻之，具陈所辖提调，将铎稍惩责。女自是不胜惭忿，欲自尽。
已又私念曰："不面吾母，胡以自明？"次日母回，具述之，即痛哭
不食，曰："人孰无死，迟速等耳，儿宁能以皦洁之身冒此亵辱于人
世乎？已矣！"母知其志决，且夕守之。又三日，女佯为解愠者，
诒其母曰："若且往理煤，吾自居此。"母不虑其远己也，趋而往。
女即闭门自缢死。其邻妇觉之，排闼入，已无及矣。悲夫！余惟赵
女者，问其地，则边陲；问其家，则成卒。匪长育名阀，匪素谙姆
训，其所渐染习闻未知于成仁取义之旨何如，而所为若此，其劲节
刚肠真欲凌霄汉而薄日月，视流俗猥鄙之行不啻浼之，虽古竹帛所
载，丹青所图，殆未能轩轾于其间矣。籍令女而丈夫显荣于时，其
所以植纲常维名教者，岂其微哉！顾造物者奈何厚其所禀而虐其所

遭，卒使之抱愤郁以殁也。天乎！虽然，女不遭恶少，身不亡，即使幸而称百岁妪，亦忞忞闷闷以老耳。然后知天之所以玉成斯女者，千百世不死也。

重修汉前将军关壮缪公祠记

孙承宗

盖公之论丹诚也，曰：天有日，人有心。夫日在天，人人皆仰而终古常新，天下各据所见以为向慕，而日不知。故冬以为爱，夏以为畏。畏爱生于人心，而日在天，不亲于爱，不尊于畏。公之灵感在天下，每当狂恣横暴之咎，辄见夫龙旗火马，掀髯而逸群绝伦者，公也，则畏。及困厄蹙迫水火盗贼之变，呼天呼父母不可得而解者，公若为手提烦恼以列之清凉，则又爱。至习于所畏所爱，则祸乞为之免，福乞为之予，而且爱且畏。凡今之细民不习孔氏，而大人不佞佛，然罔不畏爱公，如其习孔氏而佞佛者殆如日，然天下各据其心所愿以享之。自有生民以来，未有盛于公也。

昭烈提三尺于汉末，公与邂逅，定王霸大略，谲强如孟德，议迁都以避险，杰如仲谋，愿结婚媾，公为詈斥不屑，公识略自足千古。史记公于武侯颇有小间，又羞与黄汉升同列，何也？陈寿于《蜀志》多涉微辞，或不无少诬，予谓公差有深意，非诬也。昭烈奔走狼戾，取国于他人，人心未定，所与如胶漆者，惟公及桓侯。诸葛为相，固无俟有所喻以明心，以山野书生骤冠百僚谋臣猛将，岂可以空言慑服？昭烈借公发鱼水之言，以晓喻将士，当时必自有说。汉升猛士耳，昭烈收降，推心任之，未必不虞其骄骜难制。公特示不平以寓藜藿不采之意，史遂据迹以书，不然将与相不和。将与相不和，汉何国之能为？公与昭烈谊同兄弟，誓结死生，苟利社稷，遑恤其他，而悻悻觖望偶语沙中，君臣将相间有遗议哉？呜呼！天有日，人有心，日不变冬夏，心不变险夷。公之心如日，吾之心如公。夫忠而得福，奸而得祸。惠吉逆凶，各以其心为影响，无不一一游公神威中。顷者，予与诸大吏将领盟于公之祠曰："试扪此心，有初终相戾，面背相渝，心口相逆，知性命不知忠义，知身家不知朝廷者，神其殛之。"今诚与关人士提此语，以反此心，能无为予所盟叱者，其心之丹如公，即如日，又安在龙旗火马，须髯如戟，翩翩乘风云而降止者，为公也。天启甲子，予阅兵觉华，几殆阳侯之难，或言公降神佑护，一时喧传，以其语涉怪略，为辑祠于宁远，未暇为记。兹复莅关门，借二三吏士力，蒸蒸祝神之休，随其心所愿，以印公心于不穷，此公之所以为盛也。

祠立于山海卫城西关衢北，创于崇祯庚午，判山海沈承源、副将军叶时新等重修，视旧址扩十七八，予既取公语，为颜其坊曰"天日丹心"，又嘉诸将吏意，为之记。

山海石河西义冢记

佘一元

尝读月令，孟春之月掩骼埋胔，王政也。夫王政行于上，泽及枯骨，其利溥矣。或有行之于下，以仰赞王政之所不及。在上好仁，在下好义，殆并行而不相悖者欤！山海旧有义冢数处，大抵湫溢倾仄，岁久，丘墓稠叠，几无余地。迩有绅士商民辈汇金作会，施棺济乏，积谷备荒，酌量多寡为便民事。未已也，爰就西郊文殊庵右，用价购抚宁县下地十五亩，益以本庵香火地五亩，扩为一大义冢区，建坊竖碑，冀垂永久。因忆昔甲申王师入关与流寇战，此地以西二三十里间，凡杀数万余人，暴骨盈野，三年收之未尽也。值旱，约贫民拾骨，一担给钱数十文，骨尽，窃取已葬之骸以继之，觉而遂止。彼时，但就坑堑，或掘地作坎以合掩之耳。然所杀间多胁从及近乡驱迫供刍粮之民，非尽寇盗也，故瘗埋之举，上所不禁，况此累累者非羁旅之魂，则贫窭不能办茔地之樣，孰非并生并育之侪，安忍听其暴露抛弃而不亟为之所哉！盖普天之下皆王土也，率土之滨皆王民也，以王土葬王民即王政也。下之好义要本于上之好仁，方今圣人在上，为之下者相与培淳风，敦厚道，以为祈天永命之助。故为斯举者，事出众情，而命禀当事，慎勿视为愚贱之私惠，则庶几近于道矣。惟是在会诸姓名为不可泯，悉镌碑阴，俾后来者有其考据，知所观感焉。是为记。

重修山海火神庙记

陈天植

尝考之舆图，古未有山海关，关之设自故明始。东连辽海，西控畿辅，屹然称巨镇云。其间山川之雄阔，人文之蔚秀，风俗之淳茂，民物之康阜，甲乎一郡焉。余承乏斯土六载于兹，凡一切宜兴宜废之事，亦因乎民之情而已矣。

署之东有火神庙，镇之福神也。关城人士事之惟虔，历年深久，风雨剥蚀，垣墉颓败，檐楹摧折，神像几委荒荆丛棘中。余时展谒神所，心焉悼之，欲谋所以鼎新之者，念生民凋敝已极，疮痍未起而复有所营造，不几重烦吾父老乎？有志未逮，会乡士大夫有重修之举，以余官斯地，且庙与署邻，欲余为之倡。余曰：此善果也，亦夙愿也。天下事有宜于创者，有宜于因者，创者难于虑始，因者易于图成。斯举也，余亦因之而已。曷因乎？仍旧也。匪惟仍旧，亦因乎民之利以利之而已。夫神为炎帝之精，作镇东土，上为国家开文明之治，下为斯民养和宁之福，神之为灵，固昭昭也。迩年以来，烽烟无警，烈焰不惊。问人有夭札乎？曰无有；物有疵厉乎？曰无有；问岁有不登，民有阻饥乎？曰无有；水旱有失时，风雨有愆期乎？曰无有。允若兹神之眷尔民者至矣，宜民之戴其神者深也。民既戴神之德而弗思妥神之灵，安乎？弗安乎？谋所以重修之，诚哉！善果也。余既官斯土，敢不徇民之情以成兹盛事乎！爰捐尔俸，鸠尔工，庀尔材，计木植几何，砖石几何，陶瓦几何，匠作工费几何。先正殿，次大门，次前轩，再次后殿，数月之间次第落成。颓者以整，故者以新，栋宇流丹，榱题焕采，匪藉众力，曷克臻此？因知山川之雄阔，人文之蔚秀，风俗之淳茂，民物之康阜，实维神之昭格也。斯举也，董厥工者，耆老善士也；襄厥事者，荐绅先生也；观厥成者，城守与路卫诸公也；典厥香火者，学佛子道铧也；步诸君子后珥笔以纪其事者，东瓯陈天植也。

重修山海卫城隍庙正殿碑记

佘一元

夫城隍之神，因城而设者也。有城因有神，所以显壮金汤，而阴司保障者于是焉，在其所系顾不巨哉！山海一城，古称临渝，又称榆关，其后窳废。至明徐中山王创卫立关，始名山海，盖因元迁民镇而建此城也。自兹以后，遂为畿东重地，蓟辽咽喉借此一线以通之。本朝盛京在东，燕京在西，两都孔道允系于斯，视昔尤为要区矣。城创三百余年，屡经兵警，从无攻克之虞。革命时两镇官兵据关拒寇，接战石河之西，相持竟日，夜王师适至，直抵西郊，一举而殄灭之，此城居然无恙也。虽云天命有在，事会适然，安知非城隍之神有以潜扶而默佑之也哉！然神曰城隍，府州县在在有之，前代多加以公侯之号，明初一切除去，但以本号相称，昭代因之，不欲以人世爵秩褒诬神明耳。庙久，殿宇就圮，信官白尚信等纠众捐赀，为聿新计，重修正殿三间，抱厦三间，巍峨璀璨，较曩规倍增壮丽，借以妥神，即资以福民，洵盛举也。工竣，求余一记其迹。余谓凡民有不畏名教，犹知畏功令者，抑有不畏功令，犹知畏神明者，神所以纲维名教而辅翼功令者也。知畏神明功令名教尚得由此以推致之，圣人神道设教岂无谓耶？况城隍之神至切，且近一方，冥庇实式凭之，非埒于高远幽微之不可知者，固知共成斯举者之不容已也。或疑山海籍属卫，城隍之神宜属卫，权固有尊于卫者，神之灵不虞有制乎？不知神不贵尊而贵专，夫惟上帝有专责，而神自具有灵爽，莅斯土者，果能推诚布公尽人事以感神明，立见神功之昭应矣，余为是说以记之，载取捐修姓氏勒诸碑阴，以为向善者之劝云。

重修贞女祠记

程观颐

事莫善于新，人之所古，而气尝足以寿于世。所谓气者，举天下可欣可骇，为悲为愉之致，不足以撼其辅毫而挺然独表吾节义，夫是之谓浩然之气。至于沿闻既久，岁月已长，有能焕其堂奥而更始之，使人目新乎其所视，情新乎其所瞻，令古人节侠之气如在近今间，所谓与人同其好也。

孟姜女者，产赢季，姓许氏，于归范郎。未久而夫就役于长城，遂已殁于军。姜女足迹万里终得夫骸，竟枕石于海滨云。土人为立祠荐享之。南临巨海，北望层峦，列楹数间，其地高卓杰出，下则平沙石漫。游人至其侧，见夫浪波汹涌，潮流激荡之势，若出于履舄之下；对夫蓁莽苍郁，岭崖拔出，挟光景而薄星辰者，若出于衽席之内，因以为榆关丽观焉。噫！秦之暴六国不能争，秦之力谋臣猛将不能拒，而姜女以一女子致令天鉴贞烈排岸颓城，直足夺始皇之气而抗其威，使六国之谋臣猛将皆如此妇人女子之烈，亦何自有筑怨筑愁之事？惟妇人女子之烈远过于六国之谋臣猛将，此固秦皇之所不能禁，而荆轲、子房之所共奇者也。积既远而雨飐潦毁，盖藏渐陈于榛蓁莽草之间，每风号燕山，月苦渝水，惜其庙社有迹，而即新无人。会安宇曹君来居此关，因其故址，鸠工增庳，斩材以构之，陶瓦以覆之。既成，而亢爽卓荦之象焕若日星。于是居人皆喜慰其思而古迹复灿，使夫荒退僻壤之境，至于后人见闻之所不及而传其名览其胜者，莫不低徊俯仰，想姜女之风声气烈，至于愈远而弥烂，则曹君真可谓与人同其好也者。故曰：事莫善于新，人之所古，而气足以寿于世。客有嘻而顾予曰：此可以记矣。遂记之。

五圣祠记

穆尔谟

农圃本务也，圃亚于农而不与末作等。趋天时尽地力，肆其功于播种耘溉之间，而自食其报，故谓之本务也。关门于明季为屯兵集旅之区，肩相摩，踵相接，俱仰给于数千里之飞挽，而不恃此山陬海角之田，至蔬菜诸新则需之近郊左右焉。清兴，边陲无事，兵散旅稀，蔬菜所须无多。为圃者变计，乃大半以植蓝作靛，于是关门之靛甲于他方，而他方之货鬻者往往于关门转贩焉。西罗城之西北隅，蔬滋美而靛尤蕃，人遂资以为生，而室庐比兴，浸成小聚，几几乎有乐土之风。是虽其土之沃，力之勤，而居人咸归其功于神，爰相西隅数武构五圣一祠，岁时祈禳而报赛之。呜呼！神之功孰谓无据哉！盖龙王布澍则祀之，虫王靖灾则祀之。福神普利，园神监植，仙公成靛则并祀之，是诸神皆能明德协休以答馨香而降和惠，故居人构庙立像祈禳而报赛之，非无谓也。余于是岁读礼守墓过其所，居人为述神功以告余，余即援神意以教之曰：尔知神之所以福汝者乎？尽其力而趋其时，获其利以行其善，孝于而亲，敬于而长，睦于而邻，安于而分。神之福汝，由于汝辈自贻之，神岂汝私耶？居人曰：谨奉教，不敢黩请。因而记之于石。

重修澄海楼记

陈天植

史记秦皇帝筑长城，大发天下丁男，起临洮至辽海，延袤万有余里，以为长治久安策无逾此，讵蒙恬之役方罢，而孺子婴已衔璧迎沛公。呜呼！险亦安足恃哉！由汉晋以迄宋元，更姓改号不知经历几朝，然代有修筑。故明徐中山王守燕，依山阻海，规方度势，即元迁民镇拓而城之，建关设卫，领千户所十，置官军万人，屯田其地，名曰"山海关"，其亦赵充国屯守金城意乎。迨至中叶，中外脊脊多事，于是重兵宿将风屯云扰，关门遂为边疆要地焉。甲申贼破都城，横肆屠戮，我大清世祖章皇帝爰整六师入关，合关辽两镇兵，歼贼于石河之西，乃定鼎燕京。期年之间，南北浑一，六合之内罔不臣服。关城为向化首区，且其地东通奉天，西连畿辅，屹然称中腹重镇，因设章京四大人，为城守计用专讯察。向来越边者出入靡禁，当事者患之，遂谋修葺边墙。今上龙飞改元之七年，诏下大司农议：发内府金钱二万五千有奇，筑修坍垣。督抚行令北平，观察使钱公督其事，公因檄下山海，厅、路、卫分监厥工，予因是与路、卫两君昕夕仆仆于山榛水湄间。长城之杪又甃石为垒，截入海中，高可丈许，长且数倍，曰"老龙头"。此则故明将军戚继光所筑，涛摧波撼，日就倾欹。又城之上有楼三楹，为明职方王致中所建，亦颓败不可登。予与两君监视城工，坐其下，时有戒心，尝共叹曰："危哉！斯楼不早为葺，行将化为冷风宿烟矣！"十阅月，城工告竣，会路帅孙君以病去，予宗殿扬君以廷试第三人奉天子命来镇是关，时时阅武海上，每至斯楼，慨然有重修意。过而问之予，予曰："是役也，固予之夙心也，矧又有守土之责乎？"按旧志形家言，关城势如飞凤，左右罗城为两翼，楼台高峙海涯，厥象首。若就圮，顾可令凤之首俯而不举乎！因集关之士大夫与子衿耆老金为谋，咸称善，且曰："聚腋成裘，聚土成丘，斯楼之修要非一手足之力。"皆乐捐金，共襄其胜。予又与路、卫两君董厥成焉。工始于仲夏，落成于仲秋，众因请予为记。予不敢以不文辞，因思昔人兰亭、岳阳、竹楼亦各有记，以志景物。若斯楼也，面临巨壑，背负大山，高枕长城之上，波澄万里，嶂叠千重，又岂区区彭蠡、洞庭、会稽、山阴诸胜足媲其雄深哉！仍其旧颜曰"澄海"，绎斯义也，海不扬波，有圣人出。职方题名或以是欤。方今圣天子临御万方，东鳒西鲽，测水来王，乌（鸟）弋黄皮，望风受隶，以名澄海，岂虚语哉！若夫为翰、为屏、为锁、为钥，于以巩固雄关，奠安海寓，是在朝廷之得人，又不徒恃此长城之固与斯楼之壮也矣！予愿后之君子登斯楼也，振叔子之轻裘，舒庾公之清啸，当念关之人士修葺艰难，捐助美善，加意拊循，勤思保障，庶不负予勒名而记之意。

传

名宦异泉李先生传

王世贞

李先生者，讳英，字文华，饶之余干人也。尝自号异泉，学者尊称之曰"异泉先生"。先生少好学，念邑中鲜有授礼经者，而余姚多知名士，因徒步千里，负笈往寻师，数年尽得其学。归而试博士弟子，它博士弟子亡能抗者。遂食廪学宫，而至省试辄不利，先生怡然曰："我能工干禄，不能工命。"归而勤学如初，然竟不利。五十余，始以贡上春官，得教授山海卫。

山海，故中山武宁王达置戍，以限辽水为左辅，络其戍卒即冒青衿，而以击技取大官，不甚晓书史，先生精心诲之，课业之暇相与反覆开谕。归之忠孝礼让，咸彬彬质有其文矣。时中贵人瑾用事，鱼肉荐绅大夫，先生闻而叹曰："逢萌何人哉？"移书台使者乞骸骨归，台使者三挽之不得。诸生前后追饯数百里外，先生示之书一束曰："偕我而来，偕我而往者此耳。"因赋诗见志。先生归而道遇寇，略先生橐，亡所得，仅得其衣冠去。先生抵家犹褐裘，其婿张僎者，藩伯吉子也，以父衣冠遗之，先生却弗御，曰："吾岂借他人衣冠者！"

先生性友让，其少时与兄弟分财必居少。伯兄病疫，早暮视之无间。或谓疫不虞染耶？先生曰："疫诚染者，吾亦不忍使吾兄独疫也"。其后里大饥，先生谋赈之不获遍，则捐郭外地为义冢，收瘗而瘗之。于书好诵小学，每谓使我终身行之不既。又好举赵阅道，夜必告天以昼所为事，及司马君实平生未尝不可对人言二语。宗戚子弟有小不善，辄谕之曰："得无不可告天乎！"又曰："君实不畏人知，若乃畏人知，何也？"以是诸宗戚交相戒，为不善何以面李先生。而其弗便先生者，谓先生伉不藏人过。顾有盗夜穿窬人，家人掩而缚之，呼请烛。先生曰："吾代若守缚，若取烛。"已解缚，纵使去。徐谓家人曰："民自急赡死耳，一烛而得其人，即纵之，何以自新？"其为长者又如此。先生澹然一切，无所嗜好，子弟即不布素不敢见也。前后邑令谢仪、马津、石简皆清峻，鲜所折节，独礼重先生，时时造门请质疑难先生，亦无所报谢。邑令每谓先生迹可数，非元旦乡饮我何能屈先生。盖寿至八十六无疾而终。后先生五年所而志山海者，以先生为名宦。其又若干年而志余干者，举先生乡贤。

王子曰：夫二志者，郡邑史其犹行古之道也。夫中山武宁王，国元勋，无两也。先生以一儒官厕名而无愧色。余干有胡居仁伯仲、吴聘君而乃举先生，并称而无轻辞，其犹行古之道也夫。

松乔刘公传

李道成

古者人有徽德懿行综芳模者必为传，以昭示来祀，亦犹国有史，郡有志，家有谱，均之不可已也。博士刘公宦履所到，堪法、堪传，讵可令其泯泯耶？公讳延龄，字景仁，松乔其别号也。世为关门著姓，曾大父而下并为仕籍闻人，公犹岐嶷不凡，垂髫时即为伯父同卿公器重，曰："此吾家千里驹也，后数年只见其追风绝景耳。"未几，补弟子员，旋食饩，佥谓科第可坐致，而竞格于数，需次贡春官，识者惋惜。明壬午，余谒选入都门，晤公长安客舍，见其貌恂恂，言烺烺，每恣谈名理娓娓，令人忘倦，不觉心折，遂与订交。亡何，余以分训江南，公亦司教任邑莅任矣。从此南北萍分，自谓相逢祇梦寐。不意龙飞三载，余避乱还里，适公以新命掌教吾州，真奇遭哉！暇中手一编示余曰："此刘氏家乘也，兄辱爱深，曷知吾宗原委乎？"余捧读之，见其首列四代像与前人被命之词以及士绅贞珉之语，因喟然叹公用意深而贻谋远也。盖自启佑之道不明，家乘之修遂鲜，此无论前美弗彰，为遗忘厥祖，后即有贤胤，其何则焉？宜公恫焉忧之，汇为此书以贻后来。远者弗论，近若曾大父鸿胪公，以文学赞鹓序，垂誉朝班；大父奉政公，以俊才佐庐州，清流肥水；伯父同卿公，乙榜历官卿寺，善政格天，惠泽济众，到处勒岘思棠；其父耆寿公，韬光未耀，浑朴无欺，乃其高义拔俗，既孝且友，允足为乡闾表帅。公承四父之后，奋然以克振家声为己任，淑行莫可缕覶，其大者请伯父同卿公崇祀乡贤，弹厥心力，垂三十年，一旦修举，暨劝其父任伯兄给产就约，让丰以安义命，中外称其孝友。及捐腴田以修罗城，迄今犹输国课，公尔忘私，屡为直指使嘉赏，春风化雨，薰被良多。比年摩青霄而翔云路者，概出其门，以至广应试，入泮之额让需次递及之贡，尤人所难。迨分教任邑，未匝月，而值大兵压境，众相视无人色，公慨然以兵事自任，戒饬警备，宿雉堞上者累月。往大兵攻城，俟丙夜鸡初鸣而发，公知其然，预令城中尽歼鸣鸡，传一鼓以达旦，由是兵不得逞。孰谓儒生不娴军旅哉？事平，檄书上台，蒙恩纪录。至于岁试举优遗劣，宁忤督学使而不恤，此又心綦仁而意綦厚矣。及其掌教吾州也，自甘淡泊，往往却寒士之馈，时陈一得，间或佐有司之筹，凡有制作无不资公手，片言只字，人人宝若南珠，此其才尤有大过人者矣。目今受知当路，属腾荐剡，然则公之底竖未可量也。公一子，讳允元，博学能文，蜚声黉序，有父风。

朱邓林先生小传

李集凤

先生姓朱，讳国梓，字子寿，号邓林，别号葵诚子，辽东前屯卫人也。父讳梅，以总戎屡建奇勋，先生其仲子也。少颖异，负经济才，以明经入仕籍，累官至永平兵备道，所在有治声。甲申流寇陷京师，时先生任永平，誓以死，母夫人诸氏曰："死固其分，顾吾年几七旬，汝死吾亦不能独生，母子徒死无益也，汝盍隐忍以终吾年，且因观变而为复仇计乎？"先生于是奉母归山海，毁冠祝发，庐先茔之侧而独处焉。未几，关辽兵倡义拒寇，先生乃率家骑入关，左右我兵而共图之。清兴，乱既平，奉母居石门。当事者屡荐于朝，陈情固不就，日以汤药侍慈闱。故其诗曰："国丧君何在，家危母更劬。输忠应致命，顾孝暂留躯。大义不容发，雄心独惜须。深山慈侍下，邁轴隐柴愚。"观此而先生之志可知矣。越十七载，母夫人以寿终，居丧合礼，哀毁骨立，几不欲生，允矣，忠孝性成者欤？先生无疾言，无遽色，无惰容，从之游者如坐春风。至其朗识沉谋，委折周至，不能测其涯涘也。先生善书，笔法遒媚，匠心入古。或鸣琴于明月之下，或垂纶于流水之间，萧萧茅屋，虽每绝粮，晏如也。盖其德宇深纯，养之者厚，而清风高节真足以立懦廉顽。易曰：鸿渐于逵其羽可用为仪，吉先生之谓矣。

关门三老传

佘一元

古人以长年为瑞，商周二老尚矣。如唐之香山九老，宋之洛甫十三老，当时侈为盛事，后代播为美谈，允足脍炙人口而传徽迹于不朽己！关门前辈固多名贤，迄今享耆德而膺眉寿者得三人焉。栾公，讳东龙，字云从，官至平阳郡丞，见寿九旬有二。吕公，讳鸣章，字太吕，号夔一，别号耐轩，官至陇右少参，见寿八旬有五。穆公，讳齐英，字羽宸，官至商城少府，以子贵封膳部正郎，见寿七旬有三。皆康强无异少年人。

栾公，榆关旧家，其为弟子员时，即见重于当事，有事辄咨询之。起家明经，司训灵寿，改补雄县，随在教法严整，堪为模范。迁府谷令，值兵乱，路阻归。未几，起补寿张有治声。已擢平阳二府，以前任忤当道解任，尔时年逾七旬矣。抵家教子抚孙，俭素自守，不干预外事。子正馥，见今历仕畿南广文，孙三人皆游庠。公寿耄耋，耳聪目明，齿无缺，行健步，非所谓地行仙者耶？

吕公，世袭万户侯，至公让爵于弟，以遵父命；让产于弟，以顺母心；荫不予子而予侄，又为亡侄立嗣，无非从孝友起见也。幼攻儒业，棘闱再遇未获售，以选元授许州倅。当事重其材，俾专抚寇之任，深入寇垒能不辱命。比旋值降寇叛，焚劫仓库，掳掠妇女，公躬率家丁巷战，斩级，驱众遁去，保全阖城，百姓咸尸祝之。寻迁京秩，以母丧归。时当多事，抚道就商方略。一日有悍卒谋不轨，道标乡兵乌合辈侈言抵敌，听者信之。公乘夜亟入幕，止曰："此属夙号精兵，制以力必不胜，则祸及阖城矣，不若同镇帅召其首领与议事，故延至旦，设法抚取，可无虞也。"道镇从之，于是得消未形之患，凡所参谋议类此。革命时，山海关兴义旅，以老成推公纠绅衿，率乡勇，措粮糒。石河之战，公单骑入阵，督民饷士，诘旦迎王驾于欢喜岭，戮力歼寇，录功补户曹郎，与修《赋役全书》。擢陇西道，驻凤翔。乱离之后，民窜山谷，城市一空，公多方召徕，俾复业，民赖以安。忽忤过客，致还里，未究厥用。相国党公重惜之，不能挽也。归林下二十余年，问耕读，捐金赎所知女，抚若己出，为择名门嫁之。子爆如，宰黄陂，卒于旅。有孙世疆游榆庠，克缵祖绪。公虽世宦，清素无异布衣，暇则吟咏倡和无倦色，天之所赋，洵有大过乎人者矣！

穆公，吾乡望族也。先世久积德，诗礼绵绵，至公有义方，教三子皆伟器。长尔谟成进士，以部郎擢守莱郡，次尔诰游京武庠，季尔训登武乡榜。诸孙济济，或游乡学，或跻成均。同族侄若孙辈，文武科第及明经人仕途者十余人，诸生辈复数十人。永郡族党之盛，无复出公右者矣。公少入黉宫，录功授司训，升商城二尹，未任，遇覃恩封奉政大夫。贵而能谦，敦义让，重然诺。两游子任，晚安故乡，恂如也。年逾古稀矍铄，复举一子，寿与福讵可量哉！

《诗》云："三寿作朋，如冈如陵。"其为三老咏欤！

文

告石河文

范志完

榆关之西有水名石河者，从义院等口而入，盘旋于涧谷之间，奔腾于巉岩之内，砂碛流泻，四时不涸，秋夏更觉泛溢。欲为桥梁，则易于漂溃，欲驾舟楫，则梗阻胶滞不能通，行人往往褰裳拽骑，偶至中流，少一失足遂淹逝莫救。土人云："岁以为常，莫可谁何。"余闻而叹曰："噫嘻！夫水以卫国、济民、滋稼、通旅，为关河形胜，未闻作生民陷井一至于此。"昔昌黎公之治潮也，鳄鱼避之六十里；西门豹之治邺也，河伯遂不敢娶妇。完才虽不能望二公，岂石河之灵不及鳄鱼与河伯也耶？自告之后，安澜异于昔日，是石河之灵也，每岁春秋当遣官祭之。如其不悛，是石河之顽且残也。完忝为天子命吏，岂肯使顽残之孽为斯民害！予将合班军之力，塞筑边口，使石河从远方而来者，还归之外地，堂堂上国安用此一线恶渎哉！石河其听诸勿悔。范公在关三年，河不为灾。

告神驱虎文

佘一元

生民野兽之各安其处也，从古已然。关门北山南海，前此居人樵采山谷间，并无野兽之扰，迩来频遭毒害，今岁尤甚。当此天下一统，新上御极百灵效顺之时，岂可容此残暴之畜数数戕人乃尔耶？窃闻兽得食，禀命于神，似此残恶荼毒，神不知何以为神？知之而故纵之，神之所职果何在也？况此皆天子百姓也，岂供野兽俎上之肉也？纠众合词，特具牲醴，仰叩明神，恳祈彰神之灵，鼓神之威，疾驱害民之兽于远方，以安我生人。俾后此不复罹其毒，或非神所辖之地，亦当转告互驱，务致各安其所，永佩神庥于不朽。

诗

塞上曲·送王元美
李攀龙

燕山寒影落高秋，北折渝关大海流。
马上白云随汉使，不知何处不堪愁。

镇 东 楼
龚用卿

齐云结飞阁，跨岭限虹桥。
积水平河汉，凭栏望海潮。
蛟龙从变化，鹏鹗任扶摇。
欲借凌风翼，翱翔上九霄。

前 题
陈绾

楼阁晴阴向晚开，海天秋思独徘徊。

寒生绝塞砧声急，木落荒郊雁影来。
关树不迷南国望，羽书频见朔风催。
感时忽讶潘郎鬓，作赋还怜王粲才。

前　题

杨　琚

高楼百尺枕城头，午夜裁诗月满楼。
四座彩辉明似昼，一帘香雾冷于秋。
解围犹说刘琨啸，乘兴应追庾亮游。
徙倚栏杆正怀古，金波遥映海东流。

前　题

尚　絧

十二危栏百尺长，倚天杰构镇边疆。
海山南北环千里，城郭高低匝四旁。
入座云笼村树渺，隔帘风递野花香。
太平时节登临好，暴客重门不用防。

前　题

尚　缙

试倚危楼趁午凉，清风真可傲羲皇。
百川逝水归沧海，万里浮云阁太行。
自合笑谈挥麈尾，肯将歧路泣羊肠。
饮余欲奏南薰调，鼓角频催暮钥忙。

前　题

萧　显

城上危楼控朔庭，百蛮朝贡往来经。

八窗虚敞堪延月，重槛高寒可摘星。
风鼓怒涛惊海怪，雷轰幽谷泣山灵。
几回浩啸掀髯坐，羌笛一声天外听。

前　题

郑　己

关横山海东藩壮，楼逼星河北极高。
阴雨晴云朝暮变，吟风弄月古今豪。
荒遐俯控来重译，羽檄希传谢六韬。
何处筹边夸第一，清朝锁钥属兵曹。

前　题

戚继光

楼前风物隔辽西，日暮平阑望欲迷。
禹贡万年归紫极，秦城千里静雕题。
蓬瀛只在沧波外，宫殿遥瞻北斗齐。
为问青牛能复度，愿从仙吏换刀圭。

前　题

陈名远

百尺镇东楼，遥临瀚海秋。
怒涛吞乐浪，大漠接营州。
月冷闺人梦，风高戍士愁。
独怜章句友，空复羡封侯。

角山寺

黄景夔

爱尔栖霞胜，乘秋来寺中。

山高天气肃，萧瑟多凄风。
崖枯惊落叶，露重湿草丛。
感此四时序，代谢何匆匆。
君看盈虚理，退者在成功。
智哉张留侯，千载名无穷。
栖霞复栖霞，无以官为家。

又

古寺乱峰里，岚光四映碧。
出城指郊路，游赏恣所适。
俗吏苦纷拿，久抱山水癖。
跻高力未倦，惬愿如有获。
远蹈想幽人，安得卜一宅。
径曲便通樵，蕨长柔可摘。
白昼鸣林禽，寒凳汲泉脉。
藤萝萦崖树，艇舾挂石壁。
信步陟绝巘，去天不盈尺。
溃洞睹海氛，光景相薄射。
旷哉此时怀，迥与尘世隔。
长风吹襟袖，清啸万里客。

前　题
马　扬

人生常怀忧，流光只虚过。
逍遥对珠林，忘形依石坐。
鸟驮烟霞还，猿穿藤萝破。
雨霁觉景幽，衣冷耽云卧。
不求东海仙，近访西山饿。

又

夙抱烟霞癖，无缘脱鞅掌。
百虑荡内机，群嚣劳外像。
忽忽青阳暮，遥忆山林赏。
薄言寻蹊壑，所希绝尘网。
佳气纷郁葱，宝地开虚敞。
泉声清且幽，物色何骀荡。
莓苔染阶碧，松露滴石响。
举觞临东风，悠然任来往。
长歌故徘徊，古洞恣偃仰。
归来憩空堂，树杪月初上。

前　题

刘　隅

紫塞双峰接，丹梯万仞缘。
魂摇山入海，目断水涵天。
白石留仙篆，青松覆绮筵。
不辞今日醉，潦倒愧高贤。

前　题

闻人诠

履险真成癖，探奇思不禁。
禅房高士枕，鸡黍故人心。
去国应千里，行囊只一琴。
杖藜僧舍近，钟磬有余音。

前　题
刘　仑

云锁空林寺，盘旋石磴长。
细泉清滴滴，深树蔼苍苍。
海气侵禅幄，岩阴落酒觞。
归来烟市晚，犹觉雨花香。

又

绝巘藤萝迥，凉生五月秋。
野心同海鹤，尘梦愧沙鸥。
远塞阴重蔽，平城薄雾收。
神京何处是，缥渺五云头。

前　题
陈　绾

每日城中见角山，入山始觉远人寰。
香云细袅龙宫静，石藓斜侵鸟道斑。
殿阁影从沧海落，梵钟声度碧空还。
关门吏隐浑无事，犹羡僧斋尽日闲。

前　题
白　瑜

山灵招隐已多年，穿石扳藤肯让先。
谩说太行穷地尽，惊看溟海与天连。
低回眼界尘凡外，笑傲身疑牛斗边。
不是恩宽容选胜，当关犹税买山钱。

前　题
梁梦龙

曾缘国计访蓬莱，劳扰还从碣石回。
东北两观沧海日，幽青一览角山台。
遐荒玉帛风云护，圣代金汤天地开。
手握丸泥封要害，武宁经略亦雄哉。

前　题
陈天植

振策最高处，危峰接大荒。
云归辽海白，沙涌蓟门黄。
野草匝初地，秋风冷战场。
不堪重吊古，把酒酹斜阳。

前　题
张瑞扬

金碧何年降法猊，翠微遥映海云低。
幡飞龙凤虹双引，灯挂琉璃水一携。
东揖蓬瀛还珮玦，西瞻兖冕拜轮蹄。
山头向晚笼归辔，万里长边襟带齐。

角山精舍次吕岩野韵
詹　荣

百二泥封镇日闲，肩舆乘兴到空山。
萧疏野径蒙携酒，风雪柴门为启关。
绝调岂云齐唱和，高情劳忆旧追扳。
留君坐对寒霄月，暮栉频催未许还。

围 春 山
洪 钟

翠拥螺攒四面高，淡烟疏雨景偏饶。
始怜径路稀车马，便觉林泉隔市朝。
薜荔香邀麋鹿狎，笙簧声度燕莺娇。
寻常诗酒皆堪乐，莫怪渊明懒折腰。

观 海 亭
李学诗

迢递关东道，留连海上亭。
片云回岛屿，孤鹤下山城。
浪漫濠梁意，风流斗酒情。
浩歌看落日，尘世一浮萍。

又

览胜同骢马，停杯看午潮。
天空水色合，风定浪花消。
日月双丸转，乾坤一叶摇。
桑田今几变，感慨意萧萧。

前 题
朱之蕃

秦城万里俯遐荒，览胜都忘在异乡。
坐待潮生宜日永，还从海阔信天长。
塞鸿斜度飞禽寂，珍错旋添牡蛎香。
宾主不须辞尽醉，咏归堪继舞雩狂。

前　题
葛守礼

亭畔邀嘉客，凌虚兴复清。
游鱼分小队，野鹤导先旌。
云出山含雨，潮来水溉城。
且开沧海斝，何处觅长生。

前　题
蔡可贤

城头望海海潮生，白浪乘风撼塞城。
汉使不来槎自转，秦皇已去石还惊。
桑田反覆千年事，云水苍茫万里情。
此日流觞须尽兴，当时采药竟何成。

前　题
黄洪宪

茫茫沙碛古幽州，日落乌啼满戍楼。
万雉倒垂青海月，双龙高映白榆秋。
虎符千里无传箭，鱼钥重关有捍挏。
谁道外宁多内治，衣袽应轸庙堂忧。

前　题
戚继光

曾经泽国鲸鲵息，更倚边城氛祲消。
春入汉关三月雨，风吹秦岛五更潮。
但从使者传封事，莫向将军问赐貂。
故里沧茫看不极，松楸何处梦魂遥。

前　题
张时显

沧溟极目水连云，秋色遥看已半分。
潮拥高城浮蜃气，剑横绝塞闪龙文。
晚风落日何王岛，夜月飞涛此女坟。
万里灵槎无计借，乘闲且自狎鸥群。

围春庄杂感
萧　显

三十年来走宦途，乞归白发半头颅。
依山结屋尘偏静，临水观鱼兴不孤。
野老崎岖寻橡实，林僧谈笑断松腴。
离家复作还家梦，一夜团栾骨肉俱。

又

买断山庄景最奇，也堪临水静垂丝。
畏途自庆归来蚤，安枕何妨睡起迟。
适兴聊沽陶令酒，感怀频咏杜陵诗。
插头挂杖堂前坐，绕膝儿孙嬉戏时。

山城新修中心楼
冯时泰

城心又起一高楼，畿左雄关益壮猷。
鼓角日鸣寒叶落，钟声风静海波收。
辽阳车马坚王会，蓟北山河拱帝洲。
闲上凌层西向望，五云深处瑞光浮。

石　河

尚　絅

奔流一派北山隈，乱石交冲怒若雷。
剩有湍澜从海去，更无舟楫渡人来。
窥鱼鹭向沙边立，送客骑于岸上回。
最是秋来偏泛涨，应怜弱水隔蓬莱。

姜　女　坟

陈　绾

妾身本在深闺里，十五嫁夫作胥靡。
赭衣就役筑长城，闻在辽东今已死。
妾身本为从夫来，夫死妾身朝露耳。
间关万里竟何归，只合将身葬水涘。
孱躯虽死心未灰，化作望夫石垒垒。
江枯海竭眼犹青，望入九原何日起。

前　题

张瑞抡

长城不为祖龙存，千载谁招姜女魂。
海底有天还正气，潮头无日起沉冤。
月明华表三更鹤，风吹天涯五夜猿。
应是当年飞血泪，春来冢上化苔痕。

又

烟云无际水茫茫，姜冢岿然峙海洋。
环珮久经眠渤澥，梦魂几度见沧桑。
风掀鼍鼓催潮速，月照鲛梭织泪长。

呜咽涛声思旧怨，坟前夜夜诉秦皇。

秦皇岛

陈　绾

闻说秦皇海上游，至今绝岛有名留。
不知辽海城边路，多少秦人骨未收。

前　题

张瑞抡

秦岛荒凉石磴闲，千年遗迹海云间。
清风皓月天长久，渚雁沙鸥日往还。
自谓有功过五帝，谁怜无计到三山。
残碑断碣仆波底，蝌蚪文封玳瑁斑。

出大古路口烧荒

范志完

九月莎枯鸿雁鸣，将军跃马出长城。
旌旗光闪风云变，钲鼓声催鸟雀惊。
烟雾横峦驱虎豹，火光烛海吼鼍鲸。
赭山不数秦皇事，焚泽应推伯益名。

阇　黎　洞

刘廷宣

爱僻寻闲得不闲，更穿云窟学猿攀。
谈倾白马公孙社，气散青牛尹子关。
老树笙篁杂霢雨，石泉环珮潺潺湲。
酒阑客倦鱼歌歇，醉倚崟岑未忍还。

春日渡榆关闻远钟并闻海潮
范志完

榆关西去渡危桥，溪水涓涓月半霄。
弹指三生俱梦幻，钟声遥带五更潮。

望联峰山
翟 鹏

不踏联峰麓，匆匆二十年。
山灵犹识否？兰若自依然。
勿假移文却，终当辟谷还。
多情林外鹤，来往故翩翩。

云 峰 寺
刘廷宣

梵声响落最高峰，一驾茅龙万壑钟。
春色奚囊收不尽，剑花昨夜吐芙蓉。

读史吊詹角山司马
叶向高

司马高名霄汉间，乞身一疏动龙颜。
兵戈已息云中警，剑履仍辞阙下班。
心似归鸿依雁塞，功如车骑勒燕山。
九天雨露何时洒，冷落松楸傍汉关。

魁星楼成勉诸生
李本纬

魁躔岂亦好楼居，壮尔仙才射斗墟。

槛落彩云飞翰墨，窗含奎宿映图书。
篝灯夜夜烧藜杖，荷橐人人佩玉鱼。
咫尺星门森武库，也知文战预犀渠

又

莪朴联翩化雨年，泽宫济济奋多贤。
蠹鱼不老儒生志，萤火偏成幼妇篇。
九万扶摇骞远到，三千献纳吐真诠。
由来禹惜珍分晷，莫放流波白日延。

石门道上
范志完

四月边城始觉春，依依杨柳映青苹。
石桥隔岸遥相望，犬吠花村门倚人。

山　海　关
陈天植

雄关划内外，地险扼长安。
大海波光阔，遥峰杀气寒。
疆场百战后，烟火几家残。
塞草连天碧，行人不忍看。

靖　边　亭
吕　荫

高亭新构远尘寰，俯瞰沧溟座倚山。
松壑当窗堪抱卷，鲸涛拍槛欲投纶。
戍楼烽息函金钥，龙塞风清掩玉关。
常愿时安不负此，尽容樗散自开颜。

殚 忠 楼
孙承宗

缥缈凭高百尺头，筹边何暇坐销忧。
目穷江树家千里，笛倚风檐月一钩。
藻井幕天开雁阵，叆云结市失龙湫。
白山黑水榱楹外，玉帐萧萧万垒秋。

出义院口看屯
范志完

四月青葱八月黄，边城内外举霞觞。
逢人莫问河边骨，且喜今朝稻满筐。

幕客云日为惊蛰节慅然有作
孙承宗

谁负旋乾手，当春起蛰虫。
鱼龙惊寂寞，天地喜昭融。
墐户身方远，昂霄意已雄。
俗聋谁与破，予欲问丰隆。

春日观兵瀚海
范志完

阅武傍关城，挥戈铁马鸣。
风云惊叱咤，霹雳震喧声。
赤电空中起，珲环烟上呈。
边烽何日靖，银汉洗天兵。

瓶　花
孙承宗

高牙风峭戟枝寒，杏蕊新香春未阑。
却忆韦家花树会，关城初向一瓶看。

悬　阳　洞
朱洪范

僻关偏雅趣，石洞隐山阿。
万草丛生合，群峰壁立多。
迹稀迷小径，夕照渺崇坡。
欵欵朝天窍，层层辟俗窝。
造兹新大士，称彼旧弥陀。
边臣欣胜集，游子乐风和。
剧饮忘归去，高怀发浩歌。
一经题品处，万古偕山河。

重九登角山遇雨
刘鸿儒

振腕登高菊正酣，翠微深处绀宫依。
岁荒山寂游人少，秋老边寒过雁稀。
开代战场眼底阔，旧时烽塞岭头巍。
欢酬萸盏情何极，妒雨催归恨落晖。

和刘都谏韵
吕鸣章

袅袅翠微菊弄酣，梯云寻胜步同依。
贝薆清映游丝净，衲榻幽闲俗客稀。

眼底洪涛晴愈森，峦头密雾雨添巍。
会心似有山灵助，潦倒荑樽任落晖。

长城知圣楼
陈天植

长城万里海天悠，怀古登临醉倚楼。
当日祖龙空筑怨，不知遗恨几千秋。

澄 海 楼

即知圣楼，系观海亭改建。

周体观

祖龙鞭石神蛟怒，喝族横洋倾北注。
九点烟州天尽头，丸泥封隘不封愁。
踏断秦城回雁影，戍楼直取沧溟枕。
冯夷起舞阗风寒，谁伐鼍鼓沸狂澜。
折芦欲凌碧波去，自恨凡骨沉于石。
桧可楫兮松可舟，员峤如何不可游。
邈邈余怀望仙子，东拜贞娘能不死。
借问陇西李细眉，一泓水泻幽梦时。
而今白玉楼中看，俯身下视见不见。

前 题
陈 丹

长城万里跨龙头，纵目凭高更上楼。
地近蓬壶仙作主，杯倾海屋酒添筹。
大风吹日云奔合，巨浪排空雪怒浮。
借得雄涛浇磊块，又看新月上银钩。

前 题

朱国梓

戍楼尽处接危楼，一鉴凌空万象收。
云水迷离潮汐古，沧桑泡幻见闻悠。
平时游览多忘晓，今日相逢怕遇秋。
破浪乘风有舟楫，安能歌笑不持瓯。

前 题

尤侗

茫乎望洋向若叹，大哉归墟渺无岸。
近视争看白马奔，远观不辨青霓断。
似雷非雷声殷殷，鱼鳖颠倒腾千军。
骇浪乍浮出地日，惊潮翻射垂天云。
方丈蓬瀛疑咫尺，汉武秦皇心欲死。
鲛室蜃楼有若无，瑶台琼阙非耶是。
飘飘我亦凌云游，海风吹摇城上楼。
援琴为奏水仙操，鼓棹不见渔翁舟。
东望独存姜女墓，精卫填成血泪注。
纵使银涛万丈高，不到坟头草青处。
西行更上海神祠，罗袜凌波来几时。
雾鬟烟鬓光窈窕，夜深鼍鼓舞冯夷。
土人指点先朝事，十年以前风景异。
关上皆屯细柳营，墙边乱蹴桃花骑。
水犀之师蔽艎艅，木牛之粮衔舳舻。
铁甲将军吹鬐篥，胭脂小妇醉酡酥。
只今眼中一事无，寒沙萧萧雁飞疾。
仰头屹峙长城孤，惟有沧海依依在。
沧海尚变桑田枯，而我感叹何为乎。

前　题
陈天植

天风日夜吼，万里雄涛漾。

元气接青冥，夕阳归岛上。

蓬莱弱水隔，倚槛遥相望。

何处觅神仙，孤怀独惆怅。

爱此百尺楼，涤我尘中况。

徘徊未能去，薄醉松花酿。

前　题
钱裕国

横秋爽气水波明，荡漾遥涵逼太清。

月照巍峨山作镇，云连浩渺海为城。

沙沤俯瞰十洲小，杯酒登临一叶轻。

自昔金汤称险堑，且凭谈笑坐蓬瀛。

前　题
佘一元

海楼高耸势巍峨，暇日登临乐事多。

巨浪无心含岛屿，洪涛有意纳江河。

阴晴变处情形异，昼夜分时景色和。

此去蓬莱应不远，长空一望尽烟波。

前　题
张瑞扬

海楼一望渺无涯，飞浪奔涛卷雪花。

声憎桑田栏外变，势推蓬岛日边斜。

蛟宫夜濯七襄锦，蜃阁晴开五色霞。
咫尺斗牛如可到，愿从博望借仙槎。

前　题
王　简

行行缓辔谩逶迤，极目空溟气象多。
浪转风回迷泰岱，潮平日午露鼋鼍。
欲随庾亮楼中兴，谁挽张骞海上过。
草野臣民歌圣主，万年宁静不扬波。

观海亭望秦皇岛
陈天植

孤亭百尺接微茫，秋日高登神易伤。
古堞连云横大麓，雄涛飞雪溅危樯。
秦皇漫设筹边计，徐福空谈采药方。
自昔兴亡浑莫问，一声长啸寄予狂。

箭　笴　山
陈名远

箭笴峰高朔气横，松楸谡谡晚飔鸣。
云中遥度征鸿影，沙际寒嘶牧马声。
辽海波光浮岛屿，蓟门秋色拥关城。
苍茫一望魂销尽，废垒犹传汉将营。

山庄秋兴
冯祥聘

皎月照新秋，浮云过眼流。
樽前山色翠，雨后水声悠。

静坐思三省，忙中遣四愁。
诗魔降不住，忽上五更头。

晚登古长城戍楼

陈天植

薄暮高登古戍楼，长城雄峙海东头。
燕山冷照秦时月，榆岭遥传白帝秋。
浪说终军能款塞，独怜李广不封侯。
当年谁设安边计，万里云寒似筑愁。

登角山忆昔偶作

陈廷谟

角山几度展边筹，凭吊长城千万秋。
昨岁钦工方得济，蹒跚犹带五更愁。

观南海口

刘鸿儒

汪洋一派碧天低，何事潮龙不稳栖。
喧吼波中横紫塞，风云静里对青齐。
晓光登眺俗襟洗，曛暮尘遮彼岸迷。
久拟仙槎从性适，餐霞高友愿相携。

和刘都谏韵

吕鸣章

晴波万里海云低，水碧沙明鸥鸟栖。
潮打石城声若咽，烟连晓雾色争齐。
浪花雪滚纹生幻，帆影星摇望欲迷。
庾兴南楼良不浅，愧余杖履未追携。

望　海

陈天植

上方高极目，海气薄晴空。

万里生寒浪，千山咽朔风。

马驱沙碛里，鸟度夕阳中。

几历沧桑变，堪嗟是塞翁。

谒天妃庙

陈廷谟

婴儿谒庙五更天，一盏琉璃照海船。

拜罢天妃楼上立，红罗裹掷饭僧钱。

关门秋夜

韩雄胤

静夜蟏蛸响，新凉蟋蟀吟。

三山归远梦，一叶助悲心。

月色凄团扇，霜华冷素衿。

幽人寥落意，不待九秋深。

同游北园

冯祥聘

北园花艳集嘉贤，仿佛兰亭胜事传。

嘤语管弦天半落，挥毫共欲吐云烟。

题汉飞将军射虎石

陈天植

猿臂将军勇绝伦，提戈万里净烟尘。

至令渝水沙边石，犹畏当年射虎人。

浴温泉寺
陈廷谟

禅窟新从仙灶分，玉房丹液尚氤氲。
客情去后知何似，都化泉亭一片云。

午日登朝阳洞
佘一元

野兴久不发，随众一高登。
病躯怯攀跻，凭仆须渐乘。
群公业蚤集，待我事俨承。
莲宫瞻礼毕，古洞罗烹蒸。
饱食转西廊，列嶂积崚嶒。
芳树环巨石，台砌揖同升。
艾叶采斜插，蒲觞酌互腾。
乐奏边城曲，情联道义朋。
醉翁非为酒，昌黎岂奉僧。
欢娱尽此日，世事究何凭。

重九登角山
陈 丹

揽胜登高九日秋，茱萸香泛兴偏遒。
双峰插髻青螺现，万壑亭松翠盖浮。
飞将有灵伥豸遁，封姨多事帽难留。
几回徙倚巉岩上，海外三山一望收。

重九登角山陪陈比部

刘允元

十年不到角山游，今我来游重九秋。
门下青松欹翠岫，路旁红叶点丹丘。
新禾酿酒菊花味，旧契投欢梅雪讴。
揽胜追随能几许？浮沉沧海任东流。

石河吊古

陈廷谟

二十年前战马来，石河两岸鼓如雷。
至今沙上留残血，夜夜青磷照绿苔。

登 首 山

佘一元

郁怀历久未登山，晴日同游开笑颜。
列嶂参差烟雾霭，一川环绕水云闲。
巍巍神宇层台上，翼翼孤亭落照间。
绿树覆阴花放蕊，暮看黎首荷锄还。

又

林下生涯借胜游，云山渺渺水悠悠。
南瞻大海波涛涌，北顾群峰苍翠浮。
刍牧牛羊遵陇陌，耦耘禾黍遍田畴。
临风把酒陶然醉，策蹇归来似泛舟。

前 题

陈 丹

重阳过半又登高，大将开筵拥节旄。

山领群峰排翠嶂，海当停午涌银涛。
采花共泛杯中菊，剖蟹争持醉后螯。
传道荒陬多虎豹，暮归共欲控弓刀。

贞 女 祠
陈天植

迢迢长城路，纤纤弱女身。
不惮万余里，寻夫辽海滨。
夫婿从征役，劳劳多苦辛。
耐此霜雪威，白骨委黄尘。
寒衣刚送到，不见戍廖人。
对兹筑愁者，翻令蛾眉颦。
登高遥怅望，水石空粼粼。
可怜妾薄命，哀怨难俱陈。
夫魂不可招，泪血倾城闉。
妇心金石坚，此生聊以殉。
长城役方罢，二世已亡秦。
至今千载下，贞女祠犹新。
东海有沧桑，斯坟无沉沦。
偶来凭吊生，悲歌当蘩苹。

吊赵烈女坟
傅光宅

一冢青山下，经过感慨深。
家贫依草莽，塞远对荒林。
正气来天地，芳名自古今。
崔嵬一片石，千载见贞心。

和　韵

朱国梓

残碣列贞迹，和诗敬服深。
生为婧处子，死表丈夫林。
不学何须问，古维自范今。
九关石一片，不转万年心。

和　韵

吕鸣章

孤贞一片石，凭吊引悲深。
洁骨凌霜色，丹精化碧林。
杀身逼视古，正气轶无今。
断臂堪同烈，哀哉赵女心。

和　韵

李集凤

不独姜坟古，闻风感倍深。
冰操一处子，霜烈入寒林。
英爽浑如昨，馨香直到今。
年年片石下，夜月对孤心。

角山登眺

陈廷谟

日出浑疑吐海鳌，沙边春浪涌洪涛。
倚阑遥向东南望，雉堞氤氲百尺高。

游蟠桃寺

刘允元

入口观不尽，登临趣尚多。
苍松环寺立，溪水绕村过。
月阔听山静，林深思鸟歌。
涛声疑海上，春雪压岩莎。

洞　　山

刘泽澍

半壁青峰插碧旻，纡回石蹬隔凡尘。
巨波沆瀁平如掌，深窟崚嶒险似唇。
法像雕橡舞觚燕，贤侯高冢卧麒麟。
眼前即是桃源径，谁向渔郎就问津。

‖ 卷之十 ‖

备 述 志

　　风土所宜，市廛所聚，王政所究心焉。表贤人之墓以防樵采，存二氏之宇以助儒修，至于触景会心，一草木、一泉石皆足资冥悟供幽赏，而景致特以撮其大略云尔。志备述。

土 产

土 石 类

白盐、土粉、红土、石灰、石炭、赭石、皮硝。

谷 类

粳、黍、稷、粟、粱、豆、稗、蜀秫、大麦、芝麻、荞麦、小麦。

木 类

松、柏、桧、槐、柳、椿、榆、桑、柘、椴、青杨。

果 类

梨、桃、杏、李、枣、栗、榛、菱、莲、来禽、藕、花红、樱桃、石榴、葡萄、藤枣、核桃、郁李、羊枣。

蔬　类

韭、蒜、苋、荠、葱、茄、芥、蕨、薤、赤根、瓠、萝卜、芜
荽、莴苣、白菜、芹菜、藤蒿、胡芦、花椒、蒲荠、胡萝卜、水
萝卜。

瓜　类

冬瓜、西瓜、王瓜、丝瓜、菜瓜、甜瓜、香瓜。

药　类

桔梗、苍术、黄芩、远志、黄精、防风、柴胡、紫苏、荆芥、知
母、升麻、麻黄、菊花、草乌、细辛、葛根、苦参、藁本、瓜娄、葶
历、兔丝、瞿麦、前胡、茯苓、朴硝、山楂、麝香、牡蛎、海蛤、蓖
麻、南星、黄柏、大黄、地黄、苍耳、百合、五味子、威灵仙、桑白
皮、益母草、马兜铃、赤芍药、金银花、地骨皮、金精石、小茴香、
白蒺莉、薏苡仁、郁李仁。

花　类

芍药、山丹、萱草、丁香、匾竹、凤仙、蔷薇、茨梅、石竹、金
盏、月季、玉簪、鸡冠、珍珠、蜀葵、罂粟、葵、菊、榴、莲、满条
红、转枝莲、落金钱。

羽　类

鸡、鹅、莺、鸭、燕、雉、鹊、鸠、雀、雁、凫、鹤、鹰、鸧、
鸽、鹳、鹇、鹘、雕、鸢、画眉、鸬鹚、青鸠、鹭鸶、鸳鸯、鹌鹑、
布谷、水鸭、天鹅、乌鸦、铜嘴、铁脚雀、黄鹂。

毛　类

马、虎、牛、鹿、猪、獐、羊、驴、麇、骡、熊、豹、狐、狸、
狼、狍、猴、野猪、山羊、兔。

鳞介类

鲤、鲫、鳝、鲞、鳗、鲥、青鱼、鳢、石首、鲛、石、鲸、白

眼、白条、鲁子、海胎、对虾、海蟹、蛎房、蛤蜊、蚌、蛏、鳖、鼋、海鹌鹑、海馒头。

虫 类

蚕、蝶、蝉、蜂、蛇、蝎、蚁、鼠、蟋蟀、蜻蜓、蜘蛛、螳螂、蝙蝠、蛲螂、尺蠖、鼠妇。

杂 植 类

木绵、兰、苘麻、线麻、椴麻。

元按：土产据旧志所载，有常产、有间生，弗为典要，即如鱼鸟之微，海胎、铁脚，关门美味也。海胎出于夏，至秋而肥。铁脚见于冬，至春而隐。然或早或迟，或多或寡，按志而求之，鲜有能惬其愿者矣。

集 市

一、六日期集在东罗城。

二、七日期集在南街。

三、八日期集在西街。

四、九日期集在北街。

逢五逢十期集在西罗城。

元按：此集期在城者则然，石门、海阳四十里之外，俱系抚宁，关志之所不载矣。然市井之间，隐曲之地，往往有开场赌博者，愚幼子弟，一为所诱，辄狼狈不振。夫赌者，盗之阶也；小盗者，大盗之渐也。当事者欲弭盗，先禁赌，不可不亟留意焉。

丘 墓

明巡按陕西监察御史、前翰林院庶吉士郑公己墓，在西北山麓，离城八里许。

明进阶朝列大夫、福建按察司金事、前兵科给事中萧公显墓，在北门外角山之阳，离城五里。

明兵部左侍郎、食从一品俸、赠工部尚书詹公荣墓，在南门外长城西畔，离城六里。

明陕西行太仆寺少卿刘公复礼墓，在西北，离城五里许。

明陕西秦安县知县萧公大谦墓，在北门外角山之阳，离城五里，金宪公茔侧。

明辽东广宁道兵备参议冯公时泰墓，在西门外丁武寨，离城十里许。

明赠中议大夫、大理寺左少卿刘公思诚墓，在北门外角山之阳，离城三里。

明朝议大夫尚宝司卿程公继贤墓，在西北，离城三里许。

明云南广南府知府詹公廷墓，在南长城右畔，离城六里，尚书公茔侧。

明挂镇朔将军印、蓟州总兵官刘公渊墓，在红瓦店，离城十里。

明骠骑将军、后军都督府都督金事、南部副总兵官吕公鸣咸墓，在北门外角山之麓，离城六里。

明荣禄大夫、左军都督府都督同知、辽东分练镇总兵官王公廷臣墓，在南门外，离城七里许。

皇清诰赠大中大夫、光禄寺卿吕公鸣夏墓，在北门外角山之麓，离城六里。

皇清诰赠朝议大夫、礼部仪制清吏司郎中、加从四品余公崇贵墓，在城西北尖山之上，离城八里许。

皇清诰赠中宪大夫、山西汾州府知府加一级刘公慎墓，在西北，离城三里许，囧卿公茔侧。

元按：志有载丘墓之例，非表其贵，表其贤耳，然有不胜载者焉。至于都督王公先朝殉难忠臣，非本境人，但墓在境内，未可遗也。

寺　观

崇兴寺　在西罗城。

栖霞寺　又名栖贤，在角山巅。先达萧公显、詹公荣并近年程君观颐，俱读书其中。

团云寺　城西北十五里。

圆明寺　城西北二十五里。

蟠桃寺　城西北三十里，先达冯公时泰、刘公复礼读书其中。

后角山寺　三道关西。

温泉寺　城西三十五里，有温泉因名。

广嗣庵　西关厢外，祀白衣观音。

五泉庵　城西北十五里，中有五泉因名。

女贞庵　城内东北隅。

观音阁　北瓮城内。

三清观　在西罗城北门外。

普济庵　在镇城西门外。

地藏寺　一在北门外，一在西罗城。

文殊庵　一在石河西，一在欢喜岭。

慈愍庵　在镇城西街。

元按：二氏设有专司，于以约束门徒，祈禳水旱，亦不可废。迩来其教浸盛，细民之家、屠贩之流，一遇丧葬，必作三昼夜道场，放炮扬幡，震动间里，海诿滋惑袤僭殊甚，昔贤常禁之，斯亦不可不杜其弊也。

景　致

悬洞窥天　三道关右崖半有石如覆盂，内可容数十人，二孔直通天光，中有一仙字，不知何时所镌。

瑞莲捧日　角山顶将晓，遥望海中日出，红云四拥，恍如莲座，日升则座沉矣。

山寺雨晴　角山寺云雾聚散不时，或半山间大雨，其上晴明，若别为一景。

海亭风静　亭构海口最高处，海风时吼，四面扬沙，独亭中间净莫觉，今更建为楼。

姜坟雁阵　姜女坟四周皆水，微露顶面，冬水稍涸，又冰滑不可登，惟飞雁翔集其上。

秦岛渔歌　岛于立夏后，棹舟捕鱼，一时聚小艇数十，逐队上下，随波出没，晚归，渔歌互答，陶然剩有佳趣。今禁海，犹有寺宇可供临眺焉。

屏峰春盏　从洞山口入，群峰四面如列屏障，至春深日丽，紫翠交映，景物不容尽状，名曰围春山者以此。

石溜冬温　去平山营北，水自石隙中流出，虽隆冬犹温，可浴。

茶盘积雪　茶盘山高冠诸山，上有古刹仙迹，阴崖积雪，历夏不消。

桃峪停云　蟠桃峪三面皆山，禅院清幽，园林葱郁，云行其间，为之停留不去云。

元按：关门山川之胜，景物何胜记载，但年来多虎患，游揽之兴为之索然。石门文游府兴明手刺一虎，蒲河宁都阃忠怀前后力戕二虎，关门满洲诸公城北射杀一虎，城西射杀一虎，近患少息。乌菟雉兔，庶几可优游于乐郊矣。

卢龙塞略

明·万历三十八年

‖ 目 录 ‖

卷之五

卷之六

卷之七

卷之八

卷之九

卷之十

卷之十一

叙

　　余曩抚上谷，则闽中郭汝承来游，谈其尊人海岳先生所著《燕山古史》《蓟略》《永志》可数百卷，洋洋缅缅，皆关边陲战守所宜。余闻之意倾。时兵使者孙方伯前守永平，故所邀先生志永者，乃出所携锓本示余，博而核、娴掌故，而晰于疆场，盖筹边之龟策，匪直载记之信史也。已征其《燕史》《蓟略》，云："未杀青，副在帅幕。"余怀之。余十年，所起督蓟门，檄视故府，则报漫漶不复有存者矣，为之低回太息。会汝承再游至蓟，问之，家塾有遗编，腹笥有梗概也，遂留之署中，重钩纂焉。本诸《永志》，参以《史略》，节缩成书，总曰《卢龙塞略》。为汇十，首以图经、次以谱表、曰纪、曰传、曰考、曰议，以至厄塞夷译，棋置胪列，恍如借著。先生也者，论次弥确，而征塞上之情形弥综，而具文章经济，父子间源流固然哉！乃能成先生之志者汝承也。不佞卒业，欣然亟为之授梓人而辄窃有所慨。夫蓟守辽战畏此简书，卢龙当蓟辽之交，战守莫具于是编。第自谭襄敏、戚都护去蓟，浸失其初。迩河流之已事可覆已。辽方麇宵旰东顾，忧疆臣惹惹无以称塞阃外万一。顾诚安得如先生言，和必先伐，伐必先谋，谋而服之，伐而克之，以和以守乃永不失，则亦何忧夷虏哉！此余不佞所黾勉从事，愿策两镇将吏以副拊髀未能也。回环先生言，余滋愧矣。因书之以弁简端。

　　万历庚戌仲夏之吉，赐进士第、资善大夫、奉敕总督蓟、辽、保定等处军务，兼理粮饷经略、御倭都察院右都御史兼兵部左侍郎　新城王象乾书。

小　叙

　　海岳郭先生所为《燕史》，无所不囊括，卷帙甚多，缩其半而为《永平志》，而世犹不能尽传也。伯子孝廉君又缩而为《卢龙塞略》，盖仅存十一于千百耳，而于塞上故实、山川厄塞、甲兵钱谷、夷虏情形、诸战守具，靡不胪列，一开卷而塞事了如指掌，非但有裨掌故，抑亦筹边者所宜知也。今九塞所急惟蓟与辽，而卢龙介二镇之间相为轻重，谋蓟者不忧夷而忧虏，谋辽者不忧虏而忧夷，卢龙兼之，此非一面之利害也。故举卢龙而辽蓟可睹矣，举辽蓟而诸边亦约略见矣，嗟夫！吾安得起郭先生而与之论塞事哉。先生在塞下久，所著又有《碣石丛谈》，孝廉将并梓之，而余为引其端如此。

　　赐进士出身、资善大夫、礼部尚书兼东阁大学士　同邑叶向高撰。

略

　　家先生之游蓟门，先后一十六年，所挥麈谈塞上事甚具。戚少保公多用以决策。今台隍屹若天险，则家先生与有画云，少保尝属先生为草《燕史》《蓟略》未竣，而少保去，后帅无能竟其绪者。会东粤叶大司马公时部永平，谋诸太守孙公辟先生纂郡志，永平故唐卢龙军，今属蓟帅，因以史略什五入焉。靖难以前则原乎燕，永乐以后则苞乎蓟，诸凡战守所宜，已事成败，厄塞戎索之要，晰如列眉。书成镌播，识者颇称综核。而后守至，猥云帙繁不省也，庚属诿闻铲削殆尽。置此高阁，良可永叹。夫无征弗言也，有言弗遗也，言而征何病于繁，已而，朝修正史欲征蓟事，谓非郭先生所纂《永志》莫详也，下所部问先生故所纂今安在，其书始乃复出。噫，嘻！郡有掌故，职在司存。宠也何知而敢喋喋！惟是史略，封疆所系，倘复岁久，竟惮帙繁弗克表厥论次，以裨当塞帷画，则曩先生所称少保忠计欲以编摩示后事师，何用是惴惴惧谬？从故志重加纂述，录其关于边政者别为一书，署曰《卢龙塞略》，上之司马幕府庶备财择，托以千秋。且宠也闻之，卢龙塞昔在汉南，今三之一入我版图，它故宁藩旧封朵颜牧之，中山开平遗烈犹在，具是书矣，倘亦仗钺有遐思乎？则宠私为家先生规不朽，而公为当宁东顾赞一筹也，敢告军正比于优史。

　　万历庚戌正阳月朔，福唐郭应宠薰沐勒于檀幕之具美堂。

图　引

　　蓟镇苞渔阳跨卢龙塞古燕域，汉扰于乌桓，晋乱于鲜卑，安史叛乃有藩镇，藩镇争乃入契丹，契丹强而女直（真）胜，女真横而蒙古兴，不耀光明者四百五十有七年。惟我二祖丽以天日，比于三辅，而控幕南，壮哉！神都之首塞乎！然自开平徙大宁，捐兀良哈，我之耳目虏向导焉。治则今之贡关，乱斯古之战垒矣。敢告司戎，尚慎旃哉！

　　图（见后图 1—2）

　　郭造卿曰：岩岩都山，北平之镇，左无闾，右大行，皆入我版图，而此虽在龙塞外不出我藩篱，其水皆内入，而朝宗于海，亦鲁之东蒙，当颛臾主之矣。今朵颜夷岂宜主而旅之哉！我太祖有令，外夷山川附祭。各省之次则望祀之，礼郡所当修者，兹余于塞外而图之意也。倘有慨然复规大宁乎，岂不甚壮！第揆时审势，谈何容易已！所以每扼腕于榆川也。

　　图（见后图 3—27）

　　郭造卿曰：图边疆者难乎哉！余十年居塞上，阅旧图多矣，以总理之综核，独此未成而去，沿边五六易稿，边外未之见也。既余伯子遇卿奉军檄图蓟及昌，今吴武学京所刻是也，原任王总兵又图之矣，大致厄塞未曲尽，矛盾犹不免焉。其人率不尽躬阅而取成于边史，且致期有稽未尝优以岁月，故贤者亦不免塞责，岂尽奉檄之罪也与哉！兹第于故图稍补正以备观览云。尔如其通镇曲折，具在《蓟略》，俟更详之。若夫内夏外夷古之制也，不谙其出没之区，何以诘边将而握机宜？夷中地内外拨故无全图厘之，自余稿亦五六易焉。盖必虏营如在目中，则武筹运之掌上矣。

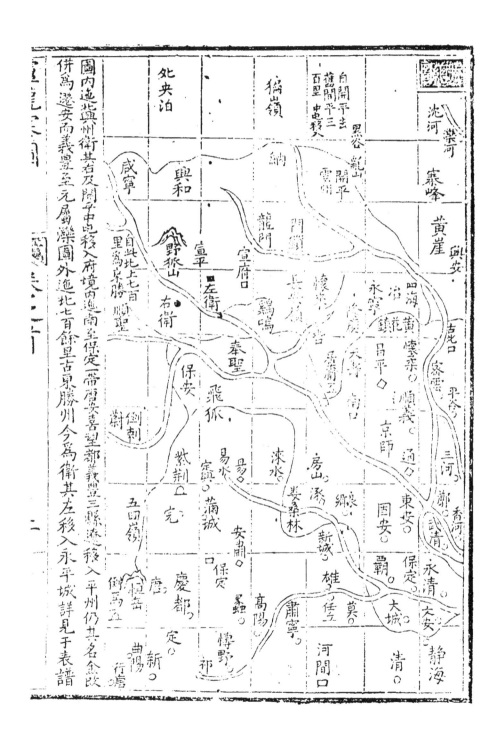

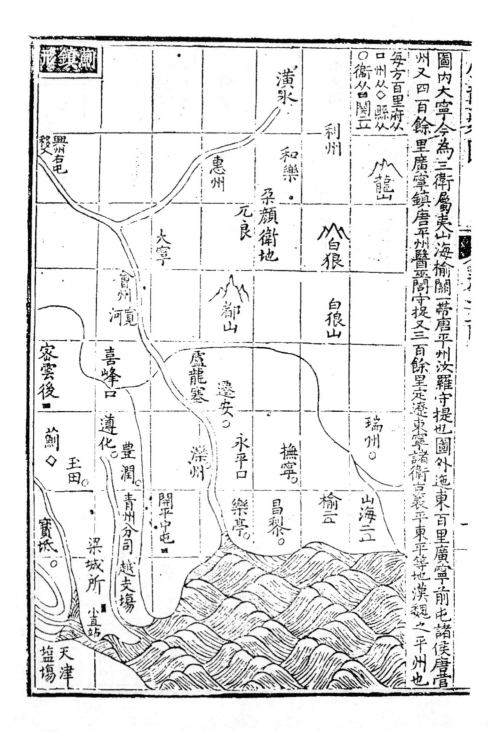

图内大宁今为三卫属乎夷山海榆关一带自唐平州汝罗守提也图外迤东百里广宁前屯诸侯唐盧州又四百余里广宁镇唐平州医无闾守提又三百余里定辽东宁诸卫吉襄平东平等地汉魏之平州也

薊鎮圖

漷水
　　　利州
　　和樂　　　　　龍山
惠州
　　柔顏衛地
　　元良
殺　州右屯　　　　　　　白狼
大寧　　　　　　白狼山
　会州　　郁山
　　河覽
密雲後　喜峰口　盧龍塞
　　　　　　遷安
薊　　遵化　　　濼州　永平口
玉田　豊潤　　　撫寧　瑞州
　　　青州分司　開平中屯　樂亭
寶坻　梁城所　越支場　昌黎　榆
天津盐場　宜站　　　　　　山海

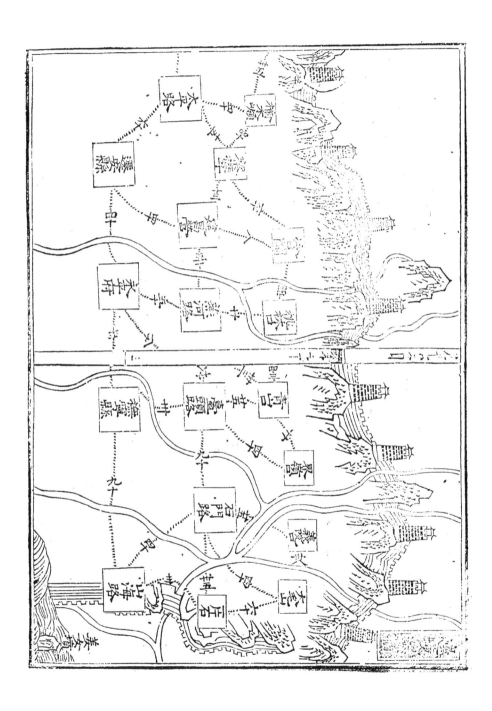

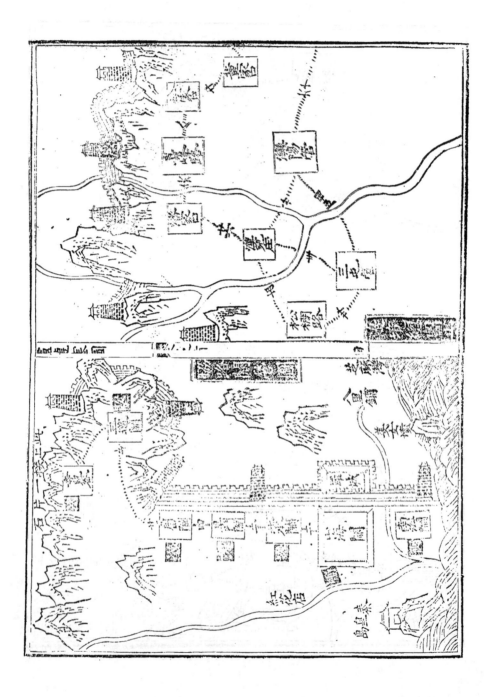

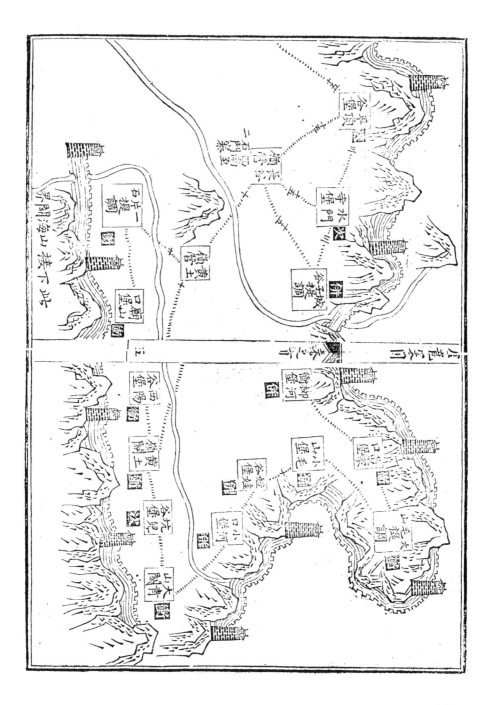

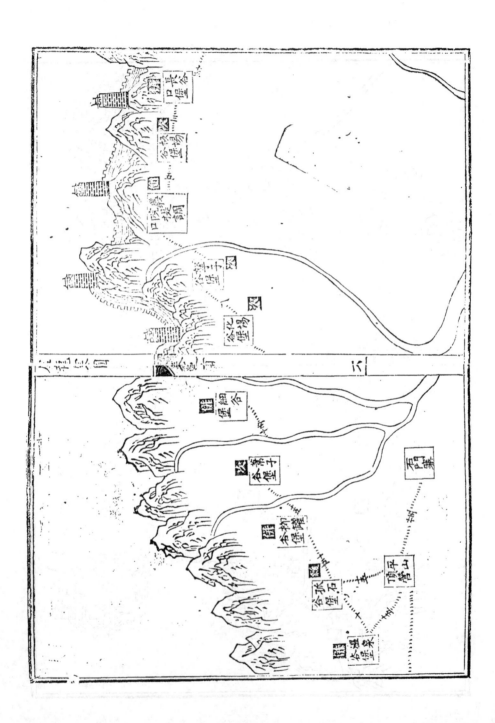

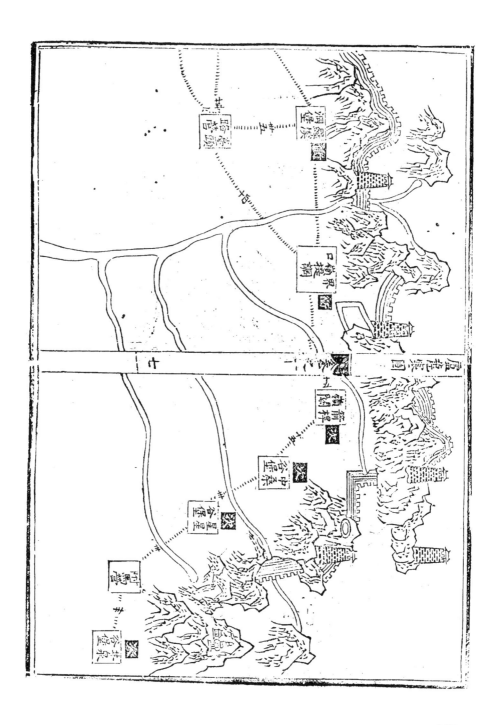

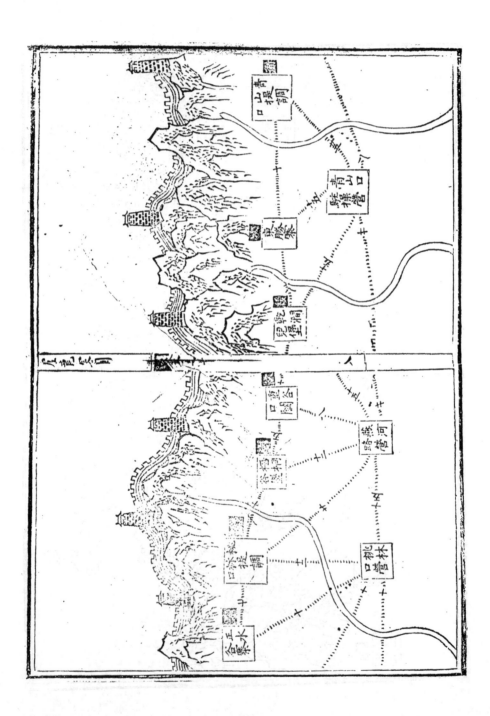

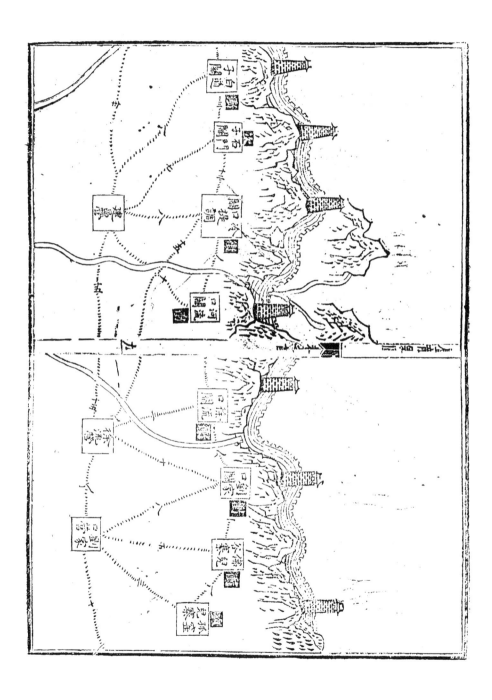

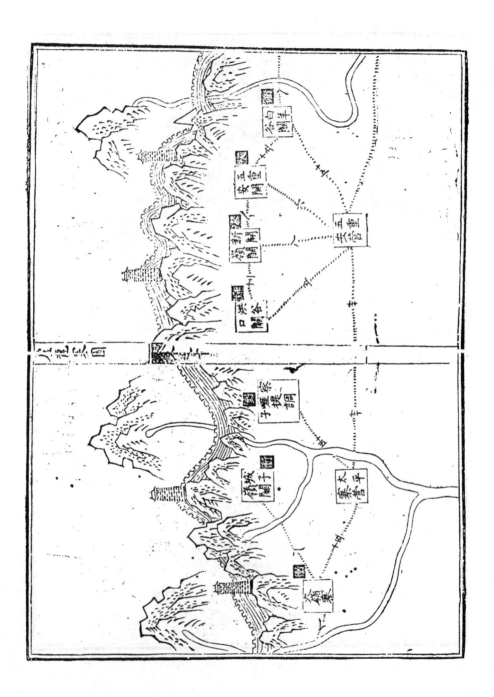

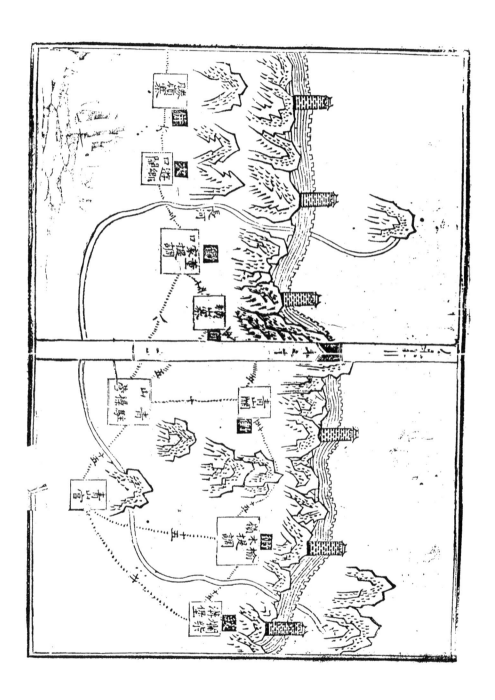

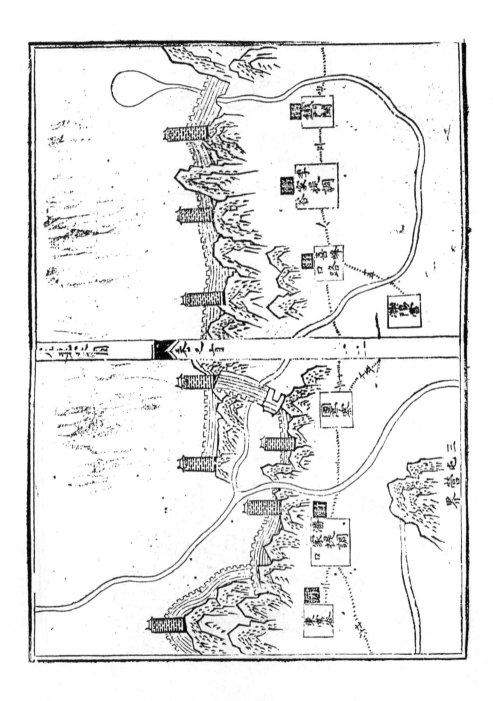

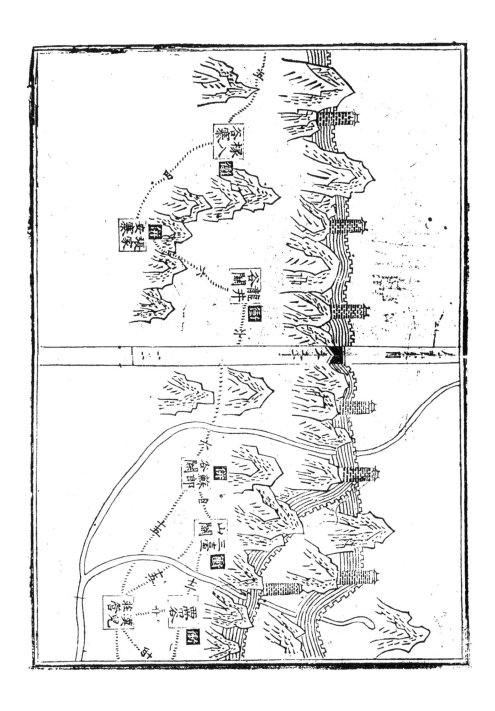

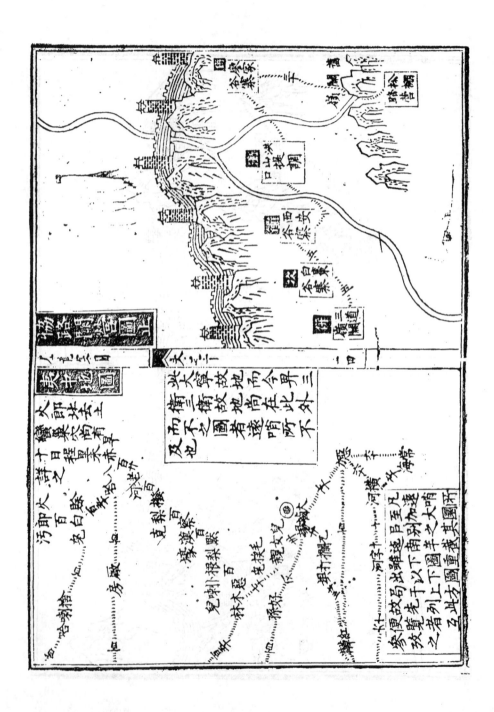

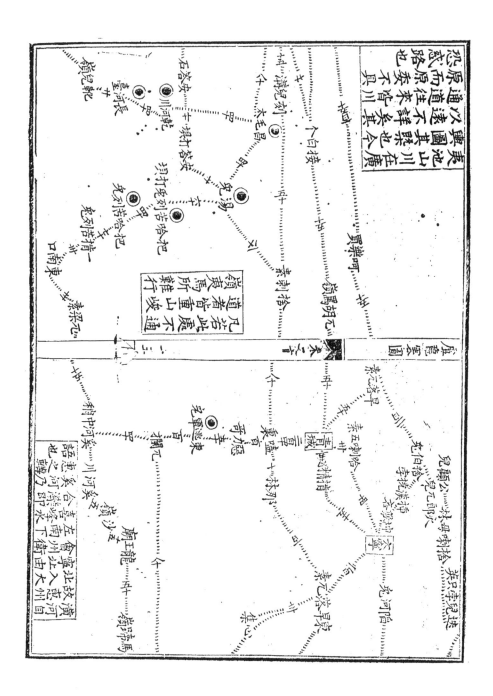

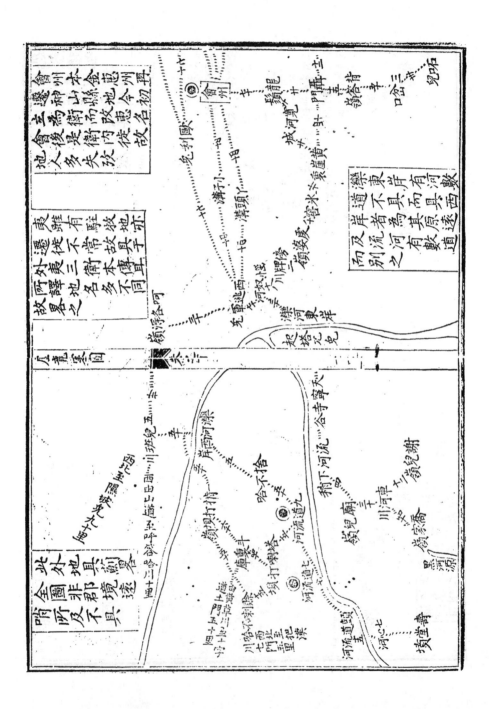

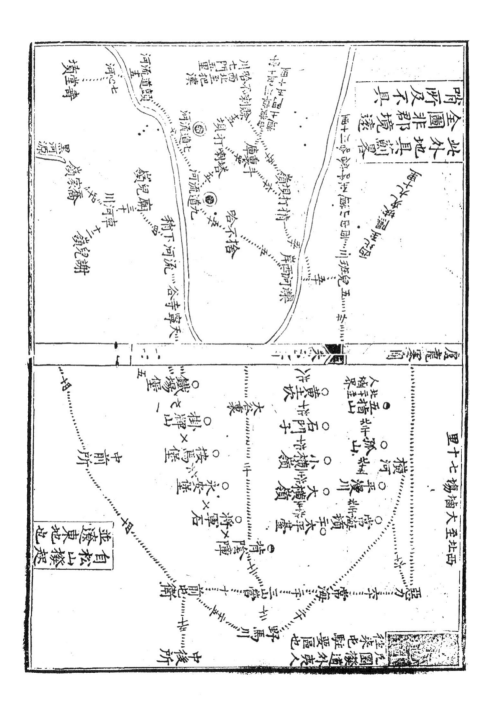

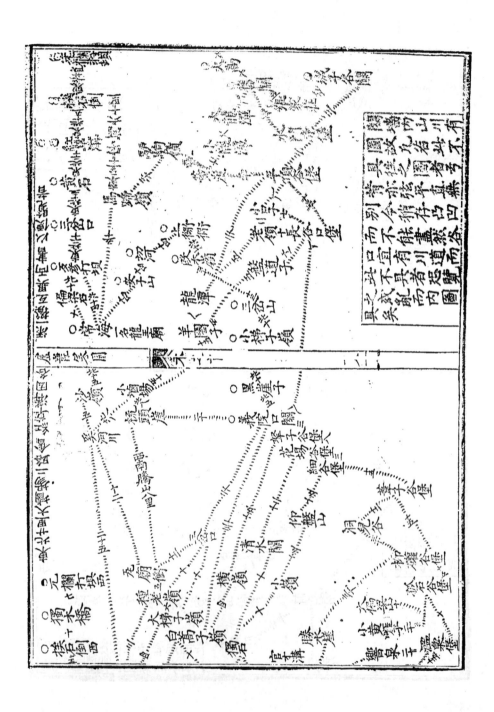

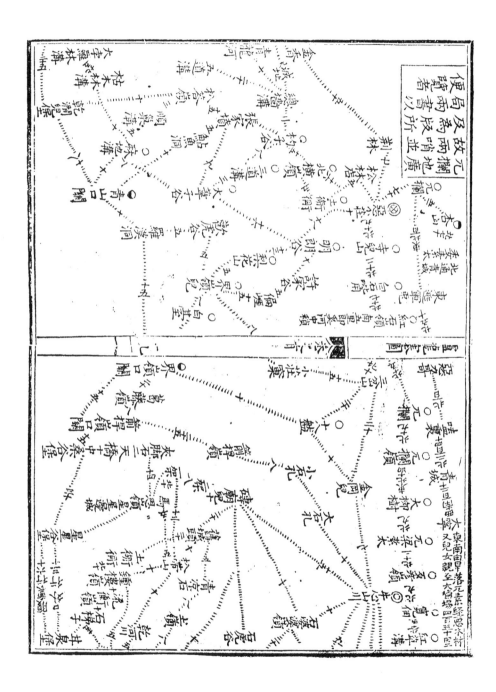

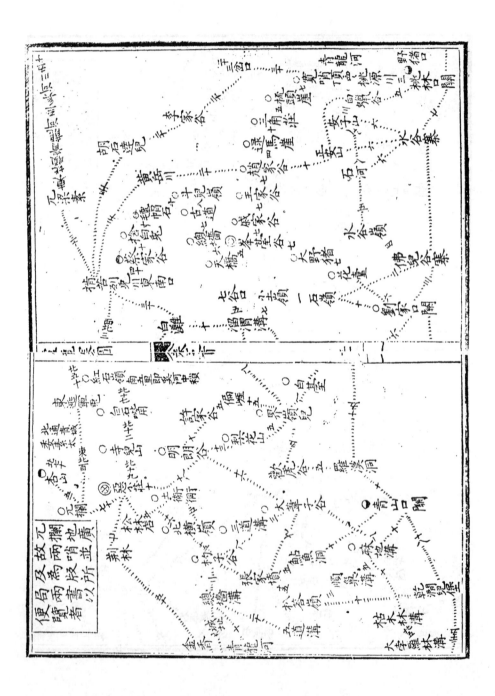

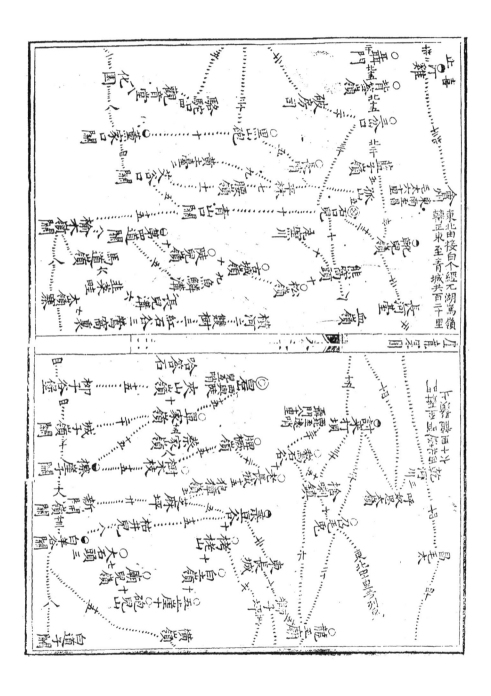

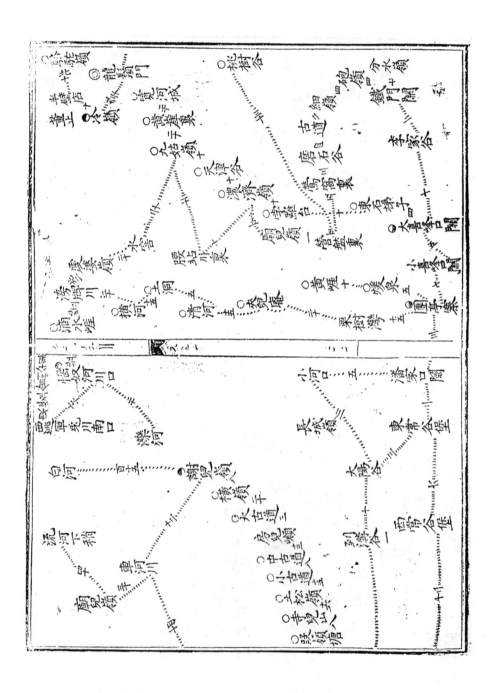

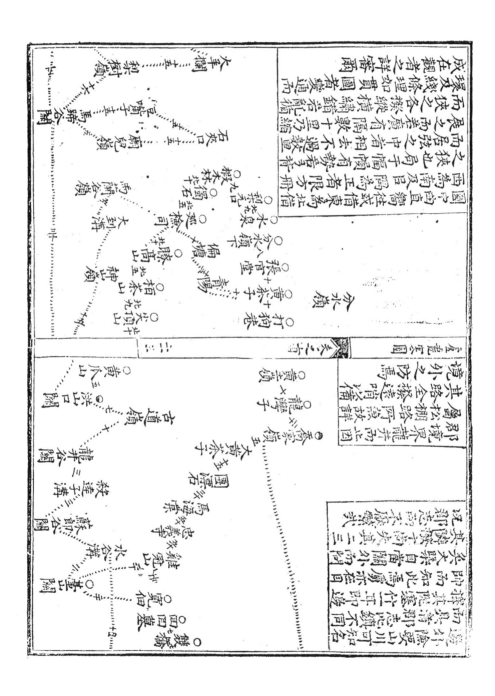

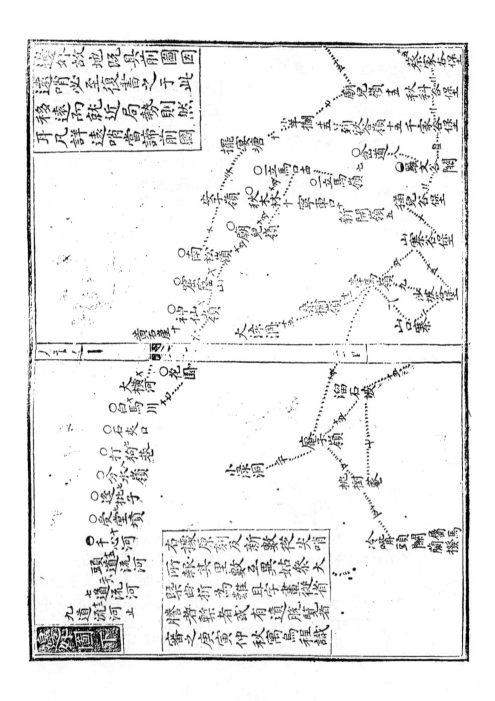

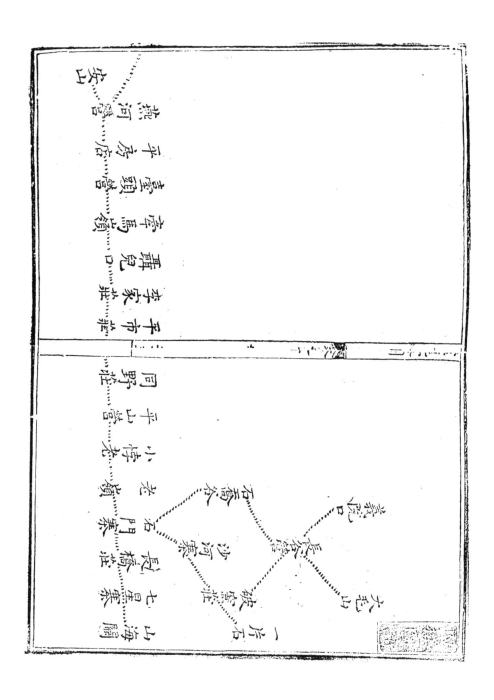

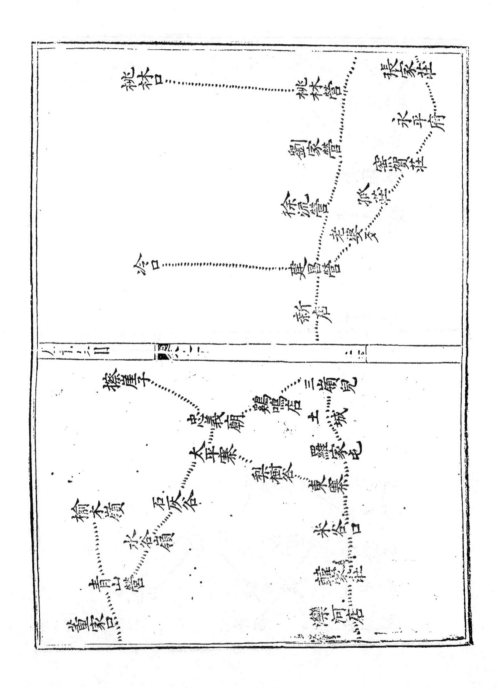

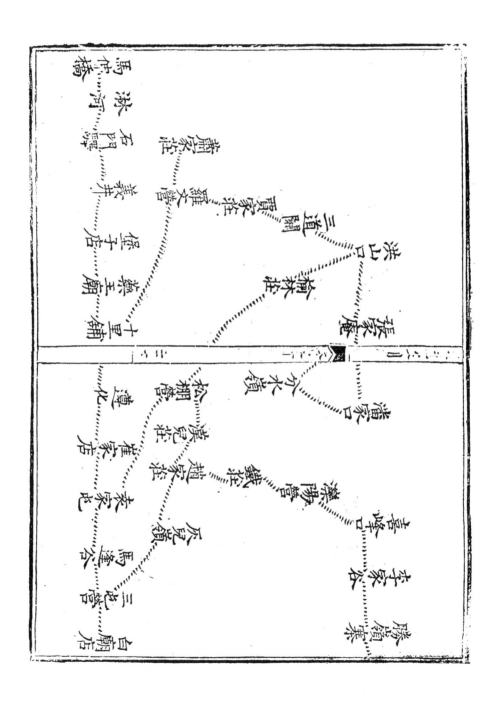

‖ 卷之一 ‖

福唐郭造卿建初著　男应宠纂

经　部

守略经　古

守在四夷者，有道固有然矣，其次则守四境莫不以和为上务。然善和者必先伐，善伐者必先谋，谋而服之则不伐，伐而克之则不和，和而守之则不失，盖善伐其谋故也，春秋于三戎是矣。燕之先王善守国，盟会不通于宗周，而史虽不之详，其时势可概也。至汉初，史氏疏于世家，事多略焉，淯没者百世。余悯而订之，先阙而慎，次考而征，乃表其伐、乃议其谋、乃尚其和、乃取其克，为六篇示守者。

阙　慎　篇

子言：桓正仲之力矣。《管子》书多谲，故孔门无道焉。《牧民篇》简明，它若是其甚乎，然《纪年》悖于《春秋》，轻重尤为附会，故于疑存之而罔者辨焉。桓公欲北举事孤竹，管仲告以御神用宝，北郭有堀阙得龟者，此验数百里之地也，今过之平盘之中，君请起十乘之使，百金之提赐若服中大夫，曰：东海之子类于龟，托舍于若，以终而身，劳若以百金之龟而藏诸泰台，一日而衅之以四牛，立宝曰：无赀，将伐孤竹。丁氏之家粟可食三军之师五行月，召丁氏而命之曰：吾有无赀之宝，吾今将有大军（事）请以宝为质，以假子之邑粟。丁氏北乡再拜，入粟。归革筑宝（室），赋籍藏龟，龟中四千金，乃北伐之孤竹。未至卑耳之溪十里阔然止，瞠然视，引弓而未敢发，谓左右见是前人乎？不见也。桓公曰："寡人见人长尺，而人物具焉，冠，右袪衣，走马前疾，事其不济乎？寡人大惑，世有人若此者乎？"管仲对曰："臣闻登山之神有俞儿者，长尺而人物具焉，霸王之兴，而登山神见，且走马前疾，道也，袪衣，示前有水也，右袪衣示从右方涉也，至卑耳之溪其水曰辽水，有赞水者曰从左方涉，其深及冠，从右方涉其深至膝，若右其大济。"桓公立拜管仲于马前，曰："仲父之圣至若此，寡人之抵罪也久矣。"管仲对曰："夷吾闻之圣人先知无形，今已有形而后知之，臣非圣也，善承教也。"春往冬归山中无水，用隰朋言堀蚁壤而得水。迷惑失道，用管仲言放老马而得道。凡此疑而存之也。言燕紫山白金是则其所有者，以辽东之煮，为阴王之国，燕时隔山戎，安得煮辽海？齐有展渠未煮，至仲乃请之煮，则是时或辽以是求货，及预言其可煮，若立宝假粟或兵家权谋所有。但以桓公问制衡山之术，仲教以贵买。衡山械器，燕、代、秦、赵必争之。衡山君令买再什以上，民释其本，修械器之巧。齐即令隰朋漕粟于赵，天下闻之载粟之齐，齐修械器十七月，修粜五月即闭关不与衡山通，燕、代、秦、赵即引其使而归。衡山械器尽，鲁削其南，齐削其北，内自量无械器以应二敌，即奉国而归齐。夫桓公之时赵为晋大夫，安得与齐而通漕？此必策士所窜入，若谋孤竹、离枝或备吴之袭于海上，其曰桓公终北举事于孤竹、离枝，恐越人之至。管仲请君过原流，大夫立池沼，令以矩海为乐，民能游者赐千金而谓之水豫。越人果至。隐曲菑以水齐，管子有扶身之士五万人，以待战于曲菑，大败越人。是时吴未通于上国，越安逾而袭之？其事无征不足信。所谓罔者辨之也。

考 征 篇

北戎之见《管子》而为北州离支者，考于时有三，考于事有三，盖《经》伐三戎相去各一纪，山戎二年狄始伐邢，又二年入卫。齐迁邢，卫避之，惟召陵服楚子，首止定王室，五年间少止寻伐晋以尝齐，齐盟葵丘。未几，次春灭温于王畿，炽矣。第间于晋未轶侵齐，晋不与葵丘之盟其得与之北伐哉！唯燕与山戎则莫敢我遏，故夏北伐乘其间耳。《管书》伐令支在召陵后为七年矣，其时可考一也。《新书》桓始伯，翟侵燕，为之北伐，至孤竹反，是伐山戎在初霸也。《管书》以宝龟质粟丁氏，不敢受，公曰："寡人老矣。为子者不知此数，终受吾质。"逾六年而公卒，则伐孤竹在末年矣，其时可考二也。《韩非子》伐孤竹春往冬返，盖伐虽在夏，其往以春，而返则冬矣。经是冬大雨雪，故至于迷途。若伐山戎则秋冬往，管书得冬葱，而以春夏还，乃六月献捷于鲁耳。虽物类时令亦有足证者，当夏乏泉则渴，故就蚁于阳穴，冬大雨雪何乏之有，马十二齿老矣，非再过而知道乎，其时可考三也。《左传》狄入卫庐于曹，齐使公子无亏帅车三百乘、甲士三千戍之，管书大侯车二百乘，卒二千人，小侯车百乘，卒千人，则其数合矣。令支既侵代而不救卫，伐之，其事可考一也。《左传》谋山戎于鲁，实惟齐人伐之，自献捷后，管书五年而诸侯附以败狄，北州侯不至，告南州侯于召陵，许男与盟召陵，又盟于首止。楚围许，齐救之，又盟洮及葵丘，故许独报之伐，其事可考二也。《齐世家》曰：遂伐山戎至孤竹而还，管书云然，山戎既走，孤竹或服或逃，以胥后举耳。《国语》北伐山戎、刺令支、斩孤竹而南归。《世家》伐山戎、离枝、孤竹，皆将封禅而总叙之，即管书伐令支过山戎之事，而书不及山戎，专言乎北伐也。时山戎已服，凯旋而过之矣。若谓孤竹皆山戎何为比而言之乎？盖无终为山戎；令支为北戎。孤竹为与国，初党山戎则问之，又党北戎则灭之，为其反覆不悛耳。然虽流于戎皆为北州侯，其事可考三也。夫管书杂审不少，兹其存而足征者焉，其可为后师者。奉其遗策足术耳。

表　伐　篇

齐人伐山戎，其传者不一。有曰：齐人者，齐侯也，内无因国，外无从诸侯，而越千里之险北伐山戎，危之，何善乎？尔燕、周分子也，职贡不至，山戎为之伐矣。有曰：人何讥也，以为好武功之戒。

伐楚何美之，退师召陵责以大义，不务交兵而强，楚自服耳。噫！嘻！齐人伐戎不传其事，予耶、讥耶！此人则讥之，彼人其不当伐耶？于遇、于伐、于捷，书之重其事矣。倘如管书及传记，非诬，是急病恤邻，伐而不有且割地与之，使修其职贡，而献宝器于周公庙，大于责楚，次陉许屈完盟多矣，谓其夸捷威邻非礼也，不亦可震诸戎而服之若楚乎！如以山戎远而楚不为近矣，楚侵郑为内地当伐，则病燕岂外国而不急之乎，若人之讥凡人之皆讥矣，而凡称齐侯不皆与之乎？但非天吏无义战则楚与燕孰善？其不务德而勤远略，南北无彼此可也。至于北戎书齐侯许男伐之，盖仲善谋而公善用。伐戎次第无非善举，燕蔽山戎，山戎蔽北戎，山戎党之，燕不能御乃敢越境以勤齐戎，故为燕伐山戎因至孤竹图之，山戎既服，而燕德我。虽不侵我，代亦将报先世役，况乎师以此名，乃今不得反之耶？乘世愤而援服国，连诸侯而惩恶党，燕藉安枕席，戎藉固藩篱。书侯、书男其予之乎？次年使管仲平戎于王，使隰朋平戎于晋，仲至受卿礼之飨。此年征诸侯成周者二，而《经》未尝书，则平之、成之，其与伐孰重？且舍是非攘矣。乃说《春秋》者讥齐桓，而记《论语》者予管仲，或阳予以言，而阴讥于书乎？书之谓讥，实不敢知。

议 谋 篇

桓公谋服代，管仲曰："代，狐白之皮，应阴阳之变。六月而一见，公贵买之，代人忘其难得，喜贵买，必相率而求之，去其本而出入山林之中。离枝闻之必侵其北，代必归于齐。"桓公即令中大夫王师北将人徒载金钱之代谷之上，求狐白之皮。代王告其相曰："代之所以弱于离枝者以无金钱也，今齐乃以金钱求狐白之皮，是代之福也，子急令民求以致齐币，寡人将以来离枝之民。"于是代人果处山林之中，求二十四月而不得一。离枝闻之，侵其北。代王大恐，将其士卒葆于代谷之上，愿以下齐。齐未亡一钱币，修使三年而代服矣。夫代之僭王大抵穆王后也。周室愈微，远国愈肆，各自僭王，天子不能讨，方伯不能伐。至幽厉而周亡，荒服近夷染夷俗。道隆服而洿先叛，故东南莫远于楚、吴于越，西北莫鄙于戎、翟、义渠。春秋吴楚于越首先僭王，而西北亦有大戎王、小戎王、戎翟王、义渠王之号。代之僭王亦此时也。故各凭陵为中国患。桓公之功在乎尊夏攘夷，管子之谋主于安内宁外。是故包茅之辞既奉，则孤竹之师行，孤竹之师未行，则服代之谋就。其次第犹可想见，所以一匡为盛。然则狐白之诈非欤？先王待诸侯也，不祭修意、不祀修言、不享修文、不贡修名、不王修德，序成而不至则修刑，于是有刑法之辟，攻伐之兵，征讨之备，威让之命，文告之辞。是以近听而远服。代之不率，岂其不可文告而必为是谋以中之邪？于戏！仲尼之门羞称五伯，以此按代人之言，然第以代服齐，以庄王时桓未伯，无足征其厘惠之际乎？

尚　和　篇

世言和戎自魏绛始彼会潜、盟唐，《春秋》书以讥，为不当与我等，而若我列国云尔。齐桓平戎以和王室，书平者五，皆不之及，岂为徒解戎难不能声罪以讨乎？然和有不同，无终之利在我，而竟败于大卤，则其信不可恃矣。故可和而和，可战而战，绛舒世济其谋，未尝至于误国。《左传》《国语》记有详略。《左传》九合利五，《国语》七合利三。合者以会，五年之救陈，十年之伐郑，谓会非欤？四利绥德，则息兵而不徼，五利时田，则内敕而不荒，其和可固而利可久。去斯二者失其本矣。且绛和居中国者，因贡请而与盟，后乃贡请于塞外，至帝王为之虏，故反为五害而最大者二。绛曰：土可贾后则以土贾之。绛曰：戎狄事晋后，则以晋事之。自辽而金、元，中国覆于一辙。世之以和误者在宋为最舛矣，其寇皆山戎遗区，晋利而宋祸，则宋主和者非绛之罪人乎？当时之燕居其间，大势可概见已。齐人于东北以伐无终、令支、孤竹，晋人于西北以平大卤、代谷、林胡，我独战而不能，有附则无不重，故未尝苦戎兵耳。且能日辟疆土必也，善和乎不但能守矣。至失代险不能声罪，托复仇以争之，犹偷安二百余年，自苏秦入约从而称王兵交，中国无复宁岁。和战失利六世而亡，尚能却胡开五郡，宁非齐晋之遗烈耶！

取 克 篇

管九合不以兵车何北伐绝险，乃束马悬车则攘戎，未尝不以也。至晋而毁车，难免乎讥矣。夫知北戎情状，无过公子突险，野人为主易，野车为主逐，而至于大奔必也，覆之厄乎，袤戎师卒其主但不皆卒及毁之耳。说春秋者以太原在禹服内，狄侵晋斥之正矣，过在毁车崇卒以谲使，车战法亡争诈以相尚，而非为王师。夫戎自穆迁之太原，宣薄伐而历幽平，居中国入王城，以桓文之烈未弭无有败于境上，乃苟吾之捷君子何讥焉？古杀人亦有礼，故车战必以法，或奉觞加璧，或免胄趋风，可以死为请矢，可无死为扣轮，虽伯国之志在争城争地，未尝掩人不备而迫之于险，如此至戎狄之侵，云合乌散轻进易退，于是我车之雍容不足当彼徒之栗疾，遂至舍我之长技其非以兵予敌乎？故必设覆以诱之，未陈以薄之，然后可以必胜。而不恤车战之法亡，然嫛人斩徇律则严矣，苟吾从舒克则和矣。且三五不车而陈，至奇胜势则然耳，矧曰舍之法具在焉。汉魏军制五车为队，仆射一人，十车为师，率长一人，凡车十乘将吏二人，多多仿此。《曹公新书》云：攻车七十五人，前拒一队，左右角二队，守车一队，炊子十人，守浆一人，厩养五人，樵汲五人，大率苟吾之旧法也。李靖以今法参之，跳荡为骑兵战锋队，步骑伴骑队兼车乘而出之，西讨突厥，越险数千里，岂因其崇卒而法尽废哉！若毁车为罪，经必书之矣，乃不与乎大卤，其将以与陈涛斜乎？

郭造卿曰：燕初之于戎也，不能专伐而伐，以齐不闻讲和而和，以晋乃守之坚且久，竟以间却胡而开郡焉，则其伐以谋而克在和矣，敢问今之守者其能然乎否耶？

‖ 卷之二 ‖

福唐郭造卿建初著　男应宠纂

经　部

守略经　今

蓟镇庚戌后，庙算以守为经，其为筴甚坚，守臣禀禀恪遵焉。夫汉以飞将军守北平，其私擅杀霸宁尉且以玺书劳之，将军岂不鹰扬而为天子守哉！堤溃器漏幽牧有箴，营州之制非失筴也，是后失之乃为藩镇，而其制尚行，至不行则非中国而夷狄之制，辱我华夏矣。匪我大明兴其孰制之哉！历世所饬守者，其为制则密矣。

大明命中书赏赐北平等处军士，敕：朔漠多寒，未秋劲风先至，朕戍边将士必挟纩以重裘方度岁寒，其北平、永平、大同、山西、陕西各处官军御寒之衣早为之计。今六月将至，比使抵所在给与之，则草木黄落雁南宾矣。上、中、下赏赐火速发行毋稽（洪武）！

敕总督军务都察院右都御史兼兵部右侍郎。朕受天明命，君主万方。内夏外夷，无不欲其得所。昨岁北虏疑关乞贡，议者纷纭，可否互异。朕方欲广并包之仁，故不责既往，纳其款献，授以官职，许为外臣。然夷狄之性叛服不常，制御之方自治为要。况蓟镇地方逼邻东虏，今俺酋虽称款顺，土蛮尚尔陆梁，桑土之防倍宜加慎。近该辅臣建议请降敕谕，申饬各镇文武诸臣，及时整理边务，诚为安攘至计。兹特谕尔，除职掌所系照常修举外，乘今边患稍宁，严督镇巡兵备等官，将一应战守事宜着实整理：撙节费用务有赢余；训练兵马务皆精壮，召种屯田务广储蓄，清理盐法务使疏通，哨探虏情务得端的，调遣应接务中机宜，援兵虽不可骤罢，亦要设法练集土著以图战守，墩台虽已行修筑，尤须多备守台器具以资捍御。若事有不便应合改弦易辙者，亦须明白具奏请定夺，毋得拘泥陈说因循自误。以后每年听行边大臣查核纪验，果能事事整饬著有实绩，比照擒斩事例重加升赏；如蹈袭故套推诿误事，即照失机从重拟罪。尔为督臣，受兹委任，宜殚竭忠谋，悉心区画，务俾边政修举，日胜一日，御虏之算，万全无遗，斯副朕付托之重。如或怠玩废驰以致偾事，责有所归，尔其慎之，慎之！故谕。（隆庆　万历）

敕总理练兵总兵官整饬边务

目今北虏款顺，边患稍宁，正宜及时修举边务，以图久安长治。蓟昌密迩京师，通邻东虏，今俺酋虽称宾服，土蛮尚尔陆梁，桑土之防倍宜加慎。近该辅臣建议，请敕申饬文武诸臣，诚为安攘至计。兹特谕尔：乘今警报稍息，督率大小将领等官，将一应战守事宜着实整饬，樽节费用务要赢余，训练兵马务皆精壮，分布车营务令便宜，习教火器务使精通，哨探虏情务得端的，调遣堵截务中机宜，援兵虽不可骤罢，亦要设法练集土著以图战守，墩台虽已修筑，尤须多备守台器具以资捍御。如事有不便应合改弦易辙者，亦要呈白总督会同巡抚协议具奏定夺，毋得拘泥陈说因循自误。以后每年听行边大臣查核纪验，果能事事整饬著有实绩，比照擒斩事例重加升赏；如蹈袭故套搪塞误事，即照失机从重拟罪。尔为武臣，整兵待战乃其本职，宜殚竭忠诚，悉心区画，务俾边政修举，日胜一日，缓急有备，战守咸宜，斯称委任。如或怠缓废驰以致偾事，责有所归，尔其慎之，故敕。

敕总兵官巡抚申饬边务

近来达贼出没无常，各边奏报声息不绝，虏情谲诈难以测度，俱不可不先机防备。即目天寒地冻，马肥弓劲，正彼便于骤驰之时。朕恐尔等因循怠惰，废驰边备，况又冬年节近，或耽于宴乐，或私役军士出境围猎及采柴烧炭等项，致虏乘隙入寇，贻患匪细。敕至，尔等须严督所属痛惩前弊，昼夜差人了望，常如贼在目前，用心整搠人马，锋利器械。遇有侵犯，小则相机战守，大则互相传报，发兵应援，或出奇截杀，或设伏夹攻，务俾贼势大遭挫创，庶副委托。如或任其纵欲偷安，婴城坐视，地方受害，责有所归，尔等其慎之，慎之！故敕。

敕烧荒　年例

即目秋深草木枯槁，正当烧荒以便了望。敕至，公同计议，通行所属，选委乖觉，夜不收远出边境哨探。果无紧关贼情，行副参、守备等官，统领精壮惯战官军，各照地方，分投布列营阵，且哨且行，出于境外，或二三百里，或四五百里，务将野草林木焚烧尽绝，使贼马不得住牧，边方易于了守，斯称委任。若出境之时，或计虑不周，或纪律不严，或围猎贪利，或逗遛失期，以致猝遇贼徒不能应援，或因寻杀零贼别惹衅隙，致误事机，甚者畏避艰险，止令巡哨官军夜不收入等于附近去处急遽纵火，不问燃否就便回还，虚应故事：有一于此，在法俱不轻贷。事毕仍将拨过官军姓名并烧过地方里数造册奏缴，以凭查照施行。尔等其慎之，慎之！故敕。

附录　　显功庙

钦降祝词：惟王开国辅运，为时元勋缮治边疆，万世允赖，军民怀仰，祠祝以陈，神其鉴兹，荫佑无数。

大学士商辂记：中山武宁王，早以雄材大略，首从太祖高皇帝举义，平定天下，混一海宇。已而率师漠北，收其余民。比还，留镇于燕，慎固封守。为长治久安计，以平滦渝关土地旷衍无险可据，去东八十里得古迁安（民）镇。其地大山北峙，巨海南浸，高岭东环，石河西绕，形势险要，诚天造地设，遂筑城移关，置卫守之，更名曰山海关。内夏外夷，截然有限，隐然一重镇也。自山海以西若喜峰、若古北，大关小溢无虑数百，葺垒筑塞，既壮且固，所以屏蔽东北，卫安军民，厥功甚伟。景泰甲戌，今左都御史李宾奉命巡抚、卫人萧汝得等，合词告言：昔中山武宁王镇此，城池关隘皆其创建，边陲宁

谧，殆将百余年矣，愿立庙祀以报王功，为请诸朝，许之。属岁屡
歉，事未克就。成化辛卯，李进握院章追惟前诏，因谋诸总戎募义敛
材，卜日蒇事，乃即山海卫治之西建王正殿三间，翼以两庑，树以重
门，缭以周垣。兴造聿始，适巡抚左佥都御史张纲下车锐意倡率，时
镇守太监龚荣、总兵右都督冯宗及参将刘辅、李铭悉以俸资来助，用
底完美，实癸巳春三月也。纲告成于上，赐额"显功"，仍降祝词，
命有司春秋致祭，岁以为常。山海军民闻命欢呼，踊跃称快，有以见
王之功德及于人者深且远矣。李以事之始末，属守关兵部主事尚絅述
状，征予以记。谨按，祭法有云：能捍大患则祀之。若王之设险守
国，使百年之间夷虏莫能窥其隙，室家得以奠其居，其功不亦大乎？
祠而祀岂不宜哉！虽然，王为开国元勋，当时南取吴、越，北定中
原，东平齐鲁，西入关陕，王之功居多。独山海之人思念之深者，盖
王镇抚燕蓟十有余年，丰功盛烈，且非他处比，庙祀聿严有以也。夫
王姓徐氏，讳达，凤阳人，累官太傅中书右丞相，进爵魏国公，追封
中山王，谥武宁。其履历备载国史，兹不重述。述立庙之意俾刻之坚
石，庶来者考焉，谨记。

御制祭海文：朕惟皇天，保定邦家，必命百神受职，赫著灵奇，
以昭示非常之惩应。顷者东虏匪茹，窥伺边关，神祇奉帝敕之预戒，
蛰候未□□□□□虏遂失途而隔遁，□围爰赖以载宁之用遣祭告，惟
神歆答益浚，天险□界华夷永翊，万载金汤于孔固，谨告。

郭造卿曰：天开□□简在元勋镇抚胜国者重，岂徒保障已哉！武
宁之伐万世为烈，首关山海及迤西诸隘，今以为御虏设其如宁、辽二
国。何况其守在四□□画地而弃山后乎！靖难后，二国南徙，宁界
三卫，辽为孤镇矣。尚敢匪茹以睥睨我郊坰，祖宗亲征颁捷，天威震
叠，垂百余年。夫庚戌以承平入北口，而复骎骎乎东隅。倘非天幸
冰泮而已，咸谓显功赫灵岂可恃为常哉！故附御制祝词，表武宁为
经焉。

‖ 卷之三 ‖

福唐郭造卿建初著　男应宠纂

谱　部

沿　革　谱

国史藏诸金石，燕山孰窥厥副。若夫《大明一统志》及《会典》则班班焉。郡县在司徒，卫镇在职方，而沿革举其凡不以外史具之乎！罗太史吾师也，有《广舆图》。其画蓟镇燕河营居府北，今典而在南。吾尝至之矣，从太史非敢阿。蓟镇故无志，吾今乃卒业所□耳者二，目者三，足者四，方册居其一，参伍之于兹，大率如之矣。然于封内无故而蕙蕙边疆者，年之旷则湮，屡更而紊其绪益迷矣，地之僻则遗，密剖而并其域益梦矣。自三军保障之帅及百户抱关之侯，莫非主御侮臣尺土以死守之，恶得而弗为详以征于后事者哉！

大明洪武元年八月庚午，元大都路归正。壬午，改为北平府。九月戊申，永平府归正。十月庚寅，北平府隶山东，永平路改平滦府亦隶之。

四年三月壬寅，改平滦府为永平府。

十三年正月癸卯，改大都卫府为五军都督府，北平都指挥使司属、后并属后军都督府。

永乐二年以陈敬为都督，镇守边关，建城，始迁安寺子峪为蓟镇守之始。

宣德三年八月，革北京行部行后军都督府，永平诸卫仍旧隶。九月，帝出喜峰口征兀良哈，大破之，班师。十月，阳武侯薛禄、遂安伯陈瑛、武进伯朱晃镇守永平，山海、蓟州府境内为二镇。

正统十四年十月，都御史邹来学提督京东军务兼巡抚顺天、永平二府，府为提督□□之区。设镇守左右参将。改燕河营为右蓟州，马兰谷设左参将，以迁安椵木岭为界，其关寨营堡右东至山海关七十处。永平府设守备，管城内三卫属之。桃林口设提调、把总，自关口至李家谷，左西至灰谷口七十六处。滦阳营设监枪。内官称守备。遵化大喜峰口等关府境内至松棚，属之马兰路矣。

景泰四年，镇守总兵自寺子峪南移于忠义中卫，百户高各、程兴、史允三员屯地名三屯营。

天顺元年二月，罢督镇巡抚，二年四月复设。

成化二年设都御史赞理军务，巡抚顺、永二府。八年，以畿辅中分巡抚，其东为整饬蓟州等处边备，巡抚顺、永二府，都御史以居庸等关隶之，驻遵化遂定设。

嘉靖四年，设巡关御史，外阅边墙，内阅操营。

分守燕河营参将地方。

山海守备下：自南海口关而南水关、而山海卫关、而北水关、而旱门关、而角山关、而三道关为。

提调一片石等关把总下：自三道关而寺儿谷关、而一片石关、而庙山口关、而故大安口关、而西阳口关、而黄土岭关、而故无名口关，而大青山口关、而故小河口关为。

提调义院口等关把总下：自故小河口关而小毛山关、而大毛山关、而故董家口关、而故城子谷关、而故水门寺关、而平顶谷关、而长谷口关、而板场谷关、而义院口关、而拿子谷关、而花场谷关、而故细谷口关、而苇子谷关、而故星星谷关为。

提调界岭口等关把总下：自故星星谷关而故桑盆垒谷关、而故中庵堡、而箭杆岭口关、而界岭口关、而罗汉洞关、而青山口关、而东胜寨、而乾涧儿口关、而重谷口关、而梧桐谷堡、而桃林口关为。

提调桃林口等关把总下：自桃林口关而正水谷口寨、而孤窑儿寨、而佛儿谷寨、而刘家口关、而徐流口关，而河流口关、而冷口关、而石门子口关、而白道子关为。

提调擦崖子等关把总下：自白道子关而白羊谷关、而五重安关、而新开岭关、而洪谷口关、而故答磨谷关、而擦崖子关、而城子岭关、而故柳子谷关、而大岭寨为。

提调董家口等关把总下：自大岭寨而烂柴沟寨、而故灰窑谷寨、而榆木岭关、而青山关、而故横山寨、而董家口关、而游乡口关、而故沙岭寨、而铁门关为。

分守马兰谷营参将地方。

提调大喜峰口等关把总下：自铁门关而李家谷关、而椴木谷寨、而石梯子谷寨、而大喜峰口关、而小喜峰口关、而团亭寨、而潘家口关为。

提调潘家口等关把总下：自潘家口关而东常谷关、而西常谷关、而三台山关、而龙井儿关、而橡八谷寨、而廖家谷寨、而洪山口关、而西安谷寨、而白枣谷寨、而三道岭寨、而天胜寨、而舍身台寨为。

提调罗文谷等关把总下：而永平西北界尽矣，其营自罗文谷北为。

提调松棚谷等营把总下：自松棚谷北而三屯总兵镇守营、北而汉儿庄、东而滦阳、马兰谷参将分守，为界自滦阳北而青山驻操为。

提调五重安等营把总下：自青山驻操、东北而青山，东而太平寨、南而五重安、南而建昌、太监驻扎营为。

提调桃林等营把总下：自建昌、南而徐流南而刘家、东而桃林、东而燕河参将驻扎营为。

提调驸马寨等营把总下：自燕河、东而界岭口驻操、东而台头、东而驸马寨、东而平山为。

提调石门寨等营把总下：自平山东而石门寨、东而长谷驻操、东而黄土岭、东南而山海卫城、提调营止。又南而牛头崖、西而赤洋海口、西而新桥海口、巡检司乃永平守备下，并分守燕河营参将地方也。沿革概综焉，以考里至多，未核，不具。

七年，滦阳参将仍归太平寨，领擦崖子、董家口二提调，义院口置孤石谷、柳罐谷二堡。

八年，革燕河、马兰、太平内臣守备，刘家营委管操官一员，滦阳营属松棚营提调。

九年，建昌营革镇守内臣改为守备营。

十二年二月，改建昌守备为游击游兵营。

十四年，义院口提调置娃娃谷，为小河口兼管，又置柳河冲堡，潘家口分置洪山口提调。

十六年，以滦阳营属大喜峰提调，潘家口置张家安寨。

十九年正月，议关营相兼。燕河路以石门寨营提调改设大毛山把总，以义院口提调小河口关西至长谷口关及驻操营属之，而石门寨营守以管操关，其黄土营属一片石提调。界岭口提调割东甘泉、温泉二堡隶义院口，其青山口关以西属台头营提调，改加青山关提调，自关口以西至梧桐谷堡及驻操营属之。以驸马营及台头故营属界岭。移桃林营提调于冷口关置提调，割石门子以东至徐流口及营属之，其燕河营及桃林、刘家二营属桃林口提调。移五重安营提调于榆木岭驻守，领烂柴沟、大岭二寨，青山一营其五重安故营、及太平营以属擦崖子提调，青山驻操营以属董家口。潘家口关提调移为龙井关提调，以汉儿庄营属之，其松棚谷属洪山口提调。

二十二年，以喜峰口原设提调改守备加以都指挥体统行事，龙井关提调置苏郎谷关。

二十八年九月，山海关增设游击，而守备如故。

二十九年二月，蓟镇分十区改移太平寨参将，分守于滦阳营，增设游击于太平寨驻守。改徐流营为一区，管青山、桃林、冷口、擦崖子四提调。九月，虏自古北大入寇，以重臣提督军务，开府蓟州设兵备道，永平兵务属之。

三十年六月丁卯，移山海关游击驻扎石门。

三十一年，蓟镇分八区，东太平、燕河、徐流，徐流寻革。

三十二年三月，革太平游击，复参将。

　　三十三年，军门移镇密云，巡抚驻蓟州。建昌营革游击改为分守副总兵。东至山海，西至镇虏营。三屯营设坐营都司，管理城池事务。

　　三十六年三月，虏陷桃林营。五月，置石门路，改游击为分守参将，管山海守备及一片石、大毛山、义院口三提调，东自南海口，西至星星谷堡，东界至燕河，存永平守备及冷口、桃林、青山、界岭四提调。

　　三十七年，募永平卫兵，差御史阅视蓟镇边墙。

　　三十八年二月，裁永平守备，增设游兵营，游击管守备事，春秋调赴界岭、青山防守，九月复守备。

　　三十九年，设按察司副使，列御山东，驻扎永平府，整饬兵马钱粮兼屯田。

　　四十年三月，分拟各区，以建昌营副总兵改驻燕河营本营，改设游兵参将，策应太平地方。诸路遥授提调，改钦依以都指挥体统行事。

　　四十三年，以户部郎中驻扎永平，总理粮储兼管屯种，管粮通判属之。

　　四十五年，改界岭口之中庵堡、桑垒谷关为中桑堡，官裁二员为一。

　　隆庆元年九月，虏入罗汉洞堡。寇昌黎而关营多改。

　　二年正月，设松棚路游击，以太平、龙井儿、洪山口、马兰之罗文谷三提调属之。罗文在遵化境内，迁安之界也。五月，三屯设守备都司。

　　三年二月，以总理练兵官兼管镇守事务，驻三屯，分燕河营为台头路，以永平游击移驻，专管青山、界岭二提调。永平守备隶之燕河，专管桃林、冷口二提调。三月，革建昌游兵参将，改为协守副总兵，分理自山海至松棚六路并遵化、三屯标兵六营。六月，山海关改守备为分守参将专路，以一片石之三道关、寺儿峪堡二城属之，与石门并为两路，以一片石南崖为界。松棚营官移于廖家谷兼管。停巡关御史以巡按兼之。

五年，义院口之细谷口堡并于花场峪堡，大毛山提调移驻城子岭关，娃娃谷堡并小河口关，柳河冲并董家口管理。

六年八月，设南兵营，兵士分布永平六路防守，台墙东路游击驻刘家口，中路游击驻马兰、松棚。复差巡关御史，寻革。

万历元年五月，建昌设坐营都司。六月甲寅，移潘家口旧关于新城。割擦崖子之白道子属冷口。

二年十月，设喜峰路，改守备为分守参将，割太平路青山口提调以西董家口提调隶之。太平所属擦崖子、榆木岭二提调，八月，移遵化城。忠义中卫于三屯，属守备。

三年，增中路协守，以右营游击改设，割东协之太平、喜峰，西协之马兰隶之，及抚镇两标南兵营。

四年，山海卫属永平守备，守备承山海路将节制。以一片石提调移驻黄土岭，称黄土岭提调，割大毛山之小河堡属之，仍居于一片石。割台头路之青山口、重谷口关及梧桐谷堡属桃林提调下。置李家谷提调，小喜峰口并入大喜峰所属隶之。移龙井儿提调驻潘家口关，遂复称旧御。

五年三月，改汉儿庄为车前游击营，隶中协。椴木谷寨并入李家谷。

八年五月，石梯子寨并入李家谷。松棚并五寨。

九年，裁巡抚以军门兼之，革铁厂军归营伍。滦阳营为车后游击营，隶中协。

十一年，复巡抚巡关。改车前后二营为坐营都司。大毛山提调驻城子峪关。镇守革，总理御。

十五年，汉庄、滦阳二营复设游击。

路关列城具左：

永平道东协四路： 建昌营。

山海路无提调，领城具左： 抚　宁。

山海卫关城六：本关、南海口关、角山关、三道关堡、寺儿谷

343

堡、东罗城。

　　石门路领提调三：　　　　　　　　　　　　　　抚　宁。

　　黄土岭提调城七：黄土岭营、黄土岭关、一片石关、大青山口关、庙山口堡、西阳口堡、炕儿峪堡。

　　大毛山提调城六：大毛山口关、城子峪关、董家口堡、水门寺堡、平顶峪堡、长峪驻操营。

　　义院口提调城九：义院口关、板场峪堡、拿子峪堡、花场峪堡、苇子峪堡、孤石峪堡、甘泉堡、平山营、石门寨营。

　　台头路领提调二：　　　　　　　　　　　　　　抚　宁。

　　界岭口提调城七：界岭口关、箭杆岭关、星星峪堡、中桑峪堡、罗汉洞堡、驸马寨营、台头营。

　　青山口提调城四：青山口关、乾涧儿口关、东胜寨、驻操营。

　　燕河路领提调二：　　　　　　　　　　　　　　卢　龙。

　　桃林口提调城十一：桃林营、桃林口关上、桃林口关下、刘家营、刘家口关、重谷口关、梧桐峪堡、正水峪寨、孤窑儿寨、佛儿峪寨、燕河营。

　　冷口关提调城七：冷口关、石门子关、白道子关、河流口关、徐流口关。

　　建昌营附　　　　　　　　　　　　　　　　　　右入迁安。

　　蓟州道中协三路：　　　　　　　　　　　　　　三屯营。

　　太平路领提调二：　　　　　　　　　　　　　　迁　安。

　　擦崖子提调城七：擦崖子关、城子岭关、白羊谷关、新开岭关、五重安关、五重安营、太平寨营。

　　榆木岭提调城四：榆木岭关、大岭寨、烂柴沟寨、青山营。

　　喜峰路领提调二：　　　　　　　　　　　　　　迁　安。

　　董家口提调城四：董家口关、游乡口关、青山口关、青山驻操营。

　　李家谷提调城六：李家谷关、铁门关、喜峰口关、团亭寨、滦阳营、三屯营附。

松棚路领提调二：　　　　　　　　　　　　　　　　迁　安。

潘家口提调城六：潘家口关、西常峪关、三台山关、龙井儿关、椽八峪寨、汉儿庄营。　　　　　　　　　　　　　左半遵化。

洪山口提调城四：洪山口关、白枣峪塞、西安峪寨、松棚营，外属罗文。

郭造卿曰：汉郡之志，县西兼以国焉，东则以城计，后杂以军矣。盖重保障势则然也。今边鄙整暇，而经略严密，明府可卧治矣。民亦岌岌。何哉？东北为贡夷孔道，膏脂之奉边费多耳。迁安去塞二百里，督抚部使狎至，官疲于奔命，民竭于供储，而孔迩非我父母，重为武人困。前令议分邑以近民制军为便，然土既边士屯占，腴则债帅以养廉，其能成十室之忠信，而以茧丝为保障哉！日者邻邑协恤，盖亦汔可少休矣。若滦土旷衍呰窳而当午道之冲，所削石城有卫榛子则为古镇，或分邑以佐州大夫，庶其左提而右挈焉。否者补不给其益卢龙乎？使之附府而勿裁，不亦中外之制然哉！

‖ 卷之四 ‖

福唐郭造卿建初著　男应宠纂

表　部

边　防　表

秦之长城不可考矣。若蓟镇隆庆后其边城之坚致振古所未有也。时为京陵近者修之，亦以军门抚院及镇府所在而急焉。永镇所属多疏，时备兵者不急此。迄岁虏窥伺将补之，而镇府非昔不堪任矣。守御失事律有重典，无尺寸非边则无尺寸不守耳。尹铎晋阳且重保障，况为千里守而此其可略乎哉！盖斥堠不明则关营不固，倘长驱而入州县皆城守矣。然关口如牖户，阴雨绸缪所当预；边墙若樊圃，晨夜夙莫不可失也。故必尺寸而守之，其密如茧丝斯可矣。

山海路　边城东自南海口关靖虏台至寺儿谷化皮山墩西，五十二里三十七步，凡八千五百七十六丈六尺。关城砖垒，高四丈一尺，周千五百二十八丈，凡八里百三十七步。月城二、水关三，居东西南三隅。四门楼：东曰镇东、西曰迎恩、南曰望洋、北曰威远、东南角楼曰靖边，楼各重键。竖橹圍铺舍二十有六。池千六百八十余丈，广二丈，深二丈三尺，外夹池深广半之，地势下泄，城中积水而引以灌池八。所画有分地界碑，设之女埤、钟鼓楼城中央。月城外罗城周五百四十七丈余，高三丈三尺，广一丈四寸余，敌楼便门各二。附墙候台有七。池周四百四丈余。城隍庙在正城西北隅。城内居千三百八十四家，罗城居五百余家，教场在城南郊。**南海口**　城东南砖高二丈八尺，西北土高丈五尺，周百十三丈，门楼列南居十有六家。**角山关** 城石，高丈五尺，周三十丈七尺，烽墩军士十八名。**三道关** 城石，高丈有尺，周六十八丈，门楼南列居二十家。**寺儿谷** 城石，高丈二尺，周百十七丈，门楼二，居三十家。**台** 二十三，曰靖虏、曰王受、曰白铺、曰北小铺、曰大湾、曰界牌、曰南水、曰北水、曰腰铺、曰旱门、曰角山东、曰三道小口、曰桃园东、曰三道正关、曰烂石、曰唐帽十六、曰唐帽西、曰尖山十八、曰尖山西、曰松东、曰松山、曰松西、曰松岭。**烽** 十四，曰住城北角、曰高台、曰腰铺、曰界牌、曰角山、曰东山六、曰青阳、曰桃园东、曰东山九、曰唐帽山、曰半边山、曰长岭、曰东南山、曰化皮山。**墩** 十二，曰东山、曰大安口、曰青阳峪、曰桃园西、曰尖山、曰东南山、曰东北山、曰东山、曰唐帽山、曰半边山、曰长岭、曰东南山。**偏坡** 千六十四丈九尺。本路无提调，分关详烽墩险隘为例，他路略之。

石门路 边城东自一片石关南山崖号台，至甘泉堡套马岭烽墩西，百里三十步，凡万二千三百八十五丈九尺。**台** 九十五，**烽** 七十五，**墩** 二十六，**偏坡** 九千五百九十七丈。**关城** 石，高二丈八尺，周二百三十九丈七尺，增东西南三百二十丈，高三丈五尺，濠二百二十七丈，南门有楼，东为便门，居二千六家，教场城南。

黄土岭关提调驻一片石 城东西砖，南北石，高二丈六尺，周二百二丈八尺，东南各楼附城石，周二百二十七丈，西隅高三丈，居百七十七家，教场城西北。**庙山口** 城石，高二丈二尺，周百五丈一尺，南门有楼，居二十五家。**西阳谷** 城石，高丈二尺，周百八十丈一尺，南门有楼，内外居凡四十六家。**黄土岭** 城石，高二丈二尺，周百七十余丈，西北门各楼，居七十二家。**炕儿谷** 城石，高丈五尺，周八十三丈，西门有楼，居八十家。**大青山** 城石，高丈八尺，周百十丈二尺，南门有楼，居三十九家。**小河口** 城石，高丈四尺，周二十九丈九尺，西门有楼，居二十九家。**黄土岭营** 城石，高二丈七尺，周二百七丈，西门有楼，西南便门二。

大毛山关提调驻城子谷 城石，高二丈四尺，周百三十九丈三尺余，西南门各楼，居六十九家，教场城东。**娃娃谷** 城石，高丈五尺，周五十二丈三尺，南门有楼，居二十八家。**大毛山关** 城石，高丈五尺，周百五十丈余，东南门各有楼，居五十二家。**董家口** 城石，高丈六尺，周百九丈六尺，西门有楼，居五十八家。**柳河冲** 城石，高丈五尺，周五十丈八尺，南门有楼，居二十家。**水门寺** 城石，高丈四尺，周八十四丈，南门有楼，居五十三家。**平顶谷** 城石，高二丈，周百六十四丈余，东南门各楼，居六十六家。**长谷驻操营** 城石，高二丈四尺，周二百十丈四尺，西南门各楼，北为便门，居五百二十八家。

　　义院口关提调 城石，高二丈五尺，周百三十丈七尺，门楼曰东，曰西，曰南，居二百十五家，教场城东南。**长谷口** 城石，高丈五尺，周百二十九丈七尺，东南门各楼，居二十七家。**板场谷** 城石，高丈五尺，周九十二丈四尺，南门有楼，居三十二家。**拿子谷** 城石，高丈三尺，周百五十九丈三尺，门楼曰东，曰南，居九十一家。**花场谷** 城石，高丈五尺，周百二十一丈，南门有楼，居二十家。**苇子谷** 城石，高丈五尺，周百十八丈九尺，东南有楼，居九家。**平山营** 城砖，高丈三尺，周二百五十一丈八尺，门楼曰东，曰西，居百二十九家。

　　台头路 边城东自星星谷马思岭空，至乾涧儿关防秋**墩台** 西，百二十四里，凡一万六千二百二十五丈五尺。**台** 百三十一，**烽** 四十六，**墩** 十八，**偏坡** 五千六百二十三丈。**路关城** 土，高三丈，周三百二十七丈，壕百六十一丈五尺，门楼曰东，曰西，曰南，居千百十家，教场城南。

　　界岭口关提调 城砖，高三丈五尺，周三百七十五丈四尺，西门有楼，外有月城，居三百七十一家，教场城西南，左右山上有荒城。**星星谷** 城石，高丈七尺，周八十八丈二尺，西门有楼，居三十六家。**中桑谷** 城石，高丈八尺，周百三十二丈七尺，南门有楼，居八十一家。**箭杆岭口关** 城石，高丈八尺，周二百九十二丈三尺，西门有楼，居百八十六家，其荒城在东南山。**罗汉堡** 城石，高丈八尺，周百二十丈，门南，居五十家。**驸马寨营** 城砖，高二丈，周百六十八丈，门曰东，曰西，曰南，居百十家。

　　青山口关提调 城石，高丈六尺，周百七十一丈九尺，门在南城内北隅，石台一，居百十四家，教场城西。**东胜寨** 城石，高丈五尺，周百二十八丈八尺，门在南，居五十九家。**乾涧儿** 城石，高丈四尺，周百九十二丈，门曰西，曰南，居八十一家。**青山驻操营** 城石，高二丈，周三百四十七丈，门楼曰东，曰西，曰南，居二百七十三家。

　　燕河路 边城东自桃林星峪口大石门西山墩东空，至冷口白道子白草洼号台西，六十四里，凡万三千六百四十六丈九尺。**台** 百四十六，**烽** 四十六，**墩** 三十六，**偏坡** 万三千三百二十九丈七尺。**关城** 砖，高三丈，周四百二十一丈八尺，壕七百二十八丈，东、西、南门各有楼，居千二百二十二家，教场城西南。

　　桃林口关提调 上城砖，高三丈六尺，周二百四十丈，门曰西，曰南，其北曰便，居九十六家。下城石，高丈二尺，周百二十五丈六尺，门有南，居三十五家，教场城西。**重谷口** 城石，高三丈，周百九十一丈三尺，门楼曰东，曰西，曰南，居百六十一家。**梧桐谷** 城石，高丈余，周百三十二丈三尺，门曰南，居三十家。**正水谷** 城石，高丈五尺，周百十八丈，门曰南，居二十三家。**孤窑儿** 城石，高丈五尺，周八十三丈九尺，门曰南，居二十二家。**佛儿谷** 城石，高丈五尺，周百四十八丈九尺，门曰南，居四十家。**刘家口关** 里城砖，高三丈四尺，周百二十三丈八尺，门曰南，居四十一家。外城石，高丈四尺，周百六十九丈六尺，门曰东，曰西，居八十一家。**桃林营** 城石，高二丈五尺，周二百九十八丈三尺，门曰东，曰西，曰南，居三百四十九家。**刘家营** 城石，高二丈五尺，周三百十一丈，门楼曰东，曰西，曰南，居三百八十八家。

　　冷口关提调 城砖，高二丈九尺，周三百八十七丈有尺，门曰东，曰南，居百二十六家，教场城南。**徐流口** 城石，高丈五尺，周二百五十丈一尺，门曰东，曰南，居九十五家。**石门子** 城石，高丈五尺，周二百十丈有尺，门曰东，曰西，曰南，居九十一家。**白道子**城石，高丈五尺，周二百三丈，门曰西，曰南，居九十三家。**徐流营**城石，高丈五尺，周二百六十二丈二尺，门曰东，曰西，曰南，居二百五十家。

太平路　边城东自白羊谷水眼寺台至大青山岭西，百十三里，凡万二千三百六十九丈二尺五寸。**台**　百十二，**烽**　四十九，**墩**　十一，**偏坡**　七千五百六十九丈。关城石，高二丈六尺，周五百六丈六尺，堑五十一丈，东、西、南门各有楼，西小门、北水关、中鼓楼，居千三百五十家，教场城南。

擦崖子关提调　城石，高丈四尺，周三百十七丈余，门西南北各楼，居三百二家，教场城南。**白羊谷**　城石，高丈四尺，周二百十四丈三尺，门曰东，曰南，居五十家。**五重安**　城石，高丈五尺，周百二十七丈五尺，门曰西，曰南，居四十三家。**新开岭**　城石，高丈四尺，周百六十九丈五尺，门曰南，曰北，居二十五家。**城子岭**　城石，高丈四尺，周百六十八丈五尺，门曰东，曰西，曰南，居八十八家。**五重安营**　城土，高二丈五尺，周二百六十七丈四尺五寸，门曰东，曰西，曰南，居百四十家。

榆木岭关提调　城石，高丈五尺，周百四十七丈三尺，门曰西，曰南，居百二十三家，教场城南。**大岭寨**　城石，高丈五尺，周百六十三丈一尺，门曰东，曰西，居四十四家。**烂柴沟**　城石，高丈四尺，周百三十丈三尺，门在南，居五十八家。**青山营**　城石，高丈五尺，周二百四十三丈，门曰东，曰南，曰北，居八十一家。

喜峰路　边城东自喜董寺儿谷，至团亭独石台西，百三十里，凡万二千四百二十三丈四尺五寸。**台**　四十六，**烽**　三十四，**墩**　二十，**偏坡**　五千一百四十四丈。**关城**　石，高二丈，周四百十八丈六尺，堑八十一丈五尺，西、南门各楼，荒城在北，正阙有月城，居八百四十五家，教场城西。

董家口关提调　城石，高丈五尺五寸，周百八十一丈，门楼曰东、曰西、曰南，居百十二家，教场城西南。**青山口关**　城石，高丈四尺五寸，周六十六丈九尺，门在西，居三十八家。**游乡口** 城石，高丈五尺五寸，周百一丈二尺，门在南，居二十二家。**青山驻操营** 城石，高二丈四尺，周二百三十一丈二尺，门曰东、曰西、曰南，居百六十九家。

李家谷关提调 城石，高二丈五尺，周二百二十八丈一尺五寸，南门有楼，居八十三家，教场城南。**铁门关** 城石，高丈三尺五寸，周百二十七丈，门曰南，居三十四家。**团亭寨** 城石，高丈三尺，周百七十三丈余，门曰西、曰南，居三十一家。

松棚路 边城东自潘家口垂纶台，至小岭西，百十六里七十一步，凡万二千六百七十四丈七寸。**台** 百七十二，**烽** 五十五，**墩** 三十二，**偏坡** 万二千六百四十二丈九尺。**路城** 砖，高二丈五尺，周三百八十丈五尺，堑二百十九丈，门楼曰东、曰西、曰南，东角曰观兵台，北隅曰真武阁，居五百七十家，教场城南。

潘家口关提调 城土，高二丈二尺，周二百十九丈六尺，门曰西、曰南，居百二十家，教场城南。**西常谷** 城石，高丈六尺，周百九十二丈九尺，门在东，居百九家。**三台山** 城石，高丈六尺，周百四十八丈八尺，门在南，居九十九家。**龙井关** 城石，高丈五尺四寸，周二百九十七丈八尺，门曰南、曰北，东北月城，高二丈，周二十一丈一尺五寸，居百二十家。**橡八谷** 城石，高丈七尺，周百四十三丈五尺，门在东，居二十二家。

洪山口关提调 城石，高丈五尺，周三百十三丈八尺，门曰东、曰西、曰南，居四十五家，教场城东。**西安谷** 城石，高丈五尺，周百二十二丈二尺八寸，门在南，居四十五家。**白枣谷** 城石，高丈四尺，周百四十三丈，门在东，居二十七家。**外罗文谷提调** 虽属本路非郡境，不具，凡边旧数具里步，新数具丈尺折算不同而存之，其外品坑囤墙多增内驻操，教场久废，不具。

三屯营 城石，高三丈，周千百九十丈七尺，门三：东曰宾曰，西曰巩原，南曰景忠。四隅有角楼，中间以敌台，门各有重，城东西北隅各有小门。鼓楼在城南中，即上古营第一楼也，钟楼在鼓楼后。

池深二丈，广倍之。城隍庙在城内西北，教场在城外西北。车前营旧汉儿庄、藩家口属也，城土高二丈，周五百二十六丈，门三：曰东、曰西、曰南，教场城东。车后营、旧滦阳营、喜峰口属也。旧城土，高丈余，周六百丈，门三：曰东、曰西、曰南，教场城内。二营今为三屯，车营兵赴三屯操练，故附车前瓦盖未堞，车后毁平未筑。

建昌营　城砖，高三丈五尺，周八百五十三丈六尺，门三：曰东，曰西，曰南，有月城，有楼，西便门，四隅有角楼，有腰铺。鼓楼在城中，城隍庙在城西北，教场城西。门平卫，城砖，高二丈五尺，周四里，门三：曰东，曰西，曰南，有楼。居百九十七家，教场城北，属蓟州遵化守备，以境内城池，故附。

附：海口三营

新桥营　在乐亭南。城周八百四十二丈。居百七十三家。墩台十四曰野猪口、曰羊栏坨、曰马城厂、曰新河套、曰施凤局、曰韭菜沟、曰□港、曰大蓬台、曰刘家河、曰蚕沙河、曰大佃口、曰西长坨、曰娘坨、曰沙河口。赤洋营　在昌黎东南，城周三百八十七丈，居九十二家。墩台五：曰赤洋口、曰黑道口、曰北口、曰青口、曰五家铺。牛头崖营　在抚宁东南，城周三百八十七丈，居八十五家，墩台六：曰蟹儿口、曰秦皇岛、曰牛头崖、曰金山嘴、曰河南寨、曰猪圈坨。三城各高丈余三，年久俱坏，但存故址。

附：重修三屯营城记

总理　定远戚继光

国初捐大宁藩封界兀良哈。为属夷赖障，辅郡莫重蓟镇。未几匪茹，蹙我宣庙出喜峰贡路征之，而尚引外虏为梗，故初镇桃林口移于狮子谷。天顺又移三屯营。去喜峰二舍矣。营曰三屯，忠义中卫三百户屯地也，属迁安县，南百二十里。左山海，右居庸，而绾毂其中，以要贡路示重，非拥武卫，此城何以张形势而抗威棱哉！旧城庳簿而隘，南有堁垣，为截杀营即移镇府所芟也。二营间有阛阓，每以无城戒暴客，而屯戍非土著，两防空营以行，虽名重镇虚亦甚矣。遵

化县去此五十里，忠义三卫一所附之，而此惟三百户，势轻不足以
犄角。镇府麾下移兵饷顾抱檄印于卫，非所以尊统驭而急御侮之完筴
也。自嘉靖来虏震京国，隆庆之元入蓟东垂，而是镇益重。次年乃以
余总理之。边垣孔亟，经营六年次第就绪。内地赖以安堵，二营阛阓
日壮，恐益海盗为虏资，虽增司守备非若军卫可永赖。为全镇之众常
练于此，弗足以容成者，病之矣，乃谋辟城于制府刘公，抚台杨公，
当上即位，诏增饬边城，二公因得所请。适少司马汪公阅师而以移卫
谋之。公于元年条其便宜，制以忠义中卫移之三屯城内，其掌印佐
贰、巡捕指挥，及千户经历各一，佩印赴之。旗军春秋践更，而有警
悉至，遂置卫增营及缮建公署，百废具举，旧城益不足以居之矣。乃
于二年秋，规外地而善其址。三年，杨公为制府，王公为抚台，辛公
为兵备，胥襄工于三月，撤南垣而环南营以围之，凡五百五十七丈，
高二丈五尺，加五尺为雉堞，面广半于高，址广四丈有余。门三：南
曰景忠，东曰宾日，西曰巩京，其谯甚丽，而闉次之。徂暑，外完秋
甃其里，上下有陴以为之防。次年春二月，乃缮旧城，凡六百一十六
丈，表里高厚，悉如楼台。神祠下旁各开便门。周城水洞有二，敌台
有九，环以牛马，墙列孔以备睥睨。东辟场以积荛蒿，纵横五十丈。
其北有聚星堂，为东路诸将所属，西则阅武之场，旁隍辟十丈，长二
百丈以益之。其堂台昔庳陋，余新建而高敞焉。诸将之厅事有五，兼
之西路来者盖亦可寓矣。前为车营四百二十间，凡制甚具，所费公帑
仅六千余金，它皆操奇以佐之；而城内外所创营房八百余间，若保
河、河南、南兵辎重诸署及守备司、滦阳驿，督府行台，城心、抚
松、西南诸馆，旗纛、马祖、汉寿忠烈诸祠，不出三年一切告成，贡
夷过者罔不惊异。三军呼曰壮哉！城也足以卫众矣！或有疑其制多
异，而因军正以请，业已乐成则念之曰：凡堞战格利用御远，若钩援
薄其下，而俯视出击为艰，乃于堞址亦创睥睨，如悬半雷可藏身而俯
击，水且从之下，以外杀孔多，势分而注坚，瀑落内则迤丽鳞次如
级，视彼内势直而水专注，其土善崩，外因以倾者殊矣。凡池有隍高
而涸也。其庳者为濠堑，故隍多复而险以夷，乃因其势浅七尺，而深

三丈，其广六七尺不等。又以北川东走势不环抱完固，而于东门外下高就卑，引以十丈湖，其长三百五十余丈，深仅七尺。以所出土为堤，名曰孟堤者，孟诸余别号也。莳以桃柳，上下二梁以跨之。堤之亭曰"同春"，留土中为亭名曰"宛在"，取诸蒹葭。环流植荷而为将士休沐地，或击楫以游焉。湖曰：震湖，以在东方且取"镇胡"其音同也。凡边障无北户，旧为门三而已。直北台经涂有岑楼，居钟鼓。金木相克多水火灾，乃于北台旁级左右共制四室，如城门状，及所塞旧门各虚其内，如北制皆为武库，以藏戎器、简书、伍符，避水火也。又留旧南谯悬贲鼓，岑楼独悬景钟，跨通衢重关，金革和鸣达于四境。登而眺之，楼台署庙联以阛阓，绣错而翚翚飞，谓之锦城可也。嗟夫！城制本鲧以防水，后用蓄众乃藏。窃闻之古人矣，城者，盛也，所以盛众也。众则益之，不展曷以盛！诸城者，成也。一成而不可毁也，制未曲尽，而孰保其毁乎！故余九年于兹，东控辽左，西护陵寝，为台一千二百有余里，凡五标十五营皆为保障计，于以重封疆而卫社稷也。兹奉巡抚诸道之尽幸有余日及此，敢不毕心力藉将校百执之劳，而通观厥成于重镇乎？凡我同事，既保我圉而无罹于锋镝，则此亦可以忘劳矣。军正敬诸，镌之而示三军，且次执事于碑左，俾来许之毋忘是劳者。

附：镇守总兵府记

天顺初建，其制湫隘。历任修廓之无碑记可考。嘉靖庚申，张承勋乃购民地于署东，东西三丈，南北六十丈为射圃，构正鹄亭，鲁企为记。万历乙亥，总理戚继光展城因重建之，座计二十有余，间计二百十二。丁丑成而自记云：国初蓟镇为侯伯所开府云，自天顺移镇而有三屯营署，其后多都督或参以内臣，迨嘉靖来乃权一而势重，府尚卑隘而逼，介于城，幕客中无所居，椽史则便于私室，故机密多泄漏，而缘簿书为奸久矣。凡历三十八人，余乃以总理称。自隆庆二年，至将展之而未赡也。居六年，始辟城展前门于其址，重建通衢中立桓表两端为次门，屏以萧墙，施以周栏，而左右桓表远跨衢之东西。其间容千马，可方轨而四出。入次门为军候厢房及钲鼓亭台，乃周道以上其等级尊矣。门有伉而庑有奕，左中甄，右偏裨，列校候人，其庐维旅神祠宾馆夹于其内。入仪门而甬有奇石以对，于堂号曰常封君堂，列五楹，衡高台，广台下可容数千卒，余苴以作之，故其名率忠。后为中霤当，堂为止止堂，盖取之艮而止忠之义在是矣。后为牙舍，护以层楼。堂左有五六区如肆，聚橼史辈居之。簿书乃聚于公室，牙舍之右为图书府。其前斋有亭池，或节劳佚于斯。斋右为习射之区，有层轩序宾而揖让焉。其右为牧圉，缭府维垣，疏以周道，言言如也，跟踱如也。而北衡垣如城，堪舆家以坎位大川宜蔽以高垣。适余请创全镇塞垣，其襄工有四等，恐将士未喻于兹，试之以为边式。俾未临塞者登兹而虏亦在目中矣，岂不益壮巨丽而称雄于列镇乎？然费不烦公帑，乃余节浮而举之，故告成工而力不诎。落成之旦，诰军正。不榖闻大司马掌武备，象猛兽以牙爪为卫，军门旗帐咸以牙名之。出师则称建牙，号令必至其下，故幕曰府而部曰署，衙门所繇名其起于武也明矣。自讹而为衙，文署因通称之而鲜有弗缮，以其费有所出，武署之毁过半，虽京卫且然，则军驭不张，而陵替可慨矣。夫称大将军而少负大志者，营第且广，前路以容大戟竖旛旗，况于公署为全镇所瞻视，尤贡夷往来稽颡之地，而不之辟与？不榖弱冠从戎，未尝敢以家为，但于营伍所至治之急于垣屋。乃镇府而自驰，其何以观哉！然则新三军耳目于兹，宁不以急乎？初有事塞垣，今乃克遂所志，亦岂敢以定居，第急公之义则然耳。古人虽一日必葺，去之日如始，至其用心。若兹，非为后事者地邪，不谷始至则陋，而今奂然改观焉，实服其劳亦令无以加，敢诏来者，第葺之而已矣。乃记诸石并题名者，亭立于仪门之前。嗟夫！昔之居者乃尔其名岂不咸在，焉知来者视今之何如哉！

郭造卿曰：边防不为疏矣，郡城既言言如也。自京师东，城号高坚惟山海为最，三屯次之，境内赖保障焉。太傅少保其壮犹如此。第内多废堡而海口尽废。昔望海埚之捷二百年又安矣，今固不虑乎岛夷而亦不畏乎塞虏。但三营皆沃区平壤，开平中屯之设与巡司三营犄角，虽备边亦备海，乃军悉索之塞上矣。遗而为萑苇渊薮，安保桑田之不啸乎！夫既在邦域中而以为蓟属，赋讼之征发道里视永孰近？州县之勾摄约会视永孰专？矧修缮壹出于平滦遵，守乃坐而索焉，其人情之思归，官府之愿治久矣。及内堡之将废者虽未尝皆险要，岂可尽捐而永堕以弃乎前劳也哉？或复或修宁为过计，一壶千金盖有日矣。

‖ 卷之五 ‖

福唐郭造卿建初著　男应宠纂

纪　部

开国经略

洪武一

在昔卢龙唐称节度于幽州为藩镇，今为京师□□称北平省司，既而称蓟镇督抚。凡夷虏之叛服，及封疆之本元，虽远近有详略，于大事不敢遗也。故考其经理以示信于可知，明鉴在兹，曷弗慎诸！

洪武元年八月庚午，征虏大将军信国公徐达等克元大都路。辛未命右丞薛显、参政傅友德、平章曹良臣、都督副使顾时，将兵侦逻古北诸隘口，以元官民由此出大宁而遁也。辛巳，达献平元都捷表至京，诏改大都府为北平府。癸未，诏置燕山等六卫以守御北平，留三万人分隶令都督副使孙兴祖、佥事华云龙守之。乙酉，显等率逻骑至古北口，追元溃散遗卒，获马一千六百匹，牛羊八千余头，车二百五十辆而还。九月壬寅，置大都督分府于北平，以孙兴祖领府事，升云龙为分府都督佥事。兴祖纪律严肃，军民安之。戊申，达遣都督同知张兴祖率平章俞通源等徇永平。

二年四月丙寅，命副将军鄂国公常遇春率师赴北平，取迤北余寇，为元行省丞相也速入寇永平、通州，遁去，有报其复欲入寇。乙亥，上闻元将纳哈出拥兵据辽阳，乃遣书以谕元主，又谕纳哈出。元本华黎裔孙也，为万户。上初获，待之如子，居常不乐，令降万户，黄畴察其去就，求归，遣去，出没塞下杀掠吏民为边患。五月，遇春率步骑一万，平章李文忠副之，及左丞赵庸等还北平，导三河捣永平，命指挥费愚、同知周显、佥事沈仁、千户李实等逐胡寇而守御之。大军由遵化度鹿儿岭过惠州，获元唐国公江文清，士马千计于锦川县，及平章欧阳朝佐等三百九十六人，由大宁次全宁。六月己卯，也速复迎战，又败之，也速据红螺山垒，未下，实先登拔栅乃遁，显追之北黄河。进攻大兴州，文忠谓遇春曰：元兵必走，乃分兵千余为八屯伏其归路，果夜遁，遇伏，大破之，擒丞脱火赤，遂率兵导新开岭，攻开平。元主先已北奔应昌，追北数百里，获其宗王、庆王等三人及平章鼎住，斩之。凡得军士万人，车万辆，马三千匹，牛五万头，蓟北悉平。己亥，同师班，次柳河川，遇春病卒。再从弟武德卫令事荣护其丧。报至，诏文忠领其众。丙寅，文忠奉诏自北平合师攻庆阳，至太原。闻大同受敌，救之，擒其将脱列伯，元主无复南向矣。

三年正月癸巳，命徐达为征虏大将军，文忠及都督冯胜为左右副将军，御史大夫邓愈、汤和为左右副将军，征沙漠。三月甲午，以平滦府所属宜兴、龙庆二州及怀来县俱属北平府。而后为宣德府所属，大宁地自此分矣。四月乙丑，册封成祖为燕王。丙戌，元主殂于应昌，太子爱猷识里达腊嗣立。五月丁酉，文忠及左丞赵庸败元太尉蛮子、平章沙不丁朵儿只八剌等于白海子之骆驼山，遂进次开平。辛丑，文忠师趋应昌。未至百余里获一胡骑问之，自应昌往开平报国丧。文忠即督兵兼程以进。癸卯，复遇元兵，战大败之。追至应昌，围其城。甲辰克之，获元主嫡孙买的里八剌，并太子妃陈答里，暨宫人诸王，省院达官士卒等。并获宋元玉玺金宝十五，宣和殿玉图书一，玉册二，镇圭、大圭、玉带、王斧各一，及驼马牛羊无算，送京师，惟嗣主数十骑遁去。文忠率精骑追之，至北庆州，不及而还。师过兴州，遇江文清等军民三万六千九百余人来降。至红罗山，即虹螺山也，又降其将杨思祖等一万六千余人，朔庭遂空。师还北平。十一月癸巳，达等班师至，上平沙漠表。丙申，大封功臣。信国公达进魏国公，文忠封曹国公，胜封宋国公。

四年正月丁亥，命达往北平操练军马，缮治城池，山东卫指挥赵端房宽等将士悉听节制。三月乙巳，达奏山后顺宁等州之民密迩虏境，虽已招集来归，未见安土乐生，恐其久而离散，已命都指挥使潘敬，左传高兴，徙顺宁、宜兴州沿边之民皆入北平州县屯戍，仍以其旧部将校抚绥安辑之，计户万七千二百七十四，口九万三千八百七十八，制可。六月戊申，达驻师北平。以沙漠既平，徙北平山后之民三万五千八百户，一十九万七千二十七口，散处卫所，籍为军者给以粮，籍为民者给田以耕。

五年正月庚申，以达等诸将请十万兵伐王保保，永清沙漠，命达为征虏大将军、文忠为左副将军、胜为征西将军，各兵五万。四月甲辰，文忠率都督何文辉及秦王傅金朝兴等至口温之地，虏夜弃营遁，获牛马辎重无算。文忠曰："虏魂褫矣，可袭而擒。"遂进，哈刺莽来，虏部落惊溃，复追至胪朐河。文忠谕将士曰："兵贵神速，宜乘胜追之。"千里袭人难以重负，乃留部将韩政等驻守辎重，令士卒人持二十日粮兼程而进。至三刺河，虏将蛮子哈刺章觇之，悉骑渡河结阵以待。战数合，文忠自将一军于上流，与云龙将一军从下流分势，虏健将独豕突而前，文忠发矢殪之，舌吐不能收。复战，两军犄角，且战且前，虏却，追至阿鲁浑，虏兵益众，搏战不已。文忠马中流矢，急下马持短兵接战，从者刘义直前夺击，以身蔽之，广武卫金事李荣以乘马授文忠，自夺虏骑乘之，文忠得马益励，横槊麾众。士卒殊死战，虏却走，获人马万计。追至称海，虏兵集益众，文忠勒兵据险为营，椎牛享士若犒大军，纵所获马畜于野示以闲暇。居三日，虏疑有伏不敢逼，乃遁。七月己未，文忠以所获故元官属子孙及军士家属一千八百四十余送至京师。戊辰，革妫州、宜兴、兴、云四州，徙其民于北平附近州县屯田，此大宁之西也。八月庚子，诏建开平王祠于北平通州，有司岁时致祭，命孙兴祖配享。开平王，鄂国公遇春追封爵也，谥忠武。

六年正月，命达、文忠往山西、北平，练兵防边。既而召还，命吉安侯陆文亨及文辉代领其众。三月，命达等统兵分道备虏。四月，华云龙镇守北平，言塞上诸关东自永平、蓟州、密云，南至五灰岭外温口通一百二十一处，相去约二千二百里，其王平口至官山岭口，关隘有九，约去五百余里，俱繁扰冲要之地，并宜设兵守之，从之。八月丙申，敕谕达等尽讨残胡。十二月癸卯，胡兵寇永平之抚宁县及瑞州，大肆剽掠，而诏以瑞州逼近虏境，宜罢州治，迁其民于滦州，徙抚宁县治于洋河西，民之近边者皆复内地。

八年正月庚辰，敕谕达、文忠等戒诸将。三月癸丑，召达、文忠、胜时等回京，其兵令颍川侯傅友德及赵庸、何文辉总之，镇北平。四月甲寅，钦天监言：日上有背气在赵分恒山北。北夷，辽东之地。谕友德并定辽都司训练饬备。五月己巳，诏永嘉侯朱亮祖等率师同友德镇北平备胡。

九年五月己丑，敕谕达等以星变备虏。六月辛丑，文忠还自北平上印绶。八月戊子，敕燕山前后、永清左右、蓟州、永平、密云、彭城、济阳、济州、大兴十一卫，分兵守北边。关隘之要者有四：曰古北口，曰居庸关，曰喜峰口，曰松亭关，而烽燧相望者一百九十六处，徼巡将士六千三百八十四人，初俱用北军，至是始选江淮军士参之。九月癸丑，遣指挥佥事吴英往北平谕达以星变戒慎奸人。遍谕诸将戒慎。凡敕谕诸将具在国史，此不敢通载。

十年十二月，永平卫指挥刘广巡边，兵次中兴州，胡人兵三百余骑奄至，广率兵奋击之，斩其骑士百余人，擒其平章安童，余众溃去。

十二年六月丁卯，命都督佥事马云统兵征大宁。七月己未，故元右丞周亨等八人率兵民二百八十七人自沙漠来归。徐达遣指挥武兴迎于山后，适与故元平章乞奴等六人遇，擒之，并获其枢密分院银印来上。十一月甲午朔，封大都督佥事谢成为永平侯。己亥，以北平都指挥使郭英为大都督府佥事。北平初定，降胡反侧不宁，英开示诚款，谕以理乱祸福，人心遂安。

十三年壬寅，燕府之国达练兵镇守。十月己巳，召达还京。十一月乙未，达还自北平。丙午，元平章完者不花与乃儿不花率胡骑数千入桃林口，寇永平，掠民资畜，指挥刘广御之。时兵步多骑少，广令步卒继后，独率四十余骑先至城北三十里蔡家庄，遇胡骑千余即迎击之。兵少，后军又不继，胡兵射广中马，马惊仆地遂被杀。左右多战死。千户王辂被伤裹创临阵，会后阵军至，阴令部下先分兵伏迁民镇、界岭等处邀其归路，又分兵出燕河夹击之，胡兵败走。辂乘胜追至迁民镇，伏发，擒完者不花，乃儿不花遁去。上闻之，惜广，遣使敕永平傅丧还京，恤其家属。

十四年正月戊子，乃儿不花寇边，命左右副将军和友德及长兴侯耿炳文、西平侯沐英、凤翔侯谢龙，率将士从大将军达讨之。辛亥，达发燕山等卫屯兵万五千一百人修永平、界岭等三十二关。四月丙辰朔，命都督府选骑士赴北平从大将军征进，得精壮者万六千一百三十五人，各赐文绮战衣遣行。庚午，达出古北口和友德至北潢河，虏骑骇遁，友德选轻骑夜袭灰山。龙江卫使丁忠居前部攻大石呕，俘获人口数百，牛羊五千。复攻毡帽山，杀获数百人和部下擒平章别里阿及枢密副使大通英，自灰山率指挥宁正等独当一面，略公主长寨，歼其戍卒，获全宁四部。过驴驹河，获知院昌宣，俘千余口。七月壬寅，元将校火里火真等四十一人及遗民百七十七户自沙漠来归，赐火里火真等文绮宝钞，其遗民居北平。八月辛巳，达等还京。九月壬午朔，复命达镇北平，军民悉听节制。甲申，置山海卫。

十五年九月丁卯，北平都司言边卫之设所以限隔内外，宜谨烽火、远斥堠，控守要害，然后可以慑服胡虏，抚辑边氓。按所辖关隘自一片石至金水口，凡二百处，宜以各卫校卒戍守其地，诏从之。内为北平府州县，外皆大宁地也。十月甲辰，达还京。

十七年正月戊申，命达出镇北平。三月戊戌朔，曹国公李文忠薨，捣永平，取大宁于郡境有大功焉。十月壬申，达奏上，北诸卫将校士卒之数，凡十有七卫，计将士十五万五千四百七十一人。永平、山海其二卫也。闰十月，召达还京。

十八年二月己未，太傅魏国公徐达薨。自元年平元都，四年镇北平，六年备北边，后虽备西北而北平居多。达追封中山王，谥武宁。文忠追封岐阳王，谥武靖。

郭造卿曰：当元都归正，永平即先诸郡矣。鄂国之捣也速，曹国之由鹿岭实出塞之始，魏国则理之，居北平，关山海，劳久而功多，其出镇还京卒，憩茇之荫既深，修剔之勋尤大也。嗟夫！汉言胡有冥数，兹土五百年陷夷而廓复，洪武之元，次岁失元勋于塞外，至是李、徐继薨，而残虏未殄，则夫万里长城之叹，神祖所不寐而流涕也。然三王或攘或守，今民飨利者但知魏国矣！倘非鄂国之取开平，而应昌捣于曹国，其何以能服大宁而厚北平之防乎？然诏立通州祠为卒于柳川，乃配以忠悯皆境外之难也，魏曹并薨正寝配太庙及功臣庙，故未诏特祠，后山海乃请祀魏如鄂，而不以曹配，宁非缺典哉！

‖ 卷之六 ‖

福唐郭造卿建初著　男应宠纂

纪　部

开国经略

洪武二

大宁初虽为我塞，兀良哈观望其间，宋国由以定金山受降而入榆关，凉国由以定鱼泺献俘而入松亭，则东西塞穷援绝，在罟楼中乃降，就其地设卫即叛。复劳我颍国之师，乘靖难而牟大宁。未几永、宣銮驾为勤矣，后仅命将狙征，自此出塞不举。是以开复之烈久堙，而弃守之论靡定。然三公之伐接武于三王，虽德有优劣而功均不可泯，皆神祖之庙算三公不能尽从焉。是以有责备之词，不以功大而少假，语过则冯减于蓝传于此无疵，第昔请地为田圃见让，盖或王翦自沔意也。蓝党既族，遂不免于暴死；冯亦次卒，赠谥不及诸元勋。幸则良弓藏，不幸则功狗烹，惟三王为独优焉。功成名全难矣！今遗垒骄虏尚就我羁縻，而以职贡为辞者果伊谁之为烈哉！

洪武十九年十一月己卯，诏长兴侯耿炳文率陕西都司卫所及西安护卫官军往北平听征。十二月，敕谕胜曰：纳哈出据金山叛，侵扰辽东，宜于大宁诸边隘，分兵置卫，以控制之。

二十年正月癸丑，命胜为征虏大将军，颍国公傅友德为左副将军，永昌侯蓝玉为右副将军，南雄侯赵庸、定远侯王弼为左参将，东川侯胡海、武定侯郭英为右参将，前军都督商皓参赞军事，率师二十万北伐。又命郑国公常茂等皆随征师行。上谕胜等曰：虏情诡诈未易得其虚实，汝等慎无轻进，且驻师通州遣人觇其出没。虏若在庆州，宜以轻骑掩其不备，若克庆州则以全师径捣金山，纳哈出不意吾师至，必擒矣。既而复遣前获番将乃剌吾北还，以书谕纳哈出。二月甲申，胜等兵至通州，遣逻骑出松亭关，闻虏骑有屯庆州者，乃遣玉乘大雪将轻骑帅燕山都指挥使赵清等往袭之，杀其平章果来，擒其子不兰奚并获人马而还。三月辛亥朔，胜等率师出松亭关，筑大宁、宽河、会州、富峪四城，遂提兵驻于大宁。癸卯，胜等师逾金山至女真苦屯，纳哈出部将全国公观童来降。丁未，胜驻师金山东北。初纳哈出分兵为三营：一曰榆林深处，一曰养鹅庄，一曰龙安一秃河，辎重富盛，畜产蕃息，虏主数招之不往，及是大军逼之，计无所出，乃剌吾因劝之降，乃遣使至大将军营，阳为纳款而实觇兵势。胜遂遣玉往一秃河受降，使见大将军师盛。还报，纳哈出闻之乃指天啧啧叹曰："天不复与我有此众矣！"遂率数百骑自诣玉约降。玉大喜，出酒饮甚相欢。纳哈出因酌酒酬玉，玉请之先，纳哈出即饮讫，复酌以授玉，玉解衣谓曰："请服此而后饮"。纳哈出不肯服，玉亦持酒不饮，争让久之。纳哈出取其酒浇地，顾其下咄咄语，将脱去。时常茂在坐，麾下有赵指挥者，解胡语，以告茂。茂直前薄之，纳哈出惊起欲就马，茂拔刀斫之伤臂，不得去。左军都督佥事耿忠遂以众拥之见胜。其所部妻子将士凡十余万在松花河北闻其被伤，遂惊溃。余众欲来追，胜遣观童谕之，亦降。凡四万余，并得其各爱马，所部二十余万人，羊马驴驼辎重亘百余里。奏捷，仍奏茂惊溃虏众，遂班师。甲戌，捷奏至。癸酉，胜械茂至阙。胜为裨将，勇悍善战，为大将，驭众稍无纪律。是役也裨将有盗胡将马者，斩以徇，亦自略胡马，至使阍者行酒于纳哈出妻求大珠异宝，又胡王死才二日，胜强娶其女，大失夷降附心。茂既至，陈所以降纳哈出故，且言胜短。上曰："如尔所言，胜亦不能无罪"，命收其总兵官印召还，而令玉行总兵官事，分兵驻绵川，龙等回北平。癸未，设太宁都指挥使司及太宁中左右三卫，会州、新城、木榆等卫悉隶之。以周兴，吴汧为都督指挥使，调各卫兵二万一千七百八十余人守其城。诏友德编集新附军士，且令简练精锐于大宁屯驻，以防北虏寇抄。庚寅，北平布政司请自河间景州至永平抚宁县马驿三十二，吴桥至通州水驿八，各宜增置马及船。时玉亦言自遵化至喜峰口里，滦阳口外富民、宽河、柏山、会州、东庄、富谷、新城至大宁等处各六十里，宜置马驿七，以备边报，诏皆从之。丁未，遣指挥赵隆资赍诏命副将军玉为征虏大将军，是月胜以罪召还，朝以勋旧不加谴，命就第凤阳奉朝请。十一月癸未，玉送所获故元将士一千九百余人并献所获宝，敕金银铜牌。壬辰，诏玉发军校护送海西侯纳哈出及故元尚书塔不歹等妻子赴京。是役也，由大宁而东征为东虏焉，其地泰宁、福余错此虏据其间，乃纵而擒之，以示我天威，故命帅之重尽一时之名将，军集列省至二十万，赏赉之隆抚恤之周，教戒元戎罔有遗笑，故不战而屈，使中山歧阳遵敕谕而善处，则无惊溃截杀万全矣。至虏降而赦前罪，其赏赉抚恤尤至，盖规模虽若宏远，而残孽实以招徕矣，且复筑城置卫所综理者甚周，盖得之不易如此。

二十一年三月壬午，诏大将军玉北征。玉等帅师十五万由大宁进至庆州，闻虏主在捕鱼海儿，从间道兼程而进。四月乙卯，玉师至百眼井，去捕鱼海儿尚四十余里不见虏，玉欲引还，副将军王弼曰："吾等受朝廷厚恩，奉圣主威德，提十万众深入虏地，今略无所得遽言班师，何以复命"？玉深然之，戒诸军皆穴地而爨，毋令虏望见烟火，师遂进。丙辰，黎明至捕鱼海儿南，饮马，知虏主营在海东北八十余里，玉以弼为前锋直薄其营。虏始谓我军乏水草，必不能深入，不设备，又大风扬尘昼晦，军行虏皆不知。虏主方欲北行，整车马皆北向，忽大军至，其太尉蛮子拒战，郭英手刃之及其军士数十人，其众遂降。虏主与太子天保奴、知院捏怯来、丞相失烈门等数十骑遁去。玉率精骑追千余里不及而还，获其次子地保奴、妃子等六十四人及故太子必里秃妃并公主等五十九人。脱因帖木儿将逃，失马，窜伏草间，擒之。它所卤获无算，遂班师。凡玉北征所私驼马、珍宝亦无算。夜度喜峰关，关吏以夜不即纳，玉怒，纵兵毁关而入。五月甲午，玉等上奏捷表。戊寅，玉送地保奴及妃公主等至京，献金印金牌，赐钞二百锭，命有司给第宅廪饩俾就居京师。既而有言玉私元主妃，上怒曰："玉无礼如此岂大将军所为哉！"甲申，置北平行都指挥使司于大宁。甲午，增置山海卫至辽东松亭关至大宁，凡十七驿，命太仆寺选淮马给之驿五十匹。丁卯，玉等还朝。上谓玉曰："尔率将士北征功最大，然虏王妃来降不能遇以礼，乃纵欲污乱，又尝恃劳遣人入朝觇伺动静，此岂人臣之道哉！今悯尔功劳屈法宥尔，尔其率德改行以慎厥终。"玉顿首谢。于是论功行赏有差。戊辰，宴征北诸将于奉天殿，上悦，赋平胡诗二章，命群臣和之。十二月壬戌，追封玉为凉国公，念前劳也。仍镌其过于券。是役也，由大宁而西征为西虏焉，视征海西者士卒少五万，而加于应昌十万，然文忠从遇春取开平代为副领其众。次年有应昌之捷，玉则代胜为大将军亦连捷于鱼儿海，其获可汗子及妃相当故功并论而封公。乃上不悦者，文忠如遇春无过，玉如胜而过多也。然征保保者乃得元大孙，而征鱼海者乃得元次子，皆功出于望外，谦谨以守之可矣。然文忠功如彼，上戒胜诸敕但追称中山开平，而不及乎岐阳，矧玉喜峰之罪，上闻且不悦矣。况无礼于胡妃而岂弗督过之哉！其仍封之者，视如黥、彭姑使过耳，乃尚不知俊其能免淮阴之叹乎！

二十二年五月辛卯，置泰宁、朵颜、福余三卫指挥使司于兀良哈地以居降胡。

郭造卿曰：元老所经营二十余年矣。东征西伐以威之，封爵赐官以怀之。倘元主及太子未相继被弑，根本蹶，党与孤，则兀良哈尚崛强未降也。既降，顺犬羊之性，遂其逐水草而立卫，非置大宁都司其将何管摄之哉！故未置则迁山后民而入，屯既置则移中国民而杂居焉。且制以名将，镇以亲王，动天下兵饷以致力于一方。复天语不惜拳拳而多方以招谕焉，盖将款服为藩篱，岂知至今为梗哉！

‖ 卷之七 ‖

福唐郭造卿建初著　男应宠纂

纪　　部

开靖经略

洪武三　永乐

今考大宁者，于国初若罔闻。或知永乐之宜捷，而不知燕府之首征也，名曰肃清沙漠，驾出乎古北口，以征乃儿不花，即札我桃林口，杀我永平卫使者也，及既就擒，而命颍国出居庸以征兀良哈，且劳王亲驾追至于秃城，孰非经理大宁也哉！识其大者于此，以筹弃守之故焉。

洪武二十三年正月丁卯，上以咬柱乃儿不花及知院阿鲁帖木儿等将为边患，诏晋王、燕王各率师往征之，命颍国公傅友德为征虏前将军，南雄侯赵庸为左副将军，怀远侯王弼为左参将，全宁侯陈恪为右参将，赴北平训练军马，听燕府节制。三月乙丑，燕府率师出古北口，友德等各以所部从。癸巳，燕府临塞谕诸将曰："吾与诸将军受命，提兵沙漠扫清胡虏，今虏无城郭居止，其地空旷千里，行师必有耳目，不得其所，难以成功。"诸将皆诺。即发骑哨得虏迹，知乃儿不花等驻庐帐于迤都，遂进兵。适大雪，诸将欲止。王曰："天大雪虏必不虞我至，宜乘雪径诣虏营。"观童与乃儿不花有旧，至即相迤持而泣。仓卒顷我师已压虏营，虏众大惊。乃儿不花等欲上马走，观童逾以燕王至，毋恐，而素闻王威德，遂不去。观童引见，王降辞色待之，即赐酒食，令醉饱，慰逾遣还营，虏甚喜过望，遂无遁意。将至营又复召来，如是者三，及咬住阿鲁帖木丞相忽哥赤等皆降。悉收其部落及马驼牛羊而还。晋王出塞不见虏而还。闰四月癸亥朔，捷奏至，上谓群臣曰："清沙漠者燕王也，朕无北顾之忧矣。"

二十四年正月戊申，敕傅友德佩征虏将军印充总兵官，王弼、郭英充左右副将军，于邳、徐、滕、兖、济南、平山、德州、乐安及北平都司属卫遴选精锐军士训练以备边。四月辛未，册封皇子权为宁王。癸未，遣使命燕府督友德收捕番将故辽王阿失里等，寇边屯朵颜山也，且谕曰："今上天垂象甚切，须体天心，凡北平护卫及都司各卫隘口，必当整备士马，励精器械，严为守御，不可息肆。"五月甲午，置富峪卫及左右千户所。九月壬子，友德还京，奏：训练北平等都使司军士凡八万二千五十六人，马二万六千二百四十匹。

二十五年二月乙丑，命五军都督府以乃儿不花所领士马于北平都司点阅，遣往沙漠为边侯，其真州、扬州、淮安、邳州、徐州所居鞑靼军士有家属者，令千百户率赴北平编伍，听燕府调用。

二十六年正月，置广宁中、左、右、前、后五卫及右屯、后屯、前屯三卫，元大宁路锦、义、建、利诸州，割属辽东行都司，其外皆泰宁卫地也。癸亥，宁王就国。

二十九年三月甲子，燕府率诸军北至彻彻儿山，遇胡兵，与战，擒其首将孛林帖木儿等数十人，追至兀良哈秃城，遇哈剌兀复战败之，遂旋师。五月壬戌，后军都督府言开平宜立五屯卫，命先置中屯卫于沙峪，调官军屯守。

三十年正月辛未，城开平卫。先是，上命盛熙调山海卫五所官军往开平立卫，发北平都司属军卫土城之，至是讫工，复命熙分调北平等都司军马屯守，于农隙讲武。置马驿八：东曰凉亭、沈阿、赛峰、黄崖四驿，接大宁古北口，西曰桓州、威虏、明安、隰宁四驿，接独石，庚辰，置兴和、怀来二守御千户所，调大兴左卫、永清右卫军守之，又大宁之外臂也。四月乙酉，敕燕、晋二王备边。五月庚寅，二王统军行边出开平数百里。

　　三十一年五月甲寅，上不豫，戊午敕杨文曰："兵法有言，二心不可以事上，疑志不可以应敌，为将者不可不知是也。朕子燕王在北平，北平中国之门户，今以尔为总兵往北平参赞燕王。以北平都司行都司并燕、谷、宁王三府护卫选拣精锐马步军士随燕王往开平堤备，一切号令皆出自王，尔奉而行之，大小官军悉听节制，慎毋二心而有疑志也。"乙亥，敕燕王曰："朕观成周之时天下治矣，周公犹告成王曰：'诘尔戎兵'，安不忘危之道也。今虽海内无事然，天象示戒，夷狄之患岂可不防。朕之诸子尔独才智克堪其任，秦晋已薨尔实为长，攘外安内非尔而谁？已命杨文总北平都司行都司等军，郭英总辽东都司并辽府护卫，悉听尔节制。尔其总率诸王相机度势用防边患，又安黎民，以答上天之心，以副吾付托之意，其敬慎之，勿怠。"闰五月乙酉，上崩，遗诏亲王哭临于国。辛卯，皇太孙即皇帝位。十月，召文还京。时诏求直言，故督府断事高巍戍贵州，应诏上书论藩国借汉为喻，其末言若国不和则四夷窥云云，建文奇之不能用。

　　建文四年己巳，燕王即皇帝位，称洪武三十五年十月，宁王来朝，寻移东胜左右卫于永平府遵化县，以宁藩既空而防阿良哈入犯也。

　　永乐元年三月，徙北平行都司为大宁都司于保定。十一月敕谕兀良哈部落曰："朕承天眷，君临天下。尝遣使赍诏谕尔，尔等闻命即遣人来朝，其诚可嘉。今仍旧制设泰宁、福余、朵颜三卫，俾尔等统处军民，镇守边境，旧尝授官者列名以闻，或复之。若头目人等今当授者，亦第其名来闻，朕即授之，俾世居本土安其生业。"嗟夫！读斯诏也，曾以大宁界之乎？

　　四年正月，调大宁前所营州右护卫军至永平。二月立卢龙卫。

　　八年二月丁未，车驾亲征胡虏，永平都指挥使谷祥随驾，封为神机将军。丙辰，驻跸宣武阅武，寻次鸣銮镇城，谓大学士金幼孜等曰："今灭此残虏，惟守开平、兴和、宁夏、甘肃、大宁、辽东，则边境永无事矣。"

二十年三月丁丑，车驾亲征阿鲁台。七月己未，次杀胡原，闻虏遁，命旋师。是夜，召诸将谕曰："阿鲁台敢为悖逆者以有兀良哈为之羽翼也，今阿台远遁而兀良哈尚敢入寇，当还师剪之。"诸将请分兵进击，遂简步骑二万分五道以行，且授之方略曰："兵贵神速，所谓迅雷不及掩耳可也。"诸将顿首受命。上曰："官军至彼，虏必西走。朕当以兵从西要之。"遂率精骑数万驰往，命武阳侯郑亨、成山侯王通、阳武侯薛禄将之。庚午，上率师至屈裂儿河，虏寇数万余驱牛马车辆西奔，陷山泽中。上麾骑兵为左右翼齐进，寇望官军势盛欲突而走。上率前锋冲之，斩首数百级，寇自蹂践死者相枕藉，余众散走。上乘高望之，见寇复聚，乃麾兵绕山出其右，又分兵渡河断其后，又麾兵出其左，先令甲士持神机弩伏深林中，戒曰："寇经此则发。"又命严阵山下以待。已而，寇尽弃其辎重驰突而左。上麾御前骑士与山下兵驰追之，寇惊走，而林间神机弩竞发，寇大溃，死伤不可数计。余寇尚数百人跃马而走。上曰："必有首虏在其中，须击之。"率骑兵追奔三十余里抵其巢穴，斩首虏数十人，生擒其党伯儿伯克等，尽收其人口，牛羊驼马，焚其辎重兵器。暮次丰润屯，诸将皆顿首贺，上曰："用兵吾岂得已哉！"诸将曰："天道福善祸淫，陛下奉天伐罪，以保兆民，岂过举也。"八月壬子，颁剿捕兀良哈克捷诏天下。九月壬戌，法驾入京师，躬告天地宗庙社稷毕。御奉天门朝百官上贺平胡表。

二十一年八月癸巳，蓟镇总兵陈景先领子亨及指挥龚胜等杀犯边虏，擒人马百余名匹。

二十二年四月己酉，车驾征阿鲁台。七月庚寅，班师至榆木川。上崩。凡五征沙漠，三犁虏庭，永平等卫将士无不从。

郭造卿曰：藩虽封宁而机在燕，宁未之国，将士慑聋，燕威稔矣。北平兼调其行司，密筹士马之足用，宁至而未闲，军旅非燕莫托也。既托于燕则折冲之矣。初出古北即在其境上，不战而伐谋，且全归凯奏。故圣祖喜曰：清沙漠者燕，朕无北顾之忧，以平残胡属之矣。不但诸将节制，诸藩亦听命焉。遣将出居庸，乘胜剿女直，亲征收兀良哈，而西出开平外，孰非所指摩哉！矧父皇神机复谆谆授焉，则出奇制胜以靖难，绰绰如矣。一旦龙骧虎变，风云呼而四集，五征三犁，功追先皇，而烈垂万世有以夫！然自此移宁封而弃大宁，以遗夷患则不出高巍言也。其谓不和而夷窥者，岂但中于建文时已哉！

‖ 卷之八 ‖

福唐郭造卿建初著　男应宠纂

纪　部

洪宣正景经略

今言大宁者，率谓我成祖以界兀良哈，盖未之考耳。当宁藩既袭环卫，有其故种藉为先驱，及顺戍卒归情耳，未尝尽驱三卫以行也。难靖来朝，仍设卫如故，诏其镇守边境世居本土，曷尝以大宁界乎？无论永乐壬寅师既宣德之东狩，其巢穴非我故藩可考焉。但营兴诸卫既移，其贡道必由此行。我之烧荒日近而哨捕久不举，彼逐水草居遂渐牟而有之耳。若谓以大宁与三卫，则其二皆有分地，岂甘自屏广宁外，岁借路于朵颜哉！故鸣銮镇戍之，逾灭虏而守大宁者，非既畀而复背之，本我地而我守之耳。乃犁庭甫毕而榆木变作，经略未遑，固宜永叹。所可憾者，宣德辅臣远弃安南，近弃开平，当英武之朝不能赞成先志，喜峰凯旋而已矣。三卫永若河套，是谁之咎欤？

洪熙元年三月辛亥，虏犯黄崖口，陈景先领子亨、指挥李远、千户周交等七百八十七员名出鲶鱼石追至好汉峪，袭溃之。擒人马八十五名匹，五日而奏捷，赏金币。是年以襄城伯李隆镇山海。

宣德元年五月，辽东总兵官、武进伯朱荣奏：朵颜卫指挥哈剌哈孙等朝贡不至，请掩击之。敕荣曰："驭夷宜宽，用兵宜审，况虏多诈未可轻忽，但整饬部伍谨慎提防，其来不来未足较也。"

　　三年八月，上御奉天门，召公侯伯五军都督府谕之曰："胡虏每岁秋高马肥必扰边，比来边备何似？东北诸关隘皆在畿内，今农务将毕，朕将亲历诸关警饰兵备，卿等整齐士马以俟命。"蹇义、夏原吉、杨士奇、杨荣、胡淡淡、王骥、施礼、吴忠、凌宴和、杨溥、姚文直、王文贵等各率职扈从。丁未，车驾发京师。九月辛亥，至石门驿。喜峰口守将遣驰奏：兀良哈寇万众侵边，已入大宁，经会州将及宽河。上曰："是天遣此寇投死耳。"遂驻跸石门东，召问诸将，诸将咸请击之，亦有请益征兵者，上曰："孽虏无能为，但谓吾边无备故敢来，若知朕在此，当惊骇走矣。今惟擒之勿纵也，然此出喜峰口路隘且险。单骑可行，若候诸将并进恐缓事机，朕以铁骑三千先进，出其不意擒之必矣。"或言三千未必足用。上曰："兵在精与和不在多，三千精兵足办擒贼，诸军可后进。"遂决策亲征，命靖平伯吴成等从。乙卯，车驾出喜峰口。夜，军士皆衔枚敛甲韬戈驰四十里，昧爽至宽河。距虏营三十里，虏望我军以为戍边兵，即悉众来战。上命分铁骑为两翼夹击之，上亲射其前锋三人，殪之。两翼飞矢如雨虏不能胜，继而神机铳叠发，虏人马死者大半，余悉溃走。上以数百骑直前，虏望见黄龙旗知上亲征也，悉下马罗拜请降，皆生缚之。丙辰，斩其酋渠，驻跸宽河，分命诸将搜山谷捣虏穴。戊午，驻跸会州，以重阳节赐扈从文武官宴并飨将士。上既斩获虏寇，仍遣将士捕其溃散之党。至是，有俘获还者，上喜，大飨，又亲制诗歌慰劳之。甲子，诏班师，车驾发铁将军店。乙丑，驻跸偏岭。丙寅，入喜峰关驻跸关内。庚午，驻跸三河县，在京诸王及文武衙门各遣官进平胡表。至壬申，驻跸齐化门。癸酉，至京师谒告太庙朝皇太后，置酒上寿。十月，阳武侯薛禄、遂安伯陈瑛、武进伯朱晃镇守蓟州、永平、山海。

　　四年九月，遣将出塞烧荒自此始，永平等卫从。

　　五年正月，徙开平卫于独石，为大宁移而难独守也。

　　七年九月，阿鲁台杀败兀良哈，遂住牧辽东塞。

　　九年八月，瓦剌脱欢攻杀阿鲁台，并吞诸部，势寝强盛，而通兀良哈。

正统元年十月，脱欢与其酋朵儿只伯相仇杀，脱欢遣人贡，且通兀良哈、女直伺我塞下。

七年三月，命右佥都御史王翱提督辽东军务，自山海抵开元筑修垣堑、屯堡、烽燧、斥堠千里相望，防东虏及三卫也。

八年四月，脱欢死，子也先嗣，益横，屡犯北塞。兀良哈诸部侵盗东北关诸寨索盐米赏赐，而喜峰、密云间有都指挥或都督镇守验贡焉，然朵颜数扰边，多不过百余骑，少或十数骑而已。

九年二月，兀良哈三卫寇边，发兵二十万讨之，分四军：成国公朱勇出喜峰口由中路，左都督马谅出界岭口由北路，兴安伯徐亨出刘家口由南路，左都督陈怀出古北口由西北路，逾滦河渡柳河，经大小兴州，过神树至全宁，过福余，逆战走之，次虎头山及流沙河遇泰宁、朵颜又败之。虏男妇以千计，马牛羊以万计，御史姚鹏上功。三月，诏加勇太保、亨进侯，谅封招远伯，怀平乡伯，余进秩有差。自是三卫虽衰，然怨我次骨，因通也先导之入寇矣。是年以应城伯孙杰镇守三屯。

十四年三月，也先将入寇。初泰宁、福余结为乡导，朵颜独扼险不敢从，也先不能入蓟塞，不得利，大掠福余人畜去。时令兵部每岁七月请敕各边，遣官军往虏出没地三五百里外，乘风烧荒以绝胡马，事毕将烧过地方册报。七月，虏从大同大举。丙戌，永平等卫兵从驾出居庸关北征。八月壬戌，土木北狩，命御史邹来学提督京东军务，经略以防三卫，已而分设太监参将总兵矣。是年革朵颜三卫互市。

景泰元年三月，虏分道入寇。七月，上皇在迤北，东虏寇辽东，西虏寇山西，蓟镇皇皇奔走无地，邹来学独广斥堠，谨烽燧，处财用，举将才，守要害，精兵戒，虏不敢犯，而京东以宁，固由其经略功，亦朵颜未为导，泰宁、福余被创也。乃修喜峰迤东至一片石各关城池及仓廪，兵民分屯耕守，一时保障之力其关社稷者大也。八月丙戌，上皇还逊居南宫。

　　二年五月，右监丞林春节奏，会同经略邹来学、总兵宗胜议三卫入贡，乞如先年。太上敕旨："当关验放，当入贡奏者伴入，违者阻回，庶免劳扰漏泄，仍多方密了，如或势众，离边窎远具奏定夺，倘近边骚扰，或有可伐之势，即调兵出口剿捕，以弭后患。"制下兵部议可。是时三卫为虏驱，窜名虏中随之来贡，我所以待者比其常例优数倍，乃愤我畏强慢弱，遂坚从彼之心矣。

　　三年春，入小毛山关。六月，邹来学议夷贡，兵部尚书于谦奏曰："夷人自祖宗来世官，为我屏蔽，通使不绝，后因在边出没，大军征剿之，以此坚彼党与怀叛。乃者也先犯边皆以此贼前锋向导，自也先朝贡请和遁去，三卫亦还本卫，虽人马在边阴有窥伺，心未尝敢肆寇扰，节使赴京进马，朝廷礼待如初。今若一旦无故阻绝，彼怀疑贰，奔投也先或相纠扰边，是自贻后患矣。且此部落正在南北二道间，凡我被虏自迤北逃回必经之，平居尚被戕害，今拒而不纳，则愈激其变，万一阻绝回路，匪惟失陷永无归期，抑且虏息无由知会矣。况今京师内外丰登安和，城池军马彼虽欲探，示以至诚，或因此知我有备，益坚向化之诚。若遽然断绝，虑恐自开边衅。且其奸诈不测，而大计所关亦不在三卫数人往来漏泄，且也先使朝中国其阴谋不测比之此辈尤甚，其可拒绝之乎？兼措置边务抚柔外夷当经当权，斯时也先吞并诸种部落正在纵横之际，而三卫名虽朝贡实暗受其约束，所宜行权以尽怀柔之道，庶丑虏无词，不敢轻动。犬羊之性无常，利在货物饮食，其受制也先不过威协势迫，朝廷恩信赏劳既得彼之欢心，安知不为我边屏蔽也哉！"上是其言。七月，谦疏礼科译泰宁卫佥事革干帖木儿等奏文十三道，奏报声息，恐阴各受也先约束，故来虚报效顺，况近者各边节报烟火并贼窥伺，若不预备诚恐仓卒无措，合饬边防毋误事机。其朵颜卫孛罗称祖哈孙，永乐年间受都卫都指挥同知，父讨功不赴京袭职，在本处受达鲁花职事亦故，今孛罗在也先管达鲁花职事进贡愿袭祖职，宜如所请，以嘉效顺。因其来归之念，令来使赍敕谕以恩威，俾其感激图报固守臣节，保障边方。倘有寇扰尽力御剿，有功升赏不吝，不许叛服不常，舍顺从逆自速罪戾。上是其言。

盖谦处置不惟也先之变，立主回驾功在社稷者大，即处三卫机权皆可为后事师也。

郭造卿曰：昔也先非朵颜震于陵京矣，况引自潮河，孰不薏薏图之。当大虏之远患加属夷之近忧，为说未尝不多，其如迷涂日远何哉？盖不原初取而姑置之故，又不究复取而竟弃之由，则今之所固守者而非其所为守矣。彼羁縻之职赐视质子为何如？五胡之衅其鉴则远，若契丹、蒙古为夷大部落，安史非开元之市郎乎？完颜非天祚之舞俏乎？叛虏则虏患，猾夏则夏忧，前惩而瑟后者宁忘乎辛整蜇哉！以三卫视之，服虏而贡夏我以为乌桓、鲜卑幸其或报乎？匈奴但既能为种类患，则中土未可忘忧也。况今阴输种类而阳谩中土乎？自宣德后大驾不征，正统后大师无成国之出塞，景泰后大臣无肃愍之经略，则天顺《一统志》后而有畀地予夷之说矣。

‖ 卷之九 ‖

福唐郭造卿建初著　男应宠纂

纪　　部

天成弘正经略

当也先之变，朵颜阴助之矣，不敢肆，然导之入，亦成国出塞，及界岭烧荒为我惩艾者未几，岂但自保其险而已哉！土木北狩虽将匪茹，而中国有君有臣，肃悯之制机权恩威咸得其宜，京东经略者邹，而宗胜治军旅，故虽曹贼内讧，外务则足御焉。然诸天椽为镇，虽元老亦难展错。至成化间，边事日非，外如杨如彭亦祇思辑而已，帅为李铭久镇赖之，既而司马皆名臣，不过调剂之耳。端肃当守臣启衅弗从言官请剿，泰陵愤夷虏交横命讨，力阻于忠宣，老臣为虑岂不深远，第自此大军不出塞而属夷日肆亡状矣！

天顺元年正月壬午，太上复皇帝位，封夺门功。太监曹吉祥滦州人，侄钦为昭武伯。

四年，以修武伯沈煜出镇三屯。

五年七月，吉祥钦及蕃将伯颜也先等反战阙下，并伏诛。虏酋自前岁已先死，诸部散，而孛来瘤王子为雄，杀其主小王子，及孛来衰而立脱思小王子，故也先从兄也。其三酋入河套，而通朵颜诸部穷边，自此边事日非矣。

成化元年十二月，泰宁等卫右都督王兀研帖木儿等奏，欲于边地收买牛只农具，并乞赐莽衣，礼部以闻。上曰："莽衣不可与，其欲与民交易，可许之。"三卫头目兀研帖木儿奏乞职事，兵部覆奏以未有功劳，例无升授，不许。

二年十一月，迤北瓦剌太师阿失帖木儿遣使哈三帖木儿等入贡。旧例由大宁路，其宴赉优，他夷至是挟三卫从喜峰口入，巡抚暂拘在关，兵部请遣通事会验，量数令其朝贡，从之。又奏："彼先孛罗使臣入贡，命都督管领官军七千员名往居庸关列队以壮军威。今使前由大同经宣府，人烟稀少，军马数多，比由喜峰而来自遵化直抵通州一带居民辏集，军马数少，恐虏觊觎，宜照例差武职重臣量拨京营马步官军一万员名往通州至遵化要路，会同镇守等官列队，就彼操练，严禁扰搔，其行粮马料就于彼处关给，至虏归回营。及于蓟镇总兵、巡抚等将彼处官军于喜峰列队，及通州都督整肃军容以消奸宄。"从之。是年，命东宁伯焦寿出镇三屯。

十二年七月，大学士商辂言："辽东并山海关、喜峰口、古北口一带，边方去京师密迩。往年三卫为我藩篱，虽有鼠窃狗偷不为大患，今被北虏满都鲁等服属，乡导犯边，则京师不得安枕。及居庸、紫金关口合敕遣大臣及给事中阅视，使边方百备不致临期违误。"从之。乃遣兵部侍郎马文升整理。

二十年七月，兵部奏："泰宁等卫夷人欲从辽东开原入贡，非旧例，况今大同、宣府屡报虏势东向，此地正其入寇之冲，难从其请，宜令辽东镇守等官谕令，循喜峰关旧路。"从之。

弘治二年二月，右都御史马文升为兵部尚书。尝奏曰："往年三卫盗大虏马，经大同、宣府报虏老营在某处，今将一年，二边守臣不报，臣疑有彼此相通意矣。且正统己巳因三卫通也先故有土木之祸，又闻北虏大众即月在宣府驻牧，亦有东行者，而大同无贼窃，疑北虏若寇宣府，山势险阻，大同边墙重复又有精兵，调军交锋各有所伤。若朵颜向导大众俱到本卫扎营，或留虏众在宣大边外，则我兵不敢东行，彼无后顾之虑，分遣精锐或从喜峰口、或从燕河营，山势平漫不数千里，系腹里稠密多畜，朝掠夕归，且军寡弱岂能支持。在京临时发兵，不惟缓不及事，成化年间朵颜由此而入直抵永平，如蹈无人境。若此虏熟知道路，剽掠日久，京师未免戒严，不可不早为御。乞于团营选马步精军三千赴永平，再三千赴密云，各整器选将管领操候。又选官会宣大镇巡探大虏所在，如果东行即原定三处军马启行，拟地操守相机截杀。又恐声东击西彼此不可不防，复虑拥众之贼，三千恐难捍御，秋后必肆猖獗，下班官军休息已久，将德州左卫、天津三卫秋班马队俱赴永平听调操守，及将河间、保定、真定等卫所在本府州操备宣大，急则分散各关口协同战守。若大虏俱在东路出没，则统领听征，如南路无事马队秋班仍旧赴京，在京春班系听征之数俱不令下班，留之以实京师，如边方无大声息仍令暂且下班，不许远散以便调遣，庶东西有备仓卒不致误事，亦可拱护神京。其顺天、保定等府原选民兵一体操练，为京师之援，所谓兵不加增而增者也。"

三年秋，喜峰口出哨，军士扑杀夷人，边衅遂起矣。

五年，命宁晋伯刘福出镇三屯。

九年，命定西侯蒋骥出镇三屯。

十一年十一月，朵颜入寇，巡按山东御史罗贤奏剿，马文升议："且令本处守臣将边卫草木烧尽，使马无所食，仍严整人马分据要害相机剿杀。其进贡达子会同礼部官并京营总兵官令通事傅布朝廷优待，并杀伐利害归语大头目、各敬顺管束部落，仍请敕三道 切责三卫大头目。"诏再议会议："系我藩篱不宜轻动，况今差人朝贡比之尽叛者不同，遽加征讨彼得有词中，所拟守备为上，行辽东等处守臣依拟相机而行。"其敕谕俱从之。

十七年正月，虏入擦崖子境。五月壬寅，犯界岭口。六月，兀良哈小王子寇边，小王子遂称求贡否，且深入。虏回人称："虏有异谋，欲犯黄里，华言京师也。"又云："朵颜头目可儿，乞蛮领三百人往北虏通和，小王子与一女寄夷似有引诱入寇之迹。"乃命副都御史阎仲宇赴大同，宣府通政司参议熊伟督居庸等关粮饷，以待出师。

八年，命遂安伯陈鏸出镇三屯。时朵颜花当求添贡，动称结亲迤北。

十年三月，花当奏未尝知迤北虏，其东西省谕之矣，又求添贡，不许。闰四月，把儿孙通小王子部落，自鲇鱼石关折墙入。参将陈乾御之，为杀。兵部尚书王琼言："花当以要求为得计，以犯边为长策。陈乾轻率寡谋，虽其自取，奉敕将官殒命于臣伏小夷，所损甚大。请责问花当，不知就令将把儿孙缚解，或令自治偿乾，姑赦其罪。如否再犯必讨，将京营并畿卫兵三万分路犁庭扫穴，辽、宣各二万攻其左右，则失故巢，进退无门矣。"五月壬子，马步五百余骑从板荡谷入。乙卯，千余骑从神仙岭入。六月己未，西虏千余骑从水关洞折墙入界岭口关，巡关御史张鳌山请讨。庚申，诏责镇守太监王忻、遂安伯陈鏸、巡抚王倬，不严令分守，守备戴罪讨贼。以都督戴钦代鏸回京。令都指挥桂勇充副总兵，领京营兵三千、畿卫兵二千，具三月饷，兵部侍郎陈玉提督军务以讨之。令辽东偏师三五千以备三卫勾引者剿之。

十一年四月，以马永为太平路参将。五月庚子，把儿孙复请进贡赎罪。琼言："前议惟把儿孙不赦，所以明大义正国体，非生事徼动外夷也。窃考宋都汴梁，契丹据有燕地强盛，识者犹不肯示弱求和，若把儿以数马赎杀参将之罪，岂所以尊中国而抑外夷哉！今巡抚李瓒审扯秃系花当进马以礼犒劳，若把儿孙仍设法擒剿，不可自示怯弱，致生侵侮，亦不可机谋疏漏误堕贼计，各关口防御宜加严备不虞。"

十二年二月，虏犯青山口，马永逐之，连射八贼，获马匹器械无算。三月，边备都御史臧凤奏：永柏崖堂斩虏三十颗。七月，攻大岭寨，永斩三虏。十二月壬寅朔，犯白羊峪关，永追于青山斩三首。时花当及把儿孙复欲贡，惧却归罪于失林孛罗。十月，令次男打哈等言通事许凤、序班孟升、魏宗渊等省谕量给酒、肉、盐、米、布匹，抚赏而去。谕以闰月初旬来，巡抚臧凤以闻。辛未，琼奏："今万寿圣节，朵颜不与二卫同来，意欲耸动朝廷，俯从所请，欲贡恐罪责不容入关，假以报事为名归罪于失林孛罗耳。其事虽遮饰终有悔罪效顺之意。许凤等逾深得抚待之体，请以礼奖励之，宜赦夷罪而许其补贡。"

十三年四月乙未，驾幸喜峰口，出至浓积岭，次验马厅。五月，由建昌滦河回，时马永镇守三屯矣。

郭造卿曰：正德边事日非，抚臣不如昔多矣。镇帅铭后无称，花当亡状日甚，而王恭襄当之，张虚声以出将，姑塞责而班师。盖毅皇出喜峰诸关，马永亦戞戞乎难矣。末年恭襄不治兵，宁藩叛以借口者，修大宁怨指斥乘舆东游，永平诸方弃置，宗社陵寝竟恭襄所任讨平，乃幸免建文之难。尚假亲征聘游幸，则于花当之包荒，恐其托宣德以出塞，而续土木之蒙尘，盖甚不得已。则然元老之不测不克而其难其慎如此，是后当世宗末，安得斯人任之！出将班师肯虚声塞责已哉！

‖ 卷之十 ‖

福唐郭造卿建初著　男应宠纂

纪　部

嘉靖经略

　　孝庙初，大臣则有马端肃虑永平防朵颜，竟以潮河不敢长驱，至李文正、刘文靖辈乃以古北甚可虑，固未闻备设焉。正德夷虏交订震业京陵者屡矣。抚臣无注意于斯，岂天之未阴雨哉？嘉靖惟大用颇任，寻以生事论罢，自是守中为蠹，而嵩以党附戍焉，其以名取者既托疾而避，则为杖毙者斯征咽而废矣。宗皋尚虑古北颇有经略，斥归寇之大入固其所也。奄奄至汝孝当之，免于刑僇大幸耳。乃设督府，二人继至，颇画而罢。至劳襄毅再任，而帅则非益昌，且皆不能以久借，其奚暇为远图哉！时之露布方驰，顷而烟尘复起，部鼎亟纳于中权，镯镂特免乎外闻。惟文臣之多罹在抚台，则末减徐耿喜脱而受廛，部院惴负乎巨镇，重以备责僇前者，人有怜之轻以使过核，后者人皆憾焉。盖张暴虎之虚声，奏斩鬼之奇捷也。故自是辙覆，遂堵墙以课功，何莫非株守，敢出塞以犯禁乎？不然其众未满万，不如汉一小县，乃全力以奉之，畏此简书。故尔世庙未造，大氐如是。是后相继剿捕，简书奚尝不下？然斧钺非授于辇毂，则局颐惟固乎塞垣。疆场之事危，身家之念重，首尾虽畏，余者犹存，微八战八克之勇，及七纵七擒之术，孰捐坐享之禄位，而徼行险之功名哉！

　　嘉靖元年九月己巳，虏酋扯落通汗等东犯板场、花场二堡。

二年，入大寨，四月大举入洪山口关，马永督兵截杀。十一月庚午，入洪山口，永出口邀击之，殪其前锋，余党遂溃，斩五十颗，获辎重多。捷闻，自同知进右都督。十二月丁未，千余犯燕河，参将朱卿出御，手中矢，虏复犯铁门关。

三年正月戊子，虏二千入洪山口，永按甲待躬斩其骁酋，虏却，斩十余级。七月，辽东妖贼杀山海关主事王冕，以冕抗贼不屈，赠光禄少卿。

五年，召马永还京，以张辄代之。

七年正月甲申，虏由栲栳山犯洪山口，太监李能同参将白珩遣建昌军截杀出界。

九年戊申，夜入自冷口关，李能遣管操兴州右屯佥事朱官率三十六人追出关外八里塘子川，据中心山、青阳树御之，死者二十员名，官死之。贼伤多乃去。九月己亥，千余骑腾山由擦崖子入犯新开岭、西安口，掠曹家店一空。

嘉靖十年五月，巡按周襭陈边务曰："定袭酋以怀夷革列字罗者，花当长子也，早死。其子革阑台花当死四年矣。当袭把儿孙屡谋夺嫡，诸酋恶之不相附，寻亦死。夷皆附革阑台。其贡马迟者，未尝嗣番官也。前年贡马有名而未尝奏请袭职。其族党长大膂力者近百人，内或有强梁攘嫡窃取印信邀求都督。与之则恩非自上，不与则重烦区处，此怀戎至要，边中大机也。乞早辨嫡庶所由，与虏情所向，正职名，更敕书，则恩自上出，义动小夷将畏威戴德益深，而钤束部落必谨矣。"边臣亦上言兵部，令译部落后许贡，革阑台遂入寇渔阳，诸小关皆残破。

十一年，巡抚王大用欲通朵颜，厚赂城雾灵山又开马市，令各参将段匹交易讫方许入贡，皆结夷心为边远虑。及革阑台乞升官，不许，亦存国体也。巡按以虏屡犯，二疏论其轻举启衅，以戴时宗代之。虏益盗边，人不得耕牧，朵颜自此益肆矣。

十八年正月丁亥，五十余骑折墙入燕河。四月辛亥，犯喜峰口。六月，犯椴木谷。七月己丑，巡关御史樊得仁至太平路东北隅，虏二千余骑关。命参将周彻、游击毛绍忠、指挥周良臣等分三翼出御，北逾色树岭，阵邢家沟，虏分四股三冲其翼。兵却报急，得仁披戎衣率迁安知县王锡等至关，悬厚赏以激将士直前守戍毋避，虏乃去。获马器以闻，总兵都督佥事刘渊进同知，彻进副总兵，绍忠等升赏有差。其一股犯擦崖子关者，由西口入，掠至沙涧庄，戍守遁，而猖獗。

十九年八月，巡抚张汉言革阑台结北虏且并力侵边，令抚臣御之。十月望，癸酉，虏千余骑由西安谷入掠太平，参将高时等御去；又五百余骑由黄松关入，署马兰参将毛绍忠追至榛子湾败退之。

二十年，徐嵩为巡抚。革阑台挟北虏添贡，不许。时出没塞下，辄云结迤世小王子旦夕入寨，俺答吉囊自大同深入太原，不得已许补贡。

二十一年，东虏犯青山口、乾涧儿关，徐嵩下狱。时内批胡守中侍郎兼宪职提督军务剿抚，憸险嗜利乾没内帑金多，又擅出塞尽伐辽金松木百万，自撤藩篱遍索富人旧将领金钱，言官劾死西市。嵩以阿削籍，已有发其乾没库金，谪戍，以许论代巡抚。论时有知兵名。我雄镇守虏不敢大举近边。

二十三年，叛人白通事导虏数侵塞，许论伏兵斩之，旋请告。十月，虏犯柳河冲。巡抚朱方以请撤兵太早杖死，郭宗皋代，旋罢，以王汝孝代。

二十九年，虏寇大同，镇守咸宁侯仇鸾重赂酋俺答，令东寇三卫阴为导。兵部尚书丁汝夔乃请边兵万二千骑，符久未到。以京兵二万四千骑，皆市佣应急，而布诸关隘。八月丙子，俺答等部称二十万至古北口，以数千骑备锹镢攻墙，尝我巡抚王汝孝率蓟州兵出，火炮矢石从上败之。丁丑，虏悉众缀师，别以精兵自鸽子洞、红门、土墙三股入，把总张继祖战死黄榆沟。京兵大惊溃，争弃甲马窜山莽中，虏遂陷潮河川第一寨及关沙岭儿龙王谷寨。是日，围顺义，不克，东掠熊儿谷。戊寅，报至京师。己卯，至三河西南，夜半至通州东二十里，火竟夕烛天，掠孤山、汝口诸区及密云、怀柔、昌平境村落，京师大震。犯城劫焚，由西直门窥入，陵掠教场，会大同兵至。庚辰，保定巡抚杨守谦兵至，河间、宣府、山西兵各至，凡七镇五万人。拜咸宁侯为平虏大将军，诸道兵属之。守谦拜兵部左侍郎，总团营各路营城下，鸾军出远御虏骑，纵入村落，返辫发，诈称虏劫略，被虏捕，诡为辽阳军。虏中呼朵颜为辽阳军。时言辽阳军导我来京城，讹言辽阳军反。虏轻骑劫掠焚积聚，守谦恐兵不敌，勒不得发，鸾军远实不见虏，与通许开马市，冀其满载去。壬午，掠马监御厩获内使八人，放归。致书御宽多嫚语求贡，廷议未许。火烛天，德胜、安定门外居皆毁。甲申，以汝夔、守谦不发兵击贼，下狱。虏欲夺白羊口、横岭出，为守将扼，东还至昌平北，猝遇鸾军，杀伤千余人，乃夺路东循潮河川由古北口故道出，诸将不敢逼。徐尾斩获遗虏数级及所弃妇女牛羊献功。丙戌，京师稍解严。丁亥，斩汝夔，枭首弃尸，流妻戍子于岭南、辽阳，谦并斩，人咸冤之。而汝孝以续有首级谪戍。己亥，虏众尽出，鸾兵十余万骑相视莫敢前发一矢，虏东至巩华城，西至邦均店，南至河西务而北进，所犯边营焚荡掳略皆不计其数。自是调边兵入卫京师及移戍蓟无虚岁矣。三卫勾引莫敢请问。初设蓟辽提督以兵部右侍郎孙兼右佥都御史任，未几召之，以何栋代。

　　三十年，何栋请分区设将及脩边防，改蓟辽提督为总督，分昌平为镇，而兼召保定兵，总督蓟、辽、昌、保矣。

　　三十二年，何栋闲住。十二月庚子，杨博代任。

　　三十三年正月己酉，夜，虏二十余由桃林口关入，至鹿尾山庄，杀一人，掠十二人，赎回。参将何镇罚俸，提调黄擢等提问。后杨博会巡抚吴嘉会议："三卫纠合丑类贪夜入边杀虏，即其狂悖之状已与北虏无异，往时不惟不问且科敛贫军私赎，譬以果啖儿，少不如意辄生忿詈，实蓟镇夙弊，上下相安恬不为怪，诚如总兵官周益昌所论。顷者桃林之警虽非重大边情，臣等以地方官不戒严而重治之。又行总兵官务将凶犯献出以偿死者命。今参将李意等果将贼酋通汉拘执，其酋恶列骂先已天夺其魄，纪纲大正诚数年来所未有。除胁从不深究外，请敕将通汉即枭挂作恶地方示戒，惟俯念夷裔无知，姑监候稍待贡期重加刑具押赴喜峰口关。会集头目以为恭顺待之如此厚，作歹治之如此严，令传部落谨守毋自取夷灭。果各夷畏服，一年内无侵扰另行议处，庶几国法夷情两便。"制可。是举尚可稍惩后事缘为饰词矣。时虏犯河坊口、划车岭，有备而去。九月乙丑，西虏犯都儿、东虏打来孙合十余万骑犯古北口，博、益昌御之。虏晨至潮河川口，分突龙王谷，晡攻砖朵子，又沙岭儿，及丫吉山庙儿岭，益昌随御退之。虏大挫，且分军防土墙。丙寅，虏二支，一攻龙王谷、扒头崖，一攻砖垛子、沙岭儿，却之。又攻土墙，墙子岭参将吕渊及延绥游击杨璘等拒之。虏有攀援上者，辽军张马马砍下之，马马亦中箭死。璘等炮杀二酋，乃退。二鼓攻汉儿岭、孤山儿墙，炮退之。十月朔戊辰，黎儿洼有备，仍攻孤山儿墙，却之，匹马不得人。庚午，乃北归。益昌力战功多也，有以首级告者，博谕云：官军倚墙堵拒炮火矢石所伤坐收保障乃全功也，原不在一二斩获，割死虏首级者攘合营功为功，不录。十一月，论功博疏："往时三卫动称勾虏挟赏，乃今即如常，三汉向彼中通事，一旦携家来降，此制御之略也。"制曰："今岁仰荷天地垂佑，逐虏不能入犯，又斩获功多，博升右都御史，益昌升都督同知，嘉会升兵部左侍郎兼予荫兵备。"其余升赏有差。是役也，我兵亦多伤，但论拒堵为全功。

三十四年二月乙酉，北虏打来孙三万余骑由龙斗谷入犯宽佃谷，折舍城人。参将赵倾葵领指挥把总李湘、提调周官、千户千总督哨褚文明、管尖丁孙世爵等领七百余员名截至马兰谷迤西二里姚家坡遇贼万余，见兵寡，半卤半攻，为我斩三颗，愤，拥众攻围倾葵、湘等，战死者九，伤者三，军士死伤十六七。丙戌，总兵都督周益昌堵战出境，赠倾葵都督同知、荫子副千户世袭，湘等赠官加袭总督，抚镇赏银币。三月己亥，召杨博入为兵部尚书，以兵部左侍郎兼左副都御史王忬代之。己酉，虏四千余人掠大水、石塘等处，属夷数万分两营屯兴州上下。辛亥，将乘夜攻墙，有备而退。四月丙寅，喜峰口关遣尖哨徐真、郭六儿等远哨。迤北酋把秃儿等七八万在会州，及腰站儿至庙儿岭，分三股由南山径攻小安墩，防御去。回至天青谷，真、六儿及二人被杀，守备张绍祖取尸入关以报。总督称殒身锋镝可悯，比古北阵亡军人张马马例各升试百户世袭。忭疏：蓟东殷实，虏久垂涎，自马兰失事后日戕窥伺之途，兼以属夷胁收为向导，十八九势必以疑兵牵制古北，直将大众分犯喜峰、冷口等处，则永平蹂躏，畿甸震惊。万一越河长驱，亦不减古北之入也。彼地平漫，边墙缺坏，防秋渐近，力难齐备，已择漫搜宽口可通大举者，并力兴工以阻虏马驰突，添兵四枝分布防守矣。十月，忭奏："属夷自古北之变犹屯牧近边，顾恋妻子，不使虏知道路曲折，为患未深。往年外夷尽被胁从，部落远徙，或为向导、或随抢掠。去秋古北口莫逞，今春宽佃谷既阻，把都儿远涉空回，打来孙复纠窥犯，自春狙秋，警报联路，蓟东危急，势若燃眉。臣等督励，昼夜竭守，始结聚于白庙儿谋窥古北诸口而不敢南，再结聚于一马儿谋窥马兰诸口而不克骋，后复结于大宁，正与冷口密迩，见我备御益密，势不得不向辽东，而畿关之患遂纾矣。"寻以堵截功忭、益昌、嘉会等升荫赏励有差。是年议准蓟州门户必由宣府、独石、大山墩等处。独石参将能精选夜不收哨报虏信，明的照军功升赏夜不收一级，赏银二十两，如误机宜参将从重治罪，夜不收以军法从事。

三十五年辛丑，朵颜都指挥伯思哈儿等领四十余骑至喜峰口关讨赏，守备詹承恩等见四人不似旧贡夷，问之不语。令序班王吉诘问，西虏冒窥道途也。吉宣逾伯思哈儿，令其缚送，四人不从，且邀重赏，众愤。承恩领军捕杀此虏，伯思哈儿怒，箭伤我军，呼众夷上马捉夜不收三人。承恩督军攻围，斩获十九颗，马五匹，夺回夜不收及获诸夷器服。甲寅，属夷伯革进番文书，备言伯思哈儿罪。六月辛卯，总督以承恩不请，率意攻杀，恐别怀疑，借口生事，请正承恩罪。此与常茂以惊溃虏众罪谪微同。纳哈出之降非茂则溃矣，不为功反罪，此宋国之过也。贡关北虏冒谍属夷不擒当捕杀之，无罪短矢伤我军则战矣，督攻势所必然，乃畏夷而责帅，何以励当关哉！九月，周益昌卒，总督请赐赠，从之。以欧阳安代。

三十六年三月辛巴二鼓，大虏由鸡鸣山犯冷口，攻圪了谷边墙。壬午辰，六万余骑攻刘家口关东土墙，徐流口关东风谷正峰，又出精骑至流河口、通岭。管兵官王思忠遁，副总兵蒋承勋率士先登，力拒死之。有传虏遂攻刘家营，城几不守，乃陷桃林营、正水谷、孤窑谷，掠迁安县，及永平至双望，欧阳安抵建昌，稍与角。四月甲申朔，陷河流口为墟，从火陀子空而分股：一从桃林口西燕窝，一从刘家口，一从河流口，一从冷口东西圪了谷瓦窑沟入，回掠。昏折墙出。凡阵亡官军千余骑，我得三十余颗，驼马数十匹，畜数千头，各口亦有斩获，以闻。上怒，制云："贼非时入犯各官预探知，不能设计堵截，致四掠得利去。王忬不自劾认罪，乃夸张力战报功，大不如初，姑降职管事立功赎罪，防秋毕定夺。"忬上疏请罪。承勋以都指挥同知赠都督同知，谥忠烈，荫子世副千户，予祠。

三十七年九月乙酉，虏六七千骑攻界岭口。丁亥，散近边鹏虏，天雾窥山无道，了南望洋惊骇，仍奔冷口出，入老营。建昌副总兵马芳堵截擒二人，斩获共十余骑。十月，以堵截功赏忬等金币。

三十八年二月，把都儿辛爱十万骑挟朵颜酋影克哈孩为向导，我谍多被杀。三月己卯，虏入潘家口，众十万。甲戌，乘滦水浅突入掠，由三屯西北屯，西犯遵化、大安等处。乙亥，入遵化城，南掠崔家庄。凡东掠至破城，西至蓟州，南至丰润。丙子，陷大安口营。丁丑，引去，自冷咀头关西分水岭墩空出。我兵尾之，马芳领兵五十余名出黄崖口七十里，寻思谷获八颗及达马夷器。兵部论忬调度失宜，致贼溃墙深入，制令住俸戴罪练兵，防秋毕定夺。欧阳安以庸劣当助勋勤，每虏大举，闭户而已，惟依权势冒任，时号为草包，下狱论死，忬请归，逮下锦衣狱。以比守边不设失陷城池论死，安竟免。五月丁亥，复命杨博以兵部尚书出总督经理，请兵备宪臣分地画守各得宜。十一月，回部，以原任太子太保兵部尚书起，兼左副都御史许论代之。

三十九年三月丙辰，把都辛爱等为属夷勾影犯一片石，参将佟登御之。丁巳，出山海关，游击郭琥等追剿至芝麻湾，救回辽俘千余口。许论在冷口关，虏退，立石关东山记之。

四十年，论回听勘，杨选代之。

　　四十二年，十月丙寅，东西虏属夷合二十万先伺墙子岭，关外路将副总兵冯诏饮，监军纪公巡于边楼，夜分醉卧，无一卒了望，迟明由庙儿岭攻五台等墙，遂陷墙子岭、磨刀峪寨。诏踉跄起报，总督欲提兵往力阻。虏遂入内，肆掠至郑官屯。孙膑之富壮军卖闲殆尽，惟驱孤弱军赴援，逃叛者众。庚午，至屯胡镇与总兵同营，见贼猖獗，烟雾蔽阵，遂领本部兵六千拔栅而逃，于孤山遗膑入伏为杀，军免不数十人。虏入张家湾，攻通州不克，东至蓟州，西至昌平，其虏戮惨于庚戌焉。壬申，退向古北路出，参将郭琥伏兵鸽子洞，邀击之，获五十级，夺回人口千余，马匹数百，夷器万余。甲戌，我大军八万至古北口乏粮屯、大火石岭、车道谷等山。虏回军惊，舍马而避，为夺从北店子、龙王谷而屯古北东关外。乙亥，延绥游击李某战不利而退。十一月丙子朔，虏折龙王谷边墙及砖驮儿二股去，阵亡官军六十余员名。贼亦折三千余骑。上怒，逮杨选典刑，巡抚徐绅下狱，为民诏及监军共谪戍，膑赠官予祠蓟镇。自庚戌后虏入辄得利满载去，当事弥缝者众，或以败而为捷，或虚级以释罪，或以少而报多，或斩人死级以充数者有之，专布流言先入结内使以延誉。胡镇有叔内使秉司礼，镇以猾贼冯藉充副将军，临阵弃主将逃，当死，预布人京师言其孤山血战非常，斩三百余颗，近侍以闻，内降旨赐暖耳。巡按验其首级知皆死生军民也，残虏其一二耳，不敢言，未几遂代膑镇。诏皆死有余辜，诏不死非法，数万生灵惨极矣，为杀本之非自杀也。镇之自杀三千甚于数万矣，且得为帅可为痛哭！是年题准凡哨夜军丁果能传报的实，防守有赖各边者，升世袭一级，被杀者如之，仍赏银五两、布五匹；蓟镇独石者升世袭二级，被杀者如之，银两布匹各十，虚捏误事者以军法重治。

　　四十三年正月，风大作。敕总督刘焘等防备。辛卯，谍报东虏土蛮黑石灰等将犯一片石，山海关守备赵云龙虽严守护，而南海口冰坚人马可通，凿不胜，深虑之，是夕海潮忽作，凌涨深丈余。壬辰，鸡号，虏到铁场堡迤北，屯长二三十里，广一二十里，以数万计。石门参将白文智领男武卿。家丁栋等趋黄土岭。天明，虏劈城八处，前锋七八百骑入墙，文智占北山梁趋下奋击，援兵至，拣杀其酋，悬首城上。虏气衄，出墙。我家丁伤多，获其一马及战器钩杆。虏二千余骑径奔南海口，试水以冰开被陷，关有备而回，营分三股，一冲大安口、西阳关，一冲大青山、无名口。虏开墙十三处，我兵乘夜御之，虏不知多寡而退。癸巳，鸡号，复攻黄土岭。我援兵至，转向一片石，寺儿谷、三道关，趋山海关，皆御之。攻南海口有援墙上者，三为截而落，其挖城丈余，礌击退。云龙等出关尾之，狂风尘蔽空，虏遂急至八里铺，缺食杀马牛千余以给，晡，由辽东花儿营、瑞昌堡出。兵部主事商诰调山海卫、佥事任鹤年等随云龙堵截。己未，钦祭海神，橐上一片石堵截功及冰解状也，遣巡抚温景葵行礼，各升赉有差。

郭造卿曰：中京陵而分之，京东北则潮河，陵西北则土木，其在肩背间均也。若庚戌之兰氛视己巳何如哉！当时不愍不竦既立君而复辟矣，曷当戍动九边而羁于一隅，饷加万亿而糜于一镇者乎？当潮河之未溃，抚臣言之不恤，既溃，柄兵勤王咸戮卿执累累下诏狱，元宰惴栗无厝而寄命于胃子矣。遂居蓟为奇货，而视赂作威福，抚以乏承，镇以债充如故，马金吾之门萧刘祝者其谁乎？仅一益昌死其如欧阳何？况季年多艰，规避者众矣，非茸则滑，乃抵斯任。若孙膑懦而极贪，徒死乌足以赎罪；胡镇淫而黩虐，弗诛岂足以谢愤哉！然则败军国事者皆大臣之不忠，自重其身家，而轻社稷封疆也。其贻患至今弗振，追肃悯而不痛哭哉！

‖ 卷之十一 ‖

福唐郭造卿建初著　男应宠纂

纪　　部

隆万经略

穆宗之元，东虏孔棘。乃自嘉靖末柄国之不荩相继登坛，孰称壮？犹风雨既毁，桑土未彻，漏则苴而弗固，溃则塞而弗坚，图苟免于岁月，曷尝为永世规哉！故委永平为之壑，而徵冰泮以为常，节钺并授于人役，棒捶复叨乎天幸，为督为抚以捷闻，巡按巡关以功核，当事之书生虽幕府而连罢，行间之介夫则邻帅为首褒，匪惟原隰之袤，长泣骨枯于泉下；乃若骁突之虏，不恨首殒于沟中乎？诚贻属国所窃笑，侧窥军律之不臧矣。微言官惩乎既往，适圣政奋而更新，再易边臣以人，疆事其可复挽哉？

皇上嗣历，申饬边疆，布衣诸生，时游塞上。有授丁卯蓟东功疏曰：此丰都外夷鬼功簿，鏖战魑魅魍魉之伤也。余未信为然，昨至郡咨诹往日老将及耆旧，欷嘘历历道之，乃知疏为虚语。昔庚戌、戊午勿论，癸亥于兹五岁尔。

世庙斧钺，凛凛孤山，获以夺帅名臣，且为之亟称，故兹诸公亦称焉。盖按封事为可据，宁知封疆之无征乎？彼辈合党成风，不以推置赤心为缙绅所引掖，乃以欺罔白面为辕门之伎俩，癸未黑谷尤甚，则不假棒捶之伪馘，将奏土墙之肤公也。既谩督抚为转闻，赖直指驳以实封，遂论死而戒将来，乃不为既往所误耳。余肄业孔氏之门，敢曲《春秋》之笔乎？

隆庆元年九月己巳，东虏土蛮十万为董忽力引聚恶木林，鸡号犯界岭口、分水岭、沙岭儿、梨树挖等处，为炮伤，退扎山梁朝食，续二三万至梓栳岭墩西空，各抱梓栳叶一束填崖即平，援拥上墙。杀军六人，遂溃入折沙岭、罗汉洞，挖边墙二十九处，入杀百户金銮并军三百六十余人，乃永平游击胥进忠、指挥李秉清等，信地青山百户陶世臣等不援，虏于界岭口扎营。庚午黎明，由台头四出，抚宁、卢龙、乐亭各县卫屯社杀掠焚荡凶甚。兵道沈应乾同游击周冕等以护守城池归府，各部下争夺夷马。辽东总兵王治道奉军门檄，领五千八百五十三员名，酉入山海关策应。壬申之辰，蓟镇总兵李世忠营于李家庄，巡抚耿随卿驻刘家营，发兵截杀。总督刘焘督参将董一元及延绥游击张臣等兵赴援，游击钱胜军杀伤多，各将领徼取黄家山、双望店零颗。癸酉，败于黑石铺军，因掠民家。甲戌，虏围李家庄，一骑冲入营，参将罗端军钩下斩之，乃大合围。督抚援兵东西来，遂解。阵亡千户李相、总旗刘名等二千余人。端及参将张功，游击李信、尚智，都司吴光裕等皆败于李家庄。军门标下游击李如樟于所各庄，永平守备罗维冕于台头营各败，袭零颗而报雕剿功。晡，虏向旧路归，侦各路兵至，乃移营东向义院口、花场谷、拿子崖折墙将出，为沟堑阻回，治道即报出口矣。乙亥，总督令诸营尾之。至昏，虏营平山迤东据险。副总兵杨贞等为败，指挥王世禄部阵亡。百户黄世勋、王冬生、岳志羔、总旗柳尚礼等而获十九颗。丙子，虏南自昌黎，东抵海阳社，西至桃林岸归，零寇十数骑至山海南水关，守备孙承远尾至陷哥寨，斩一颗，军死伤倍之。总督不令分路进攻，以各方兵合营，分三大路各令标材官监督，而辽东巡抚魏学曾入关驻山海，遣参将李成梁、游击郎得功与治道合营。虏向石门、义院口，提调指挥奚伟弃城及男妇登山避之，守关千户蔡滋不设仓，粮草为烬。由伟地折墙十六处出境。其当兵堵截，密云千户吴秉直战没，虏遂漫山去，各兵不敢追而屯。夜，虏至棒棰崖，离边尚十里，其前出墙，虏牛马由径渡河饮。未明，是虏疑堵截兵后，若有追呼者，乃相逼而前，不知陡峻，堕陷，后酋马既鞭，势不能止，不知前之赴壑也，深涧十余丈，填平而无数矣。诸营亦漫尾之，适张臣部先至，微明，前驱惊喜反告乃急进，勾取状大首级三百余。一元等闻而奔至，令士卒勾，有坠陷及争斗死者，其杂压牛马深重为齑粉不堪取。日暮，弃去。盖横尸数里，天灭此虏也。戊寅、辛巳，搜山谷，获夷旧虏者三人及死级一颗。谍至自红草沟，称虏他路出者大哭回巢去，则丁丑虏死尽。兵孰与敌而称阵亡，乃前伤死者数在所必报，而移此报战焉。乱割虏尸何首何从，以其子弟家丁及贿多而图升者，失事而图赎者为首耳，既皆伪级难掩故，此余则分于彼。如罗端等称在花场谷，胥进忠等称在拿子谷，各同邀截，皆督抚为谋，称各堵截功，掩罪而铺张于捷书也。其时先至者张臣而叙先一元者，军门之标营。次乃诸将同时至。已而参游战矣，午而总兵又战，未申诸将各战，皆其翻尸时战于鬼门关，竟日对敌如此。惟张功以石门路将而领山海卫兵，朝战于棒棰，暮复于拿子卫，指挥王世爵两从，各得一颗。奚伟弃关逃者，乃能临斩生擒及率部下又擒斩乎？其分以多寡者，督抚总标掩罪以为差，而辽抚镇入关则当慰以塞之耳。越日，推官高尚仁至崖，翻压及夷妇得六颗，甲胄器物狼藉。生员乡民相继献馘，杨贞、游击何遵化等尝取民被杀者藏之，恐验乃弃其半，民亦效尤之，有争级而讼大哗于阙下，兵部如例请核，祇为权门市而辇苞直相属矣。御史巡按郝杰、巡关王友贤会疏：今岁报功惟棒棰崖昭著，耳目难以尽泯，盖虏原以迷失道路自相践踩者居多，而事由天成，机会相合者甚巧。如谓无诸将尾逐之力固不敢苛责，以失众心；若谓尽诸众合战之力，亦岂随声以附众口？况兵家血战为上，零剿次之，使鼠窃零骑之功与应锋对阵者一律，割取已死之虏与力战擒斩者同功，而幼少色变之首得与壮健真正者共赏，则是弄巧可同拙射，而贾勇无异弱夫矣。岂可服诸将之心而鼓三军之气哉！臣等纪验除有伪迹及数目不对者，共二百三十七颗不准，其幼少及色青者二百四十六颗，酌议量赏外，所准七百三十二颗。张臣、王治道、董一元、罗端、郎得功、尚智六臣宜居一等。内臣斩获独多而首皆壮健。治道斩获虽少而堵截有功，端转战合营，众服其勇，又当优异者也。李如樾等应当次论，内虏首虽多，半系沟跌，又当分别，以服其心者也。李世忠身为大将手握重兵，本非御侮应变之才，徒为喜功夸诈之计，验功视报数加多，难保非妄，纵虏致居民贻害，责又谁归？虽有转战之功，难掩溃防之罪。兵部覆云：蓟镇备边给饷，竭九有之财，选将调兵，尽诸边之力，缘何虏一临墙遂致溃入，即观抚宁、昌黎、乐亭一带杀伤焚荡之惨，尚不止于奏内之数，当事分疆，罪实何辞！但于艰危之际出其不意，击其惰归，前后擒斩者多，虽云由于天幸，难以尽泯人功。刘焘执纲而总要，足称收之桑榆；耿随卿理目而分防，终是失之东隅；李世忠主将不行固守，律该处斩，擅杀平民报功，例该充军，罪多功少难从轻典。奉制：焘降二级听用，随卿为民，世忠发遣。治道升署都督同知，学曾升副都御史，仍旧镇守、巡抚，臣、端、一元得功，职各升二级，其余赏金币有差。奚伟论死如律，其生擒夷原籍俱系中原，不幸掳入贼巢，即今胁从入境，法应处死，但内五名年十三四五俱未出幼，各有籍里，恐其随从杀抢非力所能，似有可矜，则其五皆非夷也。是生不获一夷，我民死无算，而彼之自死者我为出卤抵之矣。时疏上而制下，京师哗云：蓟割死尸报功已矣，何攘辽功为乎？辽自入关未尝一击，每以部士假居民谊于路至京。某日辽兵战获虏颗若干，蓟兵大困围非辽莫解也。张臣恃功不行，间御史虽互同，督抚公论犹有存者，至辽泉布入中权，乃最辽而次蓟，张臣负戟而叹矣。我辈既徼天幸，岂知为人力夺哉！蓟将士又哗："零剿其谁"？而曰："血战鼠窃有几？"而曰："应锋莫不争割死虏者，孰力战而擒斩者乎？"盖张臣尾而首至，论功则当首之矣。若以先得择乎壮健为贾勇羿巧，后至幼而色变为射拙夫弱，则三军之气益馁，士卒其孰心服者欤？且出不意而击惰归，匪天幸而由人力者谁？盖执纲者任大东隅莫非其总失，理目者事同桑榆不可与兼收哉！抚则无敢言。督复疏辩云：据勘虏于八十里间抢杀卢龙者五百有余，抚宁者五千有余，昌黎者七千有余，总万二千五百余。以数万之狂虏而抢杀数如此，则一虏所分能几何？谓不战而饱恣归可乎？然兵部谓杀伤焚荡尚不止于数内，要之墙子甚古北，而此墙古之间矣。嗟夫！是役幸功者图升，惧罪者图免，武夫何必论，督抚负罪以徼功，亦出于不得已。惜乎，辽文臣同功，蓟宪臣同科也。时昌黎知县陈良辅以城坏寇势大，民逃据仙台险而保之，御史风闻遂以城陷，闻贼下营乃归县，与丞杨大伦驱妻子督民男妇拒堵三日，狱重囚有八脱走北城欲投虏，追而杖杀之。贼退，以闻难弃城逃及贼平邀虏功罚锾而复职，后以义劝乡官运同齐宗尧首捐二千金修城及守城功皆不录，竟以擅毙狱囚罢。洪武初抚宁楼大方不避寇兔耳山乎？但至攻围而城完则他可复多求哉！阵亡疏称优录十二人，其被杀绝者则不以闻。

三年正月己巳朔，虏离营对青山，至楸木沟遇伏丁，隔沟对敌，天井谷伏丁亦登高乘击。虏见沟内伏兵加多，墙兵严密，援兵多至，又董家口各备遂弃攻城，遂往山后分三股：一丫头沟，一骡儿沟，一青城谷去。总兵郭琥追剿至庙儿岭不及，获夷器具归。五月乙卯，虏窃至五重安，射死烧炭军四，掳四人。前多匿不闻，总理戚继光闻于督抚，按论提调及了望军罪，而发各路边关示众，军法始严。七月丙戌，建昌营中军官袁勋、千总佘忠裕等督三千余军出冷口采木修边，至长岭沟遇贼夷二百余骑，捉军挟赏，勋众与战，光裕伤，军伤六人，制治勋等罪。九月，虏百余骑夜入新开岭，游击阎进御退之。总理在冷口驰至白羊谷移檄总督请讨，议竟不行。是年题准蓟、昌二镇务要因墙拒堵以守为战，果能保无他虞，照斩首事例，题请升级世袭。

四年四月，马兰谷报虏在关外二十三里，扑侦卒及筑台采木军十余名。总理议蓟镇向惟依墙为守，委靡贼所素玩，是以敢于近墙捉获，当出口穷追一战，遂命精兵于次日总赴三岔口，追至离边百五十余里神树岭列营，退贼营牵马岭，战斩一级，夺马三匹，器七十五，贼遁，全兵归，夺回被虏军丁十七名，收三岔口。雨如注，露宿，次日哨无虏迹乃回。是役也诚蓟门之初举，虽获功不多，而振动人心在焉。请叙以作士气，总督行之。七月，谍报东西二虏聚兵二十余万人，制谕：提防，竟不入蓟。十二月，青山外提侦卒二人，兵仍出口，追剿一颗，夺夷马六匹，器四十余具。

六年闰二月，虏一片石边外捉军哨二名，关军追出夺回。六月，犯义院口，正关南兵堵回。十一月辛亥，晡，台头营谍至扒答岭为虏夷哈亥卜部落所捉，路军出边索取与战，阵斩一颗，夺马六匹、器二十七事。

万历元年正月丙申，朵颜卫都指挥董忽力等率部落三百七十余人至喜峰口关求赏，为守备邹轲擅役众军采木。勇士高儒激致忿争，军遂与斗，杀我通事及军丁十四人，掳十三人。我军夺虏人畜相当，监其四名。轲称采柞木争衣掩饬，且即关内夷掘取死级称追剿擒斩。太平路参将杨秉中不亲赴抚赏，又不指名参报总理申究，且云喜峰口大关系贡夷咽喉地，各衣食所资，虽极恶凶悖亦每摇尾乞怜不敢睥睨肆恶，若非迫切愤激断不自绝所天，今朵颜董忽力虽激变有因，罪宜从减，应严晓谕，如果变生于部落，事起一时之忿，许将为首生事缚献阙下，及通将被虏送还杀死人数偿当，本夷另行议处，不绝贡抚，若执迷凶悖如故，即将抚赏裁革，仍设法擒剿。二月壬戌，虏百余骑乘夜攻拿子谷墙入犯，义院口提调陈忠及南北军堵乃退兵出口，追斩一颗，杀马一匹及器服三百二十一事。丁丑，又三百余骑至长谷口迤北窟隆台边外，战十余阵乃去。三月壬寅，兵部奏降人供报夷情疏曰："三卫悖逆与虏无殊，节年当事诸臣犹以哨探所经，事从宽假，间于所犯营路裁革抚赏，未尝一加大创，是以得志益肆奸狡，势聚则公同入寇，势孤则传报邀赏。盖有入贡者未出国门，而为寇者已在边塞，又有在东则听抚，而在西则为患者往往如是也。如所称砖难即长昂父影克，于隆庆元年导土蛮入犯被枪死，朝廷赦旧恶复与袭官通贡，乃不知感恩效顺，复欲起衅为逆，即令董狐狸叩关索赏，乃尔变诈妄为，必其结党定谋有所倚恃，故为乱阶，则回乡男子言似不为虚，且宣大总督所题黄酋传报情由相合。窃恐黄酋素狡黠，阳为传报要以和好，阴蓄异谋共图东犯，揆度情形在蓟辽防范机宜，诚不容缓。请亟申饬蓟辽督抚镇守诸臣，狐狸即忽力也。"丁未，钦赏义院口堵截功。四月甲寅，奉命谕喜峰口属夷献前争斗首事人及还所掠人口，问关路等官罪。丙子，属夷花大、伯彦兀等部落百余骑趋桃林口，提调刘德温率通事赵见等上关城。夷分二股：一伏白蜡谷，一突起河边，称讨赏图袭，见诘其盔甲弓箭不下马者，虏即齐发射见死，德温督兵二百或依墙拒堵，或出关敌战传烽，协守史刚、参将张爵等至，追剿乃遁，获三级。是月赏拿子谷功。五月，谍报喜峰所杀军士贼夷屯住界岭儿待砖难等同犯。总理筹之，俟齐则并力乘其方至而迅雷一鼓矣，乃图列险要，令南北诸将分道而进。庚子，暮，由青山、界岭口出关，期黎明进营围剿。总理同署永平道徐学古由青山口驰界岭口。辛丑，齐至，虏尚不知。遵化马兵违令出，步兵争先扑杀。虏觉，分骁骑数十来迎，余奔入山林。我军且剿且搜，虏遂北，伤死多，获十五颗，马五十三匹、器物三百五十具。砖难前锋过韭菜山，我分击之，暮，全师归，请叙其通事贺加儿入巢未回，宜赏尖哨杨的山比阵亡升级；原有临阵除前锋不许；各割取级亦不许；各官侵报只以督军当先为功，其首级照营及马器变价均分亦不许；前锋擅取已有定议，俱如约。七月戊寅，四鼓，前贼百余由一克长海向东南行，路将张拱立堤备。日出，攻窟窿台墙，乃传烽，兵至，先设墙外机牙石炮。贼至，炮起伤三骑，血地。继以火器乃退。己亥，董忽力朝食至边外小河口，三百余骑分三股突至义院口关、大毛山、偏坡下攻墙，御之，伤多乃去。兵欲追剿以关水门不系人马经由不敢擅出。八月戊寅朔，谍董忽力领三百余骑于前月终过滦西，声犯罗文、大安、马兰。壬子，兵科给事中张书疏曰："用兵不一，劳者不永佚，夷情不大败者不深惩。今岁自春狙夏速把亥、董忽力等盖尝屡战而屡北矣，然不即落魄潜踪垂首远遁，而复敢聚兵谋犯计肆抢掠者，正以我兵虽有堵截，而未收万全之捷，彼众虽致败走，而未受剥肤之惨，故速把亥合众五枝，董忽力骑止三百，遂乃安心渡河扬言入犯。何其果于轻视我兵如此！不及今大为惩创，徒使扬扬而来，徐徐而返，如白昼入攘市金者，得之固足以快意，不得亦不至丧气，则将来益肆欺玩而边事未可知矣。今罗文等处属蓟镇总兵官戚继光所辖，顷受朝恩最厚，正欲其诘暴诛强，肃清边圉，使诸虏畏威而不敢来，非止堵截出境为奇功也，宜申饬总督刘应节等严谕之。若果贼至即相机宜鼓舞士卒各奋忠勇，务大挫剿灭，使余虏莫不畏服，无复肆狂，始为全捷。若出口剿获零骑及堵截山境，止许赏及士卒，将官不得一体论功。"

兵部覆以虏西犯蓟门仍以固守为主，据战地以待其来，矢石铳炮所毙自足以外，绝戎心内保重地，若堵截，士卒功宜如科臣言，制可。丁丑，犯青山口，寇逾垣上，南兵斩下之，获一颗，虏乃遁。昏复至，袭台军，又为南兵击走。九月，总理论青山堵截功，遂奉前旨论士卒不及将领。癸卯，以兵部覆奏前义院等处堵截功，遂诏刘应节、杨兆、戚继光等各赍金币，余升赏有差。

二年正月甲戌，东虏犯大青山外无名口，分二股：一趋大东山墩西空，一墩外高梁，为火器弓箭矢伤多，乃去。兵死二、伤三，所夺夷器，总理申以功论。时有故都儿下部落嬖只所管原马兰讨赏，数于曹家寨索食。路将游击李如梗偶闻此夷即杀吴昂种类，墙上即放火器，诸夷亦向墙射，伏赴擒四人，寻逸其一。总理以非分要求虽夷人之过，事出先激不可以功论，放擒者以示不杀之恩。三月乙未，属夷史大官部落至渤海所慕田谷关讨赏，即发回巢，至开连口獐狍谷墙下，就水宰牛。南兵吴道弘、吴青以米私货其肉，青因窃其小刀回。夷怒，诱道弘出夺其铁斧等物交守关官史继鲁嘱为取刀而去。道弘还，语青至守关官强取夷所夺物不遂，愤，夜率党自开连关水门追至五道河，出不意以鸟铳射死二夷，余夷腾出逃，遂获二颗归。欲冒功图赏，乃妄传烽，事觉，总督以闻，青、道弘军法论死，胁从各责治有差，仍抚谕属夷以慰其心。夷贼十余自榆木岭窃入，虏军三人，将领以疏虞论。五月乙未，属夷兀鲁思罕领董狐狸绑罪夷伯彦阿都赤二名赴喜峰口关服罪。自其赏革，彼虽作歹屡不得逞，尝托那颜帖忽思送还原掳十三人，又托夷妇伯彦主赖送被捉南兵一人，以图赎罪，未许，至是又托绑献首恶。总理为请赦罪复开贡赏，檄督抚云："董狐狸向因约束不严以致部夷生事，继复心怀疑畏仍来扑捉边人，据其悖逆之迹难免负固之诛，但变本生于一时，罪实成于疑惧，况奉有钦依许其献俘赎罪，即与开贡复赏，大信昭然。今本夷遵奉译谕，绑献首恶二人，又应准开贡赏，其羁留夷使七名俱系无罪，并行李等物应令验放，以示大信，以慰夷心，悖逆罪名悉为湔除，容其洗心改过照旧住牧。各关应得抚赏通行照旧开给，仍许年例进贡一体给赏。献到二夷即系首恶，照例枭示大关以镇戎心，同诣请罪夷兄兀鲁思罕及夷侄砖难夷兄獐兔皆不肯助恶，委应量赏，及往来劝谕夷妇伯彦主喇亦应一体量赏，以劝忠顺者也。拿人挟赏者本历年之痼习，缚夷请罪者实旧日所稀闻。今本首诚心归服，骈首献俘，仰奉庙谟，督抚威略及委用晓谕哨探人员相应重赏。"总督以议闻，从之。闰十二月戊子，长昂部落捉榆木岭尖哨七人。庚寅，杀董家口架炮丁二名，提调李秉钧出御，马为伤，又袭游卿口墩军，秉钧三更闻报率兵出境五十里，追于三岔口，身先迎敌。督抚议罪，总理申其事，以其挺身敢勇而闻风赴斗，破百年痼习，半夜急难为五十里追奔，遂并从征被伤人员俱赏。

三年正月乙巳，兀鲁思罕报长昂会董狐狸、阿只学来伯、先忽夫儿、阿长秃老撒等借兵来犯，不与长昂，领骑四百余往沿边捉捕，要开马市。戊午，零贼至界岭口边外，谍哨私归虚报贼去，是夜头架岭等处捉拨军十名，杀四名。壬戌，董家口谍报：境有贼夷三十余骑先行，后不知数。总理命南北将领率兵出榆木岭、董家口等关连夜抄截。癸亥，将昏，至聂门之北安，离边百五十里遇战，就阵斩获二颗，生擒贼酋一名。长秃长昂之亲叔与义院提调陈忠结父子以手伤一刀擒时长昂亦杖击坠马，人不知为此酋也，遂跃马逃。获马三匹，阵伤南兵二名，北兵五名。丁卯，步贼三十余至青山口邀截，至石匣谷夺回。南北主客只获锅、箭、木钩、熟麇等物并无首级。我马有死伤者，以天晚归，俱罪论。二月，总督以擒斩逆酋上疏曰：贼夷长昂属乃夷酋长，世受国恩，讵敢三季不贡，已自逆背天道，为其妻北房把都女颇知效顺，缓议加兵。今扑执哨役挟求加赏，不旬月间作孽四次矣。强逼伊叔长秃率领群夷近边扑人，乃被擒执。但本夷昔在义院口报信真实，先经董狐狸悖逆不与借兵，据其平日知守分义，今为侄逼势不得已。近闻被执后其部落亲属如伯彦主喇诸夷相率彷徨乞哀塞下，共愿永坚效顺，赎为缓死。盖此夷乃花当之裔，于影克为同胞者八人，董狐狸、兀鲁思罕皆其兄弟，伯彦主喇即其兄嫂，一酋落阱，群丑褫魄，今据其属族哀求，将率长昂伏罪，豺狼野心若难尽信，而狐兔至情似出于真，戮此一夷止足正鼠狗之罪，质之制伏诸夷庶以慑裘之胆。既经总理戚继光备议，伏乞敕兵部加议，将长秃羁候董家口，容臣等行令喜峰口宣谕。长昂果能悔过效顺，将见拿尖哨七名送还，补进三次贡马，诚心发誓吃土钻刀，凡同枝部落诸夷以后永为效顺，姑将长秃待以不死，从宜慰抚准放回巢。各关抚赏亦免停革，其长昂旧赏一体查给，以示浩荡之恩，以明羁縻之法。如或负固不服，即将长昂夺职革赏，长秃就于该关典刑以警余党，或敢仍前跳梁近边窥扑，大兴问罪之师，务尽剿灭以伸国威。三月庚子朔，长昂大小头目自具番文诉词候关下。壬寅，总理督该关参将同副总兵等，临关面抚诸夷酋首四十余人，亲族二百余人。虏众二千余骑各相率罗拜，随进番文，送还原捉尖哨七名，绑献生事夷人二名，汉人一名，并马七匹，乞赎节次擅杀官军罪。随令陈忠等设香案诸酋俱摘帽叩头向天发誓，今后如敢作逆分外挟赏死刀下，长昂率各头目等俱钻刀下，各将节年抚赏虚实扣告。总理允行，即释长秃，鼓乐布帛导出，各夷相见哀号踊跃如再生，相率西向叩头，咸愿永效藩篱报答。癸卯，诸夷入关抚赏。乙卯，奏将作歹夷人二名，哈歹帖乜亦枭示本关，明正其罪，汉人一名，兀可赤发回籍。原进夷马七匹，给军领养骑操，诏从之。

四年六月壬申，炒蛮嬖只六七十人乘雨攀墙潜入古北口鸦鹘庵寨杀掠，天明由本口退出。古北参将苑宗儒率家丁百余赴援，尾至十八盘去边百里，虏伏山沟，与原任总兵汤克宽各中矢坠马死。延绥中军付楫、古北口千总高大朝、把总苏学被伤，阵亡军十一名。

科道交论镇道督抚兵部疏别轻重管辖责任甚晰。制下，总督姑免究，抚镇罚治供职，协守兵道各降级。游击高廷相、参将丁茂提问其弃守信地，并弃主将先逃，各军斩示边关，提调薛虎臣以先奉将官命他出免充军，其贼酋先革抚赏，命总督相机处置。乃革炒蛮赏及其十一家俱停，且声讨剿诸夷减咎炒蛮，宣府抚院以其姊为北虏大嬖，只恐失北虏心曲为宣谕。十月丙子，炒蛮同嬖只献作逆诸夷阿都赤等十七名，送原虏十九人并还马匹等物，同十一家叩关求款。丁丑，总理临关诘责，服罪如长昂状。甲申，兵部议隆庆俺答之献赵全诸逆俱我叛人，上年王台之献王杲亦以兵革之力，岂若文告甫宣即款塞，恐后乎请献俘告庙，制夷酋既缚献贼首，输情服罪照旧抚赏，阿都赤等于鸦鹘庵寨口斩首枭示，诸抚镇罚治者俱复旧。

六年四月，西虏青把都以其子女与属夷讨孙卜赖那莫大有隙，欲收之。总督命若讨孙卜赖穷而来归，边隘各自防守不许滥入贻害，二夷遂为所收服。七月戊辰，夷杀掠长城岭取水台军，台军追至三岔口被杀八人，贼伤相当。八月乙未，总督以长昂罪状上闻。前年贡赏入京者短其缎匹，路又革牛三并骑马数，以此令诸夷勿贡，哥鲁歹同马启阻西，长昂阻东，沿边捉捕，董狐狸应之又勾引青把都土蛮于可五石劳聚兵，要添贡开市，月半无一马到关。兵部请旨如常例，令督抚镇道羁縻问罪招贡。总理言通事钊力兔本中国人，投虏教逆为燕河边患，又令阿只不赖扰边，擒斩之。十月己丑，诏斩古北口投虏叛逆。张廷福以倒马惧罪出口，投大嬖只将一年，复私归诱妻子出也，妻子给功臣家为奴，父母编发福建安置。十二月戊子，虏犯辽东，分三千余骑：一趋山海正关，一趋南海口，一趋寺儿谷，俱御却之，救男妇几二千余人，又攻石门，却之，由大古路口出。奏赏金币。

七年二月壬午，虏阿止不赖、满都不赖、长昂各率余骑犯石门、义院等口。癸未五鼓，二百余骑腾山向城子谷将越墙突犯，我传烽奔回张家庄，捉尖丁数人，避石洞与战，路将追至，遁，救回四人。丁亥，大嬖只同小阿下亥炒蛮等犯柏岭、安寨守空军却之。癸巳，夜半犯擦肚岭，路将驰堵不得入。黎明，犯曹家寨，副总兵等师出古北口关东邀归路，至苇子谷炒蛮四十余骑伏为我擒，八名遂遁。追至三岔口，虏五六百余骑战，擒五名，杀二名，虏伤乃奔，所获马驼器甲多，兵死者一人，中军把总有伤重者。暮引师还。其擒夷老起等十三监于古北口卫。壬寅，日入，西北三百余骑至青山口迤西，半伏半临墙窃犯。台官督兵堵退，路将张爵追至荆林离边九十里，虏二百余骑迎敌，用火器击伤，获三颗、马十匹、夷器五十七事，救回被虏一人，燕河兵亦至，乃遁。三月丁未，上曹家寨功，请革炒蛮婪只，抚赏问罪，招贡如常例，犯台头东胜寨有追剿斩获功。四月丙子朔，擒虏七人越狱，次日获二人，问监守等罪，路将革任，兵备罚俸。大嬖只挨、台必等率部落千余骑叩古北口关谢罪，并献所夺十二人以赎擒夷，钻刀如旧例而加黑狗血及骷髅，令歃执而誓曰："不改作逆者如此。"癸巳，有诏赏万刀儿、志大赤二夷以曹家寨先报也。七月戊申，制赦炒蛮等罪，开赏放夷归，再犯获即枭示，如逆情重大即请兵诛剿。癸丑，以夷人兀鲁思罕等言前贡入京，序班梁士元克其赏物食物，革冠带罚俸治罪。是月，赏曹家寨功。八月癸未，长昂至喜峰口关外，自阻贡革赏，尝欲纳款，以罪不敢，乃托青把都求宣府抚院差通官通丁，同青把都差黄夷四名与长昂率领额只克等五十一家，夷酋百余名，部落老少几万数到关认罪，乞赏。中路副将及路游击陈忠等临关诘问。宣府通官等遂传长昂至关下，自称奴婢，词亦悲哀，大意欲加赏且代诸夷求索，责之，彼虽无词，以乞赏为名而犹未决。时炒蛮亦在，诸将谕云："汝方在古北宥罪，其恩何如？尚不感激亦与长昂同心耶？"炒蛮有感，己丑先将贡入如常。抚待遣出。诸夷闻其得头贡咸将马并进，长昂遂与诸夷争道入。收正贡、补贡马共三百三十九匹，明日又收正贡、补贡马五十七匹。制："夷酋既服罪乞哀，准赦宥照旧抚赏，其已获未获俱宥，若再犯照王杲例，即便会官夹剿，扫荡巢穴，不许再为乞请。"庚子，寄监蓟州卫贼夷越狱，先是黑撒石亥兄弟部落时在墙马边外梗捉尖丁挟赏，路将出追剿，获之，并其次男哈喇等五人，夺回尖丁，乃监其父子为质，余贼放还。哈喇越禁逃出宽佃谷口外坑石儿地，离关四十里。九月甲辰朔，尖丁遇之复获以归。十月丁亥，讨赏属夷在洪山口外捉夜不收官一员，传烽，提调追三十里外，巡检司斩获三颗，获马十九匹及器，余北遁。我兵战死一人，伤十余人，马骡死伤十余匹，所捉官至流河越四日脱回。十二月丙子，虏五万突犯辽东前屯、新兴等堡，蓟辽并力拒堵，斩获四颗。虏是日出境。奉制：两镇文武将吏协守却虏，功同斩馘，赏赉有差，总理加少保。

八年闰四月癸亥，谍报长昂部抚赏原在董家口关或于青山等口放牧，就讨酒米需。自并入喜峰绝来往放牧者，于本关口外不给。今将求仍旧捉捕以挟我，故议撤春防且止。五月己丑五鼓，哈折卜赖窃入青山口正关，杀把总夫妇。墩军传烽即回。董家口提调张式以零贼少，率兵出青山口追之，三屯营游击刘世桂、南兵游击陈蚕随之。及明，副总兵史宸亦出董家口，喜峰游击陈忠从贡关出，世桂等至熊窝头，伏起多伤，虏了师复至而去。宸等合追至胡同前川，虏弃食而去。追之都山正北之兀趁阳兔离边二百余里，距夷巢六十里，且暮扎营。虏从迂路回，尚未至巢，夷妇闻有奔逃矣。四鼓，率师还，至欢喜岭。总理闻报调兵策应于青山及昏进口，人马疲乏死伤多，时暑雨，草深林密，沟涧萦纡，师众莫施，故穷追不得一级，而不歼师亡将天幸矣。六月己酉，总督请治诸将，俱革，任式守备不设且轻出误师当论死，比古北薛虎臣充军。式善昼寝，凡报事惊寝者重责，因而侦卒报警，侍卒不敢为传，至仓皇致诸将失措，免死。侦卒乃以失报斩在律。诸将不固守及守备不设并斩。昔庚戌潮河川本兵以斩，及王总督以守备不设失陷城池律论，况边关之专任乎？盖守关论不固，而提调论不设，乃备之于平日，而弗失于一旦，兹又幸免援例者众，提调因不备有侵克以致疏虞，守关不敢与抗，失事专问死徒矣。

九年五月辛未三鼓，属夷阿只孛来五十余骑犯白羊峪关，擦崖子提调郭遇卿堵退之。

十年，总理戚继光调任广东去，杨四畏代。

十一年二月辛亥，朵颜勾西北虏二万余犯辽东锦川营至沙河驿。用火器退敌。六月乙卯，大嬖只土蛮百余骑杀尖丁十一人，掠十七人，分二股：一由东大川，一由西潮河南下，夺马百七十一匹。总督参古北路游击戚金擅开关门，牧放马匹，私投军人采板贩卖，致贼窃窥，伏兵杀掠原无对阵夺回马匹，及潮河川司马台提调萧汝惠、陈泰泰以石工冒官贪淫有迹，革究协守兵道罚俸，革大嬖只抚赏。六月乙亥，夷首小阿卜户犯曹家寨、黑谷关，从水口潜进，分攻寨堡，杀管队军人五名，虏男妇三十余，伤军二十余，男妇十余。及天明，诸将始知，而贼去无踪矣。协守陈文治同游击李尚贤捷报镇道。上督抚官军奋勇拒堵，将文治等叙录。巡按李植访虏袭破关寨杀虏军民及破烧香等四五寨，请治将领隐匿欺罔。督抚申辩，遣御史江东之会植再勘。文治令守堡官将杀尸移关外埋烧，禁亲属不得悲泣。御史发九尸视俱系砍劈，请治文治等罪。制：镇降一级，督抚罚俸半年，令植究问。论文治、尚贤罪死，及文治侵欺沿边赃二万两。奉旨："文治贪恶异常，又肆行欺罔，下都察院议，守备不设为贼所掩袭，因而失陷城寨者。斩。仍照例枭示，子孙不允承袭原冒功世袭。"蓟镇自庚戌后镇协等官多欺罔，幸脱，此举大快公论也。

十二年七月辛丑，巡抚张国彦上《招徕被虏华人以散逆党并陈讨虏属夷疏》，切中夷情机宜。言三卫属夷不过八十余种，内惟长昂、董忽力、大嬖只、马答哈、炒蛮、小阿卜户兵力稍盛，谓之六凶，总计部落不满万人。时长昂、董忽力犯边革赏。癸卯，窃犯台头路葛藤峪，守台官兵放火器，遁回。八月甲辰朔，长昂部千余骑自麻地谷起营百余里，四更到刘家口琵琶稍台，折墙二处百余步，入二里下庄，杀居民六人，伤五人，遇南兵对杀，斩三颗，得器五百八十七事。贼自原墙出口，掳去四十三口及牛畜三十五头。寻尾获伤夷二颗，遗器二百六十六事，阵亡兵八名，伤兵一百二十二员名，马死伤八匹，至老鸦岭而回。董忽力在喜峰关讨赏，闻传烽而逃矣。督抚请将刘家口失事把总李养性等守台失更烽军以军法论，游边悬示其首。功阵亡如例。南兵游击路宰等冒功优赏，纪录贼虽出口伤多，镇道坐新例不问。部覆："令戴罪俟秋防议奏。"防毕，奏副总兵杨绍勋等功。赎，制可。

十三年五月丙辰，虏夷赶兔于曹家口路平顶以杀守空军六人。七月丙戌，杀黑谷关外尖丁二人，虏三人亦杀之。赶兔西虏顺义王子，蓟镇属夷女所生，随母于蒲套儿住牧，故石塘岭有其抚赏，曹家边外非驻牧无赏。镇虏关提调潘一元因有尖丁一名往彼住探，妄许请赏，不遂而挟也。盖蓟镇边外昔惟属夷驻牧，迩因夷女联姻东西大虏，以致各酋子侄或随母妻，或因分管部夷移来蓟镇边外驻牧。故镇臣不知为大宁故地，与夷既久，任其与虏驻牧，而且抚赏求息边事，至此大舛矣，如作歹未止姑革石塘原赏而已。八月己未，西路白马关擒禁赶兔讨赏部夷六名，质令传谕赶酋叩关伏罪。九月己丑，其妻各罗令嬖只献偿杀卤十一人讫，皆汉人也，以原贼夷远逃为辞伏誓，如常例赏犒，令赶兔叩关。闰九月己酉，至关，且送坐门夷四名，释前六质，准复原赏，真夷不敢复索，恐激西虏为患。汉人难以正法。有籍还乡，无归充为通事而已。各官叙录为例矣。

十五年三月癸丑，中路南兵下台集罗文谷。守总兵张臣告归。为裁减冗员以增台兵，讹言减饷而要复旧也，巡抚塞达委中路协守葛绍忠、永平府同知范伯荣谕散。己未，回台时东路亦同日下台，兵道叶梦熊、南兵参将龚子敬亲谕即散矣，幸外夷无知者，而边事不失焉。五月癸丑，奉旨杀造言首恶把总吴公泰等四人，于三屯教场枭示，以倡南兵下台也。降中路南兵副总兵朱先为参将。

十六年八月庚戌，巡按甘士价言：喜峰诸路数月以来夷贼杀人于潘家口，又两次杀人李家谷，其五台山以失事驰报，总兵董一元尚在醉乡，有"醉倒将军贼杀人"之谚，论去之。

郭造卿曰：今有事于兹，缙绅贤者多矣，而介胄伺其间。抚臣平居则曰大宁可以复，督臣当任则曰大宁且莫议，其情虽殊而为国则一。于抚曰可，於督曰莫，乃镇臣之常情，孰敢执其咎，毋怪日有自总就裨而思以复总也，则私于抚曰：倘臣护军事誓师出塞复之何难；及力荐而镇得矣，则私于督曰：出塞而战危事孰保乎意外，马革乃臣死所，其如国事何哉！言辄涕涊交下，孰不动心为听，督抚未定而去，彼益沾沾自得矣。虽抚之复为督，咎亦不自执焉，盖承家非开国之主，三王三公不世出。自设镇抚以来如传舍之阅人，才志不能毕具，时势或有未宜，况信任未必专，敢不临事而惧欤？且是夷居肯綮必踟蹰而四顾，彼之于虏既服役为爪牙，我之于虏亦假借其耳目。幸其嗜利贪赐予得以饵而羁縻之，小者为疥癣，大者为痈疽，既附体难亟去，不过肩背之患耳。然为我患者，不在乎夷属。将领之猾佞者多借堵截而避战，畏零窃而买和，士马复凋罢不振。倘得督抚镇道贤，尚可鼓舞而作矣。第阃外之事，权近庙堂，而密制塞上之节度，辄斧钺以严加，功就则归帷幄，而台阁享其成；机失则究衅孽，而封疆受其败。乃膏肓之隐忧，腹心之痼疾也。虽真忘乎身家者，其孰与以领此哉！故惟严守以备攻，待胡运之自毙。如王公者辈出，用申祖宗之挞伐，乃可抵掌而高谈，今且鞠躬于常职焉。

‖ 卷之十二 ‖

福唐郭造卿建初著　男应宠纂

传　　部

镇守名将

元都既克乃辟大宁，三王驱之，三公廓之，复劳燕驾屡征，其启土之勚孔艰，而克咸之功不少矣。然武宁于山海仅存显忠庙记，忠武、武靖之大，士绅有所不知，况其它哉！惟王与公配太庙而勒景钟，国史有传且经略纪之矣。其从征镇守有劳于兹土，享其泽而忘其烈可乎？故特表之。成化后侯伯以御胡封者寡矣，间有出镇者，人亦鲜称焉，督府而总兵仅马永在《名臣记》，外则《蓟志》及旧志数人皆不足以发。而余乃考载籍如《遗勋边政记》列焉。盖自总理练兵出则耳目睹记尤彰彰矣。

华云龙　定远人，以燕相府左相兼同知大都督府事，北平中书省参知政事，封淮安侯，镇北平，召回卒。洪武录镇北平威名甚著，建造王府，增筑北平城其力为多。

顾　时　濠州人，以副大都督府兼太子右率府事，授知大都督府事，封济宁侯。以左副将军北征，镇北平，卒于镇。追封滕国公，益襄靖。《功臣录》：时镇北平，益筑保障，练士伍、缮甲兵、广收畜，虽边隅日靖，昼夜从幕府吏深计远算，常若寇至。明年召还，寻有旨仍镇北平，申严号令，胡虏震詟，马绝南牧，城无昼闭。

郭　英　濠州人，以骁骑金事克永平，镇北平，开诚布公反侧以定，进大都督佥事，封武定侯，充靖海将军。讨纳哈出，还师入山海，虏余党叛王保保弟。詹事院同知悦因帖木儿追英与战，枪伤左肋，箭中右肋，英佯呼虏伤吾甲，我众连战数十合，虏乃却。进征虏右副将军，征虏至捕鱼儿海及朵颜。靖难罢归，永乐初卒，赠营国公，谥武襄，今世侯。

　　薛　禄　初名贵，胶人，起卒伍。从靖难夺九门，东攻蓟南，破雄漠，围真定，又东援永平，袭太宁，旋师解北平等功。永乐十一年封阳武侯。宣德巡边，出会州，败虏塞下，留镇蓟州、永平，复充镇朔大将军。卒，赠鄞国公，谥忠武。有勇略，善谋定，而后战必胜。纪律严明，秋毫无犯，又廉洁，善抚健儿，同甘苦，人乐为效力。靖难诸将推河间、东平二王及禄三人为最。

　　陈景先　东胜右卫使，勇介练达。永乐初守备山海关，时中官刘通潜谋不轨，多防范而沮，二十一年以都督佥事镇守三屯，以关隘鸾远恐应援不及，乃立营驻操及添设墩台。宣德庚戌卒于镇，凡在镇八年。

　　王　彧　在京人，宣德十年以都督佥事总兵。先大体，谨边防，爱民恤军，重学礼士。正统甲子召还，十有一年，先后与景先皆以才勇久任成功。

　　宗　胜　在京人，正统初为中路参将。十四年，升都督佥事总兵。时虏猖獗，人心惶惶，胜与巡抚邹公来学同协心力，保障北门关营，城堡整顿一新。

　　李　铭　邹平县人，起行伍，成化十五年任巡抚。彭韶为作《边政记》曰："蓟州镇起古檀以极榆关，内护京师，外控夷虏，大口二十八、小口七十四，列营三十二，戎卫十六，自太傅徐公以来城关口筑亭障，人有所恃，然久或玩湮。自公总戎无间祁寒盛暑，短衣轻骑涉险相度，分督参谋，岁益加修，蜿蜒山镇逾数千里屹然一巨防也。喜峰口为朵颜三卫贡道，往时既进坎山关犹俾露宿，殊失柔远之义。公乃即关内造大屋，缭周垣，至则居之。坎山之上内险，外夷奸黠易以攀缘窥伺，公截立墩台，且砌石墙五百余丈，夷人感悚益坚内向。

并边耕地俱民业，我兵独资馈运而生聚日繁，或不给，困于食，公令傍垦余地以自赋。每岁夏秋交，预檄老稚寻采山菜榛橡之属，计口收积。官收守之，以备荒凶，人免流移，其贫病无倚，婚聚失时与死丧不葬者，又皆有措备以为助。罗文谷关外四十里曰黄门，有龙潭，元世立庙，人传其神异验甚。公遇岁旱辄遣官诣祷迎水以归，雨随大注。迩来虎出为暴，乃行边祷于山祇，不数月二虎毙于猎群，虎北逾关去。选东西路精卒供待优厚，亲团练，闲习贾勇，皆可一当十。其樵蓟戍守屯收役作者不下二万，更番授事，均劳无怨言。公勤整廉劲，老而不衰，猎涉兵书，行军先谋，遇敌营阵以不可败为本。结发从军有志勤王，壮岁中年树芳烈于川陕。在行伍久，晓畅军事，故起小将，列都府，守重镇，宜乎夷虏知名，而吾军畏爱也。"时铭镇蓟八年矣，为成化末弘治初也，韶始任，铭请老营卫诣韶留恐去，请碑章上，不允，仍留五年代去，首尾十三年也。彭惠安公名臣，其言足信。

阮　兴　在京人，起自千户。弘治十三年以都督佥事总兵，在镇四年。骁勇善战，每遇敌先士卒，虏畏边静，卒于官。

温　和　河间卫指挥，以都督佥事正德二年总兵。刚方清正，自奉尝薄，军士无不饶谨烽火，多间谍，故常得虏情先备，虏不敢入。时逆珰刘瑾柄国，贿赂公行，和独以义自守，权势请托一切不阿，坐是取回，久之瑾反叹曰："温总兵真儒将也。"卒不能害，乃令金书都督府。

马　永　字天锡，迁安人也，世金吾左卫指挥使。父荣，镇番参将，永读《左氏春秋》及《兵法》，袭父官，机警，善骑射。正德六年，流贼起，督战功升都指挥同知。江彬统宣府兵练西内，永以千总隶彬，称病不起，彬强起，称病笃，以故得脱彬祸。十年，守备遵化，明年虏入马兰峪塞杀参将陈乾，以永为参将守太平寨。十二年，虏入塞战柏崖堂，再战白羊峪斩首五十。十三年升署都督佥事，充总兵官，治三屯营。寻署都督同知，尽简诸军，散遣老弱，听其农市取其庸，倍给诸健武者衣饷，健武者又皆喜，人人奋习武艺。当是时，渔阳一军称雄。未几上至喜峰口，欲出塞，扣马谏不可，上注视久之顾内侍曰："此马永耳"，笑而止。朵颜酋把儿孙结诸虏邀官赏，不得，辄入塞。永迎击洪山口，大败虏，斩首五十八，升右都督。嘉靖三年，把儿孙入青山口塞，斩其骁酋，遁去，把儿孙自是效顺保塞。四年，大同军乱，杀都御史张文锦、参将贾鉴，用兵不利，朝议且抚，永上疏力言不可抚，他日九边效尤将有唐室河北藩镇之祸。敕永提兵出居庸讨贼，俄以流言中止。五年，永上言乞宥诸言大礼获罪者，又言陆完有平贼功宜赎罪录用，其子夺总兵寄禄南京督府。十二年，大同再乱杀总兵李瑾，讨之，久无功，廷臣荐永，召至，业已抚，罢兵复还南京。十四年，辽东军乱，逐都御史吕经，召永总兵辽东。十七年虏入塞，率兵五千人捣虏巢，焚其庐还。十八年辽军再乱，率家兵逼贼，斩四十余人，遂定。升左都督。永卒于辽东，辽人为罢市哭，丧过渔阳，渔阳人皆哭，两镇皆祠永。永为将善调虏情，先知所从来及众寡，设伏待虏，以故虏往往失利去。且善养士，同甘苦，又善知人，奖拔萧升、刘渊、祝雄，皆起列校为方镇。

萧 升 抚宁卫金事也，累升马兰峪参将。嘉靖癸巳，大同内变结连北虏，兵部推升以副将协守大同。升至，兵事戒严，内外不通。升诣督抚献捣巢计，以贼全部在内，巢穴必虚，督抚任之，贼遂瓦解，升前军都督金事。甲午镇守蓟州，卒赐祭葬。

刘 渊 山海卫金事刚之孙也。刚视山海，篆有名。渊自三河黄花镇守备入坐显武营，历延绥游击、宣府参将，迁协守副总兵，升后军都督金事，挂镇朔将军印。镇守升卒，已亥改镇蓟州，有名。调提督西官厅听征总兵官，赠刚及父镇官。

祝 雄 广宁前屯卫金事，调山海卫，耀京营听征参将，老营堡游击，偏头关副总兵，升后军都督府金事，挂征西前将军印镇守大同。嘉靖壬寅，改镇蓟州代渊。善养士而乐为用，虏入塞率子男为士卒先，子少却立斩以殉，虏望旗帜即遁。在镇三年虏马不敢南牧，名闻书于御屏，廉静自持，奉客无兼味，行边布袍毡帽如行伍，卒于官，私囊仅足为敛，蓟州为立祠。

周益昌　锦州卫人，嘉靖初起武科，升备御都司，习吏事，以锦义右参将却虏闻，转墙子岭参将，升古北口协守，以功充振武副总兵，寻镇守三屯。当土墙拒堵匹马不入，杨襄毅以奏功，屡立战功，在《经略纪》。庚戌后，非此则流毒复甚而墟矣。其功不在首功下。卒赐祭葬，赠右都督，蓟人祀配襄毅。其多算善战、忘身家、任劳怨，九死不避，一介不取尤足多云。是后继者三五人，欧阳安幸免。李广稍廉其庸怯同。张承勋于一片石、河坊口亦有功，盖近廉过刚，论谓无驭众才，御侮笑或过也。孙膑继之，以昏黩时有混沌之号，但为胡镇陷死，人亦怜之焉。镇虐于彻，贪于勋而淫则独甚，穷奇梼杌兼饕餮矣，论死而免，今犹愤之。继王孟夏不足算，当镇后虽贪或恕之论罢。李世忠贪而无厌，一筹未施竟有天幸，惟罪黜焉。

郭琥　永昌人，自遵化右营游击转太平参将、古北副总兵，故关西骁将，历蓟有战功。当癸亥郑官屯副将逃，而总兵陷，非琥出古北口，邀击于鸽子洞，杀首虏五十级，夺回男女牛羊以万数，则虏酋必谓中国无敢当其锋者，岁侵凌无已。时其功当与大捷同赏，既不酬劳且移之他，而代者三贪懦相继焉。古北尝籍其余威而螫之界岭矣，非棒棰檄天幸其何以为镇。乃自延绥总兵召镇蓟，虏乃不敢犯，未几设总理兼镇守而召入坐府。琥抚爱士卒有廉谨声。代日，攀辕卧辙者扶携道路，近来边臣廑廑云。

总理镇守少保左都督**戚继光**　字元敬。登州卫人也，以浙东、江西、闽广剿山海寇功，兼总申威营七省兵。隆庆初，虏寇蓟急，言官交请石京营练兵出蓟总理，寻兼镇守。时朝议蓟镇护京陵，戒震惊，非它镇比，匹马不入为上功，三年无事上赏，予世封，而不以首馘论。与督府谭襄敏诸公及抚台王曲周诸公先后协谋于垣，楼台坚壮，千里言言振古未有，且费省功倍焉。平居谨烽燧、严侦候、徕召募、增饷廪、制车战及火器，边务百废俱举，有余力及内营堡馆署桥渡之缮，不能以悉数，惟遵化镇城永赖焉。昔帅不敢行军法，视令旗牌故事耳，标路少遵约束，故节制不举其以节制闻久矣。至镇辄军法从事，三军股栗奔走，诸将春秋会操于三屯，檄飞随羽而至，大阅于汤泉，联二三十万众，旌旗变色如律，俯视以光弼称之，故属夷长昂辈虽犷悍羁縻出塞缚渠酋长秃诸部服罪。纵归，示不以俘斩为重。有零窃即伏辜路将或违令失事者，其酋竟款塞献俘，故坐镇十五年虏不敢一大举，抚夷中机宜，非昔帅比例也。常治军书，操觚十吏不给脱其稿，幕客皆海内名流，常满座对而唱和不少让之。乃天才兼具，矢志立功名，视遗勋边政名臣诸记优矣。末与督府不相能，及其入柄兵有违言，为风闻移广东镇，人诣阙疏留，柄国阻之。当危疑图明哲，军士哭留者，视之马郭行尤惨也。至广即告归，赐归听召，寻卒。讣闻，山谷中老妇儿女亦悲泣感怀，故立祠不止三屯，而奉尝家同寝荐矣。自有镇来一人而已。在镇为公费不费，门接文武如市，家居至称贷不厌，卒日先田未赎，无数亩以贻后，则总兵三十年者如此或亦一人焉。

‖ 卷之十三 ‖

福唐郭造卿建初著　男应宠纂

传　　部

征御英烈

　　盖闻战阵无勇耻也，守疆之谓何？乃或闻警奉首窜，徐邀零窃，斩死馘以张捷，甚而拔栅孤山陷帅死而代之矣。谁为俑始，可胜诛哉！第岳忠武有言："欲太平，当文不爱钱，武不惜死。"今军府租税升斗上仰给度支，磨勘斤斤不忍予，帅安得椎牛飨士作敢死气乎！至于仓皇遇敌，辱国丧师则又不论，俘死、逃死、降死辄以阵亡闻。赠祀滥如江河，英烈等于怯懦，则将亦何乐死，死亦安在其不可惜乎？故必平居鼓舞有以使之乐为死，比临阵而死又能明其所以死，隆褒崇祀，庶几燕山、乐浪则人人感奋，何忧胡虏哉！虽然，马革丈夫志，祀不祀无论，第彼勃勃欲生，犹将攫东胡头而饮其血也，不辱吾笔，显晦奚论焉。

　　孙兴祖　濠州人，以大都府佥事兼同知右率府事，从克元都，守北平，兼燕王武傅副、副将军北伐。洪武三年，战死五郎口，赠燕山侯，谥忠愍。像祭功臣庙及配享开平王。

　　濮　英　庐人，以都督佥事出大宁，殿金山回军。虏余党伏发，英猝为所乘，众寡不敌，复马踣见执，绝食不言，潜剖其腹而死。赠金山侯，谥忠襄，逾年再赠乐浪公。子屿封西凉侯。

　　曹良臣　安丰人，封宣宁侯。从曹国公李文忠追虏至阿鲁浑，以孤军深入战殁。时同亡者骁骑左卫使周显，合肥人，神策卫使张耀，寿州人，振武卫同知常荣，定远人，皆有取元都清沙漠功，皆赐葬。良臣赠安国公，谥忠壮。象祭于功臣庙，子嗣，侯显追封汝南伯，世卫同知。

蒋承勋 辽义州人也。嘉靖三十六年三月壬辰，大虏六万骑攻刘家口，又出精骑至流河口，通岭总兵官王思忠遁矣。承勋以副总兵率士先登，力拒，孤身而援数冲，贼登墙指为截者，不移时数百，势众不能敌，墙溃，左右邀乘马且避，承勋大呼曰："平生臣子志藉此遂，何避焉！"遂死之。勋夙有谋略，每以忠义训士，士哭叹其壮烈，事闻，以都指挥同赠都督同知，谥忠烈，荫子世副千户，予祠。

洪 殷 抚宁卫副千户也。正德十四年五月乙未，虏由青山口溃入，至驻操营，将攻台头营。殷欲出锉贼锋，咸阻之，独引队兵数十人离城四十里，催军口据险截战力，俄虏逾山绕出军后，腹背受敌，战益力，寡不敌，死之。队兵素荷恩无一奔北，悲愤鏖战，虏惊疑而退，城赖以全。

附：

张世忠 字显甫，先山东日照人。宣德间祖俊由临洮卫镇抚调卫，始为山海人。俊三传无嗣，以犹子凤袭，世忠其子也。生而神爽，志向不凡，少长入卫学，慕詹公荣文艺就正之，通兵法，而兼文艺。嘉靖丙戌中会试武举，赞画军机于蓟。戊子袭祖职加武举二级，授署指挥佥事，抚臣荐管卫印，编徭为后法，荐授提调石门，进守备黄花镇，革中珰敛役诸弊，进署都指挥右参将，分守大同中路，振扬士气，虏不敢轻犯，民远出耕获。复请加卫学廪粮，科贡额顿加旧，顷调应援宣宁，斩获虏级二十九颗，马驼牛羊八百有奇，夷器二千五百余，升赏级赍金币，续给诰命兼节，获捷奏。大臣奏保，因边事回籍对簿，旋以西寇棘，兵部请授偏头参将。是时太原失利，人咸不乐此，世忠闻命奋然曰："正报国之秋也！"亟赴之。虏寇太原矣，世忠所部军士先期选策应，止存千余而统之，与参将刘维褆、大同副总兵段堂、参将何堂、游击张文懿，从宁武关合营追贼，歃血誓相救援，乃结队自侯林西行。追至祁县六支村西遇虏，众督率力战，虏见其军士壮战，又力呼集精骑三千余合围，四将缩闭营，世忠督战益力，贼亦窘。会矢火药尽，世忠愤呼曰："我军被围，诸将背盟竟不相救，国宪天刑宁汝谊耶？"复督短兵血战。自己至酉，贼见我兵死伤众，无援，久战力竭，遂躏我营，马为射死，世忠头中二矢，又骑墙独射，被穿袖一箭而死。家丁五人往救，张臣及百户张宣俱即死，而士马亡过半矣。嘉靖壬寅七月九日也。上嗟叹曰："丑虏猖獗，世忠孤军奋勇死战，殒身报国义可尚。"先赠右都督赏百五十两，宣及臣各四十两为棺殓资。兵部议奏与世忠同死锋镝士，先给家属五两为棺殓资，以后不分主客官兵但阵亡者如之，庶死者如生，生者效死。制可。且曰："世忠，忠荩非常。"并宣臣恤典亟议之。山西抚臣刘臬、按臣童汉臣请重褒恤，顺天抚臣侯伦称：世忠原籍山海卫人，自升参将路由遵化，臣见貌不及众人，初不以礼待，及与之坐，凛然有忠义气，今果然死节，其死非偶然也。山西为死事之所，山海乃生长之乡，宜俱建一祠以酬其忠。兵部议如之：请祭六坛为造坟及赐谥，其宣臣无祭例但以死勤事者宜与祭一坛，工部量与营葬，其子孙典虽升级而身横罹锋镝，其情状尤可悯，议与祭一坛，以后不分主客兵但阵亡者如之，庶足慰九泉忠魂，作三军勇气。制可。赐祭葬用一品礼，谥忠悯。祠额曰"劝义"。而宣臣及军士如议为例，盖因其勇烈格主受特典，而广锡类及于后死者永。永时缙绅，陵夷武弁久矣，山西抚按三司奠章隆重而激励以愧诸将不援者。永平乡士夫阖境无遐迩束刍而吊。山海荣等设位于乡贤祠，哭尽哀。虽痛悯乎死事，亦其生平以也。盖孝而闻父丧于大同哀毁逾礼，为制限不得躬襄事，虽甲胄从戎，退辄衰服惨容，抱恨痛，终三年。母念少子将顺靡不至，而闺门严肃，善与人交，故乡议重之也。荣抚云中过其死事所，祭之文吊以诗焉。世忠卒年四十三，妻郭氏年二十九，痛夫死锋镝触地死而复生，勉守二子二十余年。嘉靖癸亥旌表，长懋勋葬父于狼窝山原毕，袭升指挥佥事，升署都指挥佥事，充神枢营佐击将军，以潘家口斩首功升，实授指挥同知，赠祖凤昭勇将军，父特进荣禄大夫，母一品夫

人，历永平游击。万历丙子，替职致仕，居祖小屋，陇亩仍旧。己
卯，母卒，哀恸过情，身离枢。七月而葬不反，筑土室于旁，仅足枕
苫容膝。每日负土九簣，蒸乿三次，而哭诵经，蔬食，汲水自爨，终
丧，坟高二丈。乡官学校至茔迎归，盖忠节孝廉之家也。

‖ 卷之十四 ‖

福唐郭造卿建初著　男应宠纂

考　部

兵　考

大明典录

会计凡所列十款在蓟、永二镇，而会计其出入则有司存焉。境内关营自分永外属蓟，三路三营二卫故并之，而次而东道其主也。

原额蓟镇　官军三万九千三百三十九员名，马一万七百匹，屯粮一十一万六千六百余石，民运粮一十一万石，布一十万匹，棉花一十万斤，屯粮二十四万石。盐引银一万三千五百八十两三钱零。京运银五万两。

永　镇　官军二万二千三百七员名，马六千八十三匹，屯粮料三万五千七百八十二石五斗三升，折色银五千六百二十七两九钱五分。民运粮料二万七千七百一十三石，折色银七万七千六百一十七两八钱七厘。折色漕粮五万六千石，该银四万一千六百两。京运银二万八千六百七十三两八钱九分。盐引四万二千五百引，该银三万两。

见额蓟镇　主兵军三万四千六百五十八员名，滦阳新募士兵三千名在内，比原额减四千六百八十一员名。马六千三百九十九匹，比原额减四千三百一匹。民运银九千七百三十一两四钱九分。漕粮五万石，比原额减十九万石。京运年例银二十一万六千一百二十六两一钱一厘九毫。连下客兵共四十二万四千八百九十二两三钱八分四厘一毫，比原额增三十七万四千八百九十二两三钱八分四厘一毫。客兵调遣不常无定例。屯粮料五万三千五百六十八石六斗三升，比原额减六万三十余石。折色地亩马草银一万六千四百四十八两六钱三分六厘。山东民兵工食银五万六千两。遵化营民壮工食四千四百六十四两。盐引银一万三千五百八十一两三钱五分。京运年例银一十七万四千一百六十五两五分二厘二毫零。万历八年题将昌平镇宁□入卫兵马行粮料草并春秋两赏银三万四千六百一两二钱三分，改入蓟镇为滦阳新募士兵支用，共京运年例银二十万八千七百六十六两二钱八分二厘二毫。抚夷银一万五千两。赏军银一万三十八百余两。

永　镇　主兵官军三万九千九百四十员名，比原额增一万七千六百三十三员名。马骡一万五千八匹头，比原额增八千九百二十五匹头。南兵官军二千九百三十一员名。马骡八十三匹头。屯粮料三万三千五百二十一石四升，比原额减二千二百六十一石四斗九升。民运粮料二万七千七百一十三石四斗六勺。折色银二万八千九十两四钱七分八厘七毫零，比原额减四万九千五百二十七两三钱三分。民壮工食银一万二千六百一十八两。京运年例银一十二万二千七百二十一两六钱七分八厘二毫零，连下客兵共二十四万一千八百五十八两六钱一分一毫零，比原额增二十一万三千一百八十五两七钱二分零。客兵，调遣不常无定数。屯草折银三千二百二十九两五钱六分五厘，比原额减二千四百三两四钱一分五厘零。民运本色草三十万一千九百二十二束零。京运银一十一万九千一百三十六两九钱三分一厘九毫。

录按：永平旧隶蓟镇称内地，自镇之未分通计京运岁止十万，该原额不过二万有奇，今至二十四万有余矣，而屯漕民运不与焉。国初大军由卢龙出塞下皆籍彼中兵力，今燕河、台头、石门、山海四路饷以兵增，兵以援辽增；乃辽西宁前岁为属夷掠，永镇部将未见以一矢援，其守墩健卒反为夷用，则饷虽增而兵日骄矣。司阃者若及时选练，协心辽帅，大创逆夷，即入卫戍卒与家丁南兵可渐减也，何忧阙饷哉！

屯　考

自景泰勘荒地一万二千顷有奇，拨为军民屯，得粮十余万石。至正德庚午止七千顷有奇，清之乃得四十八万余顷，尚有未经首者。嘉靖末屯种大约十余万石，马草地亩银二万余两。迄二镇既分，蓟得其六，永得其四。自隆庆迄今合二镇全数与嘉靖间所入略相等，较正德五年额又少矣。永镇节次以清荒土而粮草与额互异，今据抚院册报而会计之，本镇共屯粮一万六千二百有奇。屯豆一万七千三百有奇，屯草折银三千三百三十两有奇。

洪武元年置北平都司于北平府，领燕山等卫，后置大宁都司，于良哈之地设朵颜三卫隶焉。各置屯田以五十亩为一分，七分屯种，三分守城，受田之制以五十亩为中也，此军屯之始。夫屯田美政也，今弊矣，今弊矣！胡美之？夫国朝赋民以养边建远者，恒自数千里外征解轮益之费，侵渔商纳之弊纷乎百出，入军者才一，出民者已三矣。屯法括军余，丁壮耕近塞田实边，时隙则讲武，视民饷省费不啻倍蓰，此特计利言耳。古传曰："民农非徒为地利也，贵其志也。"民农则朴，朴则易用，易则边境安主位尊；民农则其产复则重徙，重徙则死其处而无二。民舍本而事末则不令，不令则不可以守，不可以战；民舍本而事末则其产约，其产约则轻迁徙，轻迁徙则国家有患皆有远志，无有居心。执古之言以征，夫今之屯者且当兹地也，不谓之美乎？胡弊之？夫屯在地与人二者并存，则稽而征之何有？苟地非其人，人非其地，犹可租庸交致也。地昔治者今称芜，丁昔存者今称亡，然芜者未必官田而真丁或未亡也，矧岁派总甲殷富者贿免，狡点者借此谋利，而固坐之彼将履亩而征，较丁而索，无敢欺者。乃诒其上曰：田且芜、丁且逃矣，上者制于贿弗之敢问，且以灾伤分数媚其下取常例焉。蠹缘辗转而其法益坏，虽至于无屯亦可也，不谓之弊乎？呜呼！政美宜复，法弊宜救也。今畿内屯以御史理之，有不汲汲于此者乎！夫土官知而弗欲也，监察欲而弗亲也，是何异急于起病者弗知脉理之所在？谂病源者顾投反剂以重之，欲伐沉痼而复元气能得邪？予谓不核其地、不清其丁，不公总甲之派，不禁常例之索，而曰我善救是复是，断断乎无是也。

抚 夷 考

抚夷羁縻之术，当关封疆事也。嘉靖庚戌乃请关税充之，既请讨日滋。隆庆壬申奉旨徼敕：再有科削军粮媚虏苟免，督抚参究重处。乃恬然日狡，及为司存所腴，夷骄而觖，军疲而残矣。会计录于蓟独具者，以喜峰贡关所属也，永镇诸关有之，故为之具矣。

嘉靖二十九年，复开山海关税，都御史王汝孝议准：自中出者收六分，自辽入者收四分。山海关旧税先为修边议用，后因主事邬阅呈称不便奏革。即今三卫生齿日繁，虽有备冬舍余及内臣房地租银三千余两，各路军士灰价银四千余两，景忠山香钱一百五十余两，不敷故复。三十一年请发抚赏资费，发银四千两，四十年七千两。隆庆六年二万七千六百两，兼关税纸赎等用。万历六年一万五千两，本镇原用备冬舍余、内臣房地、草场、地租、香钱、关税，是后称关租俱罢香钱，岁歉不多量加，而今日加多矣。

三十七年定例：接应贡夷蓟辽，朵颜、海西等夷，都督、都指挥俱支廪给应付，下马各一匹，指挥下俱支口粮应付，驿驴各一头，赏赐物件验乞发车伴送。官廪给舍人口粮、各驿驴一头。

隆庆五年支山海关税抚赏辽夷，命宁前支赏海西等夷也。

修 边 考

修边会计录具于蓟镇，而永镇同之也。巡关之设重尤在此，沿革不一而志其概。

宣德七年，遣官关关令，山海、居庸等关每三月差武官二员、御史二员兼视。

天顺五年，《一统志》边关，其首榆关，古废关也。今府境八：

山海关在抚宁县东北，其北为山，其南为海，相距不数里许，实险要之区。本朝魏国公徐达移榆关于此，改今名；刘家口关在迁安县北，东至桃林口关，凡四口，桃林口关在卢龙县北，东至界岭口关，凡四口；界岭口关在昌黎县界东至义院口，凡六口。其间差大者为箭杆岭口；青山口在迁安县西北，西接大喜峰口，东至冷口，凡十二口；冷口在迁安县西北，东至刘家口关，凡三口，其间差大者曰河流口、徐流口；义院口在抚宁北，东至董家口，凡五口，其间差大者为石门寨；董家口在抚宁县，东至山海关，凡十口，其间差大者为大毛山、大青山口。按榆关自唐后废久矣。魏国之山海，乃改元之迁民镇立关，非移旧关而置也。然昌黎县不临边，界岭口乃抚宁地也，大喜峰乃迁安西北地，且于顺天遵化县，云在县北，凡七十口。至永平府青山口，具永平府接不过三四口耳，即至大青山关亦无七十口也，误矣。

隆庆二年，蓟昌二镇分为十二路，将边墙加厚，三面皆设垛口七八十。垛间下穿小门曲突而上，其缓者计百步，冲者计五十步，或三十步，或筑一墩台，视边墙高一倍，广十二丈，内容五十人，共筑一千五百座，令边军哨守。

万历元年，滦河以东，居庸以西及松棚诸路，再修台二百座。至四年二镇应修边墙九十余里，添台墩五百座，大概西修而东疏，自总理去而东边驰矣。

三年，开三屯镇城，用保河南通津、德州等营军夫，支修城银三千九百余两。

十二年，修筑山海关罗城，原请部发及关税经费、工价犒赏等银二万二千八百余两，用军夫力止算一万六千七百六十余两，报节省他用。

十四年，总督王一鹗、巡抚塞达会题，当复废堡。卷查永平道叶梦熊呈："详奉督抚勘燕河路则有桃林营、徐流营、梧桐谷、正水谷、孤窑儿、佛儿谷、河流口、石门子、白道子关。台头路则有东胜寨、青山驻操营。石门路则有长谷驻操营，大青山口关、庙山口、西阳谷、炕儿谷、董家口、水门寺、板场谷、拿子谷、孤石谷，共二十一处，通应设复，向以边工告急未遑修整。今督行三兵备道将蓟镇十二路原并塞堡一百一处细勘，除居民仅止数家难守，听其归并外，但可容住百家上下俱照旧设复。城垣、门扃，官为助修，军民房舍，听其自盖，渐次兴举，设官专管，巡守启闭，无粮地土任其垦种，务使人烟日集，生齿日蕃，庶边境充实而藩篱自固矣。大阅修险隘及修关各有课殿年例疏，前年不暇详，只今镇守张邦奇前为中路协守，自万历甲申春防至乙酉秋防，四防修喜峰、太平、松棚三路边墙五百五丈六尺，敌台二十八座，住城一百四十八丈五尺，桥城五十八丈二尺，门楼角楼一十一座，仓廒营房四百一十五间，围墙五十丈。御史苏酇保荐加升左军都督府署金事，而升昌平总兵矣。至戊子为修完重镇边工，御史甘士价追而保荐之，升蓟镇总兵，则凡效劳尺寸者而国典所报不浅矣。"

郭造卿曰：蓟兵增自庚戌，以守护京陵为主，则必计万全。入卫者出，赴援者留，而皆发之于蓟，边长千里无不备，虽兵加万灶无不寡，故日增而饷从之，非专团聚为战图焉。蓟西数倍者以此，易东乃独为辽乎？盖蓟守而辽战乃庙算之成略，昔辽援六千，半居永，今悉归则固援之矣。蓟兵援而日疲，守将驰而日靡。几何健且骄者何必贾以取胜哉！辽捷张虏馘实不足以当我卤，惟其所上死敢不为之用。蓟侦候不无矢亡，岂如辽之羁縻无算？若成守孰卖卢龙塞，主将宁不知所缉之欤？矧虏在疆场间，或调蓟兵出而以尾为首，狼狈以反应之，或震业京陵。一指与肩背孰大焉，曩岁易以辽名将实为其亟援计耳。仓皇而出关，非仗车营火器及家丁南兵死力，则当殉身而丧师矣。故衡以持平，必权而知轻重，覆辙出户不远，可共助而改图。以其问之抚臣，或有乎彼此；于督臣问之，其何彼此之有？苟非变守为战，止此弗加幸甚；乃因不援辽议减，则千里楼台渐空。虏乘隙而不支辽且当入援矣。故必主兵权兼任勿恃守而废战，主饷衡公议勿偏战而防守可也。兹关国大事，虽不贤为识焉。

戎 具 考

燕昔之称函者，远可以御矢石耳。令虏流矢如飞石，函乌足以当之焉。突骑昔尤称燕，汉尝致之而无敌，今亦致以靖难，其后反为我寇。而我之突几何？岂能以当其枭哉！故守者如蓟以台墙为函，而縻之以抚赏；战者如辽以纳畔为突，而剿之以掩袭。竟非中国之长策，而使无所用其长也。余为此图考于燕史，有函编而非函字之，曰既安有突编而非突字之，曰必胜以戎车为坚甲，以火器为选锋，佐弓马相为用，战守莫长于此矣。取经史百家证之，今于兹不暇引，姑以所耳目者论。在卢龙塞内文臣之允武而备兵，武臣之尚文而练兵，余幸师之友之，且皆不出乎境上旧志。兵制失器械则当为直补，安事乎琐琐以暴我之所短，惟取二臣所有事而条理其经略焉。

隆庆元年十二月，巡抚刘应节请用车战及火器。

二年六月，总督谭纶请造木佛郎机发各路。法用坚木为体，长七尺、围一尺四寸、中空径寸，外束以铁箍六道，工费共银三钱三分。坏止易木，铁箍长存，费省其利与铜佛朗机同。连发七八铳又不破坏。虽破坏亦不伤人，时永镇多营造之，未闻有用者。

三年二月丙子，命建昌、遵化车骑合营，兵部尚书霍冀覆总理练兵戚继光条陈咨总督抚按会议合练是否。议云：太公对武王曰："车者军之羽翼也，所以陷坚阵，要强敌，遮走北也。骑者军之伺候也，所以踵败军、绝粮道，击便寇也。故车骑不敌。"又曰："易战之法，一车当步卒八十人，八十人当一车，一骑当步卒八人，八人当一骑，一车当十骑，十骑当一车。险战之法，一车当步四十人，四十人当一车，一骑当步卒四人，四人当一骑，一车当六骑，六骑当一车。"由此观之，则今日车骑合练之法即太公复起不能易矣。且所谓险地易地在蓟昌皆有之。今计二镇间可练兵车七营，每营用重车一百五十六辆，轻车二百五十六辆，步卒四千，骑兵三千，驾轻车马二百五十六匹，以东路副总兵一营合巡抚标下一营住之。建昌、遵化以西路副总兵一营，合总督标下一营住之。石匣、密云以蓟镇总兵二营住之。三屯、昌平总兵一营住之。昌平是十路二千里之间有七营车骑相兼，转战之众即有数万，虏无能为矣。或者疑于虏骑迅疾，车步迟不相及，臣等为之解曰："用兵之法有分有合，兵车七营岂皆聚为一处，必以一半合战，而又一半出奇：或遮其前，或搏其后，或出其左，或掩其右，有追奔，有迎击，有扼塞，有邀截追奔，邀截及险地用骑与轻车，扼塞用重车，迎击及易地则轻重车骑相合。虏之所恃者马也，而我有车，以制其马。虏之所习者射也，然远不能六十步，而我之火器、火箭皆可远二三百步之外，且有车以为之营卫，我得以展其所长，是技又不相若矣，此车骑合练堪用者一也；行则为阵，止则为营，以车为正，以骑为奇，进可以战，退可以守，人无挑壕叠堑之劳，马有从容饮秣之便，此车骑合练堪用者二也；车不用食，步不用马，以车蔽步又半不用甲，省费甚巨，此车骑合练堪用者三也；前此虏入内地如蹈无人之境，四散摽掠遍地皆虏，莫之谁何，今有兵车与战，虏既不敢分掠，又不敢久住，仅仅自保取道以遁，此车骑合练堪用者四也；蓟昌地方险阻，车利厄塞邀截使虏大失利，当有终身之创，此车骑合练堪用者五也。今都督戚继光议以车骑合练，臣等援古证今实以为得制虏之长策。部覆从之，建昌自此设车营矣。其时立军器循环册以本路，路名取一字为号，如石门石字一号。铜大将军二铜，二将军三铜，三将军四铜，发熕五铁，毒虎炮六铜，大佛郎机七铜，小佛郎机八铜，提铳九铁，佛郎机十铁，提铳十一铜，神枪十二木，神箭十三铜，碗口铳十四铁，碗口铳十五铜，盏口铳十六铁，盏口铳十七铁，捧雷飞炮十八生铁，飞炸子炮十九铁，夹把枪二十铁，快枪二十一铁，鞭枪二十二铁，三号双头枪二十三铁，四号铜头枪二十四铁，百出枪二十五铜，无敌手铳二十六铁，无敌手铳二十七铜，手把铳二十八铁，手把铳二十九铜，直口铳三十铁，直口铳三十一铜，九龙铳即十眼铳三十二铁，三眼铳三十三铁，四眼铳三十四铁，随机应变神炮三十五铁，旋风炮三十六，喷枪三十七铁，神机枪三十八铁。地基枪即地连珠，未编入号者续造于有号之末。仍将铅子拣出，圆扁大小各为盛封，先开堪数，若不如式者，开坐修改数内。"

四年四月，永镇置虎蹲炮及改造大将军。

六年七月，立敌台贮火药券洞。

万历元年，命山海附石门为十路，每路各立车营，每营住骑步兵各一支；密云、遵化、三屯三辅重营，每营亦住骑步兵各一支；又领各标各路各车营加马一千六百一十四匹，加曳车赢一千五百五十五头、具。《会典》：十二月立大将军百总。

八年三月，置冲锋车器。镇府议虏无他技，惟有驰骋，故设车营正为此也，其习已熟，诚得策矣。但蓟镇边长兵散，虏或修忽聚攻，内迁外直一时相机驰应，或马兵先驰，车营暂离于马，未免到有先后，马既离车，则必别为壁垒之具。近制似菱，拒马体轻便利，缓急可为营卫，以代壕堑，去住便于收放，以免自阱，以下营之具呼吸可成。又别制轻车，每旗一辆，进则二三人推运如飞，付南兵用之，可以上下山坡追奔虏马，一齐突到马前，利器齐击虏必少却，则由车空齐出，齐用长枪追杀，自为无敌。又以南方竹竿长枪狼筅，而北方风气刚劲，不一二年即乾碎易折，且虏马不同于倭，故制铁狼筅形与竹似而可代竹执之，前拒则可御马，掷地亦可绊戳，无论习熟而用精也，步兵之器惟此为上，时东路造之。

十五年正月，军门奏叙永平道车炮军门王一鹗题称："永平兵备道叶梦熊议造轻车四百辆及大炮滚车二百辆。臣等躬亲试验，委果便利，有裨边防。且边工卒不可完，此项尤宜亟举，已遵奉便宜事理，往返查议，审酌调停，并计处钱粮，行令该道动支永平、遵化各库贮，堪动年例料价与支剩浮费，及省积民兵等银九千四百三十余两。该道选官造完，臣等再行查覆。如果工作精坚，钱粮并无冒破，一体题请优叙，以为边臣任事之劝，庶事有责成，人心愈奋，其于战守大计各有攸赖矣。"制可。兵道练习遂以半合营御虏，以半分路，令南兵游击龚子敬查酌沿边极冲设之，选胆勇百总一名，专管装放。其炮房三面开门，两傍可击乘墙之虏，向外可击驰突之酋。初设桃林口，时适长昂子伯魂领铁骑千百余挟弓跃马横索赏物，抚谕之不驯，关守备张施箍即示以大炮尽歼群丑甚易，不信。号笛一发，炮声雷震，群子飞出，北山角轰然而崩，石飞旋空若星陨。众虏胆寒，俯首叩地，稽颡啮指，惊痴半晌方苏，遂慑服领赏亟去，此绝技神异之明验也。其操练有图曰：车马步摆列起操：曰长营，冲战；曰变方营，出马步冲战；曰方营，四面攻打；曰战毕收营，及各号令具载。又曰五花，每一营合车八十辆，共四百辆；曰协路合营，方图每一面用车一百辆，共四百辆，及八阵图刻布而变通在人，不述。

永道车制 木料尺寸：**轻车** 辕条二根，长九尺二寸，阔二十五分，厚二寸二分。前琶头一根，长三尺三寸，阔一寸六分，厚一寸三分。前遮牌一扇，高四尺六寸，阔四尺五寸，板厚六分。立柱二根，长四尺六寸。上横档长五尺一寸。下横档长四尺五寸。门二扇，高四尺六寸，阔二尺二寸五分，板厚六分。撑棍二根，长三尺。横耳二根，长一寸五分，阔一寸五分，厚二寸。推手木二根，长五尺二寸，方圆一寸八分，车箱横档二根，长二尺六寸，厚六分。车匣一个，长二尺四寸，高二尺二寸。车耳二个，长二尺四寸，厚一寸五分。车轮二面，径过三尺八寸，车纲十四块，厚一寸八分，阔四寸。辐条二十八根，长一尺九寸，厚一寸三分。车头二个，径过八寸，长八寸。火箭匣一个，长四尺五寸，阔一尺，高七分。郎机架木二根，长三尺，阔二寸五分，厚一寸五分。横档二根，长四尺四寸，阔二寸五分，厚二寸二分。上拒马横档一根，长四尺二寸。枪杆三根，长四尺七寸，下拒马横档二根，长五尺二寸，枪杆四根，长三尺。**大神铳滚车** 辕条二根，长九尺，阔六寸，厚四寸。横档五根，长二尺四寸，阔六寸，厚五寸。立柱四根，长七寸，阔二寸五分，厚二寸。盖板一片，长四尺六寸，阔一尺八寸。撑棍二根，长三尺。拒马枪杆二根，长三尺五分。前车轮二个，径过三尺二寸。车纲十九块，厚二寸五分，辐条三十八根，长一尺六寸。后车轮一个，径过一尺五寸。车纲八块，厚一寸八分。辐条十根，长八寸。前车头二个，长一尺，径过一尺。后车头一个，长六寸，径过六寸。车耳二个，长一尺八寸，阔四寸，厚一寸五分。**灭虏炮车** 辕条二根，长七尺三寸，阔三寸五分，厚二寸五分。横档七根，长二尺三寸，阔三寸五分，厚二寸五分。前车轮二个，径过二尺六寸。车纲十七块，厚一寸八分。辐条三十四根，长二尺三寸。后尺轮一个，径过一尺五寸。车纲十二块，厚一寸八分。辐条十根，长八寸。前车头二个，径过七寸，长七寸。后车头一个，径过六寸，长六寸。车耳二个，长一尺，阔四寸，厚一寸五分。车匣一个，长一尺八寸，阔七寸，高六寸。**车上** 郎机二架。子统十八门，枪六条，雁翎刀一把，铅子一百八十个，火药一百八十袋，计九斤。火箭十五枝。火绳十条。药线匣二个。药线二百条。**车下** 竹挨牌六面，砍马刀六把，百子铳二门，火箭二百枝。大旗一面。长枪、钩镰、腰刀、金鼓旗帜，俱于各营路随宜就用，皆护车兵执具。

郭造卿曰：辽志奚善车，况其饶材木乎？今幸其蠢耳，止代乎驼载尔，用火药以破金，宋有善于兀良哈乎？倘读《元史》传能无戒心乎？今亦幸其失传，恃鸣镝控弦而已。盖天夺彼长授我，乃甘自弃焉。且毋论乎二者实坚利于甲骑哉！即不图进取，亦当筹乎自全，螳螂之将捕，执叶以自蔽，岂轻车不如一叶而必訾其无用乎？爆竹楚俗以惊鬼，举世官民皆从之，神器则以为无用，岂其不如一爆乎？兵家有形有声祇借此以守御，虽懦夫弱子有之，虏敢引满而长驱耶？然则今乘障者置有用于无用，废耳目而徼无事，其免为狄山者幸矣。

‖卷之十五‖

福唐郭造卿建初著　男应宠纂

考　部

贡酋考

　　郑公之考四夷也，首安南，而次兀良哈。安南本我郡县，兹乃我武卫近地，而详叛服抚剿之事亦既犁然有章矣。杨公之考大宁也，则详西而略东，概见弃守便宜及经略方画而已。余既考其先，而为之古传，则今部落卒受命为外臣，岁朝贡而由郊关，其可置之漠外耶？故别种类以联其族，区驻牧以辨其势，审强弱以异其形，缀附属以察其变，纪敕谕以制其命焉。于二公未及者而稍为之直次，郑言在渔阳塞北矣，何如卢龙直其庭乎？杨自古北而右不及乎其左，非得肩臂而失首领者哉！请于兹观之，乃考乎大宁矣。

　　兀良哈　东接海西，西连开平，北抵北海，南达蓟辽，元千户所故地也。在大宁都司北，乌龙江南。国初其元故王元帅部落酋长脱鲁忽察、儿海撒男、奚阿札失里为三卫指挥使同知，各赐冠带，俾领所部并边为外藩篱，及大宁移，复封三卫，遂以靖难功升至都督矣。昔虽鼎立抗衡，而朵颜地最险。永乐初，虽亲附而潜与北虏通。壬寅孟秋己未，上亲征，车驾次杀胡原，北虏阿鲁台遁，移六师征之，辛丑，剿捕兀良哈克，捷告天下。宣德戊申季秋寇边。乙卯车驾出喜峰征之。甲子，有亲征北虏宣捷敕至。正统甲子秋，入寇，命成国公朱勇率诸军分道出塞击之。己巳，福余、泰宁结迤北也先为向导，朵颜独扼险不肯从，也先至不能入塞，不得利，大掠二卫人畜去。二卫遂日浸衰，而朵颜部落蕃士马强保其险阻为最盛。至弘治烧荒出塞掩杀起边衅，其生齿日繁，而花当为贵种，则子孙最盛，可得而纪，在洪武诏，其无传不叙矣。

朵颜卫 始祖都督完字帖木儿，生阿儿乞蛮子，莽兀儿生打卜忽子花当，妻妾三，共子十有一。嫡以克生革儿字罗；妾把罕，子三：曰打哈、曰把儿孙、曰把儿真；又妾主来，子七：曰哈哈赤、曰把儿都、曰虎秃兔、曰字来、曰把秃来、曰虎秃字来、曰字罗歹。

花一革儿字罗 妻伯彦，其子三：曰革兰台、曰革字来、曰脱力。

革兰台三妻妾，子九。嫡阿速累，子四：曰影克、曰猛可、曰猛古歹、曰干抹秃；妾伯忽，子四：曰抹可赤、曰董忽力、曰兀鲁思罕、曰长秃；又妾脱翠，子又哈来。

长影克二妻，子三。嫡满都孩，子二：长曰长昂袭都督，二子（伯忽乃、伯晕歹）。次曰莽吉儿，又收姨母伯忽子，曰拱难，三支未分。部落千八百余名，在大宁北境界驻牧，南直界岭口四百余里，西南至喜峰口贡关五百余里，附属西虏把都儿。

二猛可，二妻，子二。嫡失来，子曰阿只字来；妾奴乃，子曰伯先忽，并都指挥佥事。共部落二百余名，在汤兔境界驻牧，南直冷口二百余里，至贡关三百余里，附属西虏纳林。

三猛古歹，妻伯彦主喇，子曰罕麻忽、曰那彦字来、曰那秃、曰那木赛，并都指挥佥事。共部落七百余名，在会州讨军兔境界驻牧，直西南至贡关二百余里，附属西虏安滩。

四抹可赤，四妻，子五。嫡哈只罕，子二：曰兀鲁伯忽都指挥、曰老撒；妾厂罕伦，子二：曰台学罗、曰孩子；又妾哈剌，子曰兀捏字罗；又妾脱主剌，无子，后孩子收。共部落三百余名，在母鹿境界驻牧，直义院口三百里，西南至贡关五百余里，附属西虏纳孙。

五董忽力都指挥佥事，二妻，子五。嫡把扎孩，子三：曰伯彦字来、曰把当、曰把儿赤；妾升革克，子二：曰把来、曰猛安歹。共部落四百余名。在土果根境界驻牧，直界岭口三百余里，西南至贡关五百余里，附属西虏把都儿。

六兀鲁思罕都指挥佥事，二妻，子二。嫡子曰升纳都指挥佥事；姜子，曰挨伯秃舍人。共部落二百余名，在敖母林境界驻牧，直义院口三百余里，西南至贡关五百余里，附属西虏把都儿。

七干抹秃，二妻，子四。嫡革干主剌，子二：曰那彦帖忽思，曰丑忽儿；姜那彦孩，子二：曰伯彦打来、曰炒令哥。共部落四百余名，在青城境界驻牧，西南至贡关四百五十里，附属西虏安滩。

八长秃都指挥佥事，三妻，子六。嫡子三：曰打巴、曰把来、曰暖台；二姜子三：曰董一、曰秃者、曰兀亮。共部落三百余名，在省集境界驻牧，直界岭口五百余里，西南至贡关里如之，附属西虏把都儿。

九又哈赤来不称名，随长昂驻牧。

革字来，二妻，子四：曰伯彦帖忽思、曰把秃字罗、曰伯思哈儿，曰伯彦字罗，俱嫡阿阿生；姜哈真，无子，后伯彦帖忽思收。

长伯彦帖忽思，三妻，子五。嫡挨只伦，子二：长曰撒因帖忽思收，父姜那干真，生一子，勺儿秃，次曰炒变都指挥佥事，妻那安宅二子（伯忽、把扎罕）。原收姨母把哈真生子三：曰阿牙台都指挥佥事。二妻，三子，嫡那彦罕，二子（哈剌、伯彦），姜一子（又罕）曰倘字来，二妻，二子，嫡以克子（阿巴孩），姜把罕，子（那彦罕）；曰哈讨木儿，凡叔侄十四人。共部落四百五十余名，在里屈劳境界驻牧。直古北口二百余里，东南至关七百余里，附属西虏辛爱（哈讨帖木儿逃之大边矣）。

二把秃字罗，二妻，子三。嫡以来，子二：曰长秃，曰莽灰脱脱，子曰纳儿买。凡部落五百余名，在以逊境界驻牧，直罗文谷四百余里，东南至贡关六百余里，附属西虏纳林。

三伯思哈儿，二妻，子五。嫡子一，曰脱孙字来，即伯彦卜儿都指挥佥事；姜革干主剌，子四，曰兀捏克都指挥佥事，二子（干班歹、速班歹），曰撒只忽、曰伯彦歹、曰句那并头目。共部落五百余名，在哈刺塔剌境界驻牧，直古北口三百余里，附属西虏伯要。

四伯彦宰罗，子一，曰卜以麻随炒变，在可里屈劳境界驻牧，亦属西虏辛爱。

脱力，二妻，子十二。嫡可宅，子六：曰兀可儿、曰兀捏宰罗、曰哈孩、曰可可、曰伯牙儿、曰伯彦打来；姜奴乃，子六：曰脱罗罕、曰乞塔、曰脱来、曰兀忽纳、曰黑猛可、曰满都忽。

长兀可儿头目，二妻，子五。嫡奴罕，子三：曰宰劳都指挥佥事，曰伯彦宰来舍人，曰长秃；姜挨嗔，子二：曰勺儿秃，曰伯先忽。共部落三百余名，在兀忽马儿境界驻牧，直董家口三百余里，西南至贡关二百余里，附属西虏把都儿。

二兀捏宰罗头目，二妻，子四。嫡那干，子二：曰伯彦头目，曰土里苦；姜炒歹，子二：曰撒因帖忽思，曰哥鲁哥。共部落二百八十余名，在接伯个境界驻牧，直董家口二百八十余里，西至贡关一百四十余里，附属西虏把都儿。

三哈孩，二妻，子四。嫡革干主剌，子二：曰满都宰来，曰炒蛮；姜主剌，子二：曰猛可，曰杜冷。共部落四百余名，在哈刺兀速驻牧，直界岭口四百余里，至贡关四百余里，附属西虏把都儿。

四可可头目，部落百余名，在撒因毛境界驻牧，直马兰谷四百余里，东南至贡关四百余里，附属西虏把都儿。

五脱罗罕头目，部落五十余，在大兴州境界驻牧，直墙子岭四百五十余里，东南至贡关五百余里，附属西虏把都儿。

六乞塔头目，部落五十余名，在撒因毛境界驻牧，直马兰谷四百余里，东南至贡关四百余里，附属西虏把都儿。

七脱来，八兀忽纳并绝。

九伯牙儿都指挥佥事，部落二百余名，在舍巴兔境界驻牧，直马兰谷三百余里，东南至贡关四百余里，附属西虏把都儿。

十黑猛可头目，部落百余名，在卜灯驻牧，直马兰谷五百里，东南至贡关五百余里，附属西虏把都儿。

十一满都忽，部落五十余名。

十二伯彦打赖，部落六十余名，二人在卜灯境界驻牧，直马兰谷五百余里，亦属把都儿也。

花二把儿孙 妻纳阿，子四：曰伯革、曰学来、曰失林看、曰干堆孛来。

长伯革，妻了哈，子三：曰脱来，一子卜都儿，脱罗罕、曰孛罗都指挥佥事。侄叔部落九百余名，在匀速境界驻牧，西南至贡关千三百余里，附属东虏伯彦兀。

二孛来，二妻，子五。嫡帖忽看，子二：曰孛儿忽乃都指挥佥事，子卜忽力，曰黑猛可；姜孛灯，子三：曰莽灰、曰抹罗宅、曰董灰。共部落八百余名，在留兔境界驻牧，直界岭口七百余里，西南至贡关里如之，附属东虏土蛮。

三失林看，妻好趁，子二：曰伯彦帖忽思绝、曰伯彦孛来都指挥佥事，子失兰歹。共部落三百余名，在火郎兀境界驻牧，直界岭口六百余里，西南至贡关七百余里，附属东虏尖炭。

四干堆孛来都指挥佥事，妻塔剌孩，子王：曰撒因帖忽思、曰花伯，四子（脱罗、伯忽速班、阿罕歹、阿哈儿），曰帖黑赤。共部落八百余名，在舍伯兔境界驻牧，直界岭口三百余里，西南至贡关五百余里，附属东虏委正。

花三打哈 二妻，子九。嫡脱脱主，子四：曰咬儿干、曰倘孛来、曰影克、曰阿儿札；姜安伯，子五：曰伯彦帖忽思、曰干抹秃，曰马答哈、曰伯牙只忽、曰哥鲁哥歹。

长咬儿干，妻二。嫡以克，二子：曰孛儿勺，子伯彦，曰炒儿抹力都指挥佥事；姜把来，子二：曰董灰、曰脱买。共部落三百余名，在挨伯兔境界驻牧，直界岭口五百里，西南入贡关里如之，附属东虏长秃。

二倘孛来，妻伯彦主，子四：曰哈答、曰哈剌都指挥佥事、曰安迭学来、曰卜哈。共部落三百余名，在舍剌哈境界驻牧，直青山口六百余里，西南至贡关七百余里，附属东虏长秃。

三影克都指挥佥事，子二：曰花孛来头目、曰赤劳温。共部落百余名，在北留儿境界驻牧，直界岭口七百余里，西南至贡关里如之，附属东虏土蛮。

四阿儿扎头目，子二：曰莽灰，曰董灰。部落二百余名，在迭儿字只鹰境界驻牧，直冷口七百余里，西南至贡关八百余里，附属东虏土蛮。

五伯彦帖忽思、六干抹秃、八伯牙只忽，并绝。

七马答哈都指挥佥事，妻阿巴孩，子大成。共部落五百余名，在青州木境界住牧，直界岭口八百余里，西南至贡关里如之，附属东虏土蛮。

九哥鲁哥歹都指挥佥事，子二：曰脱罗思伯、曰伯忽。共部落四百余名，在绍素境界驻牧，直冷口七百余里，至贡关八百余里，附属东虏黑失灰。

花四把儿真阿哈 子三：曰干堆、曰把卜孩、曰板卜。

长干堆，妻阿台，子三：曰伯彦头儿、曰虎虏忽纳并都指挥佥事、曰撒只剌忽舍人。共部落三百余名，在舍剌母林境界驻牧，南直贡关千余里，附属东虏委正。

二把卜孩，妻那彦真，子二：日满都、日帖里赤并都指挥佥事。共部落二百余名，在迭儿字只鹰境界驻牧，直冷口七百余里，西南至贡关多百里，余附东虏黑失炭。

三板卜，妻把总，子二：曰伯彦打来都指挥佥事，三子（长男、公男、奇男），曰阿剌章头目。共部落五百余名，在毛哈气水鸣急音境界驻牧，直白马关八十余里，东至贡关七百余里，附属西虏辛爱（长男被赶儿杀死）

花五哈哈赤 二妻，子八。嫡挨克，子七：曰炒蛮、曰主蔺台、曰董灰、曰帖古、曰哈木宅、曰那干、曰把扎孩；妾水看，子曰把秃儿。

长炒蛮都指挥佥事，子纳木打来，共部落百余名。二主蔺台都指挥使，部落八十余名。三董灰都指挥佥事，部落五十余名。四帖古头目、五哈木宅、七把扎孩、八把秃儿，各部落五十余名，其第六那干，绝。凡八人在罕赤保哈境界驻牧，直界岭口四百余里，至贡关六百余里，附属东虏阿牙他皮。

花六**字来** 子一，曰脱孙字来都指挥使。妻阿巴孩，子二：曰大成都指挥佥事，曰卜彦。共部落二百余名，在炒儿境界驻牧，西南至贡关七百余里，附属东虏那彦兀。

花七**把都儿** 妻等阿，子四。长曰董忽力，绝。次曰干卜勿儿都指挥佥事、次曰板卜来、次曰那彦帖忽思。各部落百余名，在炒秃境界驻牧，西南至贡关七百余里，附属东虏那彦兀板（卜在舍刺不花驻牧）。

花八**把秃来** 妻撒因主刺，子二。长曰伯彦哈当都指挥佥事，子伯桑，共部落百五十余名。次曰伯彦打来，部落五十余名，并在以马兔境界驻牧，直冷口五百余里，西南至贡关七百余里，附属东虏土蛮。

花九**虏秃罕** 都指挥佥事，二妻，子四。嫡以来，一子曰讨阿都指挥佥事，子二：长纳木歹、次阿晕；妾把罕，子三：曰伯牙只忽、曰伯牙帖忽思、曰把儿孩。共部落三百余名，在纳林境界驻牧，直界岭口五百余里，至贡关七百余里，附属东虏那彦兀。

花十**虎秃李来** 二妻，子三：曰撒因帖忽思、曰干多罗忽、曰阿卜忽，俱嫡生，来生妾阿巴孩无子，后干多罗忽收，兄弟部落四百余名，在罕哈保赤境界驻牧，系大宁东北，而西南至贡关八百余里，附属东虏阿牙他皮。

花十一**字罗歹** 都指挥佥事，妻炒即，子三：曰罕麻忽、曰堵阿、曰阿卜宅。共部落二百余名，在纳林境界驻牧，西南至贡关七百余里，附属东虏阿牙他皮。

花当结义北塞兄弟十六人，曰猛可歹、曰脱脱罕、曰安出、曰卜彦秃、曰花字来、曰干堆字来、曰干保哈、曰失券、曰安出来、曰把章扣、曰纳刺孙、曰董灰、曰把都字来、曰满都字来、曰冤忽纳。共部落五百余名，今随长昂住牧，附属西虏把都儿。

右都督脱罗乂儿，子猛革赛，其子朵儿于，子二，长脱火赤，绝。

次帖木字罗，失祖敕书，袭授都指挥。二子：曰猛革字来、曰把秃歹，并绝。

右都督**古彦卜**，二子，曰失林字罗、曰脱可。

失林字，子四，长把班，生兀鲁思罕，其子朵卜，生花歹，袭祖职。兀鲁思罕，弟古只儿伯忽把班，弟把都儿，有子干鲁散，又弟哈当，又弟伯彦忽思，并绝。

脱可，子那干孩生那彦字来，部落二十余名，随把都儿在卜剌兔住牧，把班二子，随长昂住牧。

掌卫印指挥使**冕纳**，子猛可，生正看，二子，长奴温字罗袭职，次虎义，共部落二十余名，随长昂住牧，其随伯彦打来并部酋于西境红花满川烧饼头目、银头目等驻牧四海，治滴水崖，擦石慕田石塘一带，境外满套儿驻牧，自无侵寇患，犹为侦察西虏者。

流河夹道驻牧夷人**乃革兰台**原收服贼夷二支也，头目猛可，四子：长猛可歹，次猛可字来，次脱来，次阿卜忽。共部落四十余名，又头目海塔力，五子：长脱脱，次脱脱，字来，次打吉秃剌打卜孩，次阿卜来。共部落六十余名，并随猛歹妻伯彦生剌驻牧，及野人色振儿阿罗豆儿等约百五十余人，驻牧慕田境外山谷，种类微弱，不为边患，弗详之矣。

头　目　有在辽东境外驻牧，数部酋贡，曰土鲁赤、曰忽秃罕、曰脱脱，营住乌牛背大青山营前屯百余里。曰恶灯伯彦字罗，营住黑松林孤山老河境界，去宁远百二十里。曰恶灯莽灰伯户，营住河州小虹螺山，去宁远中左所三百余里。曰额孙字罗，营住大虹螺山境界，去锦义、广宁三百四十里。曰花火字罗，营住太平山乌峰塔，去正安堡约一百里。又有曰把秃字罗、曰莽灰伯户、曰卜言兀，曰伯彦字罗、曰伯勒字罗、曰卜儿挨、曰花大字儿败，皆附各营，时在辽境外驻牧，颇为边患者多花当次儿之裔，而与前所列或同而异呼，故详之备考焉。卫制首泰宁、次福余，而朵颜末，今朵颜盛故先之。其俗则同喜偷剽，昔入漠北盗马，三四人驱千百匹，虏众来攻不敌则降，而事之为向导。至婚子女诅誓相构，而贪中国赐予，岁朝贡抚之厚，则更以虏情告我可预为备，专信则堕其计，过防则心离而向虏。善处因而为间，虽藩篱失而耳目犹在，在朵颜尤密迩也，当其扼险不从也先，竟不能入蓟，则善操纵以羁縻在胜算哉！

泰 宁 始祖都督兀捏帖木儿生撒因孛罗，其子曰孛来罕、曰伯牙，俱逃辽东边外大县头驻牧。久不至关，今绝。

始祖右都督**革于帖木儿**，生脱脱孛来，其子曰歹答儿、曰火勺儿罕。

歹答儿，子长曰只儿挨，袭祖职，次曰满都为舍人。共部落百二十余名，在小兴州境界驻牧，南直古北口三百余里，东南至贡关七百余里，其同驻牧脱脱孛来义子三人。

纳忽剌儿授都指挥佥事，纳木宅为舍人，满蛮为所镇抚，三人共部落三十余名，在小兴州掌印，失始祖阿把孩指挥佥事，子曰火台保随只见挨，驻牧在小兴州，并附属西虏辛爱。

火勺儿罕，子长曰吉儿罕，为正千户，次曰学来罕为舍人，父子三人部落四十余名，在屈劳境界驻牧，直古北口三百余里，东南至贡关里亦如小兴州，附属北虏纳林。今辽东口外有泰宁卫酋首曰莽金火勺，营住中辽河约二百三十里，曰赖土鲁孛儿户，营住寨儿山，去西平堡约三百里，曰扯儿揩忒木儿，营住哈喇河，去海州不远，曰把儿度土累，营亦住中辽河，又有曰忒木儿、曰勺木下、曰哈卜，言其营皆相附。

福 余 始祖都指挥使朵儿罕子那孩，其子孛勺生打都，有二子，长打都，子二：曰阿鹿、曰乞讨纳，其乞讨纳子曰伯彦，绝。共部落二十余名，随兀捏孛罗住牧。

都督指挥使可歹，子曰朵卜，未尝袭职，有七子。其一吉儿罕，子二：曰猛古、曰莽灰，共部落二十余名，在塔剌塔驻牧，直古北口三百余里，东南至贡关五百余里；其二孛来罕正千户，部落二十余名，在小兴州驻牧，直古北口五百余里，东南至贡关七百余里；其三只儿挨头目，其四卜儿挨头目，其五纳木宅，其六小思干，其七阿牙台，五人凡部落三十余名，俱随侄猛古驻牧，并附属西虏辛爱。

头目影克，有五子，其一颇满蛮，子二：曰把秃、曰伯彦；其二学团，子二：曰卯章、曰迭伯；其三哈刺木，子曰赤劳温；其四哈卜塔孩；其五哈当所镇抚，子一，曰伯忽。叔侄共部落百余名，在可里屈劳驻牧，亦属于辛爱伯忽，子力伯，力伯子猛可，猛可子满蛮，满蛮子孛来罕，袭掌卫印指挥使，扯秃子贴忽思赤，绝矣。今辽东口外有酋首曰把当、曰颇儿的泥、曰王四儿，营住鹏背山及上辽河，去开原三百三十里，此则属于东虏者，而世不可考矣。虽各住营皆逐水草无常，俗与鞑靼同，昔世与北虏仇，故仰命于我。边将多贪顽，狃其易制而狎侮之，且朘缩其赏，而物不如制，故积愤且不为主。东西二虏得胁服之，事以子女，不得已也。其种最贵者为之婿，虏酋岁至祭天以往来其部落，而次则奉女为嬖，只嬖只者妾之称也，有小大各分部人马，其父兄反为所摄，而因亲以居矣。自花当动称解仇结亲迤北以恐喝中国，至于日者其妾夷女皆有口分，故我抚赏日增。若诸关口有在石塘为小嬖，只都督伯彦打赖之女在古北为大嬖，只都指挥炒蛮之姊也，在曹家有宝兔嬖，只都指挥董狐狸之女，在马兰有猛可充嬖，只都指挥伯牙儿之妹也，伯牙儿妹为老把都妾，其三皆黄台吉妾也。然嬖只至我关下执我属夷人，法虽提调关寨诸官相见莫不叩头顶礼。既而虏酋青把都以长昂为其婿，而亦近边关索赏，则凡属夷附属于虏酋者，伯彦主刺其男亦为安滩婿，少炒蛮为黄台吉婿，马塔哈等为土蛮亲妹夫，青把都赏则诸酋皆赏矣。故戚总理执以为不可。督抚不敢主其议，而遂为曲处。以其女阿不亥既嫁于长昂，虽黄虏女实属夷妇，比之黄台吉老把都妾见在虏穴中不同，将阿不亥比赏而虏女夷妇赏例，开抚费安得不烦而边事日糜矣。故其计口索赏，而支裔猥杂，当关稽之以印文为验，至袭职及加升则更敕入贡皆以为验。其贡期初以圣节，元旦后改冬至两贡，每贡卫百人、马百匹，旧制许驼马，后但贡马，初以镇守官验核，因景泰间尝为鞑靼间谍挟其侦探入关，乃始有巡抚兼核贡夷之敕。每次巡抚总兵临关，鸿胪寺序班一员通事，四夷馆序班一员译字，本路参将陈兵护守。鼓三通，升厅放炮，军乐齐鸣，请令旗牌，督巡至正关城，大号如踔三声乃开关，引夷牵马鱼贯而进。序班等官引至台下验敕报名，令兽医验毛齿膘壮，上等进御，其不堪者令其易之留以给军。日者不能使之易多，以老羸备数给军辄死，重累偿补而令关将卖之，再买以补此，贡物既不如制。入境沿途自宣德间命置邮，茶饭管待，至朝宴赉恩至渥也。近者司宴司邮皆克其礼物，夷亦绎骚，遽传人有不能堪者，多通事因缘为利而嗾使之，然皆失其制矣。独有尊敕如制，及验印文不废，故无印文敕谕叩关者得杀之，防之严也。然其文虽译而众不能通知，即其语言而名称字异，如长昂为专难，忽力为狐狸也，夷人岂有谱，边史不为记，为因讨赏口分以稍别其种类故载敕之名多不同于前简矣，而今可考者，始于弘治辛酉，编年而次之不以卫分焉。

弘治辛酉八月十日，敕谕：朵颜卫夷人脱火赤，蓟州镇巡官奏尔率领人马擒杀犯边。贼人夺获虏去人口，送有功，升所镇抚职。

正德戊寅仲冬庚寅，敕谕：泰宁卫满蛮，国家重武职非有军功者不轻升授，尔能敬顺天道，尊事朝廷，效劳边境亦已有年，兹因恳乞升职，特允所请，不为常例。授尔都指挥同知之职，尔宜益坚臣节，图报国恩，庶永享太平之福，故谕。

辛巳正月己卯，谕泰宁卫也先台子把秃：尔父能敬顺天道，尊事朝廷，荣受官职亦已有年，今既云没，尔能继承其志远来朝贡，诚意可嘉，特准尔袭父镇抚之职，尔宜益坚臣节，图报国恩，永享太平之福，故谕。

嘉靖元年季春庚午，敕谕朵颜镇抚小失台子字台袭职，词同前。

癸巳孟冬己丑，朵颜镇抚歹出子出儿罕袭职。

甲午仲春丁丑，泰宁所镇抚董灰袭职。孟冬戊申，朵颜都指挥使板忽思子哈哈赤袭职。

乙未孟冬癸丑，泰宁都指挥佥事满蛮子纳忽剌袭职。

丙申孟冬戊戌，朵颜所镇抚塔雷子伯彦迭忽及泰宁所镇抚答喇孩子奴麻嗒各袭职。

庚戌季春己丑，福余指挥使学台即卜选捏伊子扯秃袭职。

己亥仲秋戊子，泰宁都指挥使孛罗子脱孩孛罗袭职，仲冬甲辰，朵颜镇抚歹答子哈讨木儿袭职。

辛丑孟冬壬申，福余镇抚额力伯子猛可袭职。

壬寅季春癸未，敕谕朵颜都指挥佥事把儿都进送人口，忠义可嘉，兹特升尔前职，其上下文同各敕。仲冬丁卯，泰宁都指挥使抹那孙圭兰台袭祖职。

癸卯仲冬己酉，朵颜脱力进人口，升都指挥同知、都指挥佥事，干堆子伯彦头儿袭职。

甲辰季春辛亥，朵颜伯彦帖木儿进人口，升都指挥同知。

乙巳仲春庚午，福余吉儿罕进人口升都指挥佥事，又以朵颜都督能钤东夷人不扰境边，准与金带及金顶大帽。

丁未仲春辛丑，朵颜奴温孛罗进人口，升都指运使。

戊申仲春癸丑，朵颜把儿都进人口，升都指挥佥事。

己酉正月丁亥，福余镇抚满蛮袭职。

壬子仲春己巳，朵颜干推孛来进人口，升都指挥佥事。

癸丑季冬戊子，朵颜都指挥佥事板卜子伯彦打来袭职，敕谕都指挥佥事把章：尔能敬顺天道，尊事朝廷，兹因远来朝贡，奏称原敕被虏抢去，恳乞换给，特允尔奏，给赐新敕，照旧管束部落。

甲寅仲春乙酉，福余卜儿只进人口升都指挥佥事。孟冬甲戌，朵颜伯彦孛来、哥鲁哥歹各袭都指挥佥事。

丙辰孟冬甲寅，朵颜扎赤力进人口，升都指挥佥事。泰宁指挥佥事虎罕秃，奏敕书被虏失再给。

丁巳仲春甲午，朵颜蛤孩、干抹秃各进人口，升都指挥佥事。季春丁酉，泰宁阿巴孩进人口，升都指挥佥事。头目火勺儿升正千户，福余卫所镇抚孛来罕袭职。仲冬己巳，泰宁伯彦卜儿进人口，升都指挥佥事。

戊午仲春辛卯，朵颜伯革袭指挥同知，拱秃袭都指挥佥事，猛古歹进人口，升都指挥佥事。泰宁把秃孛进人口升如之。

己未正月己亥，朵颜伯彦、哈当兀鲁、思罕长秃、董忽力、孛罗歹、干卜忽儿六人并进人口，升都指挥佥事。泰宁虎秃孛来进人口，升如之。

庚申仲冬壬申，泰宁兀捏进人口，升都指挥佥事。甲戌，朵颜学罗、脱来、母花力三人各进人口，升都指挥佥事，赐宴，命总督戎政勋臣待，后为例。

辛酉孟夏甲午，朵颜炒蛮、阿牙塔各进人口，升都指挥佥事。孟冬庚申，都指挥佥事把卜孩子满都袭职。

壬戌仲春辛未，朵颜进马匹，虎鲁忽纳升指挥佥事，撒只哈升正千户。

癸亥孟冬甲子，朵颜进人口，董灰升都指挥佥事，猛古升正千户。

丙寅仲春壬子，朵颜纳升进人口，升都指挥佥事。

隆庆元年仲春壬子，朵颜长昂伯牙儿，泰宁讨阿各进人口，并升都指挥佥事。仲秋戊申，朵颜伯牙儿进人口，升都指挥佥事。

己巳孟夏戊戌，为进人口，朵颜倘来孛、董灰、罕麻忽脱来、福余炒儿抹力，并升都指挥佥事。

庚午仲春庚戌，朵颜卜儿挨、福余脱力赤，孟夏甲子，朵颜孛儿乃猛可并进人口，升都指挥佥事。丙寅，朵颜佥事孛儿忽奏原敕书被水，换给。

辛未孟夏辛酉，朵颜蛤孩、福余孛罗马答哈并进人口，升都指挥佥事。

壬申孟夏甲申，都指挥佥事猛可于阿只孛来袭职，速卜孩哈喇进人口，升都指挥佥事。仲冬己巳，泰宁炒蛮大成进马匹并升都指挥佥事。

万历元年季冬辛酉，泰宁影克进人口、马匹，升都指挥佥事。

甲戌季冬庚戌，朵颜伯先忽进人口、马匹，升都指挥佥事。闰月庚辰，都指挥抹可赤子兀鲁伯忽袭职。

乙亥仲冬辛亥，朵颜莽吉、泰宁卜养进马匹，传报声息，并升都指挥佥事。

丙子孟夏丁卯，福余那彦孛来进马匹，传报声息，升都指挥佥事。仲冬癸丑，朵颜都指挥佥事孛儿勺奏敕书破坏，重给。

丁丑仲夏辛丑，福余莽吉儿进马匹，传报声息，升都指挥佥事。

右三卫贡夷三百员名，除无敕领牌头目舍人三百十三人不具，奉敕八十七道，朵颜五十六，泰宁十九，福余十二。

赐物品数载于会典者

三卫差来并自来都督赏彩段四表，里绢二匹；都指挥彩段三表，里绢二匹；指挥千百户所镇抚头目每人彩段二表，里绢一匹，各织金纻丝衣一套，又各加彩段一表里。舍人每人彩段二表，里绢一匹，织金衣一套；达子每人彩段一表，里绢一正，素纻丝衣一套；妇女有进贡者每人一表，里绢一匹，纻丝衣一套；随来妇女一表，里绢一匹，绢女衣一套，以上靴袜各一双；奏事进贡都指挥绢二匹，彩段三表里，织金衣一套；指挥每人绢一匹，绵布一匹，彩段二表，里纻丝衣一套，靴袜各一双；舍人因事进贡者每人彩段一表，里织金衣一套，绢一匹，靴袜各一双；回赐自进并带进马匹不分等第，每匹彩段二表，里绢一匹，驼每只三表，里绢十匹；在卫都督都指挥每员加赐彩段一表里，求讨请旨量与之物到京者照名给散，在卫者请敕具付来使领去。领赏毕，日许于会同馆开市三日，市人将货入馆两平交易，顺天府仍行，蓟州、遵化等处听令。两平交易每人许收买牛一只，犁铧一副，锅一口，不许将违禁物私夹卖，违者巡按御史究治。

郭造卿曰：今考三卫者皆言永乐中最亲附，何为有剿捕之诏，未几为宣德又有宣捷之敕哉！两驾亲征尚且反侧，至正统己巳后而至正德间多事矣。我之旧典不废且慰抚日隆，而彼要喝无已时，可能已于庚戌哉！盖结亲外房而与内边日离，其欲无厌，若鹰笼高架，梁肉日啖，其志在飞扬，苦于束缚耳。绦臂方弛即弃梁肉，而乃以饲不羁或稍未厌，执此为衅于何其臻者哉！

‖ 卷之十六 ‖

福唐郭造卿建初著　男应宠纂

议　部

漕　议

知府　孙维城

　　永平东控辽左，北临虏穴，无论一州、五县、八卫人众，即自山海关至三屯营内，蓟、永二道所属关寨，主客兵沿边戍守不下十万，而频岁灾仍，公私匮竭，所在汹惶，坐俟饥荸，使五月雨再衍期，则永之为永者殆矣。今方无事，一遇凶荒犹然如此，脱有虏警，应援四集，手足将何所措？盖由阻塞限海，边防关禁交严，瘠土僻于一隅，不通四外舟车。故丰则无出，歉则无入，无丰无歉咸困，坐谈永事者孰如通运为急哉！然其说有二皆未尝行也：其复海运故道直捷，而所经蚕沙、绿洋各口，蛎房山十九坨，险岛有风涛之虑，所在多被损失，故道之所由废，此国初既通旋罢今诚难议复也；已其通芦台漕河无危，然必从白场兔儿坨上下挑出道路，迁纡四五百里间多堆沙难通易塞，不但工大财诎，抑且徒劳无功，民则惩咽而废食，官以覆辙为畏涂矣。

　　□□委武学科正王弘爵博访详度，海道漕河或别有可通，而兼行便利者具图说以凭财择，据称：自滦州王家闸起，引滦水入青河，导入王冢坨河，再导使由艾家青沟下接靳家河，以通交流河，进黑洋海口，经建河堂儿上百有十里，复出大沽海口，入通州运粮河而上天津，地理近，工费省，间虽有百余里行海，然盐船乘潮往来不闻有覆溺，足知无虞。询之于众，皆言挑此比旧二议为便。本府乃躬视滦州迤东二十里马城堡，西为王家闸，其南闸相距十里，原系海运入滦故道，嗣因运罢久堙遂成平田，而闸迹尚存。南闸头六里至龙堂桥北有细泉，或伏或见成沟仅一丈，不堪载舟，是青河小发源也，再二里有暖泉混混南流，渐远渐大，是青河大发源也，阔二丈，或二丈五尺，深尺半或二三尺、三四尺。再八里，□则溯河自五子山西灌之，其流益大益深，其阔三丈或二丈五尺，深堪通艇。又□十里陷河贯之水不甚大，又三里至歇家桥，又三里半至土儿社李家庄，其深阔与上等。不免从此南趋绿洋口入海，原运皆由口北上王家闸，今马头营固其西囤仓处，李家庄迤上河源宽淤填其半，而岸有旷地，其西半沟半道相杂民田约十数里，过即王家坨河，无源。滦河涨入青不能容，必从李家庄西泻，遂下注之，加以秋露泊湖等港诸水辏，□故为极阔，不减二十余步，虽中间浅断不一，而深处为多，询土人老者皆言自幼未见其涸，今春深三四尺，夏秋旱甚始消，是多者常而涸者暂也。且湾环曲直自樊各庄起而高庙庄，而曲荒店，而砖窑店，而马孤塘，而贾各庄，而狗儿村，而印步店，凡四十余里至杨家庄亦南趋海。庄南有沙坨长一里，高河五尺，若穿之即艾家青沟，东西长七里□，或荒或田深如沟，十岁九浚，今旱始涸，其地□无钱粮，民视之不甚惜，堪浚为河。过即梁各庄而靳家河流经焉，其初甚微，出四里至黄坨，阔一丈五尺，又五里至双坨，阔三丈，又六里至柏各庄阔六丈，深皆没胸，堪载大舟。稍南散漫，三股阔里许，中股五里尽至长坨灶，阔一丈，右束主股并流，阔当数丈矣。凡盐船泊交流河者可望，相去五里，其源本相接，因盐丁不便往来遂塞使不通。河名交流者由海潮而成，故微有五里淤浅，外则大潮所至横斜行七十余里，入黑洋海口，又三十里则建河海口，又四十里则堂儿上海口，又四十里则大沽海出口，入通州运粮白河，百余里天津卫矣。是此道一通不过三百余里，舟可径天津抵滦，比西由芦台河其道岂但倍近，且惟黑洋海口至大沽百十里由海随盐船出入当保无他虞，比由绿洋海口造湾其远近险

夷安危亦不啻十百相悬焉。中间应挑之处计大费工力者不过交流河接
靳家河五里，黄坨抵艾家青沟十二里，李家庄抵樊各庄十里，暖泉抵
南闸头八里，与夫王家坨河之经杨家庄、印步店、狗儿村、贾各庄土
淤高厚者十二三里耳。其余或止应挑深五六尺、七八尺，阔五六步、
七八步者，约以河五丈计之，论工大小折半通算阔三丈，深一丈者总
不过百三十余里耳，工固不甚多也。况下因川泽不损民居妨田不及五
顷，其价未足百金，验河所经惟李家庄西有沙三里，杨家庄南有沙一
里，其余俱土胍胶固无忧其善崩，河之所自若暖泉、若沂河、若陷
河、若靳家河，俱水性如常，可弗苦其变迁则语有利无害，又孰以逾
乎？此惟王家闸一处议者每言挑接滦河，虽便通舟然滦河西下平岸一
丈八尺，焉能使之逆流而上入青龙哉？且滦暴湍常带沙石，涨则闸不
能制，退必遗沙填积，将来岁挑繁费恐反为青梗，莫若挑青至马城本
堡，方议修壕以壕土筑城，而借壕为河，使可容数十舟南来，运艘俱
住此焉。虽隔滦尚五六里，道不甚多，且平坦便车，至滦易舟而运，
则青不受沙石扰，而挑夫可省岁费似于计两全也。夫兴大事者在人，
而善导水者因势，诚于可挑者挑之，可因者因之，而李家庄、杨家庄
南岸各筑大坝一道以阻青河，并防顺王冢坨河入海，量置函洞备大水
宣泄，使青之水尽入王冢坨接靳家河之所置闸，设夫守潮至则启，退
则闭，又于暖泉上亦置闸以蓄上流细水，则水常足，舟可挽行，天津
之运饷无不顺下于滦矣。由滦而北运建昌、太平，西运滦阳汉庄，陆
转喜峰、松棚、三屯附近营路，东运桃林等口，其水路皆可次第毕
通，岂惟沿边兵食足，即州县卫岁从丰歉，粟有出入。商舶百货辏集
而永变富饶之区矣。况辽东海运常苦损舟，若永平运通则由府城而车
至山海，或舟车至辽东，皆免风涛之险。其土饷尚亦有赖，是所谓无
穷利也。然而不为者不过惜财力耳，盖浚河非夫不能募夫，非财不济，
今议动官帑则匮无所资，议用民力则穷非可任，惟财力之俱诎，故议
者多难之。然咽喉不进则腹终不饱，可惜一时之劳费而失无穷之富饶
乎？惟今永镇八卫客兵万余，春秋防守不过分修边工，今议通永运者
非为之乏食虑乎？倘借各兵之力而通边饷之道，揆之于义岂曰不然？

合行各路客兵应修，边工暂行停减或量分主兵代修，而移其众以浚河，计名限日，画地分工，若倘有不足则量加民夫三四千佐之，仍委贤能有司分督如法，则众力兢劝可不月而成，无烦奏请，无费帑金，于客兵未为重劳，于边方实为永赖矣。按弘爵议建闸六处，以驱滦水入青龙，则王家闸当复旧，而今惟达于马城，复唐之旧规，则此闸不复置。其云驱青河水西通曲王店，歇驾桥当置闸，驱王家坨水通梁各庄河，印步店当置闸，三水皆会于海河之下流，稍各庄当置闸，今议于李家庄，杨家庄各坝而函，惟于接靳家河闸之，而于暖泉上置闸蓄焉。是皆要领肯綮矣。然弘爵云海边潮河自芦台南旱沽子起，东行三十里至大坨可通巨船，坨东北四十五里由椿树沟、高家庄至李家庄通于建河下稍，顺河东北行十里至堆儿，又东十五里至于家沽人黑洋潮河，则黑洋河海迤西全用建河，上稍迁安、丰润所汇白场之水，每年积聚不涸，今开漕当闸碓臼儿束水东入于家沽以接黑洋河闸，李家庄使水西通大坨接旱沽子，是东为李家庄坝，西为李家庄闸，中间宣泄合宜，尤为万全之过计也。视之沙河既省，而于海运故道其挑浚之费相当，且获避蛎坨之险。当路不为国为民则已，如为之当决策而从事矣。

郭造卿曰：永漕之当复也久矣。即民劳不怨，况为借旷戍而如疆如以乎！颍国镇北平月余耳，虑及于永请复漕，名臣命世，语良不虚。今郡守孙公维城所议，于古若合符券，凿渠避海，称之自唐马城所置开元故镇，蓟之穿陆事成，在昔密白河告成甫一纪间耳。倘督抚如颍国岂不亟为奏。当宁宁惜帑费而镇属敢怯戍兵哉。则久逸永宁辽胥有赖矣！兹将举重务议从节省者，岂非虑始为之难？姑俟不可知之人。安得人人如孙公，为次第而毕举哉！

盐　议

造　卿

永自未分镇前，盐引统在蓟镇。天顺前无考，成化后二十余万少十余万，或间岁一发或数年不发无定额。嘉靖庚戌之变，军饷岁增始议引盐抵充，年例遂派两淮、长芦盐五万余引，计银一万三千五百八十余两定为额，嗣是或增或减微有异同。迨经制定数仍旧焉。虽境内七路共给而非指永平府者不具。成化十六年御史奚名题开河东余盐，淮分拨蓟州、永平各四万引，此开余盐及蓟永分给之始也。既分镇，隆庆四年巡抚刘应节题蓟镇盐引盛行，边储日裕，本镇比例请发部派。六年分引，量将延绥、固原、辽东分拨，存积淮盐四万二千五百引，浙盐二万五千引，共银三万两。召商上纳粮草备客兵费。万历元年，应节为总督，咨称原派该镇两年盐引中过淮二万四千引，其余未报，中合将前盐停发，照旧题派各镇。二年，总督杨兆题称：本色积贮额多，将派盐粮暂改别镇。户部覆改派永平三年，预派四年，分该镇长芦常股四万七千五百三十四引一百四十五斤，内存积二万三百七十二引五斤，共银一万三千五百八十一两三钱五分，专备主客兵支用。十四年，御史谭耀奏：长芦运司请加三万引，户部覆加二万于永平开纳。奏制长芦盐课准添开二万引。近来边镇盐粮多有势豪家以土商名色占中卖窝，罔利坏法，新增盐引专令土商认纳，是否长便再议。户科都给事中田寿奏：永平镇名为边方，实为腹里，国初原未开派引盐，祇缘隆庆五年蓟镇本色足用，暂改该镇一年，旋即复止。蓟镇见今仓庾无缺，引目亦无留滞，再以长芦二万诚不知其故，何不加派告乏之镇，而竟开中于盈溢之所乎？盖永镇地联密迩内外贪缘钻刺土商中纳，禁且不载，乃公然予之，弊不胜穷矣。部议长芦余盐原额一十二万，至隆庆二年，总理庞尚鹏议将残盐开中以补解额，遂增至十四万两，迄今残盐搭配已尽，解额不敷，故巡盐请增，因永平原系长芦地方，照给事中苗朝阳题准，专令土著认纳，以足每年十四万两之课。今户科题称永平开中未妥，欲将新引二万改抵河东压待，或搭宁夏浙盐，或借延绥赈济，或补辽东缺乏，但原非长芦行盐地方，其开中永平已经题奉钦依难擅议改，至于土商势豪冒名为梗，诚有如明旨及该科所云者。及查宣府镇芦盐先该督抚诸臣酌议，以土运土商中半认纳，永平镇新引二万宜照例，以杜争端，似为长便。再照蓟镇中长芦盐六万七千九百六引，原引每引二钱，万历十三年运商告愿每引加银二钱认纳，委属太重，今永平新引二钱又涉太轻，且同一芦盐而蓟永接壤乃引价迥异，似于事体欠妥，难免日后告争，通议仍以万历十五年为始，每添开二万引照旧。于永平镇报中每引蓟永俱定价三钱，其新开引运商听巡盐御史查运司辨课真的，土商听顺天巡抚及管粮郎中查地殷实，明确造册送部发镇认纳，不许将游徒及势豪顶名完数以致包中占窝，罔利坏法，蠹国病商，违者听巡抚及巡盐各究遣，奉钦依永遵再不许纷争告扰，有故违以阻坏盐法论。

右镇引

　　自法屡变而利益亏，始于折纳银布以顺商情是矣。然布银盐所易，而盐非灶曷办？既以银完课，则宜以盐易银，为灶一处理法然也。但喜变制不务通情，则私卖得以借口，而土豪借为奸利矣。嘉靖四十五年，御史李文续奏：长芦盐行惟五府，其他州县壅滞，由永平、河间离场甚近多属私贩，乞严行禁革。以巡检弓兵不足赖，而令州县设巡盐快手，即滦州、济民巡盐快手二名，每名工食二十两，皆出百姓膏血将以戢奸而除害也，宜比江南巡捕事例，计岁月日罚直，或畏而专意于捕矣。乃假盘验为名而索商贿，商亦急利而甘索，巨贩则退避而狠虐肩挑之贫民，私镬则朋分而快意仇仇之良善，或挟隐以混诬，或纵放而转鬻，群市横被搜检，孤旅束手就擒，按季经年绝无捕获，明耗既廪，暗规大利，视官法如敝帚，借禁捕为恒产，将革弊而益多，何异养不捕之鹰犬，纵之窃食无禁哉！故运使方启，参议布银既折灶户负亏四场相近。永平州县宜将镬头小丁给小票，听将原煎盐斤于邻近易银完课，巡捕员役不得拘禁，以通知其小票缴于年终，则灶得卒其本业，课亦易于取足矣。隆庆三年，庞尚鹏奏：北直隶州县地多咸卤，私煎贩卖无处无之，果本咸薄不生五谷或令依额纳盐，发官商给印小票，本境自卖纳课必与官商不相厉，乃为两全。启参议云：永平近海皆赚地也，禁则病民，不禁病国，而民乃国本，取之土而自为自食禁从何施，以贩则禁所当严，若给小票于私煎货卖将无纪极，复不属官商则势不能保必也。析行分里其亦立法之意哉！然径窦轻开，则堤防为坏，堤防既坏则杜塞必艰，今兹盐法或开或塞相乘无已时，近奉严旨可定矣。但郡境陿而入有限，乃竭之它出以转于辽东而贮广宁库者，至往年乃半解半留何如俱留，省费而以它入者抵此哉！有花绒运辽亦然，其运费则亦如之。夫盐本额外利，今为惟正之供司计仍旧贯如费何如？各就本镇如初，司农出入为剂量乃相济而非厉也。况盐引之设本为军国饷，昔之折布银者为灶户旧额，若派引之赔纳，其初不自运司出乎？昔以永镇商少不得已民赔之，今既争报中而至于二万，于所加银之饷剂量而出入之，则旧派之二千不可以奏除乎？惟在督抚部道变通以宜民，而州县卫所咸受实惠多矣。乃当事不计大至，捉捕兵快问罪年报盐院银不及二十两，塞责而无定规，夫捕盗为盗习难变久矣。然盗必有窝，此商之所畏也。今幸二商争至，客之不能胜主者，岂但土之占中卖窝而罔利哉！铺户多积猾商，运才到百术赊除，盐既入手任其糜费，势商凭籍越次，弱商损赀株守，此占窝之窟不力除，其争中必不久疲矣！滦州知州张元庆议：于商民两便，若通州序单之法于行盐地，掌印官置商簿以到时日先后序发，刻限报完。若巨商图高价故延违限不缴，退引水程，许次到商举首，听其序卖，铺牙敢仍前敝，或商人赴告，或本官访出，研追而重罪之，此乃救弊之实政，非高论而难行也。

右附议

郭造卿曰：凡利害相乘除，惟盐利孔多而至称害者，非法之不行乎郡场，初以远而阻法，久则坐困以失利。盖法不严而偏私，折之以价则鬻贱，鬻既贱而相轻，持之以验则商俭，分司久不专驻，耳目蔽为聋瞽，州县复不与闻，肥瘠视犹秦越，委四场为奸利窟，乃自奏折变法始也。而今邑屋豪知法久废必不可复，虽府州县志不我知，巡使计部知我乎？故主客二商奏争加引加价，而中分永平者，此其奚以为哉！今余独效区区，自此可按而筹矣。

山海关游兵议

关主事　陈　绾

　　山海关东控辽阳，西护畿辅，防扼海泊倭番，验放高丽、女真进贡诸夷，本为重镇。譬人之身，京师则腹心也，蓟镇则肩背也，辽阳则臂指也，山海关则节窍綮窬之最紧要者也。故国初徐武宁王经略北边，因秦竟海为城之址，北起角山，南属之海，修筑长城亘二十余里，中又创立卫城，统领十千户所，屯兵一万。故百数十年来各边时或有警，而山海绝无仰关之寇者，措置使然也。后因无事遂撤二千户所兵于辽东，又将精壮拨补一片石、石门寨二十九座关营，遗下老弱不堪，而二水关惟水栅，春夏秋初水势涌入皆不可堵尤为难守。而官军有防矿之役，并防秋则又差拨一百余名矣。夫山海无论紧要，姑以一概言之亦边也，当与诸关营等。岂有南北二十里间为关者五，而守城官军不满二百名者，且各边俱有防秋事例，今五关原额兵既鲜，而又无防秋掳边客兵，是一镇独不得与诸边比矣。嘉靖二十七年间曾该经理边务，本部左侍郎范聪题准，添设游击一员，在于山海驻扎，统领游兵三千，东自中前所、高岭儿、铁冶厂堡等处，西自燕河营、太平寨、马兰谷俱属策应。而一以山海为主。盖内以壮固山海，而外以联络辽蓟如常山蛇之势，计之得者也。后因蓟镇多事调拨拖西、义院口等处，事宁宜复挈回，迤西有事则仍前调拨可矣。乃以石门寨为常住，而失初添设之意，夫石门寨东至长峪口，西至平山营不过二十余里，北至板场峪、义院口亦不过三四十里，皆屯兵栉比势相连络，比之山海孤悬独当一面界在蓟辽要冲者似为不同。今以添设山海兵而移之石门寨，此所谓撤篱补篱而实实虚虚难以窒隙矣。夫山海乃迤东一大门户，所以藩蔽永平、蓟州一带之堂奥也者，万或一有疏虞，则直蹂堂奥无藩篱之限。贼反居内，而迤西边寨尽居其外，譬之节窍，家齐之或伤则肩背岂能无患，而腹心又安能以泰然耶！况迩来北虏屯据辽东口外，宁前等处数被其害，而奸细往来颇侦知山海单弱，故昨者直抵关下全无畏惮，即今被虏者众，安知不有告之情实而导之入者？

虎狼之欲无厌，而抗棱之守不严，良切寒心。为今之计，将石门寨游兵掣回一千名或一千五百名，以千总官一员领之。修葺营房令其常在山海驻扎，分拨五关巡哨与城军协守东西，有事则往来策应，而事已即归，一以山海为主，则石门寨未见其虚，而山海颇见其实，不惟山海可恃无恐，而蓟辽一带亦无虞矣。今倡为不必掣回之说者，云石门寨与山海相去不数十里，山海有事移兵策应未晚也。夫贼来倏忽，而调兵策应非军门令牌不可，昨者虏至关外一日夜，遁去已二日矣，而始发兵二百名曰策应以塞责，不已噬脐莫及乎？谚云："虽鞭之长不及马腹"，诚恐山海为石门寨之马腹也。夫顾于西而忘东，非策祸于前而不戒，非智蹈瑕之衅可乘，而隙窥之窦未塞，非所以重边鄙而慎封守也。

守 边 议

前 人

蓟镇京师之环卫也，延袤二千余里，其边防固重矣。说者谓崇冈叠嶂诸边惟蓟可守，而守之在兵，所患兵不足也。窃谓昔之守者专要害，而余兵以备策应，故兵虽省而不少，尝聚而不分，虏不敢深入肆毒者，制防使然也。今则不择要害奇正而徒议摆守。摆守未必能全，而策应祗见其寡，力分势弱其何以支，就使加兵亦岂能遍实二千余里之边乎？尝考原额兵止四万有余。自二十九年后抽垛召募增至六七万，加以防秋客兵，兵往往不下十余万。去年虏自河流口入，摆守无如之何，经二昼夜而参游兵星散瓦解，竟无一支一队应援。副总兵蒋承勋特以数卒堵截歼于贼手，此何以哉？良由有摆守而无策应，以十万之众而分派于二千余里，声威既不足以却敌，缓急又不能以相救，聚分之势异，而战守之形不相及也。兵法："备者多则战者寡，无所不备则无所不寡。"昔之守边者既有所择矣。且步兵摆守而马卒策应，参将摆边而游击无定所者，备缓急耳。今则尽参游马步兵而分派于沿边，名曰各守信地。夫摆守果足以御虏入则善矣，万一不能，则声援隔绝。首尾衡决其分散者既难，仓卒使聚而彼以各守信地为名，方将借口而缓责，孰肯相机策应以冒不测之险哉！是故摆守不可废，而策应尤不可缺也。夫据险省戍自古为然，蓟镇冈阜层叠虏难径入，且平坦易驰逐者可数而尽也，则不必随处而守亦明矣。诚使尽阅蓟边虏难径入者，略置屯堠而省其摆守，易驰逐则增兵摆守，仍以马兵挑选团练分为数队，驻于沿边要害及东西适中，有警则一呼而集，或遏其冲、或邀其惰，纵不能胜，而牵制联络使不得大逞，当不至星散瓦解如囊日之甚也。夫摆守者正，策应者奇也，奇正兵家之形，得形者可战可守，此动之所以不跌，不得其形者，可守不可战，徒恃其不来，不恃吾有以待之也。盖兵固贵足矣，而必有术以张之，守固为急矣，而必有略以权之。然则蓟镇之守边可不深长思哉。

附：题移军府策应疏

万历十四年督抚会题

蓟镇设三协守，分统十二路，无事则及时训练，有警则随机应援，必驻扎适中，使指臂相通，声势相联，乃于缓急有济。今中协与镇守同城，增设之谓何？东协驻建昌则偏于尽西，参将驻燕河则偏于尽东，委于守援不便。关臣得于目睹备询适中之所，移中协于汉庄，移东协于平山，移燕河参将于刘家营，俱属允当，无容他议矣。惟展拓城池，建盖公署、营房一节必资军力，目今钦限边工，难于分拨。若俟三年告完然后迁移，时久见异，将为道傍筑舍矣。似宜酌量缓急，次第渐举。及查中协所部之兵有调操者，既可以三屯亦可以汉庄，有三屯土著者，有警则驻汉庄，无警则回三屯，且汉庄亦有营房堪以栖止，即有不敷该协军士向来不派工作，去边不远撤防之日分发出口采办木植自不妨于陆续建造，此中协所当先移也。其东协与燕河参将今岁秋防一驻平山，一驻刘家营，有警则戒备严防，无警则督令标下亲兵或开拓基址，或积办物料，俟紧急边工完，有次第量拨军夫，先尽平山工完移定，再及刘家营接续建迁，庶一劳永逸有裨边计矣。

郭造卿曰：关重莅以府判山海尤重，特以部官历甲科之墨，而武卫藉之重为其所润色，蔚然可观矣。况复佐以府判代之理税，而平讼则锁钥之防不既周乎哉！若镇守以前百事皆苟，自总理而后百废具兴。今宜守成无劳改作，协守移之汉庄此乃不易之议，南兵戍边将领当就之，不龙井则滦阳以便于操练，乃赘附于镇府城，此尚可缓议者乎！

战 车 议

兵备　叶梦熊

兵家有胜算之策，有制胜之器，今之言御虏者非不备矣。然或各得其一端。而其策其器多散漫，而尝试反不及虏之精专。虏所恃惟骑射，自少而壮止一艺耳，千人万人亦止一艺耳。故箭不轻发，骑追逐如飞，飘风疾雨，顷刻蹂躏势不可当，此其所长也。中国岂独无所长哉！火器也，轻车，挨牌也，此吾之所长也。虏弓虽劲必近发而不能远及，矢虽如雨可以善避，惟火器一发避之无措，一铳可歼数千人，千铳齐发可歼万人，加之万铳，雷震山裂，络绎响应，即虏骑百万亦无不挠乱矣。古人以车战，后人失其意，仅用以守。成化间工部及大同所制，用十八人推挽，即今蓟镇偏箱亦用十六人，后要改冲锋车亦非十人不能运，皆安营辎重之具，非战具也。今制双轮稍前遮板，退后著地如飞，平地二人可推，遇险四人可举，上列枪刀，行时折竖，战时向前，火器从中而发，随虏所往而逐，彼止则我进，彼进则我止，人遇之披靡，马望之辟行，可战可守，万全之计也。挨牌中用薄板，内外皆竹片，藤编密钉，试以硬弓十步内射之不能入。万历三年本职任赣州时曾用以破黄乡寇三万，彼长枪硬弩飞镖俱无所施，今以直抵虏箭，一齐挨前用砍马刀与长短器相夹，翼车而冲，然后骑兵随之，是兵法所谓马步车混为一法，敌安知吾车果何出？骑果何来？徒果何从？潜九地而动九天者也。盖制胜之器，中国所长也。然惟专而后精，惟精而后长，欲其精专非练不可，欲练非选锋不可。兵不选锋曰北，盖贵精也。秦汉击胡常用兵三十万往往不利，然出塞千八百里穷极，其地势不得不用众，如我成祖北征亦用至三十万是也。若虏入犯与之对敌则可以计取，如岳飞以五百人破十万，刘锜以千人破十三万，我太祖用中山、开平、岐阳分道驱逐胡元，皆以精锐袭击所向无敌，此用寡之效也。夫虏之拥众而来也，徒以鸷悍自骄，蜂团乌噪奔掠无纪，若能设伏出奇一大创之，如鸟之伤也，可以空弦下矣。故出奇之兵必练，练必选锋，密云、遵化、三屯俱有标兵，每标选一千，西协四路选五千，中协四路五千，东协四路五千，以二人之食食一人，以二马之食食一马，南兵三营每营选一千，又责成总兵选家丁五百，副参游以下或二百，或一百，汰游食、冗员、虚粮、冗役，积其余以阴蓄死士，则兵马不必加也，钱粮不必增也，于常额之中而得转弱为强之术，盖今日制虏之胜算也。战车每两车正一名，挨牌二名，长枪二名，钩镰二名，佛郎机手二名，百子铳手三名，兼火箭三层。推车手二名，马八匹，马上各稍百子铳一把，骡一头驮灭虏炮一函，百子统十把，共计步兵十七名，马兵八名，以二十五人为一队，十队为一司，十司为一部，十部为一军，分为三营，合为一大营，势小则分击，势大则合击，处处有节制之兵，人人有敢战之气，此蓟门之命脉，京畿之神灵，忠义之臣所宜刳胸裂眦而图者也。夫天下之祸莫大于不见其形而有其实，今之虏形与实大势可睹矣，虏未尝一日忘中国，则中国亦不宜晏然无事而坐待其变也。自贡夷抚赏修工之外宜问兵，其半菽不饱者能战否？宜问马，其羸弱不堪者能驰否？宜问火器，其弃置已久者能习否？宜问将，其烦交缛节以急阿奉，忧谗畏讥以希苟延，一旦有急果可以当虏否？夫时方以归义款诚为贺，而无故发深忧过计之谈，昔遭谴斥今复不戒，将至于三别而后已也。诚不自知其狂悖，惟台下计安社稷，熟思而锐图之，幸甚。

神　铳　议

前　人

塞上火器之大者莫过于大将军，蓟镇一年止放一次，以其势大人莫敢放也。铳身一百五十斤以一千斤铜母，装发如佛郎机样。职熟思之，改铳身为二百五十斤，其长三倍之得六尺，不用铜母，径置滚车，上发之可及八百弓，内大铅弹七斤为公弹，次者三斤为子弹，又次者一斤为孙弹，三钱二钱者二百为群孙弹，名之曰公领孙，当以铁磁片用班毛毒药煮过者佐之，共重二十斤。此一发，势如霹雳，可伤数百人马，若沿边以千万计而习熟之，处处皆置，人人能放，则所向无敌，真火器绝技也。初疑其重，今运以车，登高涉远，夷险皆宜。职制成，每日几次试之，见者莫不胆寒。夫祖宗出塞专恃神铳为破虏先锋，天顺六年，造兵车一千二百辆，各有载大铜铳车，成化元年，造各样大将军三百个，载炮车五百辆，大约与职意合，盖善用中国之长以制虏，此上策也。观《大明会典》神枪神铳俱内府兵仗局管，其慎重如此，知祖宗所以逐胡元，则知今日之所以为战守矣。

百子铳火箭议

造　卿

蓟镇经画台墙规制俱出于戚少保，但东路有慊耳。彼时当道者不与之同谋，后虽稍易未能尽如其画耳。今惟改其失险补其未备。不至于多费，而零贼可防也。若备通川大举，水口大者既桥小者，次第而缮，十年不辍斯毕矣。其守边之具虽设，既备而不得当虏，未试之用孰卜其坚瑕，若最得力者惟铳为神威，在敌台隍棨间当之则无不轰烈，恐用不如法及不适宜耳。其扎营所恃有车可发虎樽等炮，然此初制因谭襄敏误解偏箱为单面，少保曲就而成之，后则改之为难，今亦不必废之，但如其法为老营而藏人马糗粮夜鸣刁斗为卫亦有足之城也。若以追逐决战何所须之，故近改为两轮轻车，凡五千余辆，而专用手铳推挽五六人，然而渡水逾岭尚不利于险隘，置在南兵营或可为步兵出奇用耳。若鸟嘴等铳人可挟而发，一发甫毕诸矢毕集，施倭则宜，御虏或格，历试而筹必为战具，惟百子铳可以常用，旧制其筒尚短，出不甚远无力耳，今倘从新妙制益精其技，亦制虏之胜算也。盖虏所恃弓矢，我不能当，然矢虽如雨可以善避，惟兹一发避之罔措，加之以百蔑不乱矣一也；彼镝齐鸣其响不震，镞虽至利气不辟易，此则烟障其目，而声鼓其耳，硝冲其口，鼻锋穿其骨肉，矧虽铁石无不糜烂二也；兵不用多，惟选其精，则手握一子可当鸟咀一人，千铳齐发当万不啻矣，且节制易明，联校不杂三也；兼此而用，惟有火箭轻而易携巧捷，其架射高及远从天而下，仰首瞬目之不暇，臂指其何所施乎？必无所不防，则无所不寡，虽有百万之众，亦无不挠乱四也。他之为利未暇枚举，求切务加意者则在所以用之耳。夫用之以步使齐立为垒，彼不能撼亦可必恃，但人初习未尝经虏，介胄则重而难行无蔽，实难于进止。用之于马上则我骑遇虏马多惊避而奔回，人反为其所累，且手动摇难以定准，持药于眼而不精，擎身于掌而不固，或至于自伤，况兼顾辔勒而手力不专，即马奔腾而前亦无施之矣。故必用单轮轻车，急一人可举，前皮盾以为正，箱两旁如翼，即为偏箱行而则合，止而则开，必巧其制度或可折叠，或可舒敛，如元人之法酌量以开铳孔，上即火箭之架，是坚韧而且轻，一人即可以将之；而四铳手协往兼火箭百枝，未阵则加一人挽之于前而易行，交锋则专一人把之于后而直立，四人更番而发，每发并偶，火箭间之而待乎再装，是一车可蔽五人，即束伍之法也。十车为一队，而队长则快骑以便其调度，十队为一局，局总则小戎兼良马以百而备乎前追，奇伏于是乎出焉。十局为一部，部将则元戎兼良马，以千而备乎后继，辎重于是乎在焉。合二将为万人而统之，以大将如是而十万则统之，以元帅加之以良马，错出其中即可横行匈奴，犁庭扫穴可也。行则驱大车之先，止则环大车之外，如马隆之用鹿角入虏地，而借以为营。盖鹿角之于车犹火箭之于铳也，列方圆随机而应以伺贼之至，必不动为主则手精而足坚，志固而胆壮矣。虏虽有冒顿之令，楼烦之艺，骑射无所施，不避我千步之外乎？不犯则守，乘机而动，犯则齐发，彼既败北，而后骑兵蹂之。铳车随而至，彼以其矢，我以其铳，彼以其马，我以其车，彼止则我进，彼进则我退，彼长无所恃，我短不必用，以守则无虑，以战则无敌，此百胜之阵，万全之策也。今人未睹其利，惟先计其费，即与之计其省亦多矣。盖车一今可为十，即加以十铳及火药，火箭不过一马价，直刍料之资及其上鞍辔介胄之类耳。惟专心致志精巧毕萃，则尪隤之马可减，而不至于岁拳；老弱之卒可汰，而不容于岁蠹；冗敝之器可简，而不烦于岁缮。积其饷以待乏，可使壮士无不饱；缩其工以善用，可使选锋无不锐：一转移之间实樽节之方。今姑陈其大略，如车编炮编成则如视诸掌，可抵掌而谈矣。

郭造卿曰：输攻墨守，战国空谈矣，故必为不可胜，周饬以待使不敢犯，犯之必万全焉。乃所谓守也，守将之谓何？时帅率以短御长，自总理没而参政去，短车炮以长弓马，岂皆暴虎之勇哉！徼目前而诡身图，非为封疆谋虑者。然余深为之惧，复列其议而以铳箭参焉，盖不败之长技，弗倾之长城矣。

卷之十七

福唐郭造卿建初著　男应宠纂

厄　部

形　险

今曰三卫我属情视前代异矣。然亦有同焉者，其域不可不严也。日者文武谋勇兼资，为万全计，屹雉堞、壮楼台则足域之矣。然全堤之坏以隙，石城之崩以瑕，况千里之瑕隙势力不能以尽塞，东西之万里于城堤尤疏。即守此负隅其果尽制之哉！故必其形险常击于目前，则其情状毕露乎心曲矣。

郡古卢龙塞，塞外近虏，扎营概为三区：

直北为中区，虏营曰太宁、曰东旱落兀素、曰哈喇五素、曰舍伯兔、曰西旱落兀素、曰青城、曰嗑里、曰兀拦、曰舍喇素、曰汤兔。

东北为左区，虏营曰火郎污、曰赊白兔、曰迭儿孛只英、曰舍喇哈、曰旱赤八哈、曰厂房、曰陷河、曰拨梨克、曰察汉壕、曰黝梨根卜喇儿、曰恶木林、曰儿女亲、曰卤场、曰恶力、曰常海。

西北为右区，虏营曰五儿班、曰滦河西岸、曰舍不哈、曰斗里库、曰头条道即塔喇打坝、曰西逃军兔、曰恼奴河、曰傍牌川、曰宽河城、曰营盘里、曰瓦窑川、曰会州、曰昌毛太、曰长河台。

其日马程皆百里为度，或过不及在行之缓急耳。

如虏聚于大卤场东南，由恶力之常海南下孤山亦至常海，犯辽东三山营、前屯卫迤西南至中前所，必犯山海路。而石门路当备。自三山径入铁场堡，则先黄土岭而大青山、庙山口、一片石迫矣，山海路当备。自常海由太平台直北山闯水洞南下，必犯大青山，西犯小河口，而大毛山当备。自稍腰兔南下龙潭，由东南必犯董家口、大毛山、柳河冲，西南必犯城子谷、水门寺，而平顶谷当备。由红草沟、三岔口、龙王庙东至马蹄岭，必犯平顶谷、水门寺，而城子长谷当备。自龙王庙西过沙岭、奚河川南下小卤场、梳头崖，必犯义院口、拿子谷，过羊圈子，则犯长谷口、板场谷，自奚河川腾山过瓦庙种、老大梯、白蒿亦犯义院口、拿子谷。由石婆婆南下独石，则犯花场细谷，而苇子、柳罐、孤石、温泉、甘泉前山叠障稍缓，过牛心山西南，由大小石孔必犯箭杆岭口关。过金冈谷，由大八盘必犯界岭口关，或临边西南，由欢虎谷必犯罗汉洞。自红草沟由兀拦直抵恶卜庄东南，亦犯界岭口、罗汉洞。南由杓子谷必犯青山口关。自杓子由张家墓至扒答岭必犯东胜寨、乾涧儿。又顺沟由野猪口必犯重谷口、梧桐谷。自恶庄西由荆林过青龙河至三岔山，必犯桃林口关及水谷寨，则佛儿刘家当备。如于会州聚兵，东南由昌毛太之汤兔之一揹苦列兔自东南口由胡石达儿至三岔口其备犯亦如之。由黄岳川、赵家谷其犯先水谷寨，而桃林口、佛儿谷次焉，刘家口当备。由白滩之溜渭必犯徐流口、刘家口、佛儿谷，而水谷、桃林当备。自溜渭之西，由张盘山而斜崖必犯冷口关，而河流、徐流当备。又自苦列兔西南口由石门之荞麦山南下，过石门亦犯冷口关，而河流、徐流、刘家当防。其自荞麦山东渡也，自过石门西由阎王鼻必犯白羊谷，则迫白道子、石门子矣，而新开岭当备。自石门西南之狮子坪南下二路并犯，白羊谷、新开岭而擦崖子、白道子尤要。自昌毛太西南由乾河川迤南之讨来打坝下老长岭，必犯擦崖子、新开岭，而城子、白羊当备。由乾河川、长河台直抵石口儿，必先犯青山口，而及榆木岭，则大岭寨当备。由熊窝头之松岭，则犯第四道关，迫本关矣，其擦崖、城子当备。其自陡儿而过白石也，由长哨必犯董家口，而铁门关次之。如自会州直下冷岭，过龙须门、聂门，由三岔口之石口儿备犯亦如之。或不入龙须门，由大川径宽河城、黄崖里，必犯喜峰各路。如于一马兔、一逊川、大兴州、五儿班、逃军兔聚兵东南，由恼奴河之傍牌川，之虔婆，之冰窖，之黄崖南下亦犯喜峰路，而太平、松棚二路当备。或滦浅及冰冻自恼奴顺河南下，必犯团亭、潘家及大小喜峰、东西常谷，而洪山、罗文各关当备。又自恼奴渡河，西由起塔兀兔之天宁寺，之流河下稍入车河川，南下谢儿岭，必犯三台山、苏郎龙井而洪山、潘家、罗文当备。西下乔家岭，必犯洪山口，三台山各关其备亦如之。自五儿班南渡滦，由舍不哈至九道流河，或自大兴川由十字道之把汉、土门西，由塔喇打坝亦至九道流河，而十字道西由黄草川之斗里库亦至塔喇打坝，顺河八十里而至斜里喇塔川，若犯罗文各关必自九道流河渡撒入石夹口则犯马蹄谷，入大羊拦则犯蔡家谷、秋科谷，入小羊拦则犯于家谷，入一立马口、宁车口俱犯罗文谷、猫儿谷及西通山寨谷，入大渌洞则犯沙坡谷、山口寨，入小渌洞犯亦如之。于西则犯马兰路、冷嘴头关，郡境之哨止矣。其大宁、青城皆二虏往来所驻扎。左寇东协必由大卤场，右寇中协必由奚河川、苦列兔则伺虏情向往，其涂可揰控之矣。

山海路 关外川宽四十里，或半有水。东北至铁场堡，堡在大川，中川三十里，又至背阴障堡在川北坡南川里半，又至三山营，营东野马川，营南前屯卫，共川宽六十里，卫西南至中前所，及至本关。又自营北至常海亦名大古路，西北至横河，东北至恶力，而西北至大卤场俱大川。乃二路总括，远哨所止，夷虏聚兵场也。又西北三十里，由儿女亲而至毛俟兔及恶木林俱川十里，并有树、有水，东北至黜梨根卜喇儿川宽里许，有树，又至察汉壕川三十丈，旁俱高崖，又至拨梨兔废城外有小砖塔三座，又至老河南岸各有树，又至旱赤八哈亦名赤八哈兔，西顺老河北岸至厂房俱有榆，又由陷河兔至大宁城少树，其旱赤东通辽东三岔河，西北至赊白兔，北出老河至火郎俱有水。其赊白西北至舍喇哈又至迭儿悖只英亦总括路。东西二虏之所会兵，又由大荒至黄台吉插汉脑巢千三百里，一通白马川，一逊川白庙儿穴皆大荒川有草木。又自卤场西北至好孙，又至心集俱川三里，有水合恶木林派出辽东，又至旱落兀素沟宽三十步，高山俱有树，其兀素东南通恶文林川多小墁山，又北至大宁三十里夹岗川十里外皆大荒，其川中旱落兀素也并通大举，又北之神敦齐，之插汉挠孛，之舍伯兔，之火郎兀，之公固儿迤东，之舍喇母林里未详，至关。北至——

石门路 一片石关 川二里去东八里宽四十里，迤北通铁场堡，自关北至——

庙山口关 外川八十步，俱有水。又至——

黄土岭关 外川里许。去东五里，宽三十里，有小树通铁场堡，川亦如之，并通大举。自关西北至——

大青山口关 外川里许，有树，通单马。北从间道至鹞子山拨又至孤山子，俱山高里许，沟宽二十步。又至茶条山高如之，沟四十步。又至直北山高二里，沟如之。又至大尖山高里半，沟七十步，俱多树。又至小尖山高如之，沟抵横河凡八十里，宽百步，间五六步夹崖崎岖通步。又自横河东北至恶力川一里通单马，并有树有水，其自关外小道东北至闯水洞迤东至茶条冲。又至大谷里左右峻险，又通背阴障川俱里半。又自关西南至——

小河口 川半里，西北至白洋川，沟如之，东通闯水洞，自口西沟半里至——

大毛山关 外去城北三里有水沟里许，又迤东沟二丈或半，通白洋，并通马，西北沟如之。去三里沟百余步或十余丈通董堡龙扒山，又自关西北至——

董家口关 北至龙扒山沟五十步，或三十步多石坎。西北沟一二丈通城子谷、龙潭，又由山蹊至大高俱有树有水并通步。又自关西至——

柳河冲 转西北至——

城子谷关 外川半里。又至张家庄沟里半，东北至旧关川百余丈或四五丈，又至大高，又至龙潭川四十丈或十余丈，潭极深，周八丈，东峻崖，西坡宽四十步。又川六丈或半通单马，至三岔口川十丈，又由正冲之横岭高五里，俱川王丈，或十步，水入本谷口。又至稍腰兔北至十字河，俱川一里或四五丈，河东通横河川亦如之。近横宽百余步，俱有树有水并通马。河东北通恶力川，三里傍慢山，马由山行有树通大举。自旧关西北至大小龙潭沟宽皆二丈，二潭周八丈，两崖壁立，西有线道今断，秋夏涨容□步，冬虏杨沙布冰通单马，俱有树。又至黄崖沟五丈或三丈。又自关外西北——

水门寺　沟半里。又至——

平顶谷　北川五十丈，或十余丈。至黄崖堡在山稍高，路由崖北通单马。又至驴驹岭高里许，有水南入城子谷，北出龙王庙，西北至马蹄岭，东通十字河，俱川二里并通马。西至义院常海有龙王庙址，川四里或一里通大举，并有树有水。自谷口西北通长谷，龙潭川二十丈或七八丈。其至小口子沟宽三十丈或二丈，西南至——

长谷水口　有三道，东九里、西十里、中七里，东西相隔五里，川北横岗。又自本口西北由中水口十里、东七里、西六里，俱川，五里至老岭，高二里有拦马栅城，岭北平漫，水下龙潭，岭南陡峻，水入本口。又至龙潭迤西至羊圈子俱沟二三丈，傍高崖，圈东水入龙潭。又自本口西北出水口西五里，东六里，中十里，而至盘道子，俱川。五里有树有水，又沟宽三丈，至羊圈子又腾山通义院小卤场，俱有树并通步。又自本口西南至——

义院口关　北至梳头崖，西南腾山，有树，步通瓦庙冲。崖北至小卤场西北五里，奚河高北四里，奚河川渡自场从间道八里亦至。奚河川东北至沙岭，在奚河北岸可了，又至常海，又至偏梁石堡在奚河西山水入奚河。又至歹彦打坝高里许，平壏，岭水南入奚河。北由三岔口出兀拦转入奚河，东北至三岔口至黄石，又至红草沟，俱川里许，或半里，间十余丈。又由挨石岛至兀拦打坝，川六十步。坝狭五六尺，长四五丈，左高崖，右深沟，沟西亦高崖，此大举必经之道。虏至架梁倚之，共宽丈余，亿众须二昼夜乃尽，东有间道宽三四步，长七八里，亦分人马行之。岭西正道远十里又至大卤场，有树及水，其红草沟东通恶力川，宽百余步，有树。属夷由此行，其自关外西北至三岔山，又西北有三道，一至大梯子岭，高半里，顶平壏；一至种老岭，高二里，北平坡，南陡崖；一至瓦庙冲岭高三里，腰坦平，南险峻，俱川里许，或十余丈，有水入院口，并通大举，其瓦庙西南腾山至种老，又至大梯，又至白蒿，多树并通步。又自白蒿东南川一里，或百丈，至本院口，西过小岭至——

拿子谷 俱有树，并通大举，西北沟三丈或二丈，有树及水，马通横岭，高半里，严垒多树，有水。岭南入拿子岭，北由白蒿入院口，又至白蒿沟，宽二丈，或半之，多石坎。下马过白蒿，西南腾山，马通石婆婆岭，高三里，北平漫南多树，下有小龙潭，水入花场，东南沟宽三丈，单马通独石，高丈，广半，有古字七行，独立川东故名。又至清水关，乃花场旧关也。至——

花场谷关 俱川一里，或半里，西过沙岭，陡险，沟宽半里，有树，至——

细谷水口 并通马，西北至仰盘沟，宽四丈或丈余，山顶平有水。由大石上而下又至小岭，一名大横岭，高二里，北平墁，南陡险，水会仰盘入细谷，西北下岭，顺乾河川沟三丈，或丈余，通独石。又半皇（里），转西南至石虎谷，抵西北沟二丈，有树有水并通步。又自石虎谷中南抵棺材沟，宽二三丈，旁陡，大树有水，川南叠障，马、步不通。又自本关西南腾山至——

苇子谷 西北腾山至洞儿，转西南至——

柳罐水口 有树，又西北至胜水崖，沟丈许，两傍高崖有水及树。又腾山至旧城头，有树。又自本谷西南至——

孤石谷水口 有水及树。又西三里转东南至大偏梁山，沟二丈，本口源此。其前高山马步不通。又自本谷外西三里，转北至小黄崖子，迤西至土岭，俱川二丈。又腾山至清凉石，其石三片，高二丈，在道西山颠，登之可望抚宁、卢龙。又西腾山至旧城头，有拦马废垒。俱多树并通步。自本口西南至——

温泉谷 沟宽三丈，有树。北至响泉川八丈或二三丈，有水及树，又至乾河川，沟宽三丈，或丈余，夹崖有树。又至扒带岭，又通旧城头，俱川半里，其扒带西腾山至马思岭，俱有树并通马。又自本口西至——

甘泉谷石梯子墩 本堡自石梯子为界，西北至流冲俱沟三丈，有树。又至钟楼岭以形名也，东通响泉沟，宽五十丈或丈，有水及树。西北腾山通扒带，有树。北腾山至旧城头，又腾山至砖庙儿，俱有树，并通步，转东北五里沟三丈，有树，去沟十里有水，马通牛心南口，其东南口一至种老，一至大梯，一至白蒿，俱墁坡有树，并通大举；一至石婆婆沟五丈，有树，通马，东北口顺川至奚河，险要如东南口，其自本堡口外西至——

星星 西北至——

中桑口 外川五里或三丈，有树有水，多石坎，通单马，东北至天桥，石磴高四尺，桥东崖壁立，西河石坎丈高，下马而过，北顺崖至夹脚，石槽长丈，宽尺，东接悬崖，西临深渊，间有石坎，高七八尺，步者亦缓，东沟三二丈而通马思岭，本岭即星星边城也。又北至头架沟，宽十里，岭高半里，有树，水入中桑。又至二架岭，平墁，又通砖庙儿俱川三丈，有树。又自本堡西北——

箭杆岭口关 川一里或百步，转东北至箭杆岭，高二里。岭南水入本关。又八里小石孔，在道西山腰，水由孔出牛心。又十里大石孔如屋，在道东北崖下俱沟五丈，或三丈，并通单马。又至牛心西南口，沟十丈，通马，俱有树有水。又自本关西北葛藤岭，沟丈余，有树，通步。又沟五丈或二三丈，西至——

台头路 界岭口关 东北至十八盘，沟五丈，岭高二里，北平墁，水合金冈水出三岔入奚河，南萃险水入关，又至金冈其义院属夷皆由此入关，金冈东通牛心，俱沟三丈，西北至三岔山，沟三丈，北通奚河中稍，川里许，东南通十八盘，沟五丈，俱有树有水，并通单马，西南由小庄巢而通界岭儿，沟三丈，有树，通单马，其自关西北川里许，至白台，台在川东冈，废矣。又川六丈至界岭儿，岭平墁有水，南入关北由土胡同入青龙河，西北沟三丈，有树，容单马，由小庄而通三岔山，从拨道经梨花而至明朗，由山道至偏崖，川三里，有树，两崖若门故号偏崖为石门也。虽通大举，至此不得长驱。又至许家去东三里，无路，北沟五丈，至明朗而西，过小岭由大苇子转南而通青山，川一里或百步间五六丈。又西至土胡同，北至恶卜庄，俱川里计。自胡同西北至松林店，川半里或三十步，平墁，东北川二里亦至恶卜庄。庄青、界二路会哨所也。北至寺儿山川里许又至白石嘴，川七里，又通奚河中稍，河五丈，连川宽七里。又至兀拦，川十里，东通红草沟，川一里，北至东逃军兔。又至恶力哥，俱夹高山，川一里，并有水有树。又至磕里川二里，又九十里，川宽五里，外荒川至青城俱有树。又至哈喇五素川，斥卤无草木，东北至大宁俱大川，有水，城西至兀胡骂岭，川八里，有树，西南至接白个岭，平墁，川一里。又川五六里，有水及树，而至会州。又自城西北至旱落兀素，川五里，东北通舍伯兔，西南过小岭至呵乐贺，俱川百余步。又至欧利兔东南通接白个，西南直西逃军兔，俱沟二十余步，其自磕里东至那林川二里，转东北荒川墁山通东旱落兀素，西至舍喇素，川六里。又至刻儿沟，川半里，有水，出会州入宽河。又至会州，川亦如之。并通大举。又自本关西北至——

罗汉洞 北至欢虎谷，转西通界岭儿，俱沟五丈。又西南至——

青山口关 西北沟五十步或二十步，至鲇鱼洞东口。又至张家坟，川半里，俱有树，东北至杓子谷，川一里。又沟三十步，或二十步，至北横岭，平墁长三里。又顺坡至土胡同俱有树有水，其杓子西即总墙沟，宽二里，近城址宽百止迤南至青龙河，其张家东至大苇子，川百步，俱有树有水，通大举，西南至扒带岭，沟七十步或三十步，其岭西即五道沟，宽十余步或半之，通单马，而至青龙河南，腾山有树，马通乾涧儿，又南之顺巢，之麻地，之枯木，之大字，之野猪，之桃林，青龙河，俱沟五十步或二十步，迤递有小树及水多石坎，通步。其自——

燕河路 桃林口关 北过河至桃源川，转西北至白蜡谷。又自桃林东北至三岔山，俱川百余步，东通总墙沟城址，北至金香沟十余步，俱有树有水，入青龙河。又东北至荆林沟倍之，东通恶卜庄，沟四十步，北川一里，过二小岭通奚河中稍，又自三岔西北至李家谷，沟十余步，水木若桃源。又沟三十余步过小岭至胡石达儿，又至一揹苦列兔川东南口，即青龙河岸，川五十余步。又川一里至一揹苦列兔，西北至把哈苦列兔，又至把哈苦列兔打坝，平壖俱川一里，并有水入青龙河。又北至汤兔，川二里，自汤兔东北至舍喇素，川一里。西北至昌毛太，川三十余步，有水流出会州，合宽河流入滦河。又至会州，川一里，其一揹苦列兔东南口，东北顺青龙河，川一里，过河四次，水深二尺余，至兀梁素。又顺青龙河，川五十里过河六次，水深如之，通奚河中稍。并通大举。又自本关西北，顺河至白蜡谷，川百步，又至安子山。又自关西北至——

水谷寨　东北至安子山。西北至正安子山。又西北至石河，东通安子山，西通佛儿水谷，岭高险，东北至安子山，又北至赵家，俱狭沟通步。又过青龙河至黄岳川，西北通苦列兔，川南口俱川三十余步，马又自本寨西至——

佛儿谷寨　东北窄沟，步通水谷岭，西北至石岭，壖山沟七八步。自本寨水口西北过小岭至——

刘家口关　东北由拨道自花台，经大野猪而至桃林第八拨峰台谷山。又自关东北至石岭，又至小土岭西北至溜渭沟，宽百余步。又北至白滩，一名臭水坑，又通一揹苦列兔川南口，俱川一里或二十步，有树。西沟十余步至石门南川，又自溜渭东通七谷口，沟四步，西至张盘山，迤南至孤树坪，俱沟六步，并通马。又自本关水口西至——

徐流水口关　沟十余步，北过大川至麻地里，凡兵马出口烧荒皆此扎营。又至老鸦岭沟二十步，东北通溜渭沟，宽百步，或十余步，并通大举。自麻地西沟六七步至砂岭，又腾山至羊圈并通马。又至前石河，沟二十步。又自本关西至——

冷口关　东北至斜崖，川二百余步，其崖东通前石河，乃沿边夹道沟二十余丈，北至孤树坪。又至石家坟西北顺河至荞麦山，高耸可了，俱川一里，又北至石门，川里半，东北三里，沟二十步，二十七里，沟一里，至一揹苦列兔，俱有水，入青龙河，其石门西至召毛兔沟二十步，自本关西北至过石门，有水。又至石牌岭，壖山东北通荞麦山，西北至察肚岭，在川南高陡，下马而过冷口关讨赏。又至狮子坪，北至龙王庙，又西北至召毛兔，俱川一里，毛兔东北通一揹苦列兔，沟二十步，西北川二里，至讨来打坝，一名抄来打坝，并通大举。其过石门东至倒梨树沟五十步，转东北过岭至石家坟，沟十余步，墁山西北，沟五十步或七八步亦通察肚岭，并通马。西至阎王鼻川一里，岭高二里，陡峻有树，岭南步通边城，五里又沟十余步，单马至横岭，岭在沟南，路曰沟中行，岭南沟十余步，通单马至边城。又南至——

太平路　擦崖子提调下　白洋谷水口，沟二十步，东北至白土岭，沟一里或三十步，又腾栲栳山，步通狮子坪，又自本谷西北至枯井儿川一里，又至绿豆谷，沟七八里，南腾山十五里通边城，东北沟三十余步，至东长城岭，高三里，陡峻，又沟四五步，单马通狮子坪。又自本关西至——

新开岭　北至芝麻坪，沟十余步，东北由沙岭川十余步，马通绿豆谷，西北至獐狍谷，川六十余步。又沟百步有树及水，通擦拨老长城岭，并通大举。又自本关西至——

擦崖子关　拨分东西，东拨北至树木枝川七十步，又至牌撅岭，迤东而至老长城，岭高七里，陡峻，下马鱼贯而进。又西北沟五六步或十余步，军马至鹅石，又至讨来打坝，东北至呼奴思大岭，沟二十步，又北至乾河川，并通马。东北过岭狭沟，单马通思太其鹅石，东北至舍喇镇，沟百步，有树通马；东通龙王庙，川二里；东北通召毛兔，川三百余步；西北通讨来打坝，川百余步，俱有水有树，并通大举。其自树木枝东通芝麻坪，川一里，有树，西至蔡家岭。又至单家岭，俱川一里，或三十步，并通马。西拨西北至单家岭，又至白石山，则与榆拨陡儿互哨。又自本关西至——

城子岭关　北至单家岭，沟五六步，西至——

柳子谷　北沟五步，步通夹山岭，东通单家岭，沟十余步，或三四步，岭西至哈哈石，又至双树，俱川六七步，并通单马。又自谷西至——

大岭寨 北至莺窝崖，又至红石谷，俱川三十步，至双树，川四十步，又至横河，川半里俱有树，并通大举。又自寨西至——

榆木岭关 东北至马道岭，沟百步。又至韭菜畦，沟十余步，北至长儿沟，川半里，西北至鱼鳞沟东口，川二十步，或十余丈，俱有水及树。又至古城，北至松岭，又至熊窝头各川半里，东至血岭，沟五十步。又通讨来打坝，又东北通呼奴里太岭，各沟宽二十步，有树。西至瓦窑川，又西至石口儿，东北至靴儿岭，又至长河台，俱川一里。又通乾河川，宽百余丈，西北沟一里，至孤山北，川半里，至蓝子岭，东通长河台，北至三岔口。又如背答，如聂门，如龙须俱川宽一里，其龙须夹山若门，中宽二十步，达贼若犯本关须过此门，径由大川犯在喜峰，又东北之骆驼，之半壁，之打鸡，而通会州，皆大川，有树有水，并通大举。其聂门东至安答石，川一里或半。又至安答打坝，沟四十步，俱有水通马。迤北二十里，沟狭容单为外大川，通汤兔。自本关北至——

第四道关 川二百余步，东通鱼鳞沟，宽二十步，北由陡儿岭通古城岭，又自本关西北至——

喜峰路 董家口提调下青山口关 北通石口儿岭，岭西南至——

艾谷口关 东北至腰岭，北至平林各沟四五十步，又北通孤山，自本口北至黄土台，东北通平林，各川半里，俱有树，并通大举。又自本口西至——

董家口关 北至黑山炮，又东北由长哨通石口儿，俱川里许，西至花园川百余步，北至观音堂，川一里，东北至骆驼岭，川二百余步，西北至桃树谷，川一里，其桃树东通黑山炮，西南过小岭，狭沟通单马，至喜拨营盘里东北，由破房通三岔口，俱有水及树，并通大举。又自花园西至分水岭，川二十步，通马。又至——

铁门关 北至炮岭，各川一里。又至细岭，西北至古道岭，各沟二十步，西至磨石谷，沟五十步，南十里通边城，沟二十余步。又西至莺窝里沟四十步。又自本关西南至——

大喜峰口关 西北川宽三里，至莺盘里，凡兵马出口烧荒皆此扎营。东通莺窝崖，沟二百步，北至庙儿岭，又至梦子岭，平墁，先年有石碑记梦故名，亦名浓济岭，西北至腰站川里，东北至九姑岭，又至黄崖里东，沟十余步，过小岭，狭沟单马通聂门，又东北至宽河城，川三里即原宽河所，今移遵化县。又至龙须门，俱川里许，又自黄崖西北至冰窖，川半里，又至虔婆岭，川里许，北即傍牌川，东北通会州。又北顺滦河至恼奴河，川口西北至西逃军兔川南口，俱川二里，东至丫头沟，又北通会州，各过小岭，俱沟二十步，又东北由小子沟迤北亦通会州，沟宽亦如之，西北至呵各得岭。又川南二十里，宽七里，北十里，宽里许，至五儿班。川亦名呼鲁伴，俱有树有水，并通大举。又自本关西南至——

小喜峰 北沟二三步，多石坎，通步，一里即大荒川。又西至——

团亭寨 北至栗树湾，又至夹儿庵，至横河即九道流河，合滦河川口又至傍牌川，俱川二里，有树有水并通大举。其大小喜峰虽通大举，近边沟狭石多，通步至本寨，乃通大举。自寨西至——

松棚路 潘家口关 北至小河口，即滦河西岸，西至东常谷堡，西北至太阳谷，川半里，东北至长城岭，又通小河口，西至——

西常谷 北至到沟谷，东通太阳川三里，西至三台水谷，沟宽六十步，并通马。自本堡西至——

三台山关 东北至回回墓，川十丈，或一丈，又至土松岭，长六里，俱通单马。又至房儿岭，平墁通马，又至大古道岭，长十五里，又至横岭，长二十里，及至谢儿岭，俱高险，过岭东即滦河，北即车河川，又至庙儿岭长五里，险峻。岭北水出流河，又至流河中稍，西顺滦河至大宁寺谷口，又至起塔兀兔过滦河迤北通恼奴河，川口有水并有树，俱通大举。又自本关西北至鸡冠山即黑河，宽一里。又至忠义寺址，在黑河西岸，又至马海棠，又至团漂石二川。黑河石崖夹立，宽七八步，石多水急，又至大黄茶子，在黑河东北山上。又至乔家岭，长三十里，南陡峻，北平坡，并通步，其黑河源出本岭西南，又东北至小河口，川二里或五十步，通单马并有树。又自本关西至水谷沟，又至——

苏郎谷水口 又至杀达子沟，俱沟半里，或百步，有小树。
又至——

龙井谷关 西北至古道岭，长十里有树，西南至——

洪山口关 西北至神仙岭，又至大到沟，过撒河步通马兰谷岭。
又东北至巡检司，又至偏塘，又至青阳林，各川三十余步。又至黄茶
子，川二十步，又至分水岭，长七里，北陡峻，南平墁，有水出撒
河。又至打狗巷，川二十步。又至龙湾子，川四十步，各水入黑河。
并有树通单马，又至乔家岭，险要见上。又自本关西至——

马蹄谷关 东北至庙儿岭，稍高有树有水，通单马。又北至石夹
口，宽十九丈，有水。又北出口即撒河关，北至短嘴子岭，高陡，东
北通石夹口，西北由山路至梨树岭，稍高多树俱通步，又北至大羊拦
口，阔十五丈，通马，并有树及水。自本关西至——

蔡家谷堡 东北通梨树，有水，西至——

秋科谷堡 北至庙儿岭，稍高有树及水。东北通大羊拦，西北通
小羊拦，又自堡西至——

千家谷 北至到谷岭，长五里，高陡有树。又至小羊拦，口宽十
九丈余，有水，又出口即撒河，并通步。自堡西至——

罗文谷关 北由岔道至一立马岭，一名拦马墙，川百步。水入本
关，又过横岭至一立马口，宽二十四丈，有水。又过撒河迤西，北至
秋木沟百步俱通马。又至庙儿岭，长四里，北平墁，南陡岐，通单
马。又至南松岭，长一里，岭下有水，东南至安子岭，坡东有水。又
至摆宴塘，川二百步，南过撒河，步通秋科庙儿岭，转西北至窟窿
山，川百余步旁高山又至神仙岭，西川宽二百步，俱有水。自马谷
至此凡水皆出撒河，川四百步，旁夹山，又至白马川，宽如之，又至
石夹口，两山顶平，中道甚狭，宽三十步。又至分水岭，长三里，高
陡，岭南水出大横河。又至寿堂坟，川四十步，又至干心河，山川若
大横河。又北至头道流河，俱有水，自秋木至此俱有树，自南松至此
并通马。又北至七道流河及九道流河，西南通斜里喇哈谷口，凡八十

里，过河九次故名。东北至舍不哈，川三里，又滦河西岸川五里，又过河五儿班，又自九道河西北至塔喇打坝，又名头条道，沟二十步，又至赊喇不哈岭，川二里，又通把汉土门，东北至一揩打坝，平墁，川里许。又过河，亦通五儿班，其头条道东北至斗里库，川宽一里，水深三尺，出滦河前后山阻无路，东通一揩打坝，西由黄草川通十字道，土门，俱有水及树，并通大举。其五儿班川宽六七里，西北由隰陂兔通一逊川三日程，西由呼答哈而通大兴州，日半程，亦总括之地，黄房常此聚兵。又自本关西至——

猫儿谷堡 至新开岭，长四里，俱有树。岭南水入罗文岭，北至宁车口，宽五十丈，水俱出撒河，又过撒河北通秋木林。又自堡西南至——

山寨谷 西北至牵马岭，长一里，俱通马，岭南水入沙坡。又至桑树岭，长五里，稍高有树，岭北至大渌洞口阔三十一丈，水俱出撒河。又北出口即撒河。自寨西南至——

娑婆谷 北通牵马岭，西北至——

山口寨 东北亦通牵马岭，西北至溜石坡，岭长三里，岭南小水入沙坡，又至安子岭，高陡俱有树，岭北至小渌洞，口宽十七丈。水俱出撒河，其安子岭西南至桃树谷，即揪树岭，东通溜石坡，西至马兰路冷嘴头关，并通步。其滦河、流河、撒河之源详见方览经。

‖ 卷之十八 ‖

福唐郭造卿建初著　男应宠纂

厄　部

拨　路

　　凡伺房者，入胡地为侦候。初设以东、西房而岂为三卫，我藩篱即我之耳目，而乃为二房心腹，则我之耳目眩矣。故复设哨，哨者，曰拨。有明至其营者以侦乎二房，有暗伏其地者以诇乎三卫，亦可为之密矣。而得其情者少，其故则难言矣。驿传之设原报乎军情，烽火之举尤速于置邮。今有司以驿铺传公文，戎司多为所阁误，而外拨之所传者不得迅达京师，故复设内拨，使其一昼夜不止三百里，其后亦渐废。材官得以通启札，戎马不为之加疲乎？有司或知之，率不敢问焉。盖恐以误军机，其咎孰执之乎？亦当稽以防伪可度外乎置哉！

　　山海路　拨九：自松山、而李家堡、而鲁家山、而铁场堡、而挂牌山、而按马山、而永安堡、而将军石、而背阴障。凡九十五里，远哨至大卤场。石门、台头二路同。

　　石门路　提调三，共拨四十八。

　　黄土岭关提调下　拨十六：自大青山关、而鹞子山、而茶条山、而直北山、而大尖山、而小尖山、而三岔山、而黄土坎、而石门子、而小横岭、而大横岭、而太平台、而常海顿、而平墁川、而孤山、而五指山，凡百八十七里。

　　大毛山关提调下　拨十六：自城子谷关、而张家庄、而旧关、而大高、而龙潭、而三岔口、而正冲、而横岭、而头道河、而青阳林、而羊圈山、而稍腰兔、而十字河、而大学罗林、而长岭、而恶力川，凡百九十三里。

义院口关提调下　拨十六：自本关而黑崖子、而小梯子岭、而三岔口、而段木岭、而土胡同、而切河、而安子山、而常海、而歹彦打坝、而三岔口、而黄石、而红草沟、而俟石岛、而兀拦打坝、而委素太，凡百九十六里。

台头路　提调二，共拨三十一。

界岭口关提调下　拨二十二：分东西二股，自本关东由十八盘，而牛心山与义院拨互哨，凡二十七里，西由白台、而界岭儿、而梨花山、而明朗谷、而土胡同、而恶卜庄、而寺儿山、而白石嘴、而红石岭、而兀拦、而兀拦岭、而大柳树、而兀梁素太、而歹彦岭、而宽佃、而红草沟、而挨石倒西、而独木桥、而兀拦打坝西，凡二百三十里。

青山口关提调下　拨九：自本关而麻地沟、而大苇子谷、而三道沟、而杓子谷、而北横岭、而恶卜庄、而兀拦、而杏山，凡百八十里。

燕河路　提调二，共拨三十二：

桃林口关提调下　拨十九：自本关而宽哨顶，而梳头崖，而三角庄、而逯马崖、而赵家谷、而王家谷、而戚家谷、而峰台岭、而天桥、而总墙、而古道、而斗儿岭、而毡帽石、而舍白兔、而蔡家谷，凡百十里。远哨由一揹苦列兔东南口迤东，北由兀梁素太而至东逃军兔，其刘家口三拨，由花台而大野猪接入桃林第八拨峰台谷，凡二十里。

冷口关提调下　拨十五：分东西二股，东由牛鼻子岭而挝角山、而寺儿崖、而黄崖山、而大户店、而三岔山、而石门、而逃军山、而一揹苦列兔，凡百里。远哨西北至汤兔西，由豹崖山，而察肚岭、而龙王庙、而召毛兔、而讨来打坝，凡八十三里，远哨至聂门。

太平路　提调二，共拨二十五。

擦崖子关提调下　拨十六，分三股：自本关东北由羊谷而大石头，而庙儿岭、而炮儿山、而五指山、而白土岭、而栲栳山、而绿豆谷，凡六十里；远哨由狮子瓶通石门而至一揹苦列兔北，由树木枝而牌橛岭、而老长岭、而鹅石谷、而讨来打坝,凡九十里;远哨至聂门西,由单家岭,而白石山,凡三十里,与榆关陡儿岭拨互哨。

榆木岭关提调下 拨九:自第四道关而陡儿岭、而古城岭、而松岭、而熊窝头、而石口儿、而靴儿岭、而长河台、而乾河川,凡百里,远哨至龙须门。

喜峰路 提调二,共拨三十一。

董家口关提调下 拨十:自本关而黑山炮、而长哨、而石口儿、而三岔口、而背答岭、而聂门、而龙须门、而冷岭,凡百三十里。又自黑山炮西三十里桃树谷转东北,由破房司通三岔口,远哨至会州。

李家谷关提调下 拨十二:自喜峰口关由东石梯子而字罗台、而浓济岭、而天津谷、而九姑岭、而黄崖里、而宽河城、而龙须门、而冷岭、而骆驼岭、而打鸡岭,凡百五十四里。远哨至会州,又自团亭寨境外新设九拨,由暖泉、而黄崖、而夹儿安、而清河、而土洞、而横河、而傍牌川、而滴水崖、而恼奴河,凡百二十里,远哨至西逃军兔川南口。

松棚路 提调三,共拨四十六。

潘家口关提调下 拨十二:自三台山关由宽佃而回回墓、而双桥、而段岭塘、而寺儿山、而土松岭、而小古道、而中古道、而大古道、而横岭、而谢儿岭,凡百三十五里,远哨至白河。

洪山口关提调下 拨十七:自本关而黄瓜山、而尖顶山、而柏茶山、而了高山、而巡检司、而独石、而椴木林、而梨元口、而水泉、而分水岭、而张官堂、而黄礠子、而打狗巷、而黄土岭、而龙湾子、而乔家岭,凡百四十七里,远哨至流河。

罗文谷关提调 下拨十七:自本关而岔道、而一立马岭、而一立马口、而秋木林、而庙儿岭、而南松岭、而窟窿山、而神仙岭、而花园、而白马川、而石夹口、而打狗巷、而分水岭、而逢批子、而寿堂坟、而千心河,凡百七十里。远哨至九道流河郡境,至潘家口提调辖内龙井关止,本路至山口寨止。

路 营 山海路 东界辽东无接,西至七星寨上拨路二十里,设拨二，马军八名，步军一名。

  大路拨 **大海关** 西至七里寨十里，马军四名，步军一名。

      七星寨 西至石门界长桥庄十里，马军四名。

      长桥庄 西至石门寨二十里，马军四名。

  路　营 **石门路** 大道东自长桥起，西至同野庄止，拨路七十三里，设拨六，马军二十六名，步军一名。边道西北自石乔谷起，东自一片石，北自大毛山至义院口止，三关皆入石门，延袤境内拨道一百里，设拨七，马军二十一名。外台头路贴马军二名，共四十九名。

  边路拨 **石桥谷** 南至石门寨十三里，东至长谷营八里，东北至义院口十二里，马军三名。

      长谷营 东北至大毛山二十里，东南至破窑庄十里，西北至义院口八里，马军三名。

        一片石 西至破窑庄十里，马军三名。

        破窑庄 西南至沙河寨十里，马军三名。

        沙河寨 西南至石门寨大道十里。马军三名。

        大毛山 西南至长谷，里见前，马军三名。

        义院口 东南至长谷营，西南至石。

  大路拨 **石门寨** 西至老岭九里，马军四名，步军一名。

      老　岭 西至小悖老九里，马军四名。

      小悖老 西至平山营十五里，马军四名。

      平山营 西至同野庄十里。马军四名。

      同野庄 西界石门路平市庄十里，马军四名。

  路　营 **台头路** 大道东自平市庄起，西至平坊店北，拨路六十六里。马军二十八名。边道东自界岭口起，西至潘家庄，至桔井庄止，拨道延袤共一百三十里，设拨六，马军一十九名，内除平常（市）庄拨贴石门路马军二名共止四十五名。

  边路拨 **界岭口** 东南至双岭儿十里，西接青山口二十里，马军四名。

      双岭儿 西南至郭家庄十里，马军三名。

郭家庄　西南至台头营大道十里，西北至枯井庄十里，马军三名。

青山口　东至界岭口，里见前，东南至枯井庄，西南至潘家庄各十五里，马军三名。

潘家庄　南至平坊店大道，东北至枯井庄各十里，马军三名。

枯井庄　西北至青山口，里见前，南至台头营十里，马军三名。

大路拨　平市庄　西至李家庄九里，马军四名。

李家庄　西至聂儿庄九里，马军四名。

聂儿口　西至牵马山九里，马军四名。

牵马山　西至台头营九里，马军四名。

台头营　西至平坊店十七里，马军六名，步军一名。

平坊店　西至燕河营十三里，马军六名。

路营　燕河路　大道东自本营拨起西至建昌营止，拨路六十五里，设拨五。马军三十名，步军一名。腹道东自安山起，西至歹老婆庄止，拨路一百零九里，设拨六，马军一十八名，步军一名。边道桃林口南至桃林营大道十里，冷口南至建昌营八里，各马军三名，通共马军五十四名，步军二名。

边路拨　桃林口　东南无接，南至桃林营十里，马军三名。

冷口营　东南无接，西南至建昌大道八里，马军三名。

附腹道　安山　东北至燕河十里，西南至张家庄十里，马军三名。

张家庄　西南至永平二十里，马军三名。

永平　西北至窑贺庄二十四里，马军三名，步军一名。

窑贺庄　西北至孤庄十一里，马军三名。

孤庄　西北至歹老婆十二里，马军三名。

歹老婆　西北至建昌营二十二里，马军三名。

大路拨　燕河营　西至桃林营二十里，马军六名，步军一名。

　　　　桃林营　西至刘家营八里，马军六名。

　　　　刘家营　西至徐流营七里，马军六名。

　　　　徐流营　西至建昌营一十五里，马军六名。

　　　　建昌营　西至太平界新店一十五里，马军六名。

　路　营　太平路　大道东自新店起，西至白庙店止，拨路一百零五里，设拨九，马军五十四名。边道东自鸡鸣店起，西至水谷岭止，拨道延袤共一百三十五里，设拨八，马军二名，六名外千总下拨贴，本路马军二名，共八十二名，三屯营拨贴本路步军二名。

　　边路拨　鸡鸣店　东南至三岭儿大道十里，西北至忠义庙十五里，马军三名。

　　　　忠义庙　东北至擦崖子十里，西至太平寨二十里，马军三名。

　　　　擦崖子　西南至忠义庙里见前，马军三名。

　　　　太平寨　东至忠义庙，里见前，西南至梨树谷十里，马军四名。

　　　　梨树谷　西南至米谷口十里，马军四名。

　　　　石灰谷　东自太平寨，里见前，西通水谷岭十五里，马军三名。

　　　　榆木岭　西南至水谷岭二十里，马军三名。

　　　　水谷岭　西北至青山营十五里，南至石灰岭里见前，马军三名。

　　大路拨　新　店　西至三岭儿十五里，马军六名。

　　　　三岭儿　西至土城八里，马军六名。

　　　　土　城　西至罗家屯七里，马军六名。

　　　　东　寨　西至米谷口八里，马军六名。

　　　　米谷口　西至韩家庄十五里，马军六名。

　　　　韩家庄　西至滦河店七里，马军六名。

　　　　滦河店　西至白庙店一十五里，马军六名。

　　　　白庙店　西至三屯营一十五里，马军六名。

路　营　喜峰路　大道只三屯营一拨，东界白庙店，西界马逢谷，马军十二名，内除派贴松棚路四名，本路八名，步军十一名，内除派贴太平路二名，松棚路一名，三屯守备下六名，本路二名，边道东自青山营起西南至灰儿岭止，共一百二十里，设拨九，马军三十二名，外赵家庄与松棚路合界派贴本路马军二名，共马军四十二名，步军除分贴各路外，本路二名。

　　　边路拨　青山营　西北至董家口十里，马军三名。

　　　　　　董家口　西至胜岭寨一十里，马军三名。

　　　　　　胜岭寨　西至李家谷一十里，马军三名。

　　　　　　李家谷　西至喜峰口一十里，马军三名。

　　　　　　喜峰口　西南至滦阳二十里，马军四名。

　　　　　　滦阳营　南至铁庄十里，马军四名。

　　　　　　铁　庄　西南至赵家庄十里，马军五名。

　　　　　　赵家庄　东南至灰儿岭十里，西至汉儿庄二十里，马军三名。松棚贴本路二名共五名。

　　　　　　灰儿岭　南至三屯营大道十里，马军四名。

　　　大路拨　三屯营　西至马逢谷十里，马军十二名，步军十一名。

　　路　营　松棚路　大道东自马逢谷起，西至马伸桥止，拨路一百五十里，设拨十一，马军六十八名，外马伸桥与马兰路合界，彼路拨贴马军二名，共七十名，步军八名。三屯拨贴本路一名，共九名。边道东南自汉儿庄起，西南至萧家庄止延袤一百七十三里，设拨十一，马军三十五名，内除本路派贴赵家庄二名外，三屯营派贴本路马军四名，通共马军一百零七名。

　　　边路拨　汉儿庄　东至赵家庄，里见前，北至分水岭十里，马军四名。

　　　　　　分水岭　东北至潘家口十五里，西北至张家庵十三里，马军三名。

　　　　　　张家庵　西至洪山口十七里，东至潘家口二十八里，马军三名。

　　　　　　潘家口　西南至分水岭，西至张家庵，里俱见前，马军三名。

　　　　　　洪山口　西南至三道岭，东南至榆林庄各十里，马军四名。

　　　　　　榆林庄　东南至松棚营十里，马军三名。

　　　　　　松棚营　东南至袁家屯十里，马军三名。

　　　　　　三道岭　西南至贾家庄十里，马军三名。

　　　　　　贾家庄　西南至罗文谷十里，马军三名。

　　　　　　罗文谷　东南至遵化大道十里，西至萧家庄二十里，马军三名。

　　　　　　萧家庄　东至罗文谷，里见前，西南通马兰路马相营二十里，马军三名。

　　　大路拨　**马逢谷**　东至三屯营，里见前，西至袁家屯二十里，马军六名。

　　　　　　袁家屯　西至崔家店二十里，马军六名。

　　　　　　崔家店　西至遵化十里，马军八名，步军二名。

　　　　　　遵　化　西至十里铺十里，马军八名，步军四名。

　　　　　　十里铺　西至药王庙一十里，马军六名。

　　　　　　药王庙　西至堡子店十里，马军六名。

　　　　　　堡子店　西至义井十里，马军六名。

　　　　　　义　井　西至石门驿二十里，马军六名。

　　　　　　石门驿　西至淋河二十里，马军六名，步军二名。

　　　　　　淋　河　西至马伸桥十里，马军六名。

　　　　　　马伸桥　西至壕门十里，与马兰路合界，彼贴本路马军二名，共六名。

‖卷之十九‖

福唐郭造卿建初著　男应宠纂

译　部

译　上

夷俗详于史传矣，今不能有以异也。自胜国以前，郡县有司治之。入大明为藩卫，其时貊道半夏道矣。倘不置之羁縻，视广宁宣宁有异哉！今虽与华隔而异言异文矣，然其性不可推移，而天时、地理、居处、品职、伦类、形体未尝不观察而审别，皆中国所当译者。自贡进关，乘驿讥察而讽谕，其性灵与我亦可相通为用也。盖郡为两冲关塞，驿路人多为其语，势则必然矣。毋论它日或变羁縻而入版图，仍为郡之州县，即貉隶象胥，可一日废译乎？疆场吏輶轩使则间时不可废者，而郡将亦不可不知也。

天　时　门

天曰腾克立，其河曰因干牙剌儿，一曰我岳旦，其鼓响曰坑革儿革得勒堵难。曰曰纳喇，其科（斜）曰他失巴，其有耳曰赤乞葛儿葛把。月曰撒喇，其斜曰克罢，其圆曰都儿把，其影曰额儿把小的儿兀折巴，其朗曰革伦，其有岚曰撒乞土列牙其。日月出曰哈儿把，落曰升落巴，光曰格连勒，影曰小兀迭儿。星曰火墩，其曰撒把儿者斗也，其曰墨臣者参也，其曰墨乞者辰也，其三曰古鲁班弩孩，其七曰朵罗，其金曰俺儿，炭木曰莫堵，水曰五素，火曰干儿，土曰勺罗而，总曰塔奔火墩，其攒摆曰朵罗者林，其满天曰腾克力都帖列我度哈儿巴，我度即火墩虏语之转也，云曰额兀连，一曰藕勒，其起曰弩巴，开曰纽巴，散曰塔儿答巴。霞曰扯的干。雾曰不当。露曰石兀迭邻，一曰手迭利。霜曰乞剌兀，一曰克澇。虹曰莎郎哈。烟曰忽纳抹你牙儿。雪曰察孙，其下曰罗巴，一曰我罗难，其住曰摆巴，其碎曰兀林舍速，其飘曰撒秃录巴。雷曰董火敦。电曰急里别里干。霆曰斥班者额。霹雳曰儿克伯。雹曰门都儿哦乐。雨曰勿喇，霖曰主薛。风曰克亦，一曰撒儿撒，曰鲁补汗大风也，曰撒乞儿游风也，其响曰那木汗可的儿克，其急曰土儿汗可的儿巴凡。暗曰哈郎故。阴曰卜儿苦秃巴。晴曰阿力巴。晾曰利儿扯巴。明曰各儿万巴。时曰察黑。早曰额儿。辰曰马纳阿儿。午曰兀都儿都力，一曰午大学儿卜。晚曰兀迭石，尽（昼）曰兀都儿。夜曰雪你。前日曰五力赤五，昨日曰火赤揹。明日曰马那。后日曰义只得。另日曰阿力。改日曰必什。正旦曰兀都儿失你。除夜曰札不散儿雪你。令节曰时乃恰。春曰恰不儿。夏曰谅，一曰纳只儿。秋曰纳不儿。冬曰兀奔。正月仍曰撒喇忽必，一曰我近。闰月曰捏墨兀儿，一曰札卜。寒曰阔亦田，一曰打剌难目。冷曰扯延，一曰亏屯。冻曰可儿伯。凉曰薛思温。温曰不里颜。暖曰都剌安。热曰哈喇温。伏曰赤里格儿。冰曰莫勒孙，化曰革塞革伯。旱曰哈答阿儿。年曰桓，一曰火文，一曰一个能。来年曰以列。旧年曰好慎。新年曰什你古。昔曰伯别儿额儿迭。如今曰额朵颜，又曰我夺其。每曰卜利。日月年如此称自一至万具数目颣。

地 理 门

地曰哈札儿。土曰石剌儿，一曰勺罗豁。山曰阿剌兀，其顶曰脱落豁，其坡曰克的，其嘴曰合收。林曰槐，一曰委亦。岭曰答巴俺，一曰他八。石曰赤剌温。洞曰昔对。碛曰额列孙。沙曰忽麻乞。尘曰脱干孙。水曰兀孙，一曰五素。泉曰卜剌黑。汤泉曰旱落兀素。川曰他喇。涧曰弩喇，一曰欢儿得。沟曰速巴黑。潭曰扯额。河曰木连，曰毋吝，大河也。江曰五剌，一曰把旱答颜。湖曰纳兀儿。海曰答来，流曰五录速，放曰兀速塔塔，浪曰多里吉颜，岸曰额儿吉，潦曰兀耶儿。陆曰阔多额。野曰客额儿。村曰申迭延，田曰塔黑颜。园曰黑巴。路曰抹儿，曰忒儿革兀儿，大路也。东曰朵罗纳。西曰阿罗捏。南曰额未捏。北曰兀篾喇。上曰迭额列。中曰敦答。下曰朵列。内曰朵脱刺。外曰哈答纳。左曰者温。右曰巴刺温。前曰兀里答。后曰豁亦纳。间曰扎兀刺。底曰喜鲁阿儿。稍曰兀主兀儿。边曰乞扎阿儿。其潢河曰失刺毋吝。大碱场曰以克马喇，大虏聚兵地也。滦河曰商都，口外及大川入口也。它不具。

居　处　门

京都曰大都合托。朝廷曰大明哈。殿曰哈儿什各儿。宫曰干耳朵格儿，一曰我儿都。房曰格儿伦。屋脊曰格论哈不孙。檩曰乞利弩陆。柱曰秃勒哈，一曰八按纳石。坯曰扯劳。灰曰制豁。泥曰失喇，一曰石巴儿。土坯曰十伴儿。砖、砺曰什厮合，砖又曰客儿必石，瓦又曰察忽刺孙。炕曰亦色赤。梯曰格赤吉兀儿。墙曰忽纳儿阿，一曰克勒目。窗曰喘计。门曰额兀颠，一曰偶丹。其哈安哈门扇也，其孛莎合门限也。院落曰豁里颜。铺面曰客必惕，一曰忽丹突赤各儿。窝铺曰邦。篱曰石别额。市曰巴咱儿。井曰古都黑。寺庙曰速篾革儿。塔曰速补儿罕，曰火亚儿苏喇哈，双塔也。桥曰客兀儿格。碑曰赤劳拜。关曰孛俺，一曰哈儿哈。堠曰干孛干。墩曰合屯。堆曰党恼速。堡曰得目，一曰土喇。寨曰阿仰儿。口子曰撒儿。圈曰古里延。边墙曰克赁。城曰巴喇哈孙。其池曰兀鲁忽。泰宁卫曰往流。福余卫曰我着。朵颜卫曰五两案。泰宁城曰可苟。河套青城曰哈喇。河套会州城曰插汉。河套凡夷地曰莽官儿葛札剌。房地曰野克莽官儿。夷房各地各不具。

品　职　门

皇帝曰哈罕。太师曰太失。臣宰曰土失绵。使臣曰额里臣。官曰那颜。吏曰必暗赤，文职曰那林那颜。军门曰厮郎。巡抚曰阁唐。巡按曰敕纳。兵道曰并必。武职曰扯力那颜。镇守曰总必。都督曰堵速。指挥曰秃黑克。千户曰民葛儿兔。百户曰招兀秃。千总曰民按扯力宾。把总曰扯力宾。头目曰打剌汗。勇士曰把阿秃儿。部落曰五鲁。四军曰把里克。民曰我儿完。百姓曰亦儿坚。农曰塔里牙赤，又曰哈只赤。牛牧曰兀格儿赤。羊牧曰火你赤。马牧曰阿都兀赤，又曰兀剌赤。匠曰兀阑，曰忽都勒赤，皮匠也。厨人曰保兀儿赤。剃头人曰乞剌赤。伴当曰那可儿。以术名者医曰干脱赤。卜脱列格赤。道士曰赏生师。公曰孛额师。婆曰赤都罕。佛曰不儿罕。和尚曰脱印。神曰汪昆惕。鬼曰赤惕科儿。阴阳曰五金脉儿气。舞者曰把气伯赤。唱者曰倒剌黑赤，曰塔直拍手者也，曰义儿吉拍板者也。行院曰火岳利。贼曰忽剌孩。东称满剌曰忒剌蛮。北称属夷曰我勺儿。通称回回曰撒儿塔兀勒，一曰又汗马喇哑。鞑靼曰忙豁，一曰抹暗。女直曰主夷赤。高丽曰琐珑革。汉人东夷曰乞塔惕。北虏曰起炭

伦 类 门

人口古温。自己曰干额伦。我曰必。你曰赤。我的曰米讷。你的曰赤讷。他的曰亦讷。谁曰堪买。咱曰必答。男子曰额列。妇人曰额篾。官家娘子曰哈敦。老翁曰干脱沽。老妪曰额篾干。小儿曰口刊。年幼曰扎老兀。父曰额赤革。母曰额克其合。老子娘曰我只个我克。祖曰额卜格，一曰我卜干。祖母曰额篾格，一曰我麻吉克。曾祖曰额林触克。高祖曰孛罗孩。祖宗曰兀里都思。伯曰额宾。叔曰阿八哈其合。伯叔姆婶曰哈不合伯力艮。姑曰阿孩额格赤。兄曰阿哈。嫂曰伯里千。姐曰额格赤。姐夫曰苦里根阿豁。弟曰选兀别里。婶曰阿补阿伯里根。妹曰朵宜。妹夫曰苦里根斗兀其合，兄弟曰哑哈丢合。姐妹曰我克气去。夫曰奎路，妻曰格儿该，一曰奎路帖只克儿。妾曰嬖只。子可卜温。孩儿曰讷温。妇曰别里。女儿曰干勤，一曰我揹可干。女婿曰古列根官家。女儿曰哈不豁官家。婿曰他不浪。侄曰寅。孙曰阿赤，寡妇曰别列必孙。义儿曰帖者额篾勒可卜温。亲眷曰兀里撒墩。亲家曰古答。外父曰哈敦额赤格。外母曰哈敦额客。舅曰纳哈出。姨曰纳哈出额格赤两。姨夫曰把扎，甥曰者耶，一曰折扣兀。客

曰匀陈，主曰额毡。朋友曰撒亦合邻，一曰俺答。师付曰巴黑石。徒弟曰厦必委。用人曰苦温都答。伺候人曰苦儿彻。呼唤人曰扎鲁散使。来人曰扎鲁赤。家人曰薄儿，曰革儿兀者看家人也。奴曰孛干。婢曰失伯赤，其合曰通使革。驽材曰顶什散。小厮曰奴文。

身 体 门

身曰别耶。头曰帖思温，一曰黑乞，一曰把罗害。脑曰塔儿乞，其盖曰讨罗亥，其后曰汤奈。顶曰火儿吉儿。发曰许孙。面曰你兀儿。额曰莽来。眉曰哈泥思哈。目曰你敦。睛曰葛儿你堵。睫曰锁来米速。耳曰赤勒。鼻曰哈巴儿。腮曰哈扎儿。脸曰钮兀儿，口曰阿蛮，一曰兀六儿。唇曰忽伦勒。齿曰失敦。舌曰克勒。脖曰哭臭。须曰撒儿。髯曰撒罕勒。喉曰豁窝来。项曰乞堵温。肩曰木鲁。背曰阿鲁。膊曰苦出文。肋曰哈必儿哈。肋支曰哈不孙。脊曰你里温。胸曰额止扯温。乳曰可可。心曰主鲁刊。其坎曰窝罗。肝曰黑里干。肺曰阿兀石吉。脾曰迭里温。胆曰雪吕孙。肠曰格迭孙。肚曰古者，一曰克的速。腹曰克额黎。脐曰阔亦孙。腰曰别勒。腰子曰孛额列。腰节骨曰米鲁兀压子。骨曰打六牙速。手曰哈儿。腋曰速兀。肘曰脱孩。掌曰合剌罕。指曰忽鲁温。指头曰葫芦，其甲曰乞木孙。拳曰驽都儿阿。足曰阔勒，一曰恨。腿曰莎儿眉孙。膝盖曰脱不黑。臁曰失黑必。踝曰失阿。脚面曰干里迷，其底曰兀剌，其后跟曰干莎哥。肾囊曰我着。害势曰好儿当。闭曰五毒户，其毛曰小吝。尻户曰卜合儿。尿曰舍伯。矢曰把孛。皮曰阿剌孙。肉曰米罕。骨曰牙孙。血曰赤孙。髓曰赤篾干。肋曰矢儿不孙。脉曰速达孙。汗曰阔列孙。泪曰你儿补速。嚏曰你孙。唾曰纫勒卜孙。咳曰哈你。牙厴曰猛格。疤曰把只个。瘤曰朵哈郎。秃曰塔剌孩。聋曰都来。瞎曰莎合儿。吃曰客列该。肥曰塔鲁浑。

瘦曰土鲁罕。声曰捣温。气曰阿兀儿。色曰汪哥，见目类。

生 灵 门

生灵者阿迷坛。性命曰阿民。理曰约孙。德曰阿不理。志曰勺里黑，思曰薛惕乞。想曰都剌惕。说曰克列。问曰阿撒黑。告曰扎阿。
教曰达儿哈。读曰翁石。听曰莎那思。见曰兀者。窥曰石哈周兀者。
记曰脱黑妥阿。认曰塔你八。审曰孛剌哈。择曰莎汪古，省曰兀合。
聪曰薛禅。慧曰必失温。知曰簸迭入。觉曰薛列八。仁曰阿力，一曰
纽列思魁。义曰乃剌灰，一曰我力卜。大礼曰脱鲁。智曰兀哈安。信
曰必石列温。诚曰呈。敬曰昆都列。勤曰乞扯央古。懒曰扎里孩。愚
曰蒙哈黑。贪曰哈蓝。污曰卜儿塔。呆曰哈力方。狂曰铁囊。事曰委
列。进口矮罗。止曰脱里惕克。出曰哈儿。入曰干罗。开曰你额。闭
曰哈阿。卷曰额不克。挂曰额勒古。推曰土里委。敲曰迭列惕。扶
曰帖惕窟。倚曰失秃。牵曰可转勒。扯曰答塔。抬曰额儿古。拴曰忽
牙。盖日不儿窟。载曰帖额。压曰答鲁。鞴曰脱忽。撒曰阿思哈。扫
曰拭兀儿。翻曰忽儿八。倾曰土俗儿。拿曰把里。救曰阿不喇。放曰
塔里必。脱曰木里秃勒。管曰哈答哈剌。寻曰额里。索曰忽余。搜曰
能知。算曰撒纳。殚曰苦儿答。补那可。添曰捏簸。减曰保兀剌兀
勒。与曰干克。取曰脱忽。卖曰忽答里都。买曰周阿卜。富曰伯彦。
穷曰兀格兀。请曰古列。催曰干脱儿列。随曰塔哈。过曰那克赤。待
曰古里扯，会曰忽林。遇曰勺罗罕都八。离曰哈哈察。到日古儿伯。
回曰哈里。来曰以列。去曰约儿赤。迎曰兀黑秃。送曰归迭。立曰摆
宜。坐曰撒兀。起曰孛思。行曰牙不。走曰癸亦。拜曰母儿谷。跪曰
莎葛惕。叩曰木儿沽。话曰兀格。唤曰兀里。叫曰倒答。啸曰失思其
儿。喜曰巴牙思八。爱曰塔阿蓝。惜曰哈亦剌蓝。乐曰只儿哈郎。笑
曰亦捏额，一曰以撒。耍曰那。戏曰纳阿敦。唱曰倒剌。舞曰李知。
夸曰马黑塔。赏曰莎余儿答。怒曰其零阑。嗔曰孩抹思八。讥曰酸
直。骂曰莎可，一曰哈剌。打曰古不石，一曰眼乞。猜曰塔阿。嫌曰
豁鲁八。羞曰喜扯。怕曰阿余。愁曰里鲁木。梦曰沼兀敦。瘩曰薛里
别，其以双字译者。好汉曰把都儿。自由曰干额伦都包巴儿，其分拣
曰亦勒哈。一同曰舍秃阿儿。作伴曰那可彻。商量曰额秃勒都。分付
曰塔兀勒。叮咛曰打不丹。安排曰勺乞牙。改换曰也兀惕格。收拾曰
忽里牙。把持曰那独气。保护曰亦别延。抬举曰阿撒剌。相爱曰阿抹

刺里。怜恤曰额捏里恢。报恩曰呵赤哈里温。带着曰者兀周。勾当曰你看委必列。缘故曰申答安。推辞曰申答阿蓝。刁证曰勾李郎。恐赫曰哈阿里蓝。失礼曰脱罗俺答。惹人曰苦文度哈刺。生事曰委列额都。作事曰委列惕。能的曰赤答黑赤。多能曰篯罕儿，其以四字译者。凡事公道曰阿力把是麦的巴。有事委托曰赛因委列哈喇哑步。歹事莫作曰毛委列李力字。听我的话曰未儿兀各所纳思。看着人行曰兀者只苦腻哑步。

通 用 门

旧曰哈兀陈。新曰失你。初曰脱伦。终曰岛思八。难曰别儿克。易曰乞里巴儿。有曰备。无曰兀该。是曰拙卜。非曰不鲁兀。实曰马哈惕。虚曰干黑脱儿忽。真曰兀念。假曰忽单。好曰赛因。歹曰卯温。疾曰干帖儿。缓曰阿鲁兀儿。紧曰土儿监。慢曰多列延。大曰也克。小曰兀出干。粗曰伯堵文。细曰纳林。高曰温突儿。低曰字豁泥。重曰纲都。轻曰匡干。厚曰主扎安。薄曰你心坚。远曰阔罗。近曰干亦刺。长曰兀儿委。短曰干阔儿。宽曰阿危。狭曰希兀坛。阔曰干儿坚。窄曰赤忽勒。横曰款多速。坚曰温都思。斜曰拙里兀。匾曰哈八塔孩。平曰土卜申。满曰都兀郎。散曰塔儿哈。舒曰选里格。曲曰额郢古。直曰石都儿忽。方曰朵儿边勒真。圆曰脱葛里克。深曰昆蜀刺。浅曰果廷。清曰格根。浑曰不笼吉儿。利曰忽儿察。钝曰抹和答黑。软曰拙额连。硬曰哈讨兀未由兀堆宜。了曰巴刺八。不曰兀禄。休曰不秃该。似曰阿答里。同曰撒朝。安妥曰阿木忽郎。太平曰昂客。明白曰格格延。

洁净曰阿里温。颠倒曰帖秃鲁。迟误曰兀答汗以列。仓忙曰牙阿蓝。仔细曰纳里喇只。无妨曰兀儿哈里扎忽。何用曰牙温客列克。

近间曰干亦里。到今曰额者额窟儿帖列。随即曰答雷突儿。前来曰兀鲁里石亦列。如能曰赤耽。不能曰牙耽。若是曰克儿别。虽是曰克堆巴。乍生曰客儿。好生曰撒亦兀儿。这里曰延迭。那里曰田迭为。这般曰额兀别儿为。那般曰挑兀别儿。么道曰客。蛮曰阿里别又黜巴儿伯。译以四字不拣甚么也。

郭造卿曰：夷尝有训语，所以叮咛为好事者，则其俗未尝尽恶，岂概以比于异类也？至叩关款塞，并边守帅报不以诚，可欺则欺，可侮则侮，克其赏物至甚，彼之勃溪跳梁而肆要挟，语则狙诈而许之。夫边臣关利害，死生旦夕不顾，其后邮市何知，至入都馆及锡宴于朝，命重臣陪之。其物率恶草具而待不以礼，岂非官之师旅，毋乃实有阙乎？且臣重而礼轻，其自亵亦甚矣。此则有司之罪也。彼何恶之能为？傥罪诸戎责携贰有支驹，赋青绳而退象胥，其何以对民之失德？乾糇以愆，唐有泾军之变矣，而况于夷者乎！

‖ 卷之二十 ‖

福唐郭造卿建初著　男应宠纂

译　部

译　下

　　凡我所有，夷地多有之，故方言详幽燕而多及于朝鲜。今亦各有其语，而文则不多也者。当关因文以译，无文未尝为具。乃兹主三卫，东夷次之，皆环居我塞外。北虏取异同证之，文不甚殊，语有小别者，因我各镇译有不一焉。故因转而切通者不具。其切若稍悖，述而重见之或东或北为然也。夫貊未尝不生五谷，失稼穑耳。我以稷为粟，彼以黍其粟耳。土旷而殖茂为鸟兽之林薮，尤田猎食饮所需，其曰飞鹰走马为此。若珍宝冠服多仰中国，器用莫重于戎，故特志入冠之具。凡种种色目皆知而可译。我地尝习其语矣，有司亦所当知也。

植种类第一

　　草曰额列孙。木曰抹敦，其根曰忽札兀儿，一曰稳堵速，枝曰革失文，叶曰纳不陈，稍曰奴葛林其成。林曰委一补刺。花曰扯扯克，花骨朵曰札一堵儿，香曰古真凡孙，东夷曰速，北虏曰素如列孙。东曰伯速，北曰不素抹敦，东曰莫多，北曰末都，皆转语而音近或多一二字者其助也。而本语不殊不能尽述焉。**草**　艾曰哈吉。苇曰忽鲁速。蓬曰坎哈温。蒿曰石刺里真。帚柱曰守兀儿。菖蒲曰哈脱速。莲曰连扯扯。牡丹曰招散扯。扯行曰古鲁孙。**木**　松曰纳刺孙，其子曰散木儿。柏曰阿察，一曰义客剌速。桧曰赤郭儿孙。荆曰字罗客朝。榆曰凯剌孙。柳曰希扯孙，一曰补儿阿速。杨曰五郎素。桑曰朵儿汗捏，一曰舍剌海留。椿曰五答。桦曰委泥，一曰忽素。如桦如桑如柳，其去本音稍远故又具之。**果** 曰者迷失。白果曰又汗者泥四，即察汗者，迷失也。沙果曰独喇奈。桃曰忽鲁无，其曰朵罗汗捏，樱桃也，其曰只阿黑，一曰杂哑，一曰加力，一曰义哈哈，核桃也。李曰五喇只汗那。梨曰阿里麻，其曰伏剌案捏，地梨也。榛曰失，其曰勺木鬼勒速榛杭也。栗曰讨来因字罗。杏曰鬼列孙。

枣曰赤把罕沙。葡萄曰兀遵，一曰五竹。菱角曰长告。有山定儿曰吼力儿，其呼龙眼为鲁贵你堵，东夷以龙为鲁贵，眼为你堵，因我而呼也非其所产矣。**菜** 曰弩额。白菜曰又汗怒恶，即察罕弩额也。瓜曰克木克，一曰我又，其曰哈温，一曰俺哈太，我文甜瓜也，其哈儿卜思西瓜也，兀不林我文冬瓜也，失喇我文王瓜也。茄曰把丁喇，一曰哈失。葱曰莎汪纳吉，一曰松吉那。蒜曰撒林撒黑，一曰撒儿义，其曰宰桑小蒜也。芥曰克赤，一曰哈儿吉。韭曰豁豁孙，一曰莽克儿。薤曰忙吉儿，一曰各哥素。苦蕒曰希答利。葫芦曰哈巴。黑罗葡曰土儿麻，一曰老必其。菠菜曰阿补弩。额生曰土亏弩恶。**粟** 曰豁诺黑，一曰哈剌。粳曰脱脱儿罕。大麦曰阿儿拍，曰卜兀歹其小也，日撒哈其荞也。豆曰薄儿察黑，其曰失撒者小豆也。糜曰莽顽儿。苏曰马郎谷。芝麻曰困直。凡种曰许列。

兽畜类第二

麒麟曰乞令。獬豸曰阿剌速路。狮子曰阿儿思阑，一曰阿剌杀朗。犀曰克儿思。象曰札安。虎曰把儿思，一曰补兀。彪曰哈儿忽剌。黑豹日否列孙，曰米儿都补兀，其金钱豹也。骆驼曰帖篾延，曰米哈四牡也，曰亦你根牝也。熊曰干脱葛。獾曰脱儿活。鹿曰不忽。狍曰准儿，麝曰哈儿。麋曰阿剌黑台。兔曰讨来，曰亦儿麻跳兔也。猬曰札里牙又棘。韦曰扎剌。豺曰褚额别里，狼曰赤那。猴曰别真。

狐曰忽捏干，曰乞儿撒沙狐也。獭曰哈里温，一曰海留兀。猫曰觅食。鼠曰忽鲁哈纳，一曰忽儿虎那，其卜鲁罕，貂鼠也，其那蛮黝鼠也，其主鼠吉飞鼠也，其五能银鼠也，其克勒木青鼠也，其竹木兰，一曰准补刺黄鼠也，其琐珑革臊鼠也，其奴木粪鼠也。狗曰奴孩，其古出克小狗也，其伏捏革狑狗也。猪曰哈孩，其篾克止母猪也，其哈八奴野猪也。羊曰豁纫，一曰合腻其亦麻案山羊也，者额速黄羊也，火泥绵羊也，亦儿革绵扇羊也，忽黑罕绵羊羔也，忽察羝羊也，曰亦马安，又曰五忽纳羖羰羊也。牛曰虎格儿，曰干他思氂牛也，不花牯牛也，额勒犍牛也，补哈庞牛也，兀捏延乳牛也，土忽勒牛犊也。骡曰老撒。驴曰额里只罕，一曰耳直革。而夷之所贡者，马自喜峰关入者曰抹邻，自山海关入者曰莫林，而北虏曰抹力，译字异而音稍转也。骟曰阿黑塔，其牡曰格温，骡曰狗兀儿，曰阿只儿哈。驹曰奴罕，二岁曰打哈，三岁曰果难，四岁曰朵难，五岁曰讨难，其银鬃曰乂必塔儿，其银合曰失儿，合其枣骝曰克亦伦，其海骝曰海牛文，又有失刺文。其虎刺曰忽刺，虎皮黄曰黄忽儿，又有锁锣文其五名塔补捏儿。铁青曰字罗儿忽捏速，红纱曰保兀伦，粉嘴曰乂汗忽失文又，破脸曰哈儿扎，豹肚曰乂哈儿辞，眼曰乂儿吉。卷毛曰补直吉。

凡马兽类体与人异。鬃曰迭，一曰得弄。尾曰薛温，一曰乞刺速。气臊曰猛谷鲁速火罗。腰子曰补儿。板肠曰稳补速，其角曰额别儿，而触曰木儿各扯里敦。蹄曰土鲁温，而走曰归窟，一曰牙补，其嘴曰兀六儿。吼曰莫额蓝。叫曰买蓝。嘶曰影兀里察。吠曰忽馋。骑曰五奴。颠曰哈答刺。窜曰著力牙。跑曰好刺，一曰打遁。惊曰我儿兀赛姝因。

羽族类第三

禽曰石保温，其与兽异者卯曰俺迭干。爪曰巴温。翎曰干敦。翅曰周兀儿。飞曰你思忽。凰凤曰哈鲁的，一曰苦苦妹。大鹏曰革鲁地。鹤曰千。鹳曰五忽必。鸨曰脱庆。鹦鹉曰脱提。鹁鸽曰可合儿赤干捏。鹌鹑曰字失纳。班鸠曰括扯耶，一曰克苦个。鹧鸪曰脱或劳温，鹭鸶曰兀合儿赤汗什包。鸳鸯曰昂吉儿。莺曰哈儿赤骇，曰乂虎赖鱼莺也。燕曰哈里牙察，一曰哈儿乂，其曰虎克儿麻燕也。雀曰乞塔儿赤干，曰讨兀里孔雀也。曰赤补赤格山雀也，鹊曰撒合只孩，曰撒只孩喜鹊也，曰失宝汗鹊儿也，曰乞答留家鹊也。老乌曰土刺温，老鸦曰克列，水鸦曰呵喇倘兀，曰阿刺黑答温白顶鸦也，鹘鸦曰刺臣，曰失刺石宝温鸣鹘也。兔鹘曰赤帖勒骨。鸢曰黑里额。鹠曰乞儿来。鹰曰失保，曰额别把来鹞鹰也，曰出忽儿角鹰也，曰不鲁兀惕黑鹰也。皂雕曰哈喇他。思鹗曰兀素黎。鸡曰塔乞牙，一曰塔哈，牡曰额列，牝曰额脉，曰火儿哈兀勒野鸡也，曰拿都六沙鸡也。鸭曰那谷孙，曰哈喇兀纳水老鸭也。鹅曰哈老温，天鹅曰浑其类。海东青曰升谷儿凡。杂鸟龙朵儿曰土林台。花豹曰撒儿野松儿，曰刺黑也，百雄杂哈埋也，红毫曰好哈也。夜猫儿曰奎苦奴也。叫天儿曰宝土儿也。铎木官曰聪堵儿也。青庄曰兀哈儿也，皆译以边鄙俗名焉。

鳞虫类第四

虫曰豁罗孩。鳞曰凯儿孙。龙曰禄北语仝，一曰鲁贵东语也。只哈孙鱼也。纳黑篯捏该龟也。牙速秃篯捏该鳖也。抹孩蛇也。把巴艾蝙蝠也。篯捏该虾蟆也。恰阿里真蜘蛛也。字可兀纳蚊也。阔阔帖温虻也。字额孙虱也。不儿革蚤也。丑兀儿格蝗也。石罗罕真蚁也。石莫温蝇也。黑里别该蛾也。戳该蜂也。哈里秃豁罗该萤也。插儿察虮蜡也。小儿扎阿纳蟋蟀也。国力儿蚯蚓也。铁脉只革捏蜻蜓也。乂牙蝎也。谷儿班只者革捏蝎虎也。

珍宝类第五

宝曰额儿的泥。玉曰哈石。珠曰速不惕，曰塔纳大珠也。玛瑙曰塔那。琉璃曰法一堵力。水晶曰孛罗儿。阿胶曰勺补。胭脂曰马支。数珠曰脱阿迭不惕。金曰安滩。银曰蒙昆，一曰猛谷。曰果列延兀孙水银也。铜曰折四，曰失列门生铜也，曰卓干思又曰五阿铜钱也，曰苦苦直铜绿也。锡曰秃温罕，一曰土忽兔阿，铁曰帖木儿，曰失勒木生铁也。印信曰塔麻阿。其用银珠曰升忽。殊砂曰俺儿炭升忽。黄丹曰补儿哈。笔曰兀租克。纸曰察阿勒孙。墨曰别客。锦曰察麻。绣曰哈儿忽速。段曰土儿。革曰阿目炭太织金也,遍地金曰弩能讨儿,合曰熟讨儿,合改机也。生绢曰勇豁儿,熟绢曰乞卜。麻曰干罗孙。布曰干列真,一曰不施。绵曰闵达孙,曰博丝绵布也。枕头曰得革勒目。手帕曰不儿慎,又曰阿儿赤阿儿。帽顶曰勺的。髻曰讨儿召马哈喇。簪曰赛札,一曰哈兔儿。环坠曰赛磕。扣曰脱必赤。镜曰脱力。针曰勺温。线曰忽答孙。凡麻缕丝絮出于中国者,夷互市徽赏而皆以为宝也。

冠服类第六

纱帽曰哈伯儿兔,帽曰抹哈刺,其曰补儿补故者大帽也。带曰不薛,一曰哈儿他不斯,即系腰曰补色也。衣曰迭延,一曰得额儿,一曰忽必义速。衣领曰选额论扎哈,一曰得儿扎哈,其圆领曰扎阿秃得儿,一曰一克牙卒太其倚。撒曰得儿里儿。襟曰豁儿埋。袖曰侃纯,一曰罕出。褶儿曰忽那速通。袖褶襕曰札汗睹剌阿,衣裤曰额补儿,褶裤曰得力儿。袄曰里出儿,其秃儿哈袄子也。皮袄曰捏克得儿,一曰阿剌速。裙曰者林目。袴曰额木都,其脱都者套袴也。袜曰怀木速,其曰阔亦抹孙毡袜也。裹脚曰困直儿哈。鞋曰察鲁黑,一曰麻豁。靴曰忽都孙,其五剌靴底也。袋曰补赤。毡曰洗思该,其曰捏黑儿克毡衫也,曰习使革毡条也。囊曰呼呼塔。袋曰补赤财。裢曰我木儿。褥曰迭不思格儿。被曰款只列。幔曰阔石格。

饮食类第七

筵席曰忽力泥。米曰目阿门。饭曰补答安膏。糜曰阿木孙。粉曰把剌秃。面曰五力儿。馒头曰五秃木。脂曰额兀坤。油曰脱孙,曰失喇脱孙酥油也。酪曰塔剌黑,曰忽鲁惕干酪也,曰阿儿赤熬酪也。乳我曰奶其。奶曰矮刺,曰额速克马奶也,爱亦剌黑驼奶也。奶速油曰失剌脱速。乳饼曰必失剌黑。烧饼曰兀惕篾克。肉曰米罕,曰袄苦肢肉也,曰失捏新肉也,曰哈答哈三干肉也,曰失剌哈三烧肉也。蜜曰把儿。糖曰扯克儿。盐曰答不孙。醋曰失儿克。汤曰书连。酒曰哈喇

素，曰哈喇力气烧酒也，曰打剌速黄酒也。茶曰写流温失剌。药曰谐
调。和曰火刀。割曰额惕客。煮曰赤那。炒曰好鲁。乾曰哈哈都。腌
曰答不速喇散。生曰土圭。熟曰字字速。烂曰以吉撒。煮的烂着曰赤
那只以把喇温。尝曰俺撒，一曰阿目炭。吃曰赤迭如。吃饭曰补答
亦迭。饮酒曰打剌速。藕味曰劓坛，一曰阿目煞。薄曰扎半，一曰宁
根。酸曰主失文。苦曰葛失文。甜曰俺塔太。硬曰失力泥。脆曰客别
列克。渴曰稳答把四。饿曰吾鲁四把。饱曰察惕八。醉曰沙里塔八。
其偷吃曰虎喇气海。

器皿类第八

　　器皿曰撒把。车曰帖儿罕，一曰合撒，其曰古儿墩，轮也，阿阑
勒辕也，克克孙辐也，不鲁头也，影克剌忽箱也，抹额儿辋也。铧曰
安扎速。铫曰亦剌哈。锹曰苦儿计。锄曰扯林儿。犁曰安扎孙，其
脱力犁耳也。剪子曰孩赤赤，一曰海气认。针曰速必勒。锁曰搿干儿
哈。钥曰土里兀儿。环曰哈甲儿。绳曰迭额孙旋。网曰括里迷，大网
曰忽不赤兀儿。床曰亦薛里，曰撒札里，交床也。枕曰迭列。席曰赤
兀勒孙，桌曰石里额，一曰合列。柜曰古箧儿格，一曰哈独喇。盘曰
塔剌把儿。木盆曰察剌。瓶曰笼哈。碗曰阿牙哈，碟曰他什。

　　盏曰察浑阿牙哈。钟曰扯客擎。匙曰罕木花。槽曰汪哈察。杓曰
食纳哈。杵曰匡豁。臼曰阿兀儿。箕曰折不客。帚曰失兀儿格。帘
曰赤克。梳曰手，一曰撒。木篦曰速儿柱。杖曰莎儿必。秤曰巴鸭
蛮。印曰唉哈。锅曰脱豁安。盖曰土儿克素。柴曰土列歹。炭曰钮
兀儿速。灶曰土喇哈。火曰干儿。烧火曰安儿土列。灯曰主剌其。盏
曰主制不赤。筝曰呀土罕。琵琶曰必罢拊拍。辞曰忽兀儿拍。板曰察
儿吉。

戎具类第九

　　盔曰都兀鲁哈，一曰都喇喇，其檐曰腻起真，其曰只儿瓦按打剌
秃者六瓣盔也。甲曰忽牙黑，一曰忽样，其皮者曰母失忽样顿，项
曰又儿吉遮。胴曰速乌赤战。裙曰合儿默气。鞚带曰补斯撒。袋曰撒

答金椰。瓢曰呵喇探兀吉兀儿。旗曰干郎合，一曰起立。鼓曰儿格，一曰坑吉，其大者曰颗儿格，小者曰慷格儿。锣曰常。标杆曰秃兀儿喇朵，子曰孛浪。牌曰哈勒哈。遮牌曰克力四革。鞍曰额墨儿，前鞍桥曰额木捏郝小儿革，后鞍桥曰蒯秃小儿革，光鞍桥曰影吉儿又。鞁曰额墨伦雁翅。板曰哈答速。屉曰脱替，垫屉曰枕塔儿麻。座曰扫兀儿。秋曰忽精儿阿。稍绳曰散主阿。肚带曰我蓝扯。带皮者林目。皮条曰速儿描金。鞊曰阿喇探住鲁忽格脉。鞊驾子曰克直木。攀胸曰昔木儿堵革。搭脑曰革直革伯直。辔曰哈当阿儿。笼头曰脑兀搭儿。扯罗曰只罗。扯手曰五指堵木。嚼子曰袄兀秃，一曰爪宅。嚼环曰哈甲儿。缰绳曰赤勒卜儿。韬曰克尽。镫曰多罗额，一曰堵勒。鞭曰纳采阿，一曰答速儿。连铁曰得留。铁角皮曰铁克塔里麻有罕打亥。曰蛮勺又有者娄皆马具也。弓曰弩门，其稍曰角乞赤你，其脑曰腻塔速儿，其面曰腻黑儿克，其匍曰腻忒克，其插曰忽鲁木四阿，一曰科论撒亚，其弦曰阔不赤，其线弦曰兀塔速可，赤弦扣曰可朱腻可赤儿，其捆迭速桦弓也，其奴自得力扯弓也。箭曰速门，其曰母速者杆也，曰阿你者扣也，曰腻豁者翎花也，曰速儿补儿直者信子也，曰哈儿尸者臂手也，曰革思者摔也，曰士儿于者快也。曰孛赤者边也。曰孛罗帖木者镔铁也。曰克小儿者镩子也。曰手赤者凿子也。曰把个喇者铲子也。曰昂喇者义子也。曰喇秃者火箭也。曰可兀者火药也。曰小只母苦儿者。艾药头也。曰我论者钻头也。曰孛罗秃者葫芦也。曰牙速著儿活者骨头箭也。曰各朵利者薄头箭也。曰牙速姚儿者骨头薄头。曰约儿各朵利者者响薄头也。射曰速木哈儿。炮曰干儿不兀儿。火镰曰克忒。火绒曰虎喇。火石曰赤罕义，其袼袍曰哈补堵儿阿，枪曰只答，其杆曰因抹速，其头曰因脱罗义。刀曰乞堵户，一曰起驼喇。其靶曰把流儿。其尖曰兀轴儿，其刃曰因叨儿。其背曰母刀，其鞘曰因亏，其吞曰把答。剪刀曰克儿赤兀儿。镰刀曰哈都兀儿。环刀曰温都兀儿。雕刀曰兀库北。腰刀曰亦儿度，其撒儿陶允都回回腰刀也。剑曰火约儿巴儿太允都。斧曰速克。槌曰哈鲁喇。爪曰撒喇纳卜牢。环锥曰石不各。铁鞭曰帖木儿比别。

色目类第十

凡色曰汪哥。红曰忽刺安即伏刺案也。大红曰阿勒。青曰阔阔即可可也。白曰察罕，即乂汉也。黑曰喇哈与东北同。黄曰失刺，一曰皇忽儿。绿曰那豁安。紫曰只希因，一曰苦儿革。赤曰直儿登。素曰失亦担。驼褐曰帖。灰色曰孛罗闪。花曰他讨。数目曰脱阿。其一一克，其二豁牙儿，其三兀儿伴，其四朵儿伴，其五塔奔，其六只儿篾，其七朵罗，其八乃骂，其九以逊，其十哈儿霸，二十曰豁都，三十曰忽嗔，四十曰朵嗔，五十曰塔实，六十曰只阑，七十曰答阑，八十曰乃颜，九十曰也连，百曰扎温，千曰敏暗，万曰土幔，万万曰土克土幔。几曰克敦。多曰干栾。少曰叕筵。般曰主因。双曰阔或。单曰干列额勒孙。群曰续鲁克。独曰哈墨察。重曰答卜忽儿。半曰扎林。全曰帖兀思。半块曰扎林秃黑。全块曰克薛克。

郭造卿曰：王制凡居民、村民既异俗，则五味异和，器械异制，衣服异宜，是皆所当宜矣。然在郡封内教修而俗不易，政齐而宜不易。州县或小异，不害其为同也。惟戎夷饮食、衣服不与华同，而贽、币亦不通焉。故达志道欲则皆有安居：和味、宜服、利用、备器矣。此余为燕史而燕语所为备。自方言以来及外夷传具之。而兹皆五郡外夷语。兀良哈卫，东包辽阳，西界上谷，其贡自两关入，则必译其语矣。达靼界云中而时闯蓟镇，语固有辨，文则同也。在北犹在东焉，其烦杀裁之耳。苟执此而读燕史于辽、金、元而上，盖亦可通矣。

庶亦博古通方一助哉！